Bernard Lavallé

L'Amérique espagnole

de Colomb à Bolivar

BELIN SUP
Histoire

BELIN 8, RUE FÉROU 75006 PARIS

Dans la même collection :

Histoire ancienne

Pascal Arnaud, *Le commentaire de documents en Histoire ancienne*, 1993.

Les sources de l'Histoire ancienne, 1995.

Histoire moderne

Laurent Bourquin, *La France au XVIe siècle 1483-1594*, 1996.

Robert Descimon et Christian Jouhaud, *La France du premier XVIIe siècle 1594-1661*, 1996.

Michel Nassiet, *La France du premier XVIIe siècle 1661-1715,* 1997.

Olivier Chaline, *La France au XVIIIe siècle 1715-1787*, 1996.

Jean-Clément Martin, *La France en Révolution 1789-1799*, 1990.

Jacques Mathieu, *La Nouvelle France : les Français en Amérique du Nord XVIe-XVIIe siècle*, 1991.

Jean-Pierre Bois, *Les guerres en Europe 1494-1792*, 1993.

Bernard Lavallé, *L'Amérique espagnole, de Colomb à Bolivar*, 1993.

Jean-Pierre Dedieu, *L'Espagne de 1492 à 1808*, 1994.

Olivier Pétré-Grenouilleau, *Les négoces maritimes français XVIIe-XXe siècle*, 1997.

Histoire contemporaine

Sophie-Anne Leterrier, *Les historiens du XIXe siècle : anthologie raisonnée*, 1997.

Jean-Jacques Becker, *L'Europe dans la Grande Guerre*, 1996.

Pascal Dayez-Burgeon, *Le Benelux*, 1994.

Gérard Bossuat, *Les fondateurs de l'Europe,* 1994.

Laurent Cesari, *L'Indochine en guerres 1945-1993*, 1995.

Bertrand Lemonnier, *Culture et société en Angleterre de 1939 à nos jours*, 1997.

Wolfgang Reinhard, *Petite histoire du colonialisme,* 1997.

Cartographie de C. Brunet

 ISBN 2-7011-**1406**-3 ISSN 1158-3762

Sommaire

Introduction

1992. Le 12 octobre de cette année, il y a exactement cinq siècles qu'un des hommes de quart de Christophe Colomb, le Sévillan Rodrigo de Triana, apercevait enfin la terre tant désirée. Tout à leurs angoisses passées et à leurs espérances sur le point de se réaliser, les marins des trois caravelles étaient sans doute bien loin d'imaginer, ou même de soupçonner, qu'ils venaient d'ouvrir brusquement une des pages les plus importantes, mais aussi les plus contradictoirement appréciées, de l'histoire du monde moderne, peut-être de l'humanité.

1992 est donc, comme on dit en Espagne, l'année du *Cinquième Centenaire,* sans autre précision, comme si l'expression, à l'évidence, se suffisait à elle-même, ou plutôt comme si l'on voulait éviter d'entrer plus avant dans les vives polémiques surgies ou réactivées autour de cette date, simple anniversaire pour les uns, célébration à grand spectacle pour les autres ou, entre les deux barricades, occasion d'une commémoration réflexive et d'une amorce de bilan dépassionné, donc forcément contrasté.

Notre propos n'est pas d'entrer dans ces discussions au demeurant byzantines, dans la mesure où les non-dits et les arrière-pensées amènent souvent à débattre, en fait, dans des perspectives et sur des terrains qui sont parfois fort loin d'être ceux que l'on croyait avoir choisis.

Le présent ouvrage se veut avant tout pédagogique. D'ailleurs – pourquoi le cacher ? – il est né d'un cours que nous avions été amené à faire pendant trois ans devant nos étudiants et durant lequel il nous avait fallu réfléchir à la mise en forme accessible et efficace d'un ensemble de thèmes qui, sous des formes diverses, s'étaient trouvés au centre de nos recherches et de nos réflexions depuis une vingtaine d'années. Nous nous sommes donné le double objectif d'offrir :

– d'une part, une information à la fois essentielle, hiérarchisée et raisonnée sur les principaux processus politiques, économiques, sociaux et culturels de l'ancien Empire espagnol d'Amérique de sa découverte, à la fin du XVe siècle, à sa dissolution dans la douleur et le déchirement, à l'aube du XIXe ;
– d'autre part, sous une forme synthétique et aussi dynamique que possible, un état des grands débats historiographiques auxquels l'histoire du monde hispano-américain a donné lieu depuis l'explosion des recherches sur cette aire au cours des trois dernières décennies, ce qui parfois nous a conduit à faire le point d'une manière critique sur des idées longtemps acceptées mais qui doivent être aujourd'hui considérées comme dépassées, à la lumière des études les plus récentes.

Fallait-il traiter dans un même ouvrage l'Amérique espagnole et portugaise, trop souvent – et de façon ô combien regrettable – considérées comme étrangères l'une à l'autre ? S'il était tentant d'embrasser dans son ensemble l'Amérique qu'à aucun moment dans ce livre nous ne qualifions de latine, il nous est vite apparu que les spécificités du Brésil – des Brésils ? – au cours de ces trois siècles risquaient, dans le cadre forcément restreint d'un volume limité par les contraintes matérielles que l'on imagine, soit d'être traitées trop superficiellement et comme en annexe, ce qui eût entraîné des erreurs de perspective inacceptables, soit, si on les développait comme elles le méritaient, de venir restreindre la densité et la variété de notre propos hispano-américain, ce qui n'était pas non plus possible. Nous avons donc choisi l'option strictement hispano-américaine, en espérant qu'un volume équivalent destiné à l'ancien Empire portugais voie bientôt – et enfin – le jour.

Amérique latine : il a fallu attendre le milieu du XIXe siècle, pour voir le mot *Amérique* accompagné de l'adjectif *latine*. Au début des années 1860, on les trouve sous la plume du Chilien F. Bilbao, du Colombien J. M. de Torres Caicedo, de l'Argentin C. Calvo. Ces deux mots, devenus expression, furent repris en France dans les milieux proches du gouvernement, en particulier par l'ancien saint-simonien Michel Chevalier. La naissance et la fortune de cette expression nouvelle sont dues à la convergence de deux phénomènes : la conscience de plus en plus vive des Américains de langue espagnole de leur similitude de destin, notamment face aux empiètements grandissants des États-Unis, et, en France, le projet de Napoléon III de prendre en Europe, mais aussi dans le monde, la tête des Nations à la fois catholiques et de culture latine, face aux Anglo-Saxons et à l'Allemagne en pleine expansion.

Conseils pour l'utilisation de l'ouvrage

Ce livre a été organisé autour de **dix-huit thèmes de réflexion** qui suivent d'ailleurs *grosso modo* l'évolution chronologique des trois siècles coloniaux, puis des premières décennies postérieures à l'Indépendance. Dans les exposés, **les articulations démonstratives, les éléments les plus significatifs et les idées à retenir en priorité, ont été indiqués en caractères gras**. Des chronologies, des cartes, des tableaux ou des graphiques ont été insérés afin de faciliter la compréhension et de visualiser certains phénomènes importants mais complexes. **A la fin du livre on trouvera à la fois une bibliographie générale et, pour chaque chapitre, sept titres d'ouvrages essentiels.** Si, pour des raisons d'accessibilité, nous avons privilégié la production française ou en français, force nous a été aussi d'inclure une majorité d'ouvrages en anglais mais surtout en espagnol, les deux langues indispensables à quiconque s'intéresse à cette aire et à cette époque.

Nous voudrions, avant de terminer, insister sur la fonction des **encarts situés en marge** et des **textes tirés de témoins contemporains** des processus analysés, **ou d'historiens actuels.** Loin de constituer des éléments annexes d'une utilité seulement relative, ils ont été sélectionnés précisément pour leur valeur illustrative mais aussi, le plus souvent, pour ce qu'ils apportaient aux débats dont notre propre texte se faisait l'écho ou comme compléments indispensables à ce que nous avions exposé. **Le lecteur devra donc les considérer comme une partie intégrante du discours de l'ouvrage.**

Chapitre 1

La découverte de l'Amérique

1. Les débuts de l'expansion européenne

Les premières tentatives

La découverte de l'Amérique a sans aucun doute marqué, dans une foule de domaines, **le début d'une époque nouvelle** pour l'Europe et l'humanité en général. Il n'en reste pas moins qu'elle fut aussi à bien des égards **l'aboutissement d'un très long processus** au cours duquel les Européens, après des siècles de repliement sur eux-mêmes, entreprirent, pour des raisons d'ailleurs diverses, d'aller au-delà des limites de leur continent.

Les premiers à avoir tenté l'aventure furent, dans l'Atlantique Nord, les Scandinaves établis en Islande dès 874, puis au Groenland à la fin du siècle suivant. De ces bases avancées, on sait qu'ils gagnèrent les terres situées plus à l'Ouest, la côte Nord-Est du Canada qu'ils dénommèrent ***Vinland.*** Les sagas* ont conservé le souvenir des voyages de l'Islandais Bjarn et surtout de Leif Erikson, le fils du célèbre Erik le Rouge découvreur du Groenland. L'archéologie moderne a d'ailleurs retrouvé la trace de ces premiers établissements, mais les petites colonies vikings du Groenland ayant périclité, le Vinland ne fut bientôt plus qu'un souvenir à la fois confus et mythique pour les peuples du Nord. Quant aux pêcheurs portugais, basques ou bretons, les spécialistes pensent que, selon toute vraisemblance, il leur arriva au cours du Moyen Age d'apercevoir ou de toucher les îles, et peut-être même les terres continentales, de l'Amérique du Nord-Est.

La première entreprise d'expansion consciente et organisée des Européens au-delà de leur continent se situe au moment des Croisades, dont le motif fut la libération des Lieux saints occupés par les musulmans, mais

Saga : nom générique d'anciens récits légendaires de Scandinavie, rédigés pour la plupart en Islande, du XIIe au XIVe siècle.

«Si les récits médiévaux ne font pas de différence entre choses vues et choses entendues, ils n'en font pas davantage entre faits authentiques et faits imaginaires...
Le merveilleux enchante nos hommes et l'invraisemblable ne les choque pas.»

Jean-Paul Roux, *Les explorateurs au Moyen Age.*

qui amenèrent les chrétiens à s'installer au Moyen Orient et à y fonder en Palestine, au Liban et en Syrie les royaumes francs qui allaient durer jusqu'à la fin du XIIIe siècle (1291).

Dans leur sillage, les républiques italiennes de Venise et de Gênes, à la pointe des techniques maritimes et financières, établirent leurs propres comptoirs ou même de véritables colonies en Méditerranée orientale et sur le pourtour de la mer Noire. Ces établissements leur permirent de drainer vers l'Europe de l'Ouest les produits du Moyen Orient mais aussi de l'Inde et même de la Chine, jusqu'à ce que l'expansion turque, sans interrompre tout à fait cette présence et ce trafic, leur porte néanmoins des coups très sérieux.

Profitant des facilités que leur offrit le Grand Khan devenu empereur de Chine, marchands et missionnaires franciscains venus d'Italie parvinrent jusqu'en Extrême-Orient. Un évêché fut même fondé à Pékin et le célèbre Marco Polo, dans sa *Description du Monde* (ou *Million*), a laissé le récit de ses deux voyages dont le second dura plus de quinze années. Cette présence italienne en Chine devait cependant rester sans lendemain, dans la mesure où la dynastie des Ming, à la fin du XIVe siècle, se montra beaucoup moins tolérante envers l'étranger.

Les nouvelles techniques

Ces contacts avec l'Extrême-Orient s'étaient effectués par terre en suivant, en Asie centrale, la longue route séculaire des caravanes. Dans le domaine maritime, sur le pourtour méditerranéen et sur les côtes atlantiques, pendant longtemps les techniques de navigation n'avaient guère connu de changements en dehors du traditionnel cabotage et des voiles triangulaires (ou latines). **A partir du XIIIe siècle, toutefois, apparurent plusieurs innovations décisives pour l'avenir :**
– en premier lieu, l'aiguille aimantée venue de Chine donna bientôt **la boussole** indiquant le Nord magnétique, et dont la combinaison avec la rose des vents permit de dessiner des cartes munies de lignes partant de cette dernière, **les rhumbs**, d'où l'on pouvait désormais calculer les distances pour retrouver la route choisie ;
– **la technique de la cartographie marine** évolua, elle

aussi, de manière considérable sous l'influence des écoles génoise puis catalane jusqu'au XVe siècle. Les cartes marines ou **portulans** (de l'italien *portolano* : pilote) se firent plus précises. Il faut dire que cette époque fut celle de la redécouverte de l'œuvre du célèbre Ptolémée d'Alexandrie dont la *Géographie*, diffusée notamment par le cardinal français Pierre d'Ailly dans son *Imago mundi* de la fin du XIVe siècle, inaugura une ère nouvelle pour la cartographie et influença directement la découverte du monde ;

– enfin, la technologie de la navigation connut, outre la boussole, toute une série d'innovations majeures : l'affirmation des possibilités d'un nouveau type de navire, **la caravelle,** d'origine portugaise, beaucoup plus maniable que les lourdes nefs méditerranéennes, légère, combinant voiles carrées et latines, ce qui lui permettait de naviguer vent contraire, donc de raccourcir considérablement les parcours maritimes ; **l'apprentissage pragmatique des vents et des courants de l'océan,** qui seul rendait possible la solution du problème crucial que posait le retour ; **l'adaptation du quadrant et de l'astrolabe** des astrologues aux besoins de la navigation en haute mer et **le calcul de la latitude d'après la hauteur du soleil à midi,** rendu nécessaire par le fait que vers le Sud l'étoile polaire, guide séculaire des navigateurs, disparaissait de l'horizon, tous éléments qui rendirent caduques les imprécisions et le caractère hasardeux de la vieille navigation à l'estime.

La révolution ptoléméenne : Claude Ptolémée, Grec de Haute–Égypte (IIe siècle apr. J.-C.) célèbre pour son *Astronomie* (ou ***Almageste***) et son complément, la *Géographie,* réécrite au Xe siècle à Byzance et dont les cartes datent du XIVe. La géographie ptoléméenne représente un stade intermédiaire entre la mappemonde médiévale et le globe issu des découvertes. Son *œcumène* sphérique, projeté sur une surface plane et divisé en 180°, donne les coordonnées de 8 000 lieux connus. La *Géographie* inaugura une ère nouvelle pour la cartographie mais influa directement les découvertes. En surestimant les dimensions de l'Eurasie, elle diminuait d'autant celles de l'Atlantique que l'on supposait limité à l'Ouest par l'Asie.

2. L'exploration de l'Atlantique

La pêche hauturière et la recherche des bancs de thons au large des côtes du Maroc entraînèrent très tôt vers le Sud Espagnols et Portugais. Les premiers prirent d'ailleurs l'initiative. Dès 1402, sous la conduite d'un gentilhomme normand, Jean de Béthencourt, on les trouve installés aux Canaries dont l'occupation fut lente et où le contact avec les populations locales, en particulier les **Guanches,** offre sur bien des points la préfiguration de ce qui allait se passer plus tard aux Antilles. Vers 1418-1420, les Portugais occupent Madère et, sous l'impulsion du célèbre prince **Henri le Navigateur**,

Pierre d'Ailly

Cardinal français (1350-1420), chancelier de l'université de Paris, connut l'œuvre de Ptolémée lors du concile de Constance. Il en incorpora les résultats dans son ***Imago mundi*** où il compila la science antique, les connaissances arabes et celle des docteurs chrétiens. L'imprimerie assura une grande diffusion à cette œuvre vers la fin du XVe siècle.

Factorerie (du latin *factor :* celui qui fait), du nom de la personne chargée de l'administration du comptoir (portugais : *feitor,* espagnol : *factor*).

prennent les devants dans la découverte de l'océan où, entre 1430 et 1452, ils s'établissent dans l'archipel des Açores.

Cependant, c'est à partir des côtes africaines que le Portugal va progresser vers le Sud. Dès 1415, inversant en quelque sorte la situation séculaire de présence musulmane dans la péninsule, les Portugais s'emparent de Ceuta puis, en 1433, atteignent au Sud du Maroc le cap Bojador si redouté à cause de ses vents, en 1442 les bancs d'Arguin au large de la Mauritanie, en 1447 l'embouchure du fleuve Sénégal. Après 1448 et l'arrivée sur le trône de Lisbonne d'Alphonse V dit ***l'Africain,*** c'est au tour du golfe de Guinée de voir arriver les caravelles. Partout où ils le peuvent, dès qu'ils touchent terre, les Portugais entreprennent des échanges soit avec les marchands arabes venus de l'intérieur, soit avec les roitelets locaux. **Ils leur achètent en priorité l'or** dont l'Europe manque cruellement et **les esclaves noirs** dont le Portugal se fait rapidement un monopole en Europe, puis ils installent sur certains points de la côte des établissements à la fois places fortes et comptoirs **(les factoreries*)** dont le plus célèbre, plaque tournante de tout leur trafic en Afrique de l'Ouest, fut celui de São Jorge da Mina fondé en 1482 dans le golfe de Guinée.

Par la suite, l'expansion vers le Sud va rencontrer de sérieuses difficultés. L'avancée par cabotage se ralentit et s'avère même impossible en raison des courants et des vents contraires. **Il faudra la découverte puis l'utilisation d'une route beaucoup plus à l'Ouest, dans le grand large, pour que l'on puisse doubler enfin la pointe Sud de l'Afrique** – atteinte à grand peine en 1487 par Bartolomeu Dias – qui allait ouvrir aux Portugais la voie de l'Inde et de ses immenses richesses.

3. Christophe Colomb

L'apprentissage méditerranéen

Bien que ses origines aient donné lieu très longtemps à beaucoup de controverses, il est maintenant établi avec certitude que Christophe Colomb est **né à Gênes en 1451** d'un tisserand, Domenico Colombo, établi dans ce port. Dès son plus jeune âge, Cristoforo et ses deux frères, Bartolomeo et Giacomo, aidèrent leur père dans son atelier. Mais très tôt, selon son propre témoignage, **dès sa quatorzième année Christophe commença une carrière de marin** après avoir reçu, semble-t-il, un enseignement de cosmographie et de cartographie, sciences alors très en pointe en Italie.

Ses premiers voyages le menèrent en Méditerranée orientale où il accomplit plusieurs voyages – à Chio notamment – commandités par les grandes familles marchandes de sa ville natale, les di Negro et les Spinola. En 1476, à la suite d'un naufrage, on le retrouve à Lisbonne où, après les expériences et les acquis de son apprentissage italien et méditerranéen, **il allait entrer en contact avec l'autre école nautique, alors en pleine expansion et ouverte sur un autre monde, celle du Portugal où il devait passer des années décisives.**

Œcumène : mot d'origine grecque désignant l'ensemble des terres habitées.

Les années portugaises

Dès lors, ses chemins le conduisent vers l'Atlantique Nord, l'Angleterre, l'Irlande et sans doute aussi l'Islande. Marié à Lisbonne à une jeune fille de haute condition mais appauvrie, Felipa Moniz Perestello, Christophe partit vers Porto Santo, île jumelle de Madère, où sa belle-famille avait des intérêts. Devenu veuf, il retourne à Lisbonne avec son fils Diego pour rejoindre son frère Bartolomeo, marchand de cartes et de livres, auprès duquel il perfectionne ses connaissances. Ayant repris la mer comme capitaine, ses années de navigation conduisent régulièrement Colomb vers les comptoirs portugais d'Afrique et le familiarisent, notamment lors des voyages de retour par les archipels du large, avec **le système des alizés*.**

Au confluent de deux traditions scientifiques et nautiques, Christophe Colomb resta donc près de dix ans au Portugal alors que la recherche des îles mystérieuses de l'Atlantique lointain était devenue une sorte d'obsession dans ce pays pleinement engagé dans l'aventure océane. Nombreux étaient d'ailleurs les pilotes qui sollicitaient l'autorisation de partir à la découverte des îles légendaires, la mythique Antilia, Saint-Brandan, l'île fantôme, celles des Sept Cités, de Brésil ou de Cipango, le Japon.

Alizés : vents réguliers soufflant des hautes pressions subtropicales vers les basses pressions équatoriales. Dans l'hémisphère Nord, l'alizé souffle du Nord-Est vers le Sud-Ouest. A l'aller, il portait vers l'Amérique ; au retour, pour y échapper, les navigateurs devaient d'abord remonter vers le Nord avant de traverser l'Océan.

Malgré le secret d'État, des informations transpiraient concernant l'arrivée aux Açores de débris ou d'épaves venues de l'autre rive de l'océan qui ne pouvait donc être très éloignée.

En se fondant sur Ptolémée et l'*Imago mundi* du cardinal Pierre d'Ailly, Colomb se livra à des calculs puis décida de tenter à son tour l'aventure de l'Ouest inconnu. Son commanditaire ne pouvait être que le roi du Portugal puisque la Couronne exerçait un monopole sur l'océan. Dom Jean II, à qui il demanda en dédommagement le titre d'amiral, lui prêta une oreille peu complaisante. Le Portugal d'alors avait déjà connu quelques tentatives de ce genre, toutes infructueuses ; il concentrait donc ses efforts pour **contourner l'Afrique et atteindre au plus vite l'Inde objet de toutes les convoitises.**

Colomb et la couronne de Castille

Lassé de son insuccès, Colomb décida en 1485 de passer en Espagne et de gagner, en compagnie de son fils, Palos de la Frontera, un petit port de la ria de Huelva où demeuraient son beau-frère et sa belle-sœur. Là, il entra en contact avec les religieux franciscains du couvent de **La Rabida** tout proche, notamment avec le père Antonio de Marchena qui le fit bénéficier de ses appuis pour être introduit dans les milieux proches de la Couronne, puis en présence d'Isabelle et de Ferdinand. Ceux-ci firent étudier son projet par une junte réunie à Salamanque qui, en fin de compte, déclara le projet sinon irréalisable du moins irréaliste.

Devant les réponses dilatoires des souverains, Colomb envisage d'aller soumettre ses idées aux rois d'Angleterre et de France auxquels il écrit. Il vit un temps chez le duc de Medinaceli, revient à La Rabida et à Palos où un nouveau contact avec la Couronne s'offre à lui en la personne d'un certain Juan Pérez, ancien confesseur d'Isabelle. La Reine a désormais l'esprit plus libre : Grenade tombe le 2 janvier 1492, mettant ainsi un point final à sept siècles de présence politique des musulmans en Espagne. Toutefois, les exigences du Génois (le titre d'amiral, la charge de vice-roi et de gouverneur de toutes les terres découvertes) sont sur le point de tout faire échouer. Après une dernière hésitation royale, les

Les capitulaciones *de Santa Fe*

«Les choses dont il a été fait supplique et que Vos Altesses donnent et octroient à don Christophe Colomb en récompense de ce qu'il aura découvert dans les mers océanes et lors du voyage qu'il doit faire avec l'aide de Dieu au service de Vos Altesses, sont les suivantes :

Premièrement, Vos Altesses en tant que Seigneurs desdites mers océanes, font dès à présent de Christophe Colomb leur amiral de toutes ces îles et terres fermes qui, par sa main ou son industrie, seront découvertes ou gagnées dans lesdites mers durant sa vie, et après sa mort, ses héritiers ou ses successeurs, l'un après l'autre perpétuellement, conserveront toutes les prééminences et toutes les prérogatives attachées à cette charge, de la même façon qu'Alfonso Enriquez, Amiral de Castille, et ses prédécesseurs ont joui de cette charge. Tel est le bon vouloir de Leurs Altesses. Johan Coloma.

En outre, Vos Altesses font dudit Christophe Colomb leur vice-roi et leur gouverneur général de toutes les terres fermes et de toutes les îles susdites qu'il découvrirait ou gagnerait sur les mers susdites, et pour le gouvernement de chacune d'elles, il choisira trois personnes pour chaque office, dont Vos Altesses désigneront l'une d'entre elles, la plus convenable, pour leur service, si bien que les îles et les terres que Notre Seigneur le laissera trouver et gagner seront gouvernées du mieux possible au service de Vos Altesses. Tel est le bon vouloir de Leurs Altesses. Johan Coloma.

De même, pour toutes les marchandises quelles qu'elles soient : perles, pierres précieuses, or, argent, épices et toute autre marchandise de quelque nature, nom et sorte que ce soit, qui seront achetées, échangées, trouvées, gagnées ou prises dans le ressort de l'amirauté, dès à présent, Vos Altesses font grâce à Don Christophe Colomb et veulent qu'il garde pour lui la dixième partie de tout, une fois payés les frais, de sorte que du bénéfice net il garde pour lui cette dixième partie et en use à sa volonté, les neuf autres dixièmes revenant à Vos Altesses. Tel est le bon vouloir de Leurs Altesses. Johan Coloma.

En outre, au sujet des marchandises qu'il apportera des îles et des terres qu'il gagnera ou découvrira comme il a été dit, ou bien de celles qu'en échange de celles-ci il viendrait à recevoir des autres marchands de ce royaume, aucun procès ne pourra avoir lieu à l'endroit où ledit commerce aura été fait car, en raison des prééminences de sa charge d'amiral, il lui appartiendra de connaître dudit procès et il plaît à Vos Altesses que lui seulement ou son lieutenant, et aucun autre juge, puisse connaître ce procès et ce dès à présent. Tel est le bon vouloir de Leurs Altesses. Johan Coloma.

De même dans tous les navires qui seront armés pour le commerce et le négoce susdits, toutes les fois que seront armés ces navires, Christophe Colomb pourra, s'il le désire, participer pour la huitième partie de tous les frais d'armement et recevra aussi la huitième partie du bénéfice de l'expédition. Tel est le bon vouloir de Vos Altesses. Johan Coloma.

Ces privilèges sont octroyés et signifiés avec l'acceptation de Vos Altesses à la fin de chacun d'eux, en cette ville de Santa Fe de la Vega de Grenade, le 17 avril de l'an 1492 de Notre Seigneur.

Moi le Roi. Moi la Reine.

Au nom du Roi et de la Reine, Johan Coloma.»

clauses du contrat *(las capitulaciones)* sont enfin acceptées et signées par les deux parties le 17 avril 1492 à Santa Fe dans la banlieue de Grenade où les rois avaient alors leur quartier général.

«Colomb n'a rien d'un esprit empiriste moderne : l'argument décisif est un argument d'autorité, non d'expérience. Il sait d'avance ce qu'il va trouver ; l'expérience concrète est là pour illustrer une vérité qu'on possède, non pour être interrogée suivant les règles préalables, en vue d'une recherche de la vérité.»

T. Todorov,
La Conquête de l'Amérique, La question de l'autre.

Le financement de l'expédition provint de divers horizons. Le banquier ***converso*** (d'origine juive) Luis de Santangel avança à Isabelle un million de maravédis, la couronne de Castille investit dans l'entreprise certaines sommes qui lui étaient dues et Colomb trouva un autre million auprès de compatriotes installés à Séville. Il faut bien souligner d'ailleurs qu'en l'occurrence ce ne fut pas l'Espagne en tant que telle -juridiquement elle n'existait pas encore- qui se lança dans l'aventure, mais la seule Castille par l'intermédiaire de sa reine. **La couronne d'Aragon, représentée par Ferdinand, resta à l'écart si bien que, par la suite, les Indes occidentales devaient être expressément et à juste titre appelées les Indes de Castille.** A Palos même, Colomb reçut l'aide décisive de riches armateurs, les frères Pinzon, qui lui fournirent deux petites caravelles, la ***Niña*** et la ***Pinta,*** sans doute inférieures à 60 tonneaux. Il en loua une troisième, un peu plus grande – une vingtaine de mètres – rebaptisée la ***Santa María,*** et rassembla une centaine de marins pour la plupart andalous et expérimentés.

Le voyage de découverte et les premiers succès

Les trois caravelles partirent de Palos le 3 août 1492, cinglèrent vers les Canaries qu'elles quittèrent, après un mois de relâche, début septembre cap à l'Ouest. Pendant plusieurs semaines, soucieux de ne pas effrayer ses hommes, Colomb leur cacha la réalité des distances parcourues. Ainsi, le 1er octobre il annonça à l'équipage qu'ils avaient fait 584 lieues de 4 milles nautiques quand ses calculs personnels en donnaient 707... Malgré ses précautions, Colomb dut faire face à deux mutineries, dont la seconde, le 10 octobre, fut la plus sérieuse et contraignit le futur Découvreur à promettre solennellement le retour si rien de nouveau n'était à signaler sous trois jours. Presque aussitôt, mais après tout de même plus d'un mois de navigation, divers signes encourageants (oiseaux, débris végétaux et odeurs) semblèrent indiquer que la terre était proche. Effectivement, **le 12 octobre, le marin Rodrigo de Triana l'aperçut enfin** et, peu après, la flotille aborda une île de l'archipel des Bahamas appelée Guanahani par les indigènes et rebaptisée aussitôt **île de San Salvador** par Colomb. Ayant

«Ce voyage a été miraculeusement guidé par Dieu qui a fait de grands miracles pour moi qui ai passé tant de temps à la cour de Vos Majestés, au milieu de l'opposition des courtisans, lesquels prétendaient que cette entreprise n'était que folie, mais j'espère qu'elle deviendra, grâce à Notre Seigneur, une grande gloire pour la Chrétienté.»

Christophe Colomb
aux Rois catholiques

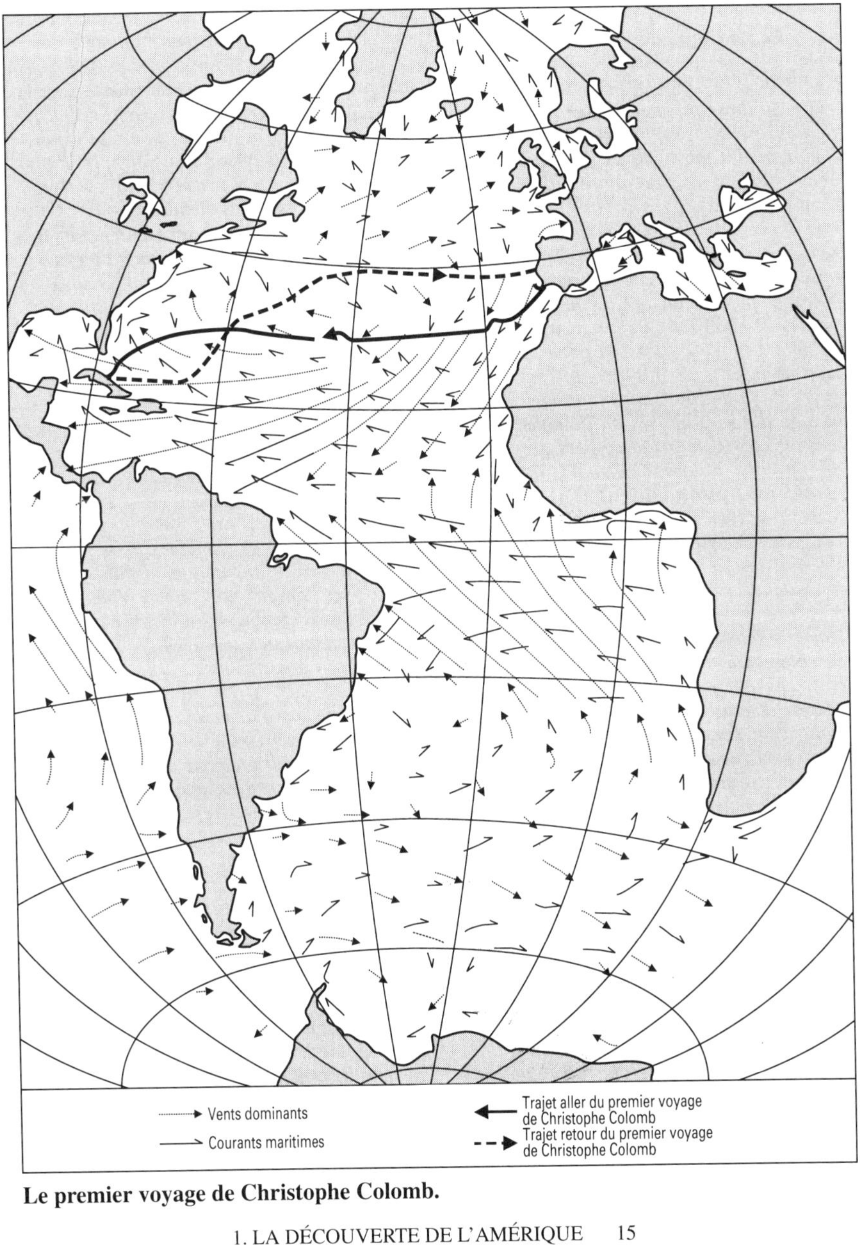

Le premier voyage de Christophe Colomb.

La rencontre des premiers Américains (Journal de bord de Christophe Colomb)

Vendredi 12 octobre 1492

«Afin qu'ils se prennent d'une grande amitié pour nous, car je me rendis compte que c'étaient des gens qui se livreraient et se convertiraient à notre Sainte Foi plutôt par l'amour que par la force, je donnai à quelques-uns d'entre eux des bonnets rouges et des colliers de verroterie qu'ils se mirent au cou ainsi que beaucoup d'autres objets de peu de valeur qui leur firent grand plaisir et nous les gagnèrent à merveille. Ensuite, ces gens revinrent près des canots à la nage et nous apportèrent des perroquets, du fil de coton en pelotes, des sagaies et bien d'autres choses qu'ils nous échangeaient contre de petits colliers de verre et des grelots. Pour me résumer, ils acceptaient tout et donnaient tout ce qu'ils avaient de bon gré. Mais il me sembla que ces gens ne possédaient pas grand-chose.

Ils sont tous nus comme au jour de leur naissance, même les femmes bien que je n'en aie vu qu'une très belle. Tous sont jeunes – aucun n'a de plus de trente ans – très bien bâtis, beaux de corps et de visage ; leurs cheveux sont gros comme des crins de cheval et courts. Ils les rabattent sur le front, sauf une mèche sur la nuque qu'ils portent longue et ne coupent jamais. Certains se peignent en noir – ils ont la peau de la même couleur que les Canariens, ni noire ni blanche– d'autres se peignent en blanc, en rouge ou d'une autre couleur selon ce qu'ils trouvent. Ils se peignent soit le visage, soit tout le corps, soit seulement les yeux ou le nez.

Ils n'ont aucune arme blanche et ne savent pas de quoi il s'agit car, lorsque je leur ai montré des épées, ils les ont prises par le tranchant et se sont coupés par ignorance. Ils n'ont pas de fer : leurs sagaies sont des bâtons sans métal, quelques-unes ont une dent de poisson ou autre chose à l'extrémité. Ils sont tous de belle stature et ont de beaux visages bien faits. J'ai remarqué que certains portaient des blessures sur le corps et leur ai demandé par signes de quoi il s'agissait. Ils m'indiquèrent que des gens venaient d'autres îles toutes proches pour les capturer, ce qui les obligeait à se défendre. Pour ma part, j'ai pensé et pense que l'on vient de la terre ferme pour les prendre.

Ils doivent faire de bons serviteurs, et intelligents, car je vis qu'ils répétaient très vite ce qu'on leur disait. Je pense qu'ils deviendront chrétiens sans difficulté car ils ne suivent aucune secte. Avec l'aide de Notre Seigneur, je ramènerai six d'entre eux à Votre Altesse au moment du départ, afin qu'ils apprennent notre langue. A part les perroquets, je n'ai vu aucun animal sur cette île.»

Samedi 13 octobre

«Au lever du soleil, arriva sur la plage un grand nombre de ces hommes, tous jeunes, comme je l'ai dit, et tous bien faits et très beaux : les cheveux non point crépus, mais raides et gros comme des crins de cheval, la tête et le front beaucoup plus larges que chez aucune autre race que j'aie vue jusqu'à présent, les yeux très beaux et point petits. Ils ne sont pas noirs, mais de la couleur des Canariens, et il ne fallait s'attendre à rien d'autre puisque cette île se trouve sur la même ligne Est-Ouest que celle de l'île de Hierro, aux Canaries. Ils ont tous les jambes très droites, n'ont pas d'embonpoint et ont le ventre bien fait.

Ils s'approchèrent de la nef avec de petites barques faites dans un tronc d'arbre, aussi longues qu'un bateau mais d'une seule pièce et taillées merveilleusement pour ce pays, et si grandes que certaines amenaient quarante ou quarante-cinq hommes, tandis que d'autres étaient plus petites et qu'il y en avait même qui ne portaient qu'un seul homme. Ils ramaient avec une sorte de pelle de fournil qui fonctionne à merveille, et si l'embarcation se renverse, ils se mettent tous aussitôt à l'eau, la redressent et la vident avec des calebasses qu'ils amènent

Bcp de mots connus pr nommer objets inconnus

avec eux. Ils apportaient des pelotes de coton filé, des perroquets et des sagaies, ainsi que d'autres babioles qu'il serait ennuyeux de décrire, et offraient tout en échange de ce qu'on voulait bien leur donner. Pour ma part, j'observais et essayais de savoir s'il y avait de l'or et je vis que certains en portaient un petit morceau pendu par un trou qu'ils ont dans le nez. Par signes, je parvins à comprendre qu'en allant vers le Sud ou en contournant l'île par le Sud, il y avait là-bas un roi qui avait de grands vases de ce métal et en grande quantité. Je m'efforçai de les y envoyer, mais je vis ensuite qu'ils ne comprenaient pas mon idée. Je décidai donc d'attendre jusqu'au lendemain après midi pour partir vers le Sud-Est, puisque, selon ce que beaucoup d'entre eux m'indiquèrent, il y avait des terres au Sud, au Sud-Est et au Nord.»

Le Paradis Terrestre

Christophe Colomb à son bailleur de fonds, Luis de Santangel (15 février 1493)

«Hispaniola est une merveille, les cordillères, les montagnes, les plaines, les campagnes et toutes les terres sont si belles et si fertiles pour planter et semer, pour élever toute sorte de bétail, pour édifier des villes et des villages ! Quant aux ports de mer, il faudrait les voir pour le croire, de même pour les rivières, nombreuses, aux eaux abondantes et qui charrient presque toutes de l'or... Il y a beaucoup d'épices, de grandes mines d'or et d'autres métaux»

vainement cherché le continent asiatique, but ultime de son voyage, le Découvreur parvint plus au Sud sur les rivages de l'actuelle île de Saint-Domingue à laquelle il donna le nom de ***la Española*** (en français ***Hispaniola***). Après y avoir laissé une petite garnison, Colomb décida de revenir en Europe où il arriva le 14 mars 1493 pour y informer ses commanditaires. **Pour preuve de ses dires** et comme échantillons des bénéfices à venir, **il leur rapportait un peu d'or, des perroquets et surtout quelques indigènes,** car le Découvreur, ancien de la Traite portugaise, avait tout de suite jugé de l'intérêt qu'il y aurait à réduire en esclavage cette population à la fois saine et relativement docile.

Dans les années qui suivirent, Colomb organisa trois autres voyages qui eurent pour objectif de poursuivre la découverte et/ou la colonisation des nouvelles terres, mais désormais avec des moyens beaucoup plus considérables. Au cours du second (17 navires, 1 200 hommes), il reconnut l'arc des petites Antilles, puis le Sud de Cuba. Il fonda surtout une ville, Isabela, à Saint Domingue, qui marqua la première tentative de colonisation espagnole dans le Nouveau Monde, mais se solda très vite par un échec cuisant.

Les cannibales : parmi les vieux mythes européens, celui des «hommes mangeurs d'hommes», les anthropophages des Grecs, trouva un écho soit complaisant soit horrifié dans le fait que certains peuples guerriers des Antilles et du continent se livraient à cette pratique, en général dans un contexte rituel et guerrier dont la signification échappa aux Espagnols. Leur nouvelle appellation américaine, les cannibales, vient d'une région de Cuba (Caniba[1]) où les Caraïbes consommaient, semble-t-il, fréquemment la chair de leurs ennemis.

1. Ce mot est sans doute une déformation espagnole du nom que se donnaient les Caraïbes.

A la recherche des Amazones

«Les Indiens lui dirent qu'en continuant dans cette direction, il ne manquerait pas de rencontrer l'île Matitino, dont ils disaient qu'elle était peuplée par des femmes sans hommes. L'amiral eût été bien content d'y accoster, afin de pouvoir présenter aux Rois catholiques une demi-douzaine de ces femmes... Il dit du moins qu'il est certain que ces femmes-là existent vraiment. A certaines époques de l'année, les hommes venaient les visiter de l'île Carib, qui se trouvait à une dizaine ou douzaine de lieues de distance. Si elles donnaient le jour à un garçon, elles l'envoyaient dans l'île des hommes ; et si c'était une fille, elle la gardaient dans la leur.»

Christophe Colomb,
Journal de voyage, 16 janvier 1493.

La quête de l'Éden

«Cette terre est très douce et couverte d'une infinité d'arbres verts et très grands qui ne perdent jamais leurs feuilles, et tous dégagent un parfum très suave et aromatique. Ils produisent beaucoup de fruits bons au goût, de fleurs et de racines douces et bonnes. Et parfois, j'étais si émerveillé par l'odeur si douce des herbes et des fleurs, et par la saveur de ces fruits et de ces racines, qu'à part moi je pensais que je me trouvais près du Paradis terrestre.»

Amérigo Vespucci.

La résurrection des créatures mythiques

«Depuis la tradition mythologique gréco-latine, centaures, sirènes, harpies, minotaure, etc., le Moyen Age avait entretenu et amplifié les croyances les plus fantastiques. Engendrés par des peurs ancestrales, maintenus vivants par la tradition chrétienne de l'Enfer – dragons, basilics, bête de l'Apocalypse aux multiples visages, avatars de l'hydre antique,etc. – les hybrides et les monstres de toutes sortes hantaient les esprits.
Outre leur représentation symbolique fréquente, une tradition les rejetait dans des provinces peu visitées, ou mieux encore aux confins du monde connu. De plus, des textes de référence dont le sérieux n'était pas encore mis en doute leur attribuaient des localisations géographiques assez précises mais contradictoires, qu'il s'agisse d'Hérodote, de Pline, de saint Augustin, d'Isidore de Séville, de Strabon, de Marco Polo ou de John de Mandeville. Selon ces auteurs – qui figuraient parmi les lectures favorites de Christophe Colomb – ces créatures pouvaient se rencontrer dans les arcanes de l'Afrique (en particulier dans le royaume du fabuleux prêtre Jean) ou dans les immenses territoires encore mystérieux de la Scythie, de la Tartarie ou de Cathay. Mais c'étaient souvent les îles situées à l'Est du continent asiatique qui devaient réserver aux découvreurs les surprises les plus étonnantes, car les îles étaient par essence le symbole de l'inconnu et par conséquent du merveilleux. Or, pendant une période assez longue, le Nouveau Monde a été perçu par les Européens comme une partie extrême-orientale de l'Asie. Les espaces du continent en voie d'exploration dont les limites semblaient reculer infiniment devant les premiers visiteurs, navigateurs et conquérants, la variété des climats, la nouveauté de la végétation et du monde animal, entretenaient rêves et espoirs. Il s'agissait bien là de la

terre où tout pouvait arriver, où "l'impossible pouvait devenir acte".
Champ nouveau [...] sans doute proche du Paradis terrestre, les terres nouvellement découvertes bouleversèrent les esprits, "revivifièrent" des mythes en léthargie depuis des siècles et, agrandissant démesurément le monde connu, elles proposèrent de nouveaux horizons à l'imagination...
Luttant contre une certaine déception du réel, le courant merveilleux mettra néanmoins du temps à se tarir et il aura des résurgences jusqu'au XVIIIe siècle. Au siècle des Lumières, le lecteur espérait toujours de la féerie et du prodigieux – sources privilégiées de l'exotisme –, aussi les éditeurs ne manquaient-ils pas d'ajouter une iconographie excessive, déformée, amplifiée, qui compensait des textes à leurs yeux un peu déficients dans le domaine du fantastique.

Avant d'arriver à ces subterfuges, les premiers découvreurs, conscients de n'observer qu'une infime partie des terres nouvelles, regardaient certes, mais surtout écoutaient de façon sélective les rapports ou récits qui les confirmaient dans leurs prévisions.»

Jean-Paul Duviols,
L'Amérique espagnole vue et rêvée, les livres de voyage de Colomb à Bougainville, Promodis, 1986.

L'étoile du Découvreur commençait d'ailleurs à pâlir sérieusement en Espagne. Les difficultés de la Isabela déchirée par des tensions internes, la maigreur des bénéfices bien inférieurs à ceux que l'on avait escomptés, notamment la rareté de l'or, mais aussi les abus de l'esclavage des indigènes, lui attirèrent des ennuis qui l'obligèrent à revenir en 1496 pour se justifier auprès de la Reine. Il conduisit encore une autre expédition, en 1498, au cours de laquelle il découvrit le delta de l'Orénoque que son imagination, très influencée par les mythes de son époque, prit pour le paradis terrestre.

Le Paradis terrestre à l'embouchure de l'Orénoque

«Je suis convaincu que le Paradis terrestre se trouve là... Je ne conçois point que le Paradis terrestre ait la forme d'une montagne abrupte comme il est dit dans les descriptions... Je crois aussi que l'eau que j'ai décrite peut fort bien en provenir... et que, s'arrêtant à l'endroit que je viens de quitter, elle y forme un lac.
Il y a de grands indices du Paradis terrestre, car le site correspond en tout point à la description qu'en font les saints et les savants théologiens. De surcroît, les témoignages anciens confirment cette supposition, car je n'ai jamais lu ni entendu dire que pareille quantité d'eau douce vînt ainsi se mêler à l'eau de la mer. De même, à l'appui de cela vient la douceur de la température. Et si l'eau dont je parle ne descend point du Paradis, c'est pour moi une plus grande merveille encore, car je ne crois pas qu'il existe au monde un fleuve plus grand et plus profond.»

C. Colomb, *Journal du troisième voyage.*

«Le monde est petit ; les terres en forment les six septièmes et un septième seulement en est couvert d'eau. La preuve de cela est déjà faite et je l'ai exposée dans d'autres lettres, au moyen de citations de la Sainte Écriture, avec la position du Paradis terrestre, dans les termes approuvés par la Sainte Église. Je dis donc que la terre n'est pas aussi grande que le vulgaire l'imagine.»

Christophe Colomb, *Quatrième voyage* (1503).

«C'est moi que Dieu avait choisi pour son messager, me montrant de quel côté se trouvait le nouveau ciel et la terre nouvelle dont le Seigneur avait parlé par la bouche de saint Jean, dans son Apocalypse, et dont Isaïe avait fait mention auparavant.»

Christophe Colomb, *Lettre à la gouvernante du prince Don Juan.*

L'échec final

Pendant ce temps, la situation s'était considérablement dégradée dans la nouvelle colonie. Une partie des colons, déçus de la misère dont ils n'arrivaient pas à sortir, se révoltèrent ; les autres repartirent et allèrent se plaindre en Espagne. **Un enquêteur dépêché sur place, Bobadilla, mit Colomb et son frère aux arrêts** et les expédia en métropole où la Reine consentit à le recevoir, mais sans lui restituer ses prérogatives de vice-roi et de gouverneur.

Un dernier voyage conduisit Colomb le long des côtes d'Amérique centrale, en 1502-1503, mais la mort de la reine Isabelle marqua la fin de ses appuis malgré tout les plus fermes. Le Découvreur ne put jamais retrouver ses privilèges ni ses fonctions. **Il mourut dans la solitude, la pauvreté et l'oubli en 1506 à Valladolid.**

4. Le cycle antillais (1492-1520)

Le partage du monde et la reconnaissance de l'espace caraïbe

La couronne de Castille n'avait pas tardé à se faire reconnaître officiellement ses découvertes par l'autorité suprême de l'époque, la papauté, de même que le Portugal l'avait fait pour les côtes africaines quelques décennies plus tôt. Le pape Alexandre VI, un Aragonais, reconnut la suzeraineté de la couronne de Castille sur ces nouvelles terres et la chargea d'en assurer l'évangélisation.

La rivalité avec le Portugal l'obligea, par la bulle *Inter caetera* de mai 1493, à imaginer un premier partage du monde d'outre-mer entre les deux puissances péninsulaires qui, après de dures négociations, finirent par se mettre d'accord. Par **le traité de Tordesillas (1494),** une ligne Nord-Sud passant à 370 lieues des îles du Cap-Vert servait de démarcation entre les territoires castillans, à l'Ouest, et portugais, à l'Est, ce qui permit à la couronne de Lisbonne de prendre pied quelques années plus tard (1500) dans le Nord-Est brésilien situé effectivement dans la zone qui lui avait été reconnue.

La perte de crédit de Colomb en Espagne et la nomination de Bobadilla comme gouverneur d'Hispaniola amenèrent un changement dans la politique espagnole à l'égard des Indes occidentales. Celle-ci fut conduite par Juan Rodriguez de Fonseca qui signa des *capitulaciones* avec d'autres candidats à la découverte et porta de ce fait atteinte aux privilèges du Découvreur. La Côte des Perles, à l'Est de l'actuel Venezuela, fut ainsi découverte (1499), puis le golfe d'Uraba. Dans les années qui suivirent, l'expansion se poursuivit à partir d'Hispaniola vers la Floride, la Terre Ferme, c'est-à-dire l'isthme et le Venezuela, mais **l'essentiel de la présence espagnole se concentra sur Saint-Domingue et Cuba.**

Les méfaits de la nouvelle société et son échec

Pour organiser leur conquête et sa mise en valeur, les Espagnols eurent recours aux précédents que leur offrait un passé encore tout proche : la Reconquête qui, pendant des siècles, avait dominé leur histoire et avait fait naître un système sur bien des points colonial à l'égard de la main-d'œuvre musulmane vaincue. En fait, ces premières décennies antillaises ont été une sorte de laboratoire au sein duquel se mirent peu à peu en place les grands principes qui, adaptés plus tard au continent et aux nouvelles orientations de la politique coloniale espagnole, devaient constituer l'ossature administrative et économique de l'Empire.

La recherche de l'or, dont des gisements furent trouvés dans le Cibao à Saint-Domingue, et **la pêche des perles** figurent parmi les premières activités exigées des Indiens soumis par ailleurs à un tribut, obligés de travailler dans des conditions inhumaines et souvent même réduits en esclavage. **L'introduction du bétail** qui proliféra sous des formes semi-sauvages à partir des troupeaux amenés depuis les Canaries, enfin vers 1515 la construction du premier moulin pour transformer **la canne à sucre** introduite quelques années plus tôt, apportèrent des modifications majeures à l'économie mais aussi aux **paysages rapidement déboisés** de Saint-Domingue, ainsi qu'aux zones contrôlées de Cuba.

Cependant, bien vite **les établissements espagnols des Antilles connurent de très sérieux problèmes.** Leur **relatif isolement** et **la difficulté des relations** avec la métropole, **la faiblesse de la population européenne**

Arawaks et Caraïbes : à l'arrivée des Espagnols, toutes les îles étaient peuplées. Les habitants étaient venus par vagues du continent Sud-américain en remontant les petites Antilles. Les plus anciens, attestés à Cuba, étaient les Ciboneys, mais la plupart appartenaient soit au groupe Arawak, agriculteurs pacifiques installés depuis plusieurs siècles, soit au groupe caraïbe, guerriers et prédateurs arrivés plus récemment (700-800 ans apr. J.-C.). Seuls, quelques Caraïbes subsistent aujourd'hui dans le Nord de l'île de la Dominique, située entre Martinique et Guadeloupe.

Quelques mots d'origine caraïbe : cannibale, boucan, canoë, hamac, tabac, maïs, cacique, savane...

installée sur place, **la mauvaise gestion** des premiers administrateurs espagnols, **l'instabilité des colons** sans cesse à la recherche d'un avenir meilleur et bientôt tentés par l'aventure non plus dans les îles mais sur le continent, **le manque d'expérience des Européens** dans des contrées et face à des populations si différentes de celles qu'ils connaissaient, étaient autant de handicaps qu'il fut souvent difficile, voire impossible, de surmonter.

Les indigènes n'acceptèrent pas sans rechigner les dures réalités d'un système qui leur fut imposé sans ménagement aucun et, le plus souvent même, avec une extraordinaire brutalité. Si certaines ethnies paisibles ne posèrent pas de problèmes majeurs, d'autres, les Caraïbes, offrirent une farouche résistance. **De véritables guerres eurent lieu entre Espagnols et aborigènes et des révoltes, matées avec une cruauté qui se voulait exemplaire, ensanglantèrent les îles.**

Lettre de Francisco Roldan au cardinal Cisneros sur la situation d'Hispaniola
(10 octobre 1499)

«...A ce moment-là, presque tous les chrétiens étaient atteints d'une maladie qui se propageait. Nous eûmes aussi une terrible sécheresse dont il résulta une grande disette, si bien que, ne pouvant plus rester ensemble, les gens s'égayèrent dans la nature pour tâcher d'y survivre. Les Indiens pensèrent alors que l'occasion était venue de nous tuer...
*Au bout de quelques jours, ils se soulevèrent à nouveau et se réunirent pour venir tuer les chrétiens malades ou isolés et sans protection puisque l'*adelantado *[le frère de Colomb] avait emmené avec lui la garde et les chevaux. Dès que j'en eus connaissance, je quittai la bourgade [Isabela] comme je pus, m'en fus dans les* estancias *et réunis les gens un à un.*
La nouvelle nous parvint que les Indiens se rassemblaient pour venir prendre le fortin de Concepción et le détruire alors qu'il n'était défendu que par huit hommes tous malades. Je m'y rendis avec tous les gens que je pus amener. Y étant, nous vîmes fondre sur nous une foule d'Indiens qui détruisirent tout ce qu'ils purent alentour et tuèrent quatre chrétiens qui venaient se réfugier dans le fort. Au coucher du soleil, les Indiens repartirent. Le lendemain, ils attaquèrent encore, détruisirent quelques maisons de laboureurs installées aux abords du fortin, les pillèrent et y mirent le feu. Pour ma part, je fis une sortie avec les hommes les plus valides. Nous tuâmes dix-sept Indiens tandis que les autres s'enfuyaient.
Le lendemain, ils lancèrent une nouvelle attaque mais vinrent cette fois en très grand nombre. Au mépris du danger, ils lançaient contre la porte des pierres et des javelots. Nous sortîmes et fîmes grand carnage, mais ils avaient détruit auparavant les constructions qui entouraient notre retranchement.
Pendant ce temps, les malades des estancias *que j'avais rassemblés mouraient de faim sans que l'on pût rien pour eux...»*

De peuples pêcheurs ou vivant de la cueillette, les colons voulurent faire sans transition des mineurs, des agriculteurs ou des éleveurs. Leur mode de vie traditionnel, que les Espagnols qualifiaient d'oisiveté dans la mesure où il se résumait à l'auto-suffisance, ne put s'adapter aux nouvelles normes économiques, d'autant que l'esclavage brisa les cadres sociaux de la collectivité aborigène. Si l'on y ajoute le choc biologique dû à l'absence d'immunisation naturelle, choc qui, sur le continent, allait prendre des proportions gigantesques, on comprend comment **la population originelle se mit à fondre de façon impressionnante**. Beaucoup de chiffres, impossibles à vérifier, ont été donnés à ce sujet. Faute de connaître avec exactitude le nombre des Indiens à l'arrivée des Espagnols (F. Moya Pons, le plus sérieux en la matière, les estime à plus de 350 000 à Saint-Domingue), on en est réduit aujourd'hui aux proportions.

Les affres du voyage transatlantique au début du XVIe siècle

«Premièrement, le navire est une prison étroite et sûre d'où personne ne peut s'enfuir bien qu'on n'y soit point aux fers ou enchaîné. Elle est très cruelle et n'établit aucune différence entre les prisonniers. L'étroitesse, l'étouffement et la chaleur y sont insupportables ; en guise de lit on a le plancher. Certains avaient de petits matelas mais les nôtres étaient fort méchants, petits et durs, confectionnés avec de la laine de chien [sic] et des couvertures de laine de chèvre misérables au possible. De plus, le navire était plein de gens souffrant du mal de mer, certains plus longtemps que d'autres et quelques-uns en permanence, dont les vomissures souillaient le pont. On avait perdu l'appétit et même les bonnes choses ne nous faisaient plus envie. La soif que l'on y endure est indicible et s'accroît avec la nourriture faite de biscuit et de produits salés. La boisson : une demi-pinte d'eau par jour, car seuls ceux qui avaient pu en emmener pouvaient boire du vin. Il y a une infinité de poux qui vous dévorent vif et il est impossible de laver le linge car l'eau de mer l'abîme. Il y règne une odeur pestilentielle, particulièrement sous le pont. Elle devient intolérable lorsque la pompe fonctionne et cela arrive plus ou moins souvent selon l'état du navire. Elle est actionnée au moins quatre ou cinq fois par jour et cela est une véritable puanteur. Tous ces désagréments sont monnaie courante et nous les subissions plus que les autres parce que nous n'y étions point habitués. A tout cela s'ajoute, lorsqu'on a la chance de ne pas tomber malade, l'impossibilité de lire et de se recueillir et l'obligation de rester toujours assis car il n'y a pas moyen de se promener. On doit tout faire assis ou allongé, rarement debout, mais le plus pénible est d'avoir en permanence la mort sous les yeux et d'en être séparé tout juste par l'épaisseur d'une planche collée à d'autres par du goudron.»

F. Tomás de la Torre.

En moins de dix ans (1494-1502), Saint-Domingue perdit un tiers de ses «Indiens». Le second tiers disparut encore plus vite **et l'on estime que, vers 1510, soit moins de trente ans après l'irruption européenne, il ne restait plus qu'un dixième des aborigènes...**

En fait, la colonisation des îles ne réussit pas vraiment à s'enraciner. Elle cumula les difficultés et paya très cher ses excès. Le pays ne tint pratiquement aucune de ses promesses, mais surtout un fait allait lui porter un coup fatal : la découverte et la colonisation du continent à la fin de la seconde décennie du XVIe siècle, qui le privèrent brusquement de la plupart de ses forces vives que plus rien ne retenait sur place. **Les Grandes Antilles entrèrent dès lors dans une phase de léthargie qui devait durer jusqu'au XVIIIe siècle.** Marginalisées, peu peuplées et dénuées de rentabilité, elles eurent désormais un seul intérêt mais il est vrai essentiel : elles constituaient une position stratégique de premier ordre à la fois pour la défense de l'Empire et pour les flottes qui drainaient vers la métropole les richesses américaines.

Découverte
↳ Nvelle Eco.
↳ Echec
↳ t, mal ê,

Chapitre 2

La conquête

Repères chronologiques

1492 Premier voyage de Colomb (Lucayes ou Bahamas, et Grandes Antilles).

1493 Second voyage de Colomb (Jamaïque et Petites Antilles).

1494 *Traité de Tordesillas qui modifie les bulles du pape Alexandre VI et délimite les zones d'influence espagnole et portugaise.*

1498 Troisième voyage de Colomb (île de Trinidad, côte du Venezuela, du cap de la Vela au golfe de Paria). *En Afrique, Vasco de Gama ouvre la route de l'Inde aux Portugais.*

1499 Les frères Pinzon reconnaissent les côtes des Guyanes et le Brésil jusqu'à l'embouchure de l'Amazone ; Juan Diez de Solis longe le Honduras ; Alonso de Ojeda et Juan de la Cosa, le Venezuela.

1500-1501 Alvarez Cabral prend possession du Brésil au nom de la couronne portugaise ; Amérigo Vespucci parvient jusqu'en Patagonie.

1502 Quatrième voyage de Colomb, qui croise au large de l'isthme de Panama et du Honduras.

1503 Reconnaisance du Darien (Panama) par Rodrigo de Bastidas.

1504 *Publication du* Mundus Novus *d'Amérigo Vespucci et prise de conscience de l'autonomie géographique de l'Amérique.*

1506 Mort de Colomb.

1508-1509 Arrivée de Diego de Nicuesa à la Veragua (Colombie) et début de l'occupation effective de Porto Rico.

1510 Début de la colonisation à Cuba.

1512-1513 Lois de Burgos, *premier ensemble législatif sur l'organisation du Nouveau Monde.* Juan Ponce de Leon découvre la Floride ; Vasco Nuñez de Balboa traverse l'isthme de Panama et découvre la mer du Sud-Ouest (l'océan Pacifique). Il est exécuté en 1514 sur ordre de Pedrarias Davila.

1516 En cherchant un passage par le Sud, Diez de Solis découvre le Rio-de-la-Plata. *Charles Ier, futur Charles Quint, roi d'Espagne.*

1517-1518 Hernandez de Cordoba découvre le Yucatan et Juan de Grijalva touche les côtes mexicaines où il ne peut se maintenir.

1519 Hernan Cortés débarque au Mexique.

1520 Magellan franchit le détroit qui porte son nom, il meurt l'année suivante. *Le reste de l'expédition, sous les ordres de son lieutenant Sebastian Elcano, réussit le premier tour du monde.*

1522 Gil Gonzalez Davila conquiert le Nicaragua.

1523 Pedro de Alvarado parcourt le Guatemala.

1524 *Création du Conseil des Indes, instance suprême pour les affaires américaines.*

1525 Première tentative et premier échec de Pizarro et Almagro partis de Panama.

1526 Hernan Cortés explore le Honduras, Francisco de Montejo le Yucatan. *Publication de* l'Histoire naturelle des Indes *de Gonzalo Fernandez de Oviedo, premier ouvrage majeur sur l'Amérique.*

1527 Pizarro atteint pour le première fois l'empire des Incas.

1528 Panfilo de Narvaez débarque en Floride ; comme Ponce de Leon en 1521, il ne peut s'y maintenir face à l'hostilité des Indiens.

1532 Au Pérou, offensive décisive des Espagnols emmenés par Pizarro. Capture de l'Inca à Cajamarca, entrée au Cuzco quelques mois plus tard.

1535-1536 Débarquement de Pedro de Alvarado en Équateur ; échec de la conquête du Chili par Almagro ; difficultés pour Pedro de Mendoza dans le Rio-de-la-Plata ; Almagro revient au Pérou où il se retourne contre Pizarro.

1539 Hernando de Soto entreprend la colonisation de la Floride, Benalcazar venant du Sud, Federman et Quesada arrivés du Nord se rencontrent sur le haut plateau de Bogotá.

1540 Départ de Alvar Nuñez Cabeza de Vaca pour le Rio-de-la-Plata ; Valdivia pénètre au Chili ; début de la soumission des Mayas du Yucatan par Francisco de Montejo le jeune ; Pizarro fait pendre Almagro avant d'être assassiné l'année suivante.

1542 Lois Nouvelles *qui, sous l'influence de Las Casas, remplacent celles de Burgos (1512) et entraînent le soulèvement des Espagnols du Pérou.*

1543 Francisco de Orellana explore le Haut-Amazone.

1553 Mort de Valdivia, tué au Chili par les Araucans.

1556 *Les mots* conquista *et* conquistadores *sont bannis du vocabulaire officiel. Charles Quint abdique en faveur de son fils Philippe II.*

1. Les étapes de la conquête

1492-1519

Ces années sont marquées par la découverte, d'abord maritime, des grandes, puis des petites Antilles, ainsi que des côtes occidentales de la mer des Caraïbes. L'installation coloniale ne s'effectue véritablement que dans les premières et, de manière ponctuelle, sur le continent (côte vénézuélienne qualifiée de Terre Ferme, isthme de Panama alors appelé le Darien).

1519-1532

Cette phase s'ouvre avec la conquête de l'empire des Aztèques et des autres territoires de ce qui devient la Nouvelle-Espagne (1519-1521). Les grandes Antilles (Saint-Domingue et surtout Cuba) servent de plate-forme à l'entreprise. L'Amérique centrale est à son tour contrôlée (1522-1526), tandis qu'à la fin de la période les Espagnols s'installent dans le Nord de ce qui est aujourd'hui la Colombie (appelée Nouvelle-Grenade). **L'isthme de Panama,** qui a remplacé les îles d'un point de vue stratégique, est devenu **la plaque tournante de la Conquête** qui, après avoir marqué le pas, se développe alors vers le Sud.

1532-1556

La pénétration espagnole se poursuit vers les hautes terres andines avec la remontée des grandes vallées de l'actuelle Colombie, et surtout la conquête rapide, après plusieurs tentatives infructueuses, de l'empire des Incas qui s'étendait de l'Équateur au Nord de l'Argentine et du Chili actuels. **Cette période marque l'apogée de la conquête militaire** et s'achève avec la fin du règne de Charles Quint. Des instructions royales recommandent alors de remplacer les termes jusque-là employés de ***conquista*** et ***conquistador*** par ceux plus neutres de ***descubrimiento*** (découverte) et de ***poblador*** (colon).

1556-1575

L'époque des grandes conquêtes territoriales étant terminée, il s'agit surtout pour l'Espagne de structurer et d'**organiser son empire** dont la force d'expansion a

L'Amérique : c'est en 1507, dans un ouvrage paru à Saint-Dié, en Lorraine, que fut donné aux terres d'outre-Atlantique une nouvelle appellation forgée à partir du prénom d'un navigateur florentin, Amérigo Vespucci, dans un commentaire à la traduction latine du récit de ses voyages le long des côtes Sud-Est du Nouveau Monde.

Hernan Cortés

(Medellin, Estrémadure, 1485 – Castilleja de la Cuesta, Séville, 1547).
De petite noblesse désargentée, à 14 ans il va étudier le droit deux années à Salamanque. Après une première tentative infructueuse pour partir en Amérique avec son compatriote Nicolas de Ovando, il cherche à s'engager en Italie mais, malade, manque l'embarquement. En 1504, il gagne Saint-Domingue où il est protégé par Ovando. Il passe ensuite à Santiago de Cuba d'où il entreprend, après bien des hésitations du gouverneur Velazquez, la conquête du Mexique. Après sa victoire, en 1524, il doit aller au Guatemala afin de réduire Cristobal de Olid qui s'est rebellé. En butte à de multiples jalousies, il est l'objet d'une enquête et rentre en Espagne pour se justifier. Il y parvient avant de tomber en disgrâce et de mourir dans la pauvreté et la solitude après d'interminables procédures.

Une caractéristique des conquêtes entreprises lors de la dernière phase dans les zones marginales, où les possiblités d'enrichissement se révélaient de plus en plus hypothétiques, fut l'attrait grandissant, et parfois obsédant, de lieux mythiques dont la recherche et le mirage parvinrent même à infléchir les lignes de pénétration du continent : l'Eldorado, la Cité des Césars, le royaume du Roi Blanc, la Montagne de l'argent, etc.

nettement décru. Il butte d'ailleurs sur ses marges contre la résistance indienne (**Araucans** – ou Mapuches – du Chili, **Chiriguanos** au Sud-Est de l'actuelle Bolivie, **Chichimecas** du Nord mexicain) ou contre la dureté des conditions ambiantes (versant amazonien des Andes). L'ardeur d'éventuels candidats aux conquêtes est refroidie par la preuve que les terres restantes sont peu peuplées et pauvres. Des expéditions alors organisées ***(entradas*** ou ***jornadas)*** sont souvent suscitées par les autorités et ont surtout pour but de soulager les colonies de la présence encombrante et dangereuse des laissés-pour-compte du rêve doré. Elles se terminent toutes par des échecs parfois tragiques. Pendant cette période, les Espagnols s'installent définitivement aux Philippines (fondation de Manille en 1571).

L'Eldorado

«La tradition de l'Eldorado (c'est-à-dire de l'homme doré) ressemble aux mythes de l'Antiquité qui, dans leurs pérégrinations de pays en pays, ont été adaptés successivement à divers endroits. Pour discerner la vérité de l'erreur, il suffit souvent, dans les sciences, de vérifier l'histoire de certaines opinions et de suivre leur développement. Les Nations indigènes, afin de mieux se débarrasser de leurs hôtes incommodes, peignirent toujours l'Eldorado comme facilement accessible et le situèrent à une distance seulement insignifiante. C'était une sorte de fantôme qui semblait fuir les Espagnols et cependant les séduisait toujours. Il est dans la nature de l'homme errant sur la terre de se figurer la félicité au-delà des limites qui lui sont connues. L'Eldorado, comme l'Atlas et les Hespérides, est né du domaine de la poésie pour prendre rang dans la géographie systématique.»

Alexandre de Humboldt, *Voyages dans les régions équinoxiales du Nouveau Continent.*

Les finistères de la *Conquista*

«L'Amérique espagnole a trouvé ses vraies dimensions en moins d'un demi-siècle. Au-delà de 1550, elle continue à croître mais lentement. Le Pérou ambigu nous rappelle sans cesse que l'Amérique reste indienne, sous les apparences d'une soumission partielle.
Nous accordons à l'Amérique espagnole et à la *Conquista* 1,5 à 2 millions de kilomètres carrés assez sommairement contrôlés. C'est à la fois beaucoup et très peu. Partout, des zones de résistance se dressent. Les ronger fut l'œuvre des siècles.
La *Conquista* n'a pas bien saisi l'Amérique. Là où elle est passée, elle laisse, aujourd'hui encore, quelque chose d'inachevé.»

Pierre Chaunu,
Conquête et exploitation des nouveaux mondes : XVIe siècle, P.U.F., 1991.

2. Les caractères de la conquête

Une entreprise privée

Lorsqu'au XIXe siècle se sont constitués les grands empires coloniaux modernes, la puissance étatique (France, Angleterre, Allemagne, Portugal, etc.), mue par des motivations économiques ou de géopolitique, était à l'origine des expéditions qui, pour la plupart, étaient composées de troupes régulières. Il en était tout différemment dans l'Espagne des XVe et XVIe siècles.

Comme cela avait déjà été le cas pour les Canaries au début du XVe siècle, la conquête des Indes occidentales fut le fait de chefs de guerre qui se chargèrent d'équiper, d'organiser et de conduire les troupes, s'occupèrent de trouver, en général auprès de banquiers, les fonds nécessaires. Un des cas les plus caractéristiques fut celui de la conquête de l'empire inca pour laquelle, à Panama, trois personnages, Pizarro (chef des troupes), Almagro (chargé de l'intendance) et le prêtre Hernando de Luque (bailleur de fonds) se mirent en société pour atteindre le mythique Pérou.

La Couronne, sauf cas exceptionnel, ne participait pas au financement. Pourvu qu'un certain nombre de garanties essentielles lui fussent données, elle se contentait de signer avec le futur conquérant les clauses d'un contrat ***(capitulaciones)*** par lequel elle l'autorisait à partir et lui reconnaissait divers avantages substantiels en cas de succès et de mise en valeur des régions conquises.

Les découvertes et les conquêtes devaient être faites au nom de la foi et du roi d'Espagne, dont la souveraineté sur ces terres nouvelles était automatique. Depuis les lois de Burgos, dès le premier contact avec les indigènes, le notaire qui faisait partie de chaque expédition les requérait officiellement (de préférence avec l'aide d'un interprète) d'accepter l'autorité royale et la prédication de l'Évangile. C'était le ***requerimiento.*** Sur le plan économique, le cinquième des bénéfices ***(quinto real)*** revenait au Trésor Public et un fonctionnaire (le ***veedor***) accompagnait souvent l'expédition pour y veiller.

On doit même ajouter que dans certains cas, la Conquête se fit contre l'avis des représentants de la Couronne ou sans leur aval. Ainsi, en 1519, Cortés partit

«Leurs Majestés ne risquent presque jamais leurs biens et leur argent dans ces nouvelles découvertes ; ils se contentent de papiers et de bonnes paroles...»

G. Fernandez de Oviedo, *Historia general y natural de las Indias.*

pour le Mexique après des avis contradictoires du gouverneur de Santiago de Cuba, Velazquez, et en 1543 le capitaine Orellana découvrit le Haut-Amazone à l'occasion d'une franche dissidence et en contravention avec les ordres reçus.

Les sommations du requerimiento

«Par les meilleures voies possibles, nous vous prions et requérons de bien comprendre ce que nous venons de vous dire, et d'y consacrer tout le temps et toute la délibération nécessaires, de reconnaître l'Église comme autorité suprême et universelle, et le souverain pontife, appelé pape, en son nom, et Sa Majesté notre roi en ses lieu et place, comme seigneur et maître de ces îles et Terre Ferme, en vertu de ladite donation ; enfin, de consentir et de permettre que ces révérends Pères vous annoncent et vous déclarent les vérités susdites.

Si vous accceptez, vous aurez, à bon titre, ce que vous deviez à Sa Majesté. Quant à nous, en son nom, nous vous recevrons avec amour et charité ; nous vous laisserons vos femmes, vos enfants et vos biens, libres, exempts de toute servitude, pour que vous puissiez disposer de vos personnes et de tout ce qui vous appartient, comme vous le voudrez, en pleine liberté. Et vous ne serez pas contraints de devenir chrétiens, étant bien entendu que vous le deviendrez si, une fois informés de la vérité, vous désirez vous convertir à notre sainte foi catholique, comme l'ont fait la quasi-totalité des habitants des autres îles. En outre, Sa Majesté vous accordera de nombreux privilèges et exemptions, et vous comblera de faveurs.

Si vous refusez ou temporisez par malice, je vous certifie qu'avec l'aide de Dieu, nous vous assaillirons de toutes nos forces, vous referons une guerre sans merci, vous soumettrons au joug et à l'obéissance de l'Église et de Sa Majesté, nous emparerons de vous, de vos femmes et de vos enfants et vous réduirons en esclavage, vous vendant et disposant de vos personnes comme l'ordonnera Sa Majesté, vous prendrons vos biens et vous ferons tout le mal que nous pourrons vous faire, comme des vassaux qui refusent d'obéir à leur suzerain et de l'accepter pour tel, lui résistent et lui tiennent tête. Nous protestons que les morts et dommages qui en résulteront vous seront imputables, et nullement à Sa Majesté ni à nous-mêmes, ni à ces chevaliers qui viennent avec nous.»

Las Casas, *Historia de las Indias.*

Réponse d'un cacique de Floride au requerimiento

«Alors que toute la troupe s'était réunie à Acuera, et pendant qu'hommes et chevaux récupéraient de la faim, d'ailleurs très pénible, qu'ils avaient endurée les jours précédents, le gouverneur fidèle à son habituelle clémence dépêcha auprès du cacique d'Acuera certains de ses Indiens qui avaient été faits prisonniers, avec pour mission de lui dire qu'il était prié de venir pacifiquement et de se réjouir d'avoir les Espagnols pour amis et pour frères, car c'étaient des hommes belliqueux et vaillants, lesquels, s'il n'acceptait pas leur amitié, pourraient lui faire beaucoup de mal et causer force dommage à ses terres ainsi qu'à ses vassaux. Il devait aussi savoir et être persuadé

qu'ils ne venaient pas avec l'intention de faire du tort à qui que ce soit, comme ils l'avaient démontré dans les provinces traversées auparavant.

Au contraire, ils voulaient nouer avec lui une grande amitié comme cela s'était passé avec ceux qui avaient bien voulu accepter celle-ci. Leur but principal était de réduire, par la paix et l'amitié, toutes les provinces et toutes les Nations de ce grand royaume à l'obéissance et au service du très puissant empereur et roi de Castille, leur seigneur, dont ils étaient les serviteurs. Le gouverneur désirait donc voir ledit cacique, lui parler pour l'entretenir de ces choses plus longuement et lui rendre compte de l'ordre que son roi et seigneur lui avait donné lorsqu'il aurait à rencontrer les seigneurs de cette terre lointaine et à communiquer avec eux.

Le cacique répondit hors de toute mesure, en disant que déjà, par d'autres Castillans venus dans le pays quelques années auparavant, il avait été longuement renseigné, savait qui ils étaient et connaissait très bien leurs us et coutumes, c'est-à-dire qu'ils avaient pour office de vagabonder d'une contrée à l'autre en volant, en saccageant et en tuant ceux qui ne leur avaient fait nulle offense. Avec pareilles gens, il ne voulait en aucune manière se lier d'amitié ni faire la paix. Bien au contraire, il leur ferait une guerre mortelle et perpétuelle, et même s'ils étaient aussi vaillants qu'ils le prétendaient, ils ne lui inspiraient aucune peur, car ses vassaux à lui et lui-même ne se croyaient pas inférieurs en vaillance. Pour preuve, le cacique promettait de leur faire la guerre aussi longtemps qu'ils resteraient dans sa province, non point de manière déclarée et en batailles rangées, bien qu'il pût les livrer, mais par des traquenards et des embuscades qui les prendraient par surprise. Par conséquent, il les prévenait et les sommait de se garder, de se défier de lui et des siens auxquels il avait mandé de lui apporter simplement chaque semaine deux têtes de chrétiens, ce qui lui suffisait, car en égorgeant tous les huit jours deux chrétiens, il pensait en avoir fini sous quelques années. En effet, même s'ils s'établissaient, ils ne pourraient se reproduire car ils n'amenaient point de femmes pour avoir des enfants et ne pourraient donc perpétuer leur engeance.

Quant à ce qu'on lui disait de faire obéissance au roi d'Espagne, il répondait que lui était roi dans son pays et ne voyait pas la nécessité de se reconnaître le vassal d'un autre, seigneur comme lui. Il tenait pour très vil et bien pleutre quiconque se mettait sous le joug d'autrui alors qu'il pouvait vivre libre. Lui et tous les siens juraient de mourir cent fois pour défendre leur liberté et celle de leur pays. Cette réponse valait pour l'heure et à tout jamais. Pour ce qui était de la vassalité et du fait que ces chrétiens disaient être les serviteurs de l'empereur roi de Castille pour l'empire duquel ils faisaient la conquête de ces nouvelles terres, le cacique leur répondit que si tel était leur bon plaisir, il avait encore moins de considération à leur égard puisqu'ils avouaient n'être que des valets travaillant et gagnant des royaumes pour que d'autres en soient les seigneurs et jouissent du fruit de leurs peines. Puisque dans cette entreprise ils mouraient de faim et de fatigue, sans compter bien d'autres épreuves, et s'aventuraient à perdre la vie, il eût été mieux, plus honorable et profitable de gagner et d'acquérir pour eux-mêmes et leurs descendants et non point pour autrui. Puisqu'ils étaient assez vils, si loin de chez eux, pour ne point perdre le titre de serviteurs, qu'ils n'espèrent jamais son amitié, car lui ne voulait point l'employer de manière aussi basse. Il ne voulait non plus rien savoir des ordres de leur roi. Lui, il savait ce qu'il avait à faire dans son propre pays et la manière dont il devait les traiter. Par conséquent, ils n'avaient qu'à partir au plus tôt s'ils ne voulaient pas tous mourir de ses mains.»

L'Inca Garcilaso de la Vega,
Historia de la Florida (1605).

Alvar Nuñez Cabeza de Vaca (1507?-1559?)

Né en Estrémadure, petit-fils d'un conquérant des Canaries, il part en Floride en 1527. Avec ses compagnons il entreprend d'en longer les côtes pour rejoindre le Mexique. Après maints naufrages, des batailles incessantes et six années d'esclavage chez les Indiens qu'il subjugue par ses connaissances pratiques, il est le premier Européen à parcourir le Texas et le Grand Nord du Mexique où il retrouve une garnison espagnole après neuf années de pérégrinations. Revenu en Espagne, il est nommé gouverneur du Rio de la Plata, connaît de nouveaux naufrages, explore et conquiert le Paraguay. En butte à ses subordonnés, il mate leur rébellion, mais est emprisonné. Envoyé en Espagne, il est condamné à huit ans de forteresse en Afrique du Nord. Rentré en grâce, il finit sa vie comme haut fonctionnaire et consigne ses souvenirs dans ses fameux *Naufrages*...

Le caractère privé de l'entreprise américaine devait avoir sur celle-ci une influence durable et à bien des égards décisive. Il explique au moins en partie l'avidité des conquérants tant de fois dénoncée par les moralistes de l'époque et les étrangers, toujours si prompts à dénigrer l'Espagne. Les expéditions coûtaient très cher. Les commanditaires, en bons financiers, entendaient bien non seulement rentrer dans leurs fonds, mais aussi faire de substantiels bénéfices, les chefs espéraient richesse et honneurs de ce qui souvent était l'occasion de leur vie ; quant aux hommes de troupe, engagés sans solde fixe, ils étaient conscients de tout devoir à leur intrépidité et à leur absence de scrupules.

D'un autre côté, dès les origines, les conquérants et leurs descendants furent bien conscients du fait que la Couronne – qui ne leur avait été d'aucun secours au moment des épreuves – dès le succès assuré avait en quelque sorte volé au secours de la victoire, réclamé sa part de butin, installé son autorité et ses fonctionnaires sur des territoires durement conquis par d'autres. Elle imposa souvent des réglementations limitatives ou vexatoires qui correspondaient, certes, aux buts ultimes de la politique espagnole, mais donnaient non sans raison aux conquérants le sentiment d'être dépouillés de ce qu'ils ne devaient qu'à eux-mêmes, d'où un malentendu et des rancœurs qui allaient perdurer pratiquement tout au long de l'époque coloniale.

Les hommes de la Conquête

Les chefs appartenaient souvent à la petite noblesse, il s'agissait dans bien des cas de cadets ***(segundones)***, écartés de l'héritage paternel au bénéfice de leurs aînés et contraints d'aller chercher fortune loin du pays natal. Beaucoup étaient simplement hidalgos, certains furent même d'origine très humble, et analphabètes comme Francisco Pizarro – bâtard d'un petit noble d'Estrémadure dont, d'après la tradition, il aurait gardé les porcs dans son enfance –, Almagro, fils naturel d'une paysanne de Nouvelle-Castille, ou Sebastian Moyano devenu de Benalcazar du nom de son village natal.

Nobles, hidalgos ou fils du peuple, les conquérants sont avant tout des soldats dont l'expérience militaire, à la veille des expéditions qui les rendront célèbres et leur ouvriront les portes de la richesse, était déjà longue, soit qu'elle ait été acquise sur place en Amérique dans les premières zones contrôlées par l'Espagne, les îles ou l'isthme de Panama, soit qu'ils aient auparavant blanchi sous le harnois des guerres menées par l'Espagne en Europe, en particulier en Italie, comme ce fut le cas, par exemple, pour Pizarro ou Alvarado, ou sur son propre sol puisque, rappelons-le, la Conquête de l'Amérique commence lorsqu'avec la prise de Grenade s'achèvent les guerres séculaires de la Reconquête.

La troupe, elle, était constituée de fantassins (***peones***) d'origine plébéienne en provenance, comme leurs chefs, des régions pauvres d'Estrémadure et de Nouvelle-Castille, en général liés à leurs chefs par des liens personnels très forts, mais néanmoins soumis à une discipline de fer et à des rapports hiérarchiques très marqués, en particulier au moment du partage des bénéfices, selon des rapports qui rappelaient à bien des égards ceux de l'ost médiéval.

Pedro de Alvarado (1486-1541)

Né en Estrémadure, il passe en 1510 à Saint-Domingue puis à Cuba. Lors de la Conquête de la Nouvelle-Espagne, il devient le second de Cortés. D'un extraordinaire courage lors des batailles, sa cruauté sans limites et souvent gratuite amène le désastre de la *Noche Triste*. Puis il s'illustre en Amérique centrale où il est capitaine général et, fidèle à sa légende, il y passe ses dernières années dans diverses expéditions.

Les soldats de la Conquête

«Comme au cours de ces histoires et de ces nouvelles découvertes il a été et sera question de rébellions, de vilenies et de forfaits, mêlés à des trahisons, à de la déloyauté et à de l'inconstance chez certains hommes qui sont venus ici, que le lecteur n'aille pas croire que ceux qui ont commis ces erreurs étaient tous Espagnols, car de ce côté-ci de l'océan il ne manque aucune des langues de toutes les parties du monde où l'on trouve des chrétiens : Italie, Allemagne, Écosse, Angleterre, mais aussi des Français, des Hongrois, des Polonais, des Grecs et des Portugais, et même des gens de toutes les autres Nations d'Asie et d'Afrique et d'Europe.

Comme ils ne sont point guidés par l'intention de convertir les Indiens, de s'établir ou de rester dans le pays plus de temps qu'il ne leur faudra pour avoir de l'or et s'enrichir de quelque façon que ce soit, ils laissent de côté la vergogne, la conscience et la vérité, s'adonnent à toute sorte de fraudes et d'homicides et commettent d'innombrables vilenies. Même si tous ces malfaiteurs ne sont pas espagnols, comme la majorité de ceux qui sont en ces pays proviennent de notre Espagne, tout ce qui est malsonnant est attribué à ceux de notre Nation. Cela est normal, puisque la justice et le châtiment sont entre les mains de l'Empereur notre Seigneur avec l'aide de son Conseil royal, et qu'il arrive que l'une comme l'autre restent sans effet parce que ces terres sont si éloignées de notre souverain.

Lorsque les conquistadors et les capitaines viennent ici, ils ne prennent ni les soldats les plus consciencieux ni les plus renommés, mais les premiers qu'ils rencontrent ou ceux qui leur semblent les plus aptes au vol et au pillage, blanchis sous le harnois et dépourvus de scrupules, mais qu'ils ne connaissent en aucune façon ; celui-ci est engagé parce qu'il aurait été à la bataille de Ravenne, tel autre car il prétend avoir participé à celle de Pavie, au sac de Gênes ou de Rome lorsqu'il est plus vantard et sans vergogne. Un seul d'entre eux suffit à pervertir toute une troupe. Le capitaine ne considère que leur manière de porter la plume au chapeau, d'entretenir leur arquebuse et regarde si leurs chausses sont bien doublées de soie, rehaussées de taffetas et de brocard, toutes choses pour lesquelles ces soldats gagent leur solde et vendent d'autres biens à vil prix en croyant qu'ils vont dans un pays où, dès qu'ils y auront posé le pied, leur soif d'or sera étanchée par une foison de lingots.»

Gonzalo Fernandez de Oviedo,
Historia general y natural de las Indias.

Lope de Aguirre (1511-1561)

Gentilhomme basque, il passe au Pérou en 1537, va au Nicaragua, puis revient s'installer en 1548 dans le Haut-Pérou où il participe à la rébellion de Sebastian de Castilla (1553). Condamné à mort, grâcié, il est connu sous le sobriquet de *Aguirre le fou*... En septembre 1560, avec trois navires, 300 soldats et plusieurs centaines d'Indiens, il descend, à la recherche du *Dorado,* le fleuve Huallaga qui s'enfonce dans la forêt amazonienne. En décembre, sur les bords du Marañon, la discorde gagne les chefs. Le porte-enseigne royal Guzman se proclame *Prince du Pérou, de Terre Ferme et du Chili* et cesse de reconnaître l'autorité royale. Aguirre le fait assassiner et le remplace. La flottille, décimée, atteint enfin l'Océan et, remontant vers le Nord-Ouest, touche l'île de Margarita. Affamés, rendus furieux par leur échec, Aguirre et ses hommes, les *marañones,* se livrent à tous les excès. Voulant conquérir le Venezuela, Aguirre est pris et tué en octobre 1561.

Le chef d'expédition est avant tout un soldat, un chef de guerre. Comme tel, il se doit de donner l'exemple et de payer de sa personne. C'est dans cette mesure seulement qu'il sera reconnu et suivi par ses hommes, qu'il s'imposera à ses lieutenants toujours prompts à s'estimer lésés et de ce fait tentés de travailler pour leur propre compte, au besoin en lui désobéissant. La toute jeune histoire américaine, dont les acteurs sont des aventuriers au plein sens du terme, est pleine de **querelles,** de **trahisons** et de **règlements de comptes sanglants.** Les plus célèbres furent sans doute ceux qui opposèrent Francisco Pizarro – qui tenait le Pérou – à Almagro – qui exigeait sa part après l'échec de sa tentative au Chili – puis, les deux hommes une fois assassinés, le fils du second aux frères du premier dans la mesure où ces luttes, comme tous les rapports du monde de la Conquête, avaient une dimension clanique évidente.

Dans un monde encore porté par les valeurs médiévales, la Conquête est à la fois la possibilité inespérée de s'enrichir mais aussi, et tout autant, de gagner honneurs et considération, d'être le fondateur d'une lignée désormais illustre, en un mot d'être un héros des temps modernes, l'égal de ceux que chantaient les *romances* des siècles passés de la *Reconquête* dont parlaient les anciens ou les romans de chevalerie si en vogue à l'époque, qui se situaient tous dans une perspective de quête, de voyages ou d'exploits merveilleux, et dont certaines images mythiques étaient vécues et non plus rêvées par les conquistadors. Ainsi, appelèrent-ils *Californie* la région depuis connue sous ce nom, en souvenir du pays idéal où se déroulait un de ces romans.

Les chefs les plus prestigieux firent en peu de temps des fortunes énormes. Au Mexique, Hernan Cortés, simple hidalgo, se retrouva bientôt marquis del Valle à

Oaxaca où il se fit construire un palais à la mesure des revenus que lui procuraient une multitude de vassaux indiens que lui avait reconnus la Couronne. Au Pérou, Francisco Pizarro, le bâtard, se vit lui aussi attribuer le titre de marquis, l'habit fort recherché de l'ordre de Saint-Jacques et ses vassaux indigènes de la région du Cuzco se comptaient par milliers.

Ces quelques succès éclatants, aussitôt magnifiés et de façon durable par l'imagination populaire, ne doivent pas faire illusion. En fin de compte, parmi les tout premiers conquérants bien peu parvinrent de manière définitive à la richesse et à la considération. La mort était souvent au rendez-vous. Les Indiens, les rivalités entre Espagnols, les dangers d'une nature encore indomptée étaient autant de risques potentiels souvent mortels. De toute façon, les chroniqueurs contemporains ont été frappés de la désinvolture avec laquelle les hommes de la Conquête traitaient leur soudaine richesse qu'ils jouaient parfois aux cartes en une nuit comme s'il leur suffisait de reprendre la route pour la reconstituer dès le jour suivant.

A cet égard, bien des lendemains ont déchanté. **Toutes les régions furent loin de tenir leurs promesses une fois que l'or accumulé par les générations indiennes fut dilapidé.** La Couronne, pour sa part, se montra très réticente envers les conquérants. Ceux que la fortune avait particulièrement choyés lui parurent suspects, voire dangereux et, tel Cortés, moururent en disgrâce. Quant aux autres, appauvris et oubliés, leurs réclamations et celles de leurs enfants restèrent souvent sans réponse ou ne leur valurent que des miettes par rapport à ce qu'ils exigeaient, d'autant que, comme on s'en doute, ils estimaient tous fort cher leurs mérites et leurs exploits.

Tout cela explique en partie pourquoi, au fil des années, la Conquête se fit plus dure, plus âpre. A l'évidence, elle n'avait jamais été un modèle de guerre «propre». Dès sa phase antillaise, des abus de tous ordres avaient été signalés et dénoncés parfois avec vigueur. Il en fut de même au Mexique, où l'ampleur du butin donna une dimension nouvelle au problème et le déplaça en partie. Pour ce qui est de l'Amérique du Sud et de l'empire des Incas en particulier, on assista à une **débauche de cruauté, de cupidité et de violence jusque-là rarement atteintes.** L'énormité des richesses en jeu éblouit les

Francisco de Carvajal (1464-1548)

Ancien de Pavie et du sac de Rome où il fut le premier à entrer, il part au Mexique en 1536, puis au Pérou avec 200 hommes envoyés par Cortés. Après avoir combattu sous la bannière royale lors de la rébellion des partisans d'Almagro le jeune (les Almagristes), à près de 80 ans il se met au service de Gonzalo Pizarro qui en fait son maître de camp lorsqu'il prend les armes contre le roi. Après avoir conduit ses hommes plusieurs fois à la victoire, ils l'abandonnent près du Cuzco en 1548. Capturé et emprisonné, il meurt lynché par la populace. Célèbre pour son exceptionnelle vigueur et son avarice sordide, il était connu pour raconter des histoires drôles à ses adversaires malheureux, alors qu'il les pendait de sa main...

«Toutes les relations de voyage [en Amérique] ne pouvaient manquer de frapper fortement l'imagination des gens du XVIe siècle ; sauf quelques notions fort exagérées sur les richesses du Nouveau Monde, elles n'apportaient cependant rien de neuf dans la littérature et ne faisaient, à bien des égards, que prolonger le Moyen Age.»

Gilbert Chinard, *L'exotisme américain dans la littérature française du XVIe siècle.*

premiers Espagnols et sans aucun doute aiguisa leur rapacité, d'autant plus que beaucoup d'entre eux étaient déjà des hommes âgés pour l'époque, ayant derrière eux une expérience américaine longue et le plus souvent médiocre pour ne pas dire marquée du sceau de l'échec.

Cette conquête qui arrivait ainsi quarante ans après celle des îles, une douzaine d'années après celle du Mexique, leur apparaissait et était en effet pour eux une chance ultime, en quelque sorte inespérée, de satisfaire leurs aspirations. D'où leur cupidité exaspérée et comme décuplée par des années d'angoisse, mais aussi la violence de leur dépit lorsqu'il s'avéra qu'au-delà du Pérou, au Chili par exemple, la pauvreté et la guerre étaient les seules récompenses, puisque dans cette sorte de conquête extensive qui caractérisa le XVIe siècle hispano-américain, les derniers arrivés étaient toujours condamnés à aller chercher plus loin ce qu'ils n'avaient pu trouver sur place ou que d'autres avaient pris avant eux.

3. Les réactions indigènes

L'infériorité des armes

Lorsqu'ils arrivèrent en Amérique, les Espagnols amenèrent avec eux les perfectionnements de l'art militaire que la vieille Europe avait mis au point ou adoptés à l'occasion des innombrables conflits qui, depuis plusieurs siècles, avaient mis aux prises les divers États qui la composaient. Une des dernières innovations amenées d'Orient, **la poudre et les armes à feu,** provoquèrent chez les Indiens à la fois des ravages et un effet de surprise, voire de terreur, bien connus, sur lesquels les chroniqueurs ont avec raison insisté. Il n'en reste pas moins qu'au combat elles furent d'une efficacité toute relative, sauf dans les cas d'attaque indienne en rangs serrés, sans compter que la poudre était d'un transport difficile et délicat, qu'elle se conservait en général assez mal sous les climats chauds et humides des tropiques et que la rénovation des stocks posait souvent des problèmes insolubles. De la même façon, **le cheval,** animal inconnu du Nouveau Monde, eut sur les masses indiennes un effet sans doute terrifiant, mais tactiquement modéré dans la mesure où, du moins au début, le nombre d'animaux

«Ces gens ont des armes très simples, comme Vos Majestés pourront en juger de sept d'entre eux que j'ai fait prendre pour les emmener, leur apprendre notre langue et ensuite les ramener, bien que Vos Altesses, quand elles le désireront, pourront soit faire venir en Castille tous ces gens-là, soit les garder sur leur île en captivité, car il suffira de cinquante hommes pour les maintenir tous sous le joug et leur faire faire tout ce que l'on voudra.»

Christophe Colomb, 14 octobre 1492.

pouvant être amenés sur place par les conquérants était fort limité.

Beaucoup moins souvent citée que la poudre ou le cheval, **l'arbalète** eut des résultats sans doute plus décisifs. Sa portée, la puissance de son jet, la possibilité de tirer plusieurs carreaux à la fois, étaient sans commune mesure avec celles des arcs indigènes qui ne pouvaient guère transpercer les cuirasses espagnoles, alors que les protections de coton des Indiens n'offraient pas de résistance aux carreaux ou aux galets des arbalètes espagnoles. **Les chiens de guerre** spécialement dressés firent aussi des ravages dans les rangs indiens et les conquérants les utilisèrent avec un tragique succès dans la plupart de leurs campagnes.

Les chiens de guerre des conquérants

«De la même façon, je veux évoquer ici le souvenir d'un chien appartenant à Vasco Nuñez, du nom de Leoncico *(le lionceau), fils du chien* Becerrico *(le petit taureau) originaire de l'île de San Juan, et qui ne fut pas moins fameux que son père. Ce chien a rapporté au cours de cette expédition, et de bien d'autres, plus de mille pesos à Vasco Nuñez, car on lui donnait en or et en esclaves autant qu'à un autre compagnon au moment du partage. Lorsque Vasco Nuñez participait à une opération, on donnait au chien la même solde et la même part de butin qu'aux autres capitaines. Ce chien avait de telles qualités qu'il le méritait beaucoup plus que bien des camarades qui prétendaient recevoir en dormant ou sans se fatiguer ce que d'autres avaient obtenu avec peine et diligence.*

Ce chien avait une particularité merveilleuse, il reconnaissait aussi bien que moi ou que quiconque était engagé dans cette guerre, l'Indien paisible du sauvage. Lorsque qu'on capturait quelques Indiens et quelques Indiennes, s'ils s'évadaient, de jour ou de nuit, dès que l'on disait au chien : "Il est parti, allez, cherche!", il obéisssait et avait un tel flair que c'était miracle si l'un de ceux qui s'étaient enfuis lui échappait. Lorsqu'il le retrouvait, si l'Indien restait tranquille, il le saisissait par le poignet ou par la main et le ramenait en le serrant bien fort, mais sans le mordre ni le blesser trop [...]. Mais si l'Indien se défendait, il le mettait en pièces. Ce chien était si redouté par les Indiens, que si dix chrétiens étaient en sa compagnie, ils étaient plus tranquilles que vingt Espagnols sans lui.

J'ai connu ce chien, parce que lorsque Pedrarias arriva dans le pays l'année suivante, c'est-à-dire en 1514, il était toujours vivant. Il le prêta à Vasco Nuñez pour quelques expéditions qui eurent lieu ensuite et au cours desquelles il gagnait sa part comme j'ai dit. Il était roux, avec le museau noir, de taille moyenne et pas vraiment beau, mais il était solide, large, couvert de blessures et de marques qu'il avait reçues au cours de la guerre à se battre contre les Indiens. Ensuite, par jalousie quelqu'un lui donna quelque chose à manger dont il mourut. Quelques uns de ses fils lui survécurent, mais aucun ne l'a égalé dans ce pays.»

Gonzalo Fernandez de Oviedo,
Historia general y natural de las Indias.

De toute façon, la supériorité des armes ne fut qu'un des aspects de la question. L'affrontement des Espagnols et des Indiens était aussi celui de deux arts de la guerre, les seconds privilégiant ce que l'on pourrait appeler aujourd'hui la guérilla et les embuscades. Ils utilisaient au mieux leur connaissance du milieu et des difficultés qu'il opposait à une troupe européenne ignorante de ses chausses-trapes et, en général, pourvue d'un équipement lourd et chaud très mal adapté aux conditions climatiques locales.

Il ne faudrait pas oublier non plus tous les effets induits par le traumatisme multiforme que signifia, pour les peuples indiens l'arrivée et la pénétration souvent foudroyante des Espagnols qui furent parfois assimilés, comme au Mexique, à des dieux blancs et barbus venant de l'Est, dont de vieilles prophéties avaient annoncé l'arrivée. L'avancée des conquérants fut beaucoup plus que la substitution d'un pouvoir par un autre. Elle a constitué à bien des égards un **changement radical de conception du monde,** un choc de mentalités et l'écroulement global des valeurs d'une société avec tout ce que cela peut entraîner de désorganisation, de perte de

Le traquenard de Cajamarca
(Pérou, 15 novembre 1532)

Le gouverneur [Pizarro] *demanda à frère Vicente s'il désirait aller parler avec l'aide d'un truchement. Le religieux répondit positivement. Sa croix dans une main, la Bible dans l'autre, F. Vicente entra dans la foule indienne jusqu'à Atahualpa et lui dit par le truchement : "Je suis prêtre de Dieu, j'enseigne aux chrétiens les choses de Dieu et viens faire de même avec vous, aussi, de la part de Dieu et des chrétiens, je te demande d'être son ami..."*
Atahualpa demanda qu'on lui donne le livre pour l'examiner et F. Vicente le lui présenta fermé ; comme Atahualpa n'arrivait pas à l'ouvrir, le religieux tendit le bras et Atahualpa avec grand dédain le frappa, refusant qu'on le lui ouvre, ce qu'il finit par faire lui-même, mais sans marquer d'étonnement des lettres ou du papier, comme les autres Indiens. Il le jeta à cinq ou six pas et avec beaucoup de superbe il répondit en ces termes aux paroles du religieux traduites par le truchement : "Je sais très bien ce que vous avez fait sur votre chemin, comment vous avez traité mes caciques et pris jusqu'aux vêtements dans leurs maisons".
Le religieux rapporta au gouverneur [Pizarro] *ce qui s'était passé avec Atahualpa et qu'il avait lancé à terre les Saintes Écritures. Aussitôt, le gouverneur s'arma d'une cotte, prit son bouclier et son épée. Accompagné de quelques Espagnols, il fendit la foule indienne, avec tant de vigueur que quatre soldats à peine purent le suivre jusqu'à la litière d'Atahualpa. Là sans crainte aucune, il le saisit par le bras*

confiance en soi et de capacité de résistance. Ce furent à coup sûr autant d'armes qui, pour invisibles qu'elles aient été, n'en ont pas moins contribué activement, de l'intérieur des sociétés indiennes, à la victoire espagnole.

Les collaborations indiennes

L'énorme disproportion entre l'effectif réduit des expéditions espagnoles et la foule des armées indiennes est sans doute une des réalités de la Conquête qui a le plus frappé les imaginations européennes, d'autant que les chroniqueurs tout à l'exaltation des Espagnols se sont souvent attardés avec complaisance sur cet aspect des choses. C'est oublier que, dans leurs campagnes, **les conquistadors eurent la chance de compter dans bien des cas sur l'aide et l'alliance de peuples** tout heureux de prendre les armes contre leurs ennemis héréditaires ou d'anciens vainqueurs qui les avaient agrégés de force à leur empire.

Le même scénario se joua ainsi au Mexique, où les *Tlaxcaltèques* constituaient le gros des troupes de Cortés lors de son entrée dans Tenochtitlan, et au Pérou lorsque les *Huancas,* jamais vraiment soumis aux Incas, permirent à Pizarro de traverser dans les meilleures conditions les Andes centrales et d'arriver très vite aux portes du

gauche et cria : "Par saint Jacques en avant !" Aussitôt retentirent des détonations, les trompettes se mirent à sonner et surgirent fantassins et cavaliers. Voyant les chevaux, les Indiens se débandèrent avec un tel effroi qu'ils brisèrent la clôture et tombèrent les uns sur les autres. Les cavaliers leur passèrent sur le corps en les frappant de leurs épées. Les fantassins en firent autant sur les gens qui étaient restés sur la place si bien que peu de temps après la plupart avaient été passés par l'épée. Le gouverneur tenait toujours Atahualpa par le bras car, comme celui-ci se trouvait en hauteur, il ne pouvait le sortir de sa litière... Pendant tout ce temps, pas un seul Indien ne prit une arme contre les Espagnols... Tous ceux qui portaient les brancards d'Atahualpa semblaient être des gens importants, et tous moururent ainsi que ceux qui étaient transportés dans les hamacs et les litières [...] D'autres capitaines moururent également [...] Tous ceux qui accompagnaient Atahualpa et constituaient sa garde étaient de grands seigneurs.
Le gouverneur regagna sa demeure avec son prisonnier, Atahualpa, dépouillé de ses vêtements que les Espagnols avaient déchirés en l'extrayant de sa litière.
Ce fut merveille que de voir faire prisonnier en si peu de temps un aussi grand seigneur qui venait entouré de tant de magnificence»

F. de Jerez, *Verdadera relación de la conquista del Perú.*

Cuzco, pratiquement sans coup férir. Plus tard, lors du soulèvement de l'Inca Manco Capac, ce furent les tribus *cañaris* qui mirent fin dans le sang à la révolte alors que les quelques centaines d'Espagnols que comptait alors le Pérou se trouvaient dans une situation désespérée.

Même lorsqu'ils ne jouèrent pas de ces clivages préhispaniques, les conquérants étaient de toute manière accompagnés d'un grand nombre de supplétifs indigènes, porteurs reliés les uns aux autres par des colliers de fer, agents de liaison, interprètes, guides, soldats. Bien qu'oubliés par l'Histoire, ils n'en jouèrent pas moins un rôle déterminant. De ce point de vue, la maîtresse indienne de Cortés, Malintzin, **la Malinche,** a souvent été présentée comme leur figure emblématique et, au Mexique, le mot ***malinchismo*** est synonyme de soumission aux intérêts et aux modes d'origine étrangère.

Les résistances

Aussi bien le Mexique que le Pérou furent, somme toute, conquis en quelques années à peine, 1519-1521 pour le premier, 1532-1535 pour le second, ce qui est très peu compte tenu des moyens de l'époque et de l'immensité des territoires concernés. Cette constatation a pu faire croire que, le choc militaire une fois passé, l'autorité espagnole s'était établie sans peine et s'était ainsi maintenue sans problème jusqu'au XVIIIe siècle. Il n'en fut rien. **La résistance indienne sous des formes détournées et forcément sournoises, fut une des constantes de la vie coloniale.**

D'une manière générale, c'est dans les zones restées avant eux à l'écart des grands empires et des formes étatiques élaborées du monde américain que les Espagnols eurent le plus de mal, et de façon durable. Le Grand Nord mexicain des Chichimèques, le Sud chilien des Araucans, les marches Sud-Est du Haut Pérou des Chiriguanos, le versant amazonien des Andes, domaine des Indiens de la forêt, furent des régions que les Espagnols n'arrivèrent pratiquement jamais à contrôler pendant des siècles. Ils tentèrent tant bien que mal d'y ancrer une société de frontière et leur présence se réduisit à des fortins isolés, régulièrement soumis à la reprise de la guerre indienne et parfois même rayés de la carte.

***La Noche triste* (30 juin 1520) :** à peine entré dans Tenochtitlan (Mexico), Cortés dut partir mater la révolte de Panfilo de Narvaez, laissant la capitale à des troupes isolées et apeurées qui procèdent à des massacres inutiles, comme celui du Grand Temple. A son retour, la situation était intenable du fait de l'hostilité ouverte des Indiens. Dans la nuit du 30 juin, assaillis de toutes parts, les Espagnols quittèrent en catastrophe la ville alors lacustre par une digue étroite. La moitié d'entre eux furent massacrés ou périrent noyés. Par chance pour eux, les régions avoisinantes ne se joignirent pas au soulèvement.

Au Pérou même, après une dernière tentative d'envergure en 1536-1537 et un siège du Cuzco qui dura un an, l'héritier du sceptre des Incas, Manco Capac, se retrancha dans les montagnes de Vilcabamba d'où il déclencha en 1538 une seconde rébellion. La nouvelle dynastie incasique devait rester retranchée quarante ans à Vilcabamba. Elle y organisa un réduit d'où elle pouvait intercepter les communications espagnoles, faisant peser une menace constante sur les petites cités en train de naître. Quatre Incas s'y succédèrent jusqu'à ce que, par la ruse, en 1572 le vice-roi D. Francisco de Toledo attire au Cuzco le dernier, **Tupac Amaru,** et le fasse exécuter, marquant ainsi la véritable fin du *Tahuantinsuyu,* l'empire inca, mais aussi le début d'un symbole à la résistance espagnole.

Principales révoltes indiennes au Mexique dans la deuxième moitié du XVIe siècle

Zacatèques, Guachichiles et Guamares	1550 et 1561
Guamares (Guanajuato)	1563-1568
Guachichiles (Saltillo)	1575
Chichimèques (Aguascalientes)	1575 et 1593
Chichimèques (Saltillo)	1582
Zuaques et Ocoronis (Sinaloa)	1583
Chichimèques (Tamaulipas)	1590
Acaxées (Topia)	1591
Huicholes et Zacatèques (San Luis Potosi)	1592
Tehuèques (Sinaloa)	1597

***Le Taki Onqoy* (Mal de la danse) :** en 1564, au Pérou, une étrange épidémie se répandit en secret parmi les indigènes. Pris de tremblements incoercibles, ils dansaient et chantaient comme possédés. Les Espagnols s'aperçurent qu'en fait ce *mal de la danse* mettait les Indiens en relation avec leurs croyances traditionnelles. Après les transes, se disant purifiés, ils renonçaient au christianisme et annonçaient que leurs dieux reviendraient écraser celui des chrétiens. Alarmés par ce mouvement nativiste et millénariste, les Espagnols découvrirent qu'il était d'une ampleur insoupçonnée. Pour y mettre fin, durant trois années, une campagne d'extirpation fit 8 000 condamnés.

Chapitre 3

L'administration de l'Empire

En Amérique, la société issue de la Conquête prit forme et s'organisa, de manière souvent tâtonnante, à partir des traditions séculaires du monde ibérique que le pragmatisme imposé par les nouvelles réalités locales allait obliger, selon les cas, à infléchir, à transformer radicalement ou à abandonner. L'appareil de l'État, toutes proportions gardées, suivit la même évolution. D'abord peu présent sur la scène américaine, il n'a pas tardé à s'affirmer, à créer les institutions et à se donner les moyens dont il avait besoin pour soumettre la société du Nouveau Monde à son autorité, la faire entrer dans ses vues et la façonner au mieux de ses intérêts.

De 1571 à 1574, le **Conseil des Indes** patronna la rédaction, par son cosmographe Juan Lopez de Velasco, d'une ***Geografía universal de las Indias.*** Afin de procéder à la mise à jour des connaissances, sur le modèle suivi pour la métropole, le Conseil lança une grande enquête auprès de toutes les autorités locales et régionales de l'Empire. Afin de les guider et d'homogénéiser l'information, il leur adressa plusieurs dizaines de questions reflétant d'ailleurs un bon niveau de conceptualisation. Les réponses, les ***Relaciones geográficas***, constituent aujourd'hui encore une source de première importance. Par trois fois au siècle suivant (1604, 1635 et 1648) le Conseil voulut, mais avec moins de succès, renouveler l'entreprise.

1. Les organes centraux

Les affaires d'Amérique étaient très vite devenues d'une telle complexité et avaient pris une telle ampleur que, pour l'assister de ses avis, le Roi avait particulièrement chargé de la question des membres du Conseil de Castille. C'est ce groupe que l'on désigna à partir de 1520 par le terme de **Conseil des Indes**. En fait, le ***Consejo Real y Supremo de las Indias*** ne fut officiellement créé, et ne fonctionna de manière autonome qu'en 1524, dans le cadre de la réforme de l'administration espagnole mise en place par Charles Quint au lendemain de la révolution manquée des ***Comunidades*** de Castille (1519-1521). A l'instar des autres Conseils existants (de Castille, d'Aragon, des Flandres, d'Italie, de la guerre et des finances), il eut une triple fonction :
– préparer par des avis écrits et circonstanciés (les ***consultas***) le travail décisionnel du monarque,
– avoir la haute main sur l'administration,

– servir en dernière instance de tribunal d'appel pour les cours de justice américaines.

Dans sa forme définitive, le Conseil des Indes était constitué par un président, un nombre variable de conseillers, deux procureurs (***fiscales***), un chancelier, deux secrétaires, plusieurs rapporteurs (***relatores***) ainsi que divers autres fonctionnaires, dont notamment un **cosmographe** chargé de rassembler toute la documentation géographique sur le Nouveau Monde mais aussi de censurer les ouvrages paraissant en Espagne et qui traitaient de l'Amérique. Le Conseil des Indes se divisa d'abord en deux puis en trois chambres (***salas***), deux s'occupant de chacune des vice-royautés mexicaine et péruvienne, la troisième jouant le rôle de cour suprême. Les premiers présidents furent des prélats mais, par la suite, les laïcs furent nombreux à occuper cette fonction. Quant aux conseillers, d'abord choisis uniquement parmi les juristes (***letrados*** ou ***togados***) à partir de la fin du XVIe siècle, la Couronne nomma aussi un certain nombre de personnalités ayant acquis, en quelque sorte sur le terrain, une solide expérience administrative ou militaire (***consejeros de capa y espada***).

Certaines ***juntas*** (conseils), plus spécialement chargées de secteurs ou de problèmes bien particuliers, furent

Le pragmatisme du système politico-administratif américain

«La période qui va approximativement jusqu'aux années 1570 présente plusieurs caractéristiques. D'abord, la simultanéité des processus de conquête et de mise en place des institutions... L'absence de synchronie entre les divers territoires a été l'un des traits distinctifs de l'histoire américaine: tandis que l'on découvre ici, on conquiert ailleurs et on peuple plus loin. Lorsque commence la conquête du Pérou, Mexico a déjà une Audience et Saint-Domingue une Université. Lorsque l'on crée les grandes vice-royautés, on assiste aux premières tentatives de pénétration dans les régions périphériques. Il y a une sorte de frontière temporelle mobile qui oblige à essayer des formules de gouvernement qui peuvent être valables à un moment donné mais caduques quelques lustres plus tard.

Ces déphasages et le caractère transitoire qui définissent cette période reflètent nettement une idée souvent oubliée : le modèle politico-administratif américain n'était ni préconçu ni préconstruit, au contraire, il s'est constitué et forgé au fur et à mesure des événements et de l'incorporation des terres nouvelles.»

Ramon Maria Serrera,
La América española (época de los Austrias).

Los adelantados : au moment de la Conquête, les principaux chefs d'expédition reçurent le titre d'*adelantados*, vieux mot désignant au Moyen Age la personne investie des pouvoirs militaire et civil dans une région avancée (d'où son nom, de *adelantar :* avancer) sur la frontière avec les musulmans. Les *adelantados* disparurent lorsque l'État installa une structure définitive en Amérique.

L'Amérique espagnole fut dans les faits et à tous égards **le premier empire colonial de l'histoire moderne ;** néanmoins, ni nominalement ni juridiquement elle n'était une colonie, mais un ensemble de royaumes ou de gouvernements au même titre – selon la fiction des principes – que tous ceux qui, dans la péninsule ou ailleurs en Europe, relevaient de la couronne espagnole.

aussi créées au sein du Conseil. Par exemple, à partir de 1597, la ***Junta de Guerra de Indias,*** dont faisaient aussi partie plusieurs membres du Conseil de Guerre, eut pour mission d'étudier toutes les questions de défense concernant l'Empire et, plus tard dans le XVIIe siècle, la ***Contaduría General de Indias*** géra l'ensemble de la fiscalité américaine.

Parmi les autres organes centraux figurait aussi la ***Casa de Contratación*** siégeant, elle, à Séville, puis à Cadix à partir du début du XVIIIe siècle. Créée en 1503, devenue bientôt toute-puissante, ses divers départements couvraient en fait tous les aspects de l'activité commerciale avec l'Empire qu'ils surveillaient et régulaient. La ***Casa*** organisait les convois de galions, contrôlait l'état des navires et les rôles d'équipage, vérifiait les capacités des pilotes et les listes de passagers, percevait les droits de douane au départ et à l'arrivée. Elle travaillait en étroite collaboration avec d'autres organismes andalous, les très importantes chambres consulaires des marchands (***consulados***) de Séville et de Cadix et la ***Universidad de mareantes,*** une association de pilotes et de propriétaires de navires travaillant avec l'Amérique qui jouissaient, en vertu du monopole instauré sur le trafic avec les Indes, d'un certain nombre de pouvoirs régaliens.

2. L'administration royale

Comme cela fut le cas en Europe dans les territoires non castillans de la couronne espagnole (Catalogne ou Naples, par exemple), en Amérique, l'Empire fut subdivisé en **vice-royautés.** Il y en eut longtemps deux, celles de **Nouvelle-Espagne** et du **Pérou**, créées respectivement en 1536 et 1542 et ayant pour capitales Mexico et Lima. Au XVIIIe siècle, en 1739, une troisième fut érigée à Bogotá, la vice-royauté de **Nouvelle-Grenade** et, en 1776, une quatrième, celle du **Rio-de-la-Plata,** dont la capitale était à Buenos Aires. Elles avaient à leur tête un vice-roi, en général membre de la haute noblesse, qui représentait la personne du souverain. A ce titre il était entouré d'un certain apparat, d'une cour, et doté de pouvoirs étendus dans tous les domaines. Le vice-roi* avait entre autres attributions des fonctions militaires et administratives. Il était capitaine général et présidait de droit l'Audience siégeant dans sa capitale et, d'une façon générale, était à la tête de tout l'appareil de l'État colonial qu'il était chargé d'animer et de contrôler, avec l'aide d'organes consultatifs composés de hauts fonctionnaires : le ***Real Acuerdo*** pour toute affaire de gouvernement sortant de l'ordinaire, la ***Junta de Hacienda*** qui, elle, se réunissait régulièrement pour l'administration des finances, enfin la ***Junta de Guerra*** en cas de menace militaire.

Les vice-royautés étaient elles-mêmes subdivisées en Audiences (***Reales Audiencias***), du nom de l'instance administrative chargée de les administrer. Ces Audiences étaient aussi des chancelleries royales (***Chancillerías Reales***) ; c'était d'ailleurs en Espagne le nom des organismes qui avaient servi de modèle. Détentrices du sceau royal et, de ce fait, habilitées à prendre un certain nombre de décisions au nom du Roi, elles étaient constituées de fonctionnaires en nombre restreint. Il pouvait atteindre la dizaine mais, en raison de la lenteur des mutations et des remplacements, le chiffre, surtout dans les petites Audiences, était sensiblement inférieur. Ainsi, dans ces dernières, il n'était pas rare qu'il y eût souvent en fonction moins de cinq auditeurs. Les Audiences avaient en fait un rôle complexe puisque, selon le vieux principe de la confusion des pouvoirs cher à l'Ancien Régime, elles administraient, appliquaient les lois, établissaient la réglementaion locale, rendaient la justice et veillaient aux rentrées fiscales.

On distinguait trois types d'Audiences : les vice-royales, présidées par les vice-rois à Lima et à Mexico, celles qui avaient à leur tête un président également investi des titres et des fonctions militaires de gouverneur et de capitaine général, enfin les Audiences dites subordonnées (***subordinadas***) qui n'avaient pas de président et dépendaient de l'Audience vice-royale. Deux étaient dans ce cas, Charcas dans le Haut-Pérou et Guadalajara en Nouvelle-Espagne. Les Audiences vice-royales disposaient de trois chambres (***salas***), deux pour les affaires générales et la justice civile, une troisième pour la justice criminelle. Dans cette dernière, d'ailleurs, les fonctionnaires en place ne portaient pas le titre d'auditeurs (***oidores***) mais d'***alcaldes del crimen.***

Le premier nom des subdivisions administratives de l'Empire rappela souvent le pays d'origine de leur découvreur ou de leur conquérant : Nouveau-Léon, Nouvelle-Biscaye, Nouvelle-Galice (au Mexique), Nouvelle-Andalousie (il y en eut deux : en Amérique centrale et dans l'orient vénézuélien), Nouvelle-Grenade (Colombie), Nouvelle-Castille (premier nom du Pérou), Nouvelle-Estrémadure (Chili), Nouvelle-Ségovie (Philippines), etc.

A leur prise de fonction, les **vice-rois** recevaient une longue liste d'***Instructions*** très circonstanciées fixant les grandes lignes des politiques à suivre. A leur départ, ils devaient laisser à leur successeur des *Mémoires* sur l'état général du pays, les problèmes à résoudre et les erreurs à éviter. Pour le cas où il viendrait à décéder, le vice-roi devait indiquer, dans un ***pliego de mortaja*** (une lettre de linceul), parmi les personnalités de la vice-royauté, le nom de celle qui assurerait l'intérim ; il s'agissait en général d'un archevêque.

Les Philippines : découvertes en 1521 par les Espagnols de l'expédition de Magellan, elles furent, jusqu'au milieu du XVIe siècle, considérées comme un moyen d'accès commode aux îles des épices. Elles devinrent alors un but en soi et un tremplin vers la Chine. En même temps se mirent en place un réseau de pénétration portugais, à partir de Macao, et un autre, espagnol, depuis Manille. Dans l'empire espagnol, les Philippines furent pratiquement une colonie du Mexique dont elles dépendaient, mais qui, surtout, assura leur mise en valeur et leur envoya les hommes nécessaires.

Si les États indépendants au XIXe siècle se superposèrent pour l'essentiel aux cadres spatiaux de la colonie, ils en héritèrent aussi les imprécisions et des incohérences, sources futures de tensions internes et de conflits frontaliers. Certaines régions pouvaient en effet dépendre de deux Audiences distinctes. Les circonscriptions ecclésiastiques, très importantes pour la configuration des espaces référentiels, ne coïncidaient pas toujours avec celles de l'administration. Enfin, des rivalités interrégionales se manifestèrent très tôt et parfois la logique administrative ne correspondait guère, sur le terrain, à la réalité des choses.

Sauf dans le cas de Mexico et de Lima, les Audiences jouissaient d'une relative autonomie par rapport au vice-roi, pour des raisons structurelles, mais surtout géographiques, liées aux distances et à la lenteur des communications. Pour certaines d'entre-elles (Nouvelle-Grenade, Guatemala et Saint-Domingue), cette autonomie fut même considérable. De toute façon, une grande partie de l'activité des auditeurs supposait des relations directes entre eux, le roi et son Conseil des Indes.

En ce qui concernait **la vice-royauté de Nouvelle-Espagne**, on trouvait des Audiences à **Mexico** (1527) et à **Guadalajara** (1548). Celle du **Guatemala (1543)** – appelée à l'origine *Audience des Confins* – avait aussi autorité sur l'Amérique centrale (Honduras, Costa Rica et Nicaragua). Il y en avait de même dans deux régions insulaires, celles de **Manille** (1595) pour les lointaines Philippines, et de **Saint-Domingue**, la plus ancienne de toutes, fondée en 1511, qui administrait l'ensemble des territoires espagnols de l'aire caraïbe insulaire (grandes Antilles) mais aussi continentale (Floride et Venezuela).

Selon le même principe, **la vice-royauté du Pérou** avait des Audiences à **Lima** (1543), **Panama** (1538), **Santa Fe de Bogota** (1549), **Quito** (1563), **Charcas** (1559) (appelée aussi La Plata – à ne pas confondre avec Buenos Aires – et devenue par la suite Chuquisaca et aujourd'hui Sucre, en Bolivie) et **Santiago du Chili** (fondée en 1565 mais définitivement entrée en fonction en 1606). Une septième Audience exista même pendant quelques années (1661-1672) à **Buenos Aires**. Elle fut définitivement réinstallée en 1776 lors de la création de la vice-royauté du Rio-de-la-Plata. Avec les réformes administratives de la fin du XVIIIe siècle, dont on reparlera, deux autres Audiences furent créées, en 1786 à Caracas et en 1787 au Cuzco.

Comme on le voit, la quasi-totalité des sièges d'Audience sont aujourd'hui des capitales d'État. C'est assez dire que, de fait, le découpage colonial espagnol, qui correspondait sans doute à des considérations géographiques et, dans une certaine mesure, historiques, contribua, par les dynamiques et les réseaux qu'il a créés, à modeler l'espace, à lui donner une nouvelle cohérence d'où devaient en fin de compte naître les futurs États-Nations des XIXe et XXe siècles.

3. L'administration provinciale et locale

A l'échelon inférieur, les Audiences étaient subdivisées en gouvernements (***gobernaciones***) mais, dans les contrées étroitement contrôlées par l'appareil colonial, ceux-ci n'avaient pas vraiment d'existence réelle. Il en était tout autrement dans les régions éloignées des chefs-lieux d'Audience ou d'accès difficile – marches Nord et Sud de la Nouvelle-Espagne (Sonora et Sinaloa, Texas, Californie) immensités du Rio de la Plata (Tucuman, Paraguay), versant amazonien des Andes (Moxos, Mainas, Quijos) – où les gouverneurs, voire les gouverneurs adjoints (***tenientes de gobernadores***), étaient sans doute le relais des auditeurs et de leurs pouvoirs mais jouissaient aussi d'une autonomie certaine.

Dans les zones plus densément peuplées, l'administration était représentée à l'échelon des contrées par les ***corregidores*** nommés soit depuis l'Espagne par la Couronne, pour cinq ans, soit par les vice-rois, pour trois ans. L'introduction en Amérique de ce corps, qui existait déjà en Espagne, avait marqué au XVIe siècle la dernière étape sanctionnant la suprématie définitive de la Couronne sur les conquistadors. En Nouvelle-Espagne, on trouvait aussi des ***alcaldes mayores*** qui, à l'origine, avaient été au-dessus des corregidors, mais les deux fonctions tendirent à se confondre dès la seconde moitié du XVIe siècle

Les corregidors avaient juridiction soit sur une ville peuplée d'Espagnols et ses abords immédiats, on les appelait alors ***corregidores de españoles***, soit sur un ensemble géographique plus important, et parfois même très vaste, rassemblant de nombreux villages indigènes (***corregidores de indios***). Dans les deux cas, à l'image de ce qui se passait à tous les niveaux de l'administration coloniale, leurs fonctions étaient complexes. Les corregidors assuraient l'application des textes réglementaires, veillaient au paiement de l'impôt, avaient la haute main sur la police et faisaient fonction de juge en première instance. Enfin, ils avaient un rôle important, et même décisif, au sein des conseils municipaux. Parfois, lorsque leur territoire juridictionnel était très étendu, des lieutenants (***tenientes de corregidor***) les représentaient dans les bourgades d'une certaine importance. Il arrivait même que le corregidor s'adjoigne, pour le seconder, un ***teniente general*** connaissant bien la région.

Le travail administratif à l'échelon local était aussi assuré en partie par d'autres intermédiaires : **les conseils municipaux**, dont nous reparlerons, **les chefs traditionnels du monde indigène**, notamment les ***caciques*** – appelés aussi ***curacas*** dans les Andes centrales – qui avaient un rôle important pour l'organisation des corvées ou le recouvrement de l'impôt levé sur les Indiens (***el tributo***). Enfin, on n'aurait garde d'oublier les ***protectores de naturales***, qui étaient loin d'ailleurs d'exister dans toutes les régions. Leur fonction consistait à servir d'avocats et de conseils juridiques aux indigènes venant se plaindre des abus dont ils étaient victimes.

Les fonctionnaires coloniaux et l'État à la fin du XVIe siècle

«Il est très difficile de dire, d'une manière globale, quelle était l'origine des employés publics. Au XVIe siècle, les hauts fonctionnaires étaient espagnols, sans exception, fondamentalement parce qu'il ne fut pas possible de développer en Amérique un vivier significatif de candidats potentiels dès la période qui succéda immédiatement à la Conquête. Ce vivier ne put être créé qu'après le milieu du siècle, une fois que les premières universités commencèrent à fonctionner en Amérique, et donnèrent une formation juridique ou théologique aux descendants des conquérants et des premiers colons. Pendant cette période, on ne trouve les créoles en grand nombre qu'aux niveaux subalternes de l'administration. La politique royale consistant à ne point donner de postes dans le gouvernement ou la justice à des personnes originaires du territoire où elles allaient exercer leur fonction empêcha aussi la pénétration des créoles dans toutes les sphères supérieures de l'administration de l'État, étant donné que ceux-ci étaient beucoup moins mobiles que les Espagnols qui espéraient richesse et ascension sociale d'une charge aux colonies. Seule la pratique de la vente des offices, qui s'étendit de plus en plus à partir de Philippe II, rendit possible une plus forte pénétration des créoles dans l'administration publique.

Quant à leur origine sociale, il faut distinguer deux types de fonctionnaires. Sous les Habsbourg, tous les vice-rois provenaient de la haute aristocratie, tandis que les membres des Conseils, en Métropole, et des Audiences, dans les colonies, appartenaient à la petite noblesse ou au patriciat urbain. Nous manquons d'indicateurs sur l'origine sociale des fonctionnaires de l'échelon inférieur ou intermédiaire, mais les charges à ce niveau semblent avoir été données le plus souvent pour récompenser les services de militaires ou d'autres éléments de la population dont les mérites étaient autres, mais qui avaient un grand besoin de ces postes ou avaient de bonnes relations avec le pouvoir.

L'attitude des fonctionnaires face à leur fonction est évidemment très difficile à définir. Leur sens du devoir, l'obéissance aux ordres de la Couronne et le fait de considérer leur charge comme une sinécure furent sans doute les éléments les plus importants et se trouvèrent d'ailleurs fréquemment en conflit les uns avec les autres. On assiste souvent à l'acceptation des directives de forme abstraite et fondée sur des obligations matérielles à l'égard du devoir d'obéissance, en particulier lorsqu'il était perçu que les indications de la Couronne ou des autorités supérieures ne correspondaient pas aux circonstances et par conséquent pouvaient être préjudiciables. Dans la mesure où les intérêts du corps des fonctionnaires se rapprochèrent de ceux des classes supérieures de la colonie, cette attitude envers les objectifs suprêmes de l'activité administrative ne fut souvent qu'un prétexte pour empêcher la concrétisation des dispositions légales et servit ainsi à camoufler des intérêts particuliers...

Malgré tous les éléments traditionnels qui persistaient, on peut dire que l'Empire colonial, à la fin du XVIe siècle, était l'organisation étatique la plus développée de son temps sur le chemin de la réalisation d'un idéal à la fois rationnel et bureaucratique moderne. Cette affirmation qui se réfère à la pratique du pouvoir et à ses fondements légaux n'empêche pas que plus tard on ait pu observer des symptômes de décadence dans l'administration coloniale, du fait du déclin de la monarchie espagnole au cours du XVIIe siècle, époque au cours de laquelle on a vu s'embourber bien des impulsions qui s'étaient manifestées au cours du XVIe siècle, dans le sens de la création d'un développement moderne. L'extension du favoritisme et la vente des offices, tout comme la corruption et la diminution de l'autorité monarchique sous les derniers Habsbourg, mais aussi d'autres facteurs du même ordre, ont alors favorisé cette involution...

Enfin, la création d'un système administratif subordonné au contrôle et à la direction de l'État allait à l'encontre des intérêts des conquistadors. L'organisation étatique de l'empire colonial espagnol se mit donc en place en opposition aux forces qui avaient mené à bien les débuts de la colonisation. Cela ne pouvait que déboucher sur un antagonisme entre l'État et les groupes créoles appartenant aux classes les plus favorisées – les héritiers des conquérants et des premiers colons – qui dura aussi longtemps que l'époque coloniale.»

Horst Pietschmann,
El Estado y su evolución al principio de la colonización española de América.

4. La fiscalité

Dès la conquête, la Couronne participa aux bénéfices de l'entreprise par le biais des ***capitulaciones*** signées avec les capitaines. Elle se réservait une part du butin, nommait des fonctionnaires pour vérifier qu'il en était bien ainsi. Ensuite, un système fiscal rappelant celui d'Espagne, mais plus léger et comportant de nombreuses exemptions, se mit peu à peu en place. Plus tard, devant les difficultés grandissantes de ses finances européennes, la métropole, par touches successives, entreprit d'**aligner la fiscalité américaine sur celle d'Espagne**, notamment par un ensemble de mesures prises en 1591 qui instaurèrent en particulier l'***alcabala***, un impôt sur les transactions commerciales, très impopulaire, qui excita les mécontentements et même un longue série de troubles à

Quelques impôts américains à la fin du xvie siècle. Il s'agissait :
– soit d'adaptations de vieux impôts espagnols :
l'***almojarifazgo***, sur la plus-value des produits importés,
l'***alcabala :*** 2 % sur toutes les transactions commerciales à l'exception de celles portant sur les produits de première nécessité,
– soit d'impositions nées des charges entraînées par l'organisation du commerce maritime, comme l'***avería de armada*** destinée à financer les convois

de galions. Les importations et les exportations péruviennes devaient la payer deux fois, pour le Pacifique et pour l'Atlantique.

En cas d'extrême urgence financière, la Couronne pouvait aussi faire appel à la générosité «spontanée» de ses sujets et les inciter à lui faire un don gracieux ***(donativo)*** en rapport avec leurs moyens.

Quito en 1592 et 1593. D'abord perçus par l'administration elle-même, les impôts indirects furent par la suite recouvrés en général selon le système dit de l'abonnement (***encabezamiento***), c'est-à-dire du forfait négocié et perçu par les municipalités qui le reversaient au Trésor.

L'organe de base de l'administration fiscale fut la Caisse royale (***caja real***) confiée en général collégialement à trois fonctionnaires, le trésorier (***tesorero***), le comptable (***contador***) et le ***factor*** qui s'occupait des rentrées en espèces. Un ***veedor,*** spécialement chargé de surveiller (d'où son nom fait à partir de *ver* = voir) la mise en barre des métaux précieux et de prélever la part du roi qui s'élevait à 20 % (***real quinto***), pouvait leur être adjoint dans les régions minières. Outre les livres de comptes, les fonctionnaires du fisc (***oficiales reales***) avaient la responsabilité du ou des coffres renfermant les fonds qui leur étaient confiés. Chacun d'eux possédait

L'armée, un protagoniste tardif

«L'empire espagnol d'Amérique a été fondé sur la Conquête et, bien entendu, qui dit conquête dit occupation militaire d'un territoire. Cependant, aussitôt la Conquête s'est transformée en colonisation, en administration. Apparemment, donc, le rôle de l'appareil militaire aux Indes se serait terminé avec l'instauration d'un ordre administratif qui avait jeté les bases de l'exploitation économique des richesses, aussi bien minières qu'agricoles, du Nouveau Monde.

Cependant, la mise en valeur de ces ressources de façon monopolistique par l'Espagne entraîna une série de conflits internationaux avec d'autres puissances qui prétendaient intervenir elles aussi, d'une façon ou d'une autre, dans l'exploitation de ces richesses... L'accroissement des nécessités défensives qui allait en découler fit qu'une partie du système administratif se mit à leur service. Au XVIIIe siècle, l'Armée en vint même à avoir une véritable activité administrative dans la mesure où une bonne part des postes politiques et administratifs furent confiés aux chefs militaires chargés de la défense, en espérant qu'ils en fassent le meilleur usage possible.»

Juan Marchena Fernandez, *Oficiales y soldados en el ejército de América.*

«Il fallut attendre la deuxième moitié du XVIIIe siècle pour que les agressions venant de l'extérieur et les soulèvements internes, à la fois par leur nombre et leur nature, constituent un réel danger. La réponse de la Couronne à cette menace fut l'élaboration, à partir de 1764, d'un nouveau système de défense qui allait répondre avec succès aux épreuves auxquelles il devait être soumis.

Ce système reposa sur une "triade" constituée par la Flotte, les fortifications et l'Armée laquelle, désormais, était constituée d'unités aguerries et de milices mais renforcées de corps expéditionnaires venus périodiquement de métropole.»

Julio Albi, *La defensa de las Indias (1764-1799).*

une clé et le coffre ne pouvait s'ouvrir que sous l'effet conjoint des trois clés, d'où son nom de ***caja de tres llaves.*** La raison évidente de cette pratique était de responsabiliser collectivement les ***oficiales*** et d'éviter les tentations individuelles.

Des Caisses royales furent installées en grand nombre sur l'ensemble du territoire de l'Empire, dans la dépendance de Caisses centrales (***cajas matrices***) situées dans les capitales vice-royales, où l'on trouvait de même les ***tribunales de cuentas,*** chargés notamment de vérifier les documents en provenance des ***cajas.*** Dans les ***audiencias,*** ces vérifications incombaient au ***contador mayor de cuentas.*** L'ensemble de la politique et des problèmes fiscaux étaient enfin examinés par les ***juntas de hacienda,*** réunies sous la présidence des vice-rois ou des présidents d'Audience. Elles donnaient des avis ou pouvaient même prendre des mesures, mais à titre conservatoire seulement, puisque le Conseil des Indes et même, en dernière instance, la Couronne pouvaient seuls décider en la matière.

Au XVIe siècle, on appelait ***soldados*** (soldats) en Amérique des personnages hauts en couleur dont le seul lien avec l'institution militaire résidait dans le fait qu'ils étaient toujours armés. En réalité, leurs velléités guerrières se réduisaient à vivre d'expédients et à être disponibles pour tous les mauvais coups. La Couronne essaya souvent, mais en vain, de les expédier vers les zones encore non pacifiées.

5. Efficacité, contrôle et corruption

L'efficacité de l'appareil administratif colonial se heurta d'emblée à toute **une série d'obstacles en quelque sorte structurels** que l'on rencontrait aussi en Espagne et dans la plupart des pays européens de l'époque : **la cohérence fonctionnelle et décisionnelle de l'ensemble n'était pas toujours évidente,** la logique de ses rouages et leur optimisation n'avaient fait l'objet d'aucune analyse sérieuse.

Mais les conditions propres à l'Empire aggravèrent sans aucun doute ces possibilités de dysfonctionnement :
- les décisions prises sur place par les responsables, vice-rois et auditeurs, n'étaient pas toujours en phase avec celles du Conseil des Indes ou de la Couronne d'autre part soumis aux pressions divergentes de leur entourage ;
- les distances entre telle ou telle contrée américaine et la métropole se mesuraient en fait en mois de voyage et en années, dans les cas d'un aller et d'un retour, sans

Les distances-temps : «Les distances qui mesurent l'univers créé par l'explosion planétaire du XVe siècle sont des distances-temps... Cinq ans, c'est, en moyenne, le temps qu'il faut pour un aller-retour Espagne-Philippines... Les chances que l'on a (facteur, gouverneur ou missionnaire) de faire l'aller-retour Séville-Manille sont faibles... cinq années pour un aller et retour, mais une chance sur deux, en moyenne, pour chacun de ceux qui tentèrent l'aventure, de revenir jamais vivre entre ses parents le reste de son âge... Entre l'Andalousie et le Mexique, les temps morts sur deux ans s'élevaient à dix-huit mois et demi contre cinq mois et demi de navigation effective.»

Pierre Chaunu, *Conquête et exploitation des nouveaux mondes.*

compter le temps mis en Espagne par l'examen d'un problème au niveau du Conseil et par la prise de décision du souverain ;
– souvent, lorsqu'un ordre arrivait en Amérique, la situation telle qu'elle avait été décrite aux instances espagnoles avait évolué, les fonctionnaires nommés étaient morts entre-temps ;
– enfin, les distances énormes entre les provinces et les chefs lieux d'Audience concouraient aussi à distendre les liens dans l'organigramme hiérarchique.

Pour tenter de pallier ces inconvénients bien connus dans les sphères gouvernementales, toute une série de garde-fous avaient été mis en place dans l'espoir, sinon d'y mettre bon ordre, du moins de limiter l'ampleur des problèmes. Les supérieurs hiérarchiques disposaient d'abord d'un arsenal assez complet de mesures de rétorsion, voire de sanctions à l'encontre de leurs subordonnés (amendes, suspension, etc.). De plus, chaque fonctionnaire au terme de son exercice dans un poste, était soumis à une enquête et à un véritable procès (***juicio de residencia***), en général instruit par son successeur et durant lequel les administrés ayant eu à se plaindre de la gestion passée pouvaient venir déposer, ce dont d'ailleurs ils ne se privaient pas. Les arrangements étaient toujours possibles entre l'entrant et le sortant et les cas où cette procédure donna lieu à des sanctions importantes ne furent pas rares.

La Couronne avait aussi à sa disposition un autre moyen, celui des inspections (***visitas***) qui pouvaient concerner soit une personne bien précise sur laquelle on avait des soupçons, soit un organisme particulier lorsque des plaintes suffisamment graves et argumentées parvenaient en Espagne. Il arrivait également que l'ensemble d'une Audience soit soumise à une ***visita general*** et, dans ce cas, toute l'administration à quelque niveau que ce soit était inspectée. Si la procédure présentait en principe de sérieux avantages, elle était aussi très longue, coûteuse et perturbait sensiblement le fonctionnement ordinaire de la machine administrative, si bien que la Couronne au XVIIe siècle évita d'y recourir trop souvent.

Un des principaux obstacles rencontrés par l'appareil d'État fut sans aucun doute la **corruption des fonctionnaires**. Ce terme d'ailleurs ne doit pas faire illusion. Il n'y avait pas à proprement parler de corps de fonctionnaires ni de carrières telles que les a connus depuis l'État moderne. Toute une série de facteurs, là aussi, poussaient les serviteurs de l'Etat à ne point le servir avec l'efficience, et surtout la rectitude, souhaitables : leurs **salaires** étaient à tous les échelons **notoirement insuffisants** d'autant que, de manière courante, pour être nommé il fallait verser, officiellement ou de manière occulte, des sommes parfois importantes, et que les fonctionnaires partaient en Amérique accompagnés de leur famille et d'amis bien décidés à profiter eux aussi de l'aubaine.

La corruption était dès lors inévitable, d'autant que **des liens d'intérêt ne tardaient pas à se tisser entre fonctionnaires et administrés** que l'on retrouvait en cheville dans les affaires les plus diverses. Ces pratiques, désignées sous le nom générique de ***tratos y contratos***, de ***granjerías,*** étaient connues de tous, en particulier dans le cas des corregidors qui tenaient de véritables commerces et surtout obligeaient leurs administrés indiens soit à leur acheter, soit à aller revendre les produits les plus divers qui ne leur étaient pas toujours utiles, c'était ce que l'on appelait les ***repartos*** (ou ***repartimientos***) tant de fois dénoncés, mais jamais supprimés.

L'administration coloniale, telle qu'elle vient d'être présentée, devait rester pratiquement inchangée jusqu'aux réformes des Bourbons dans la seconde moitié

Faute d'avoir jamais pu venir à bout des ***repartos*** maintes fois interdits, la Couronne finit par les reconnaître officiellement en 1756 afin de pouvoir les inclure dans la sphère des rentrées fiscales...

La futura : on appelait ainsi la pratique selon laquelle on payait, par anticipation, plusieurs années à l'avance – d'où le nom du système – pour être assuré d'avoir un emploi dans l'administration coloniale, ce qui était source, on le devine, de tractations complexes mais surtout de situations parfois inextricables.

La vente forcée de mules au XVIIIe siècle

«La vente forcée de mules se fait de manière si rigoureuse qu'il faut avoir perdu toute crainte de Dieu pour commettre de telles iniquités ; nous citerons un exemple de ce dont nous avons été les témoins continuellement. En 1742... nous arrivâmes dans une bourgade où la veille avait eu lieu la vente forcée ; notre logeur s'était vu attribuer quatre mules dont il ne voulait pas malgré l'insistance et même les menaces du corregidor car elles étaient si faibles qu'il craignait de les voir mourir avant de s'en servir... Après ces récriminations, notre logeur revint chez lui en pensant que le corregidor en tiendrait compte, mais il se trompait. Cette nuit-là, un alguazil vint frapper à sa porte en lui disant qu'il lui laissait les mules envoyées par le corregidor. Notre homme ne prit pas la peine de sortir, sa porte étant fermée. Le lendemain, une des mules était morte, mais il dut néanmoins payer les quatre.»

Jorge Juan et Antonio de Ulloa,
Noticias secretas de América.

La tyrannie des corregidors

«La tyrannie des corregidors naît de l'insatiable avidité de richesses qui conduit aux Indes ceux qui vont gouverner les Indiens et, comme pour la satisfaire ils n'ont d'autre moyen que d'opprimer ces derniers de toutes les façons qu'offre la malignité, ils n'en omettent aucune. Ils s'en prennent partout aux Indiens avec cruauté, exigent d'eux plus qu'ils ne pourraient tirer de véritables esclaves. Il est vrai que le système des repartimientos n'existe pas dans la province de Quito, mais les corregidors ont tant d'autres moyens pour tyranniser les Indiens qu'ils n'ont pas besoin de cette cruelle pratique, même si l'on doit avouer que bienheureux sont ceux qui ne sont pas sujets à la rigueur des repartimientos, mais ils n'en sont pas moins soumis à des charges si injustes qu'elles les laissent dans l'état le plus méprisable et le plus triste que l'on puisse imaginer.

Nombreux sont les moyens dont usent les corregidors pour devenir riches sur le dos des Indiens. On peut citer d'abord la perception du tribut, car c'est par là que commence à s'exercer leur rigueur, loin de toute justice, oublieux de la charité et ayant perdu toute crainte de Dieu. La perception des tributs est une des choses que les corregidors considèrent comme la rente de leur corregimiento. Il est certain que s'ils devaient s'acquitter de cette tâche consciencieusement, ils ne pourraient en tirer aucun profit ni porter préjudice aux Indiens ni non plus frauder le fisc, mais leur mauvaise conduite produit tous ces maux. Ils s'abandonnent à l'ambition et ne considèrent rien d'autre que de la satisfaire de quelque façon que ce soit, en espérant qu'une fois leur temps terminé lors du jugement de résidence, ils seront disculpés de tout grâce aux cadeaux qu'ils feront au juge qui l'instruira...

Les corregidors établissent les listes à leur guise, de sorte qu'ils en font deux, une qui est l'officielle, et elle est exacte, une autre à leur usage et qui est celle à partir de laquelle ils perçoivent les tributs et où se manifeste toute leur perversité. Ainsi, ils font payer le tribut aux Indiens qui n'ont pas encore l'âge mais sont solides et corpulents, sans que ceux-ci puissent faire valoir pour se libérer de cette injustice ni la preuve du livre des baptêmes, ni les supplications, ni l'appui des personnes qui défendent leur droit, car les corregidors ne reviennent jamais sur leur décision de faire payer le tribut. Ils font de même avec ceux qui ont atteint l'âge d'être exemptés. Bien qu'ils les voient vieux et mendier car ils ne peuvent plus travailler, ils ne les dispensent pas de payer et comme les Indiens vivent en général longtemps, les corregidors ont coutume d'exiger le tribut même après l'âge de 70 ans. Ils procèdent de même avec les autres lorsqu'ils s'aperçoivent que leur maladie n'est pas assez grave pour les empêcher tout à fait de travailler, si bien que les seuls dispensés de payer sont ceux qui ne peuvent absolument pas gagner leur vie. Les caciques, les alcaldes et les Indiens employés au service de leur église le sont également, mais s'ils ne sont pas atteints par cette épidémie de malheur, c'est parce que les corregidors le veulent bien, car sinon ils seraient tout aussi sans défense que les autres et il leur arriverait la même chose...

L'iniquité et la méchanceté des corregidors ne se tient pas pour satisfaite de faire payer ceux qui sont exemptés de tribut, elle va jusqu'à faire payer aux uns et aux autres une double contribution. Cela arrive aux Indiens sueltos, *c'est-à-dire ceux qui ne sont pas soumis à la* mita[1] *ou ne vivent pas dans les villages des caciques. Ces malheureux paient au corregidor ou à ses percepteurs qui sont plusieurs, lesquels donnent un reçu, mais comme les Indiens sont des gens très rustiques et si peu sagaces qu'ils ne prévoient point les conséquences que peut entraîner le fait d'égarer le papier, et comme ils n'ont chez eux aucune caisse ni aucun endroit sûr où ils pourraient le garder convenablement, il arrive qu'au bout de quelques jours ils égarent le reçu et se trouvent ainsi dans l'obligation de payer de nouveau. En effet, lorsqu'un autre percepteur vient à passer, ou lorsque le même revient et gourmande le pauvre Indien parce qu'il n'a pas payé, celui-ci va chercher le reçu. Comme il ne sait pas lire, il apporte un papier quelconque ou un reçu ancien et le présente en toute simplicité. Le percepteur ne se donne pas pour satisfait et même si l'Indien s'épuise à le convaincre qu'il a déjà payé le tiers de sa contribution, le percepteur attribue à de la tromperie ce qui est de l'ignorance. Après avoir maltraité l'Indien, il emporte ce qu'il trouve dans la maison de ce malheureux et, s'il n'y a rien de valeur, il le met dans un atelier de tissage, ce qui est le cas le plus fréquent, pour percevoir le montant du tribut grâce au salaire de l'Indien. Ce malheureux, qui se voit si tristement opprimé, plein de vermine et sans espoir de justice, meurt peu après si sa femme ou ses filles n'ont pu réunir entretemps la somme qu'exige le percepteur ou si personne par charité ne vient payer ce qui est dû, en espérant que l'Indien le remboursera peu à peu par son travail.»*

Jorge Juan et Antonio de Ulloa,
Noticias secretas de América.

1. Voir p. 67.

du XVIIIe siècle, ainsi que nous aurons l'occasion de le voir. Les progrès parallèles de l'absolutisme monarchique et la consolidation de la bureaucratie à partir du règne de Philippe II entraînèrent une **intervention toujours plus grande de l'État dans les affaires américaines**. Cette volonté tâtillonne fut même un des caractères prédominants du XVIIe siècle lorsqu'une infinité de textes officiels entreprit de réglementer pratiquement tous les aspects de la vie publique – voire privée – et d'intensifier ainsi le contrôle de l'État. Encore faut-il souligner que cette évolution se trouvait limitée dans la réalité. S'y opposèrent en effet trois types d'éléments :

– la permanence des obstacles structurels et géographiques dont nous avons traité précédemment,
– l'émergence à l'échelon local et régional de véritables groupes de pression nés de l'évolution économique et de la structuration du pouvoir social, dont les intérêts ne coïncidaient pas toujours,
– les contradictions mêmes nées de cette évolution qui accrut de manière très significative les tensions déjà existantes entre l'État espagnol, souvent maladroit ou mal informé, et ses administrés américains, en particulier les créoles.

Corruption, mentalités et vénalité des charges

«Il faut signaler un fait à notre avis très important : la transgression des normes et des lois n'a pas seulement affecté la bureaucratie, elle s'est largement étendue au public qui avait recours à ses services. Ainsi en témoigne l'omniprésence de la contrebande, par exemple, qui fut si généralisée à toutes les époques qu'il n'est pas besoin de s'étendre longuement sur cet aspect des choses. Il semble bien qu'au-delà du commerce, la moralité de la population se soit passablement détériorée. Comme l'écrivait à son successeur le duc de Linares, vice-roi du Mexique : *"Les vices occupent maintenant une place énorme dans le cœur des habitants de Nouvelle-Espagne et il faudrait enfin qu'ils se rendent comptent que ce sont là de véritables fautes. Ainsi, soit la crainte soit la raison y mettrait un frein ou les conduirait un jour vers le repentir, mais les vices sont devenus une seconde nature au point qu'il est impossible de parler de certains en détail. Chez tout le monde sans exception on les retrouve tous, ou du moins la plupart de ceux qu'interdisent les préceptes divins : le mensonge est le style le plus courant, les faux serments une habitude générale, l'envie et la jalousie, une pratique courante, et ainsi de suite, sans excepter même la simple confiance qui a disparu au point que l'on ne peut se fier ni aux paroles ni aux documents écrits..."*

Cette prédisposition à la transgression des normes dans de larges secteurs de la société semble s'être prolongée aussi dans les couches populaires par des taux élevés de criminalité. Ainsi, un voyageur comme Gemelli Carreri à la fin du XVIIe siècle au Mexique se montrait-il horrifié par la multitude de crimes commis dans la ville de Mexico et le vice-roi de Linares déjà cité parlait du même phénomène... La surprise des observateurs européens semble prouver que le degré de corruption et de criminalité était plus important dans les colonies américaines de l'Espagne qu'en Europe, ce qu'il faudrait toutefois démontrer par des études comparatives. Si l'on y parvenait, cela serait un indice que les sociétés américaines se trouvaient au début du XVIIIe siècle au moins dans un état d'organisation et d'intégration moins avancé que les européennes, qu'elles étaient fractionnées en groupes de clientèles et en clans de pouvoir, plutôt qu'en strates ou en classes sociales plus ou moins homogènes...

Lorsqu'au milieu du XVIIe siècle la corruption des fonctionnaires devint générale et lorsque les tentatives pour la réprimer eurent échoué, la Couronne elle-même commença dans une large mesure à y participer par le biais des bénéfices qu'elle tira de la justice et de l'administration. Il faut souligner qu'il y eut en Espagne deux formes très distinctes de vénalité des charges : l'une était légale, l'autre, une forme dissimulée de vente extralégale. La vente légale des charges concernait seulement, au niveau des municipalités, les fonctions de greffiers et d'échevins, c'est-à-dire des charges qui n'avaient aucune fonction de justice ou d'autorité, la vente de celles qui relevaient de ces deux dernières branches étant interdite. C'est sous Philippe II que l'on commença à introduire ce type de vente légale qui octroyait une propriété pleine et entière à l'acheteur. Il est difficile d'évaluer l'effet que le nouveau régime, dit *de oficios vendibles y renunciables,* eut sur l'administration coloniale. En outre, il affecta aussi bien l'administration coloniale que la métropolitaine. Ce n'est que plus tard, sous Philippe IV, et à une plus large échelle sous Charles II, qu'apparut ce que l'on appela *el beneficio de empleos,* à savoir le fait d'attribuer des charges, des titres ou des grâces en échange d'un paiement préalable. Ce versement fut considéré comme un véritable mérite par la Couronne qui justifia ainsi la nomination. Le bénéficiaire cependant n'obtint pas la propriété de sa charge qui resta soumise aux règles de durée, d'exercice, etc., établies par les lois.

dans la pratique que certains fonctionnaires acquirent leur emploi de manière pratiquement viagère – par exemple les auditeurs et les fonctionnaires des finances – alors que d'autres ne le furent que dans les cadres prévus par la loi (vice-rois, gouverneurs, corregidors et *alcaldes mayores*). Comme la Couronne vendit des charges à tous les niveaux – ou plutôt en tira bénéfice – sans parler des titres nobiliaires, des grâces, etc, les conséquences furent différentes selon que les postes étaient viagers ou temporaires. Dans le premier cas, le fait d'avoir acheté un emploi ne signifiait pas nécessairement que le fonctionnaire allait essayer de récupérer par la corruption ce qu'il avait dépensé, car l'argent ainsi investi dans l'achat de la charge pouvait être considéré comme un investissement à rendement viager sous forme d'une place de prestige et d'un salaire non négligeable, bien qu'il eût des exemples précis de fonctionnaires qui avaient acheté ce type d'emplois et figuraient parmi les plus corrompus. La situation changeait dans le deuxième cas. Un fonctionnaire de ce type achetait un emploi qui ne devait durer que 2, 3 ou 5 ans. Qu'il soit vice-roi, gouverneur ou corregidor, il allait forcément recourir à la corruption non seulement pour rentrer dans ses fonds mais pour faire un bénéfice. Dans ce cas, la relation entre la vénalité des charges et la corruption était d'autant plus directe que dans bien des cas le prix d'un emploi équivalait ou même dépassait de beaucoup le salaire que le fonctionnaire pouvait gagner pendant tout le temps qu'il allait rester dans son poste.»"

Horst Pietschmann,
El Estado y su evolución al principio de la colonización española de América.

Chapitre 4

L'exploitation de la main-d'œuvre indigène

1. L'esclavage des Indiens

Dès sa première rencontre avec les indigènes des Bahamas, Christophe Colomb, formé à l'école de la traite portugaise, avait supputé les bénéfices que l'on pourrait tirer d'une **population saine et pacifique**, donc selon toute vraisemblance **facile à réduire en esclavage**. D'ailleurs, dès les premiers voyages de retour, les caravelles espagnoles avaient ramené en Europe un certain nombre d'Indiens qui avaient été vendus un bon prix, moins pour leurs aptitudes réelles au travail servile que pour leur valeur exotique et la curiosité qu'ils suscitaient. Cependant, cette traite d'un nouveau genre ne devait pas durer longtemps. Émus par la détresse de ces malheureux, des proches de la reine Isabelle la Catholique avaient obtenu que celle-ci interdise définitivement la poursuite de ce trafic.

Il n'en reste pas moins qu'aux Antilles mêmes **la population arawak** continua de fournir aux premiers colons **des contingents d'esclaves** pour leurs placers aurifères, la pêche des perles, les portages ou l'agriculture. Bartolomé de Las Casas dans ses écrits, mais aussi bien d'autres contemporains, ont témoigné de cette situation et surtout de l'inhumanité des innombrables abus auxquels elle donna lieu. Devant l'effondrement démographique indigène à Saint-Domingue, les Espagnols en vinrent alors à imaginer une traite inter-insulaire. C'est ainsi que durant une dizaine d'années, à partir de la fin du gouvernement d'Ovando (1502-1509), puis sous celui de Diego Colomb, le fils du Découvreur, plus de 40 000 indigènes des Bahamas, les *Lucayos*, furent transportés à Saint-Domingue et vendus aux colons. Ces razzias*

L'origine des Indiens : cette question suscita de très nombreux débats au cours des XVIe et XVIIe siècles et plus d'une vingtaine de théories furent proposées. Les plus communément admises considéraient les Indiens comme les descendants des *tribus perdues d'Israël,* disparues lors de la captivité à Babylone. On leur donnait pour ancêtre soit Cham soit Issachar, tous deux maudits et promis à la servitude, selon la Bible, par leurs pères respectifs Noé et Jacob. Loin d'être une affaire simplement spéculative, cette question servait en fait à retrouver dans l'origine de l'Indien des justifications au sort qui lui était réservé.

esclavagistes eurent d'ailleurs lieu en toute légalité, avec l'aval des autorités, et **la Couronne elle-même contresigna les contrats.** D'autres Indiens furent capturés lors des révoltes ou tout simplement réduits en esclavage par le bon vouloir des premiers colons, que ne préoccupaient guère les contraintes légales en la matière.

L'esclavage des Indiens ne s'arrêta pas avec l'épuisement du réservoir des Bahamas, il se poursuivit lorsque les Espagnols entreprirent la conquête des empires continentaux. C'était souvent un esclavage de fait, né du pragmatisme des conquérants et que ne reconnaissait pas toujours la législation en vigueur, d'autant que la Couronne, ainsi qu'on le verra plus loin, préféra bientôt voir les relations entre colons et indigènes réglées par le système encore mal défini de l'*encomienda* et du *repartimiento*.

Razzias : on appelait, selon les régions, ***entradas, malocas*** ou ***correrías,*** les expéditions montées par les colons espagnols sur les marches frontières de l'Empire afin d'y capturer des Indiens jusque-là incontrôlés et pouvant être de ce fait réduits en esclavage. Cette pratique économico-guerrière fut systématisée au Brésil sous le nom de *bandeira* (d'où le nom de *bandeirantes* donné à ceux qui y participaient).

Cédule royale autorisant les Espagnols d'Hispaniola à réduire les Indiens en esclavage

«Il m'a été rapporté que par le passé, lors des combats de Hyguey et d'autres lieux de cette île contre les Indiens qui s'étaient rebellés contre Nous, on avait pris et capturé de nombreux esclaves, lesquels se sont échappés, sont repartis chez eux ou ailleurs dans l'île, et qu'il n'a pas été fait en sorte que lesdits esclaves soient ramenés chez leur maître afin d'éviter des troubles, chose dont les Espagnols de cette île reçoivent un grave préjudice, car ils ont acheté lesdits esclaves fort cher. Ils m'ont donc supplié de permettre que lesdits esclaves, où qu'ils se trouvent, puissent être repris par leurs maîtres puisque la paix est revenue et que ces Indiens esclaves avaient été capturés de bonne guerre. Aussi, comme ils se sont rebellés contre Nous, j'ordonne de donner licence et, par la présente, donne licence à tous les propriétaires d'Indiens esclaves, chaque fois qu'ils les pourront reprendre, de se servir d'eux comme de personnes soumises à servitude, en conformité avec les dispositions que nous avons signées lorsqu'ils se sont rebellés.»

Burgos, 30 avril 1508.

Sous l'influence des campagnes de Las Casas, la Couronne espagnole en vint à interdire l'esclavage des Indiens. Désormais, seuls purent être réduits à l'état d'esclaves les ***Indios de guerra,*** c'est-à-dire ceux qui, les armes à la main, avaient fait obstacle à la propagation de la foi chrétienne – et à la pénétration européenne – ou s'étaient rebellés contre les Espagnols. C'est ainsi qu'on rencontra encore au XVIIe siècle des esclaves indiens en provenance des régions qui refusaient la tutelle espagnole ou dans lesquelles éclataient de temps à autre des

Las Casas : voir ch. 5.

L'abolition de l'esclavage indigène en Amérique
(cédule royale du 12 juin 1679)

«Le Roi. Différentes cédules et ordonnances signées, par les Rois mes prédécesseurs et par moi-même, disposent et déclarent que les Indiens de mes Indes Occidentales, des îles et de la Terre Ferme de la Mer Océane ne peuvent en aucune façon ni sous aucun prétexte être tenus pour esclaves, et qu'au contraire ils doivent être traités comme des vassaux ayant grandement enrichi mes domaines. Il s'agit d'une matière d'une importance particulière qui a toujours été considérée avec le soin, la vigilance et l'attention qu'elle mérite et qui, si on ne mettait pas en pratique les décisions prises à son propos, irait à l'encontre des buts recherchés par l'enseignement de la foi catholique et l'attraction à elle des Indiens qui ne sont pas encore réduits. Aussi, convient-il d'éviter les moyens extrêmes tels que l'esclavage et d'user de ceux de l'amour et du bon traitement qui sont les plus efficaces pour leur conservation et leur soumission.

Pour toutes ces raisons, il a été envoyé des cédules et des ordres en grand nombre qui chargeaient d'agir en ce sens mes vice-rois, les présidents, les auditeurs, les gouverneurs, les archevêques et les prélats des Ordres. Dernièrement, la Reine, ma Mère, par une cédule du 20 décembre 1674, a décidé que les Indiens des provinces du Chili, pays où l'esclavage a été le plus courant, ne soient plus tenus pour esclaves en aucune façon et en particulier dans trois cas suivants :

– Premièrement, les Indiens pris les armes à la main et qui étaient faits esclaves au nom du droit de la guerre ;

– Deuxièmement, ce que l'on appelle la servitude, lorsque les Indiens d'âge tendre étaient pris et devaient servir jusqu'à vingt ans avant d'être ensuite considérés comme libres,

– Troisièmement, ce que l'on appelle l'usage, en vertu duquel les pères, les mères et les proches parents vendaient leurs enfants, les échangeaient contre des biens et les laissaient en gage un certain temps.

La Reine a donc décidé que tous les Indiens esclaves retrouveraient leur liberté naturelle et que cela serait fait de manière précise et ne souffrirait aucune dispense.

Or, le Conseil des Indes a étudié un courrier, en date des 8 et 29 octobre 1676, de Don Juan Henriquez, capitaine et gouverneur général desdites provinces du Chili, où il expose ce qu'il a fait pour mettre en œuvre la cédule en question du 20 décembre 1674. Il y souligne les difficultés qui se sont présentées lors de son application et explique ce que lui a exposé le procureur général de la ville de Santiago sur les inconvénients qui résulteraient pour le service royal, ainsi que pour le sécurité du royaume du Chili et pour la propagation de notre sainte foi catholique, si l'on déclarait libres les Indiens de ce pays, en particulier le préjudice subi par les tiers actuellement possesseurs d'esclaves.

Après avoir consulté sur cette question, j'ai décidé que, malgré les démarches instantes du procureur général et ce qu'il expose, il faut appliquer ce qui est prévu par la cédule en question. Désormais, sous aucun prétexte de guerre juste ou autre, les Indiens ne pourront être faits esclaves ni être vendus, qu'ils soient pris à la guerre ou en dehors d'elle. On ne pourra ni les soumettre à la servitude ni à ce qu'on appelle l'usage, et que tous ceux qui aujourd'hui vivent en esclavage ainsi que leurs enfants soient effectivement libérés.

C'est pourquoi j'ordonne à mes vice-rois, présidents, auditeurs et gouverneurs ainsi qu'à tous les autres juges de mes Indes Occidentales de publier cet ordre avec force de loi générale dans les royaumes du Pérou et de Nouvelle-Espagne. J'ai aussi ordonné de l'insérer dans le Recueil des Lois des Indes qui va être imprimé afin que ses dispositions soient observées de manière précise et inviolable dans tous ces royaumes, sans permettre ni autoriser quelque contravention que ce soit et quel qu'en soit le motif ou la cause. Un procès-verbal devra être adressé à mon Conseil des Indes dès que cette loi aura été publiée dans tous les lieux où elle devra l'être.»

La survivance d'un esclavage déguisé
(Venezuela, début du XIXe siècle)

«D'après les lois, il n'y a pas d'Indiens esclaves dans les colonies espagnoles. Cependant... les frères missionnaires de l'Amérique méridionale font de temps en temps des incursions dans les pays occupés par des tribus pacifiques d'Indiens, appelés indios bravos *parce qu'ils n'ont pas encore appris à faire le signe de croix comme les Indiens, tout aussi nus, des missions que l'on appelle* indios reducidos. *Au cours de ces incursions nocturnes dictées par le fanatisme le plus criminel, ils s'emparent de tout ce qu'ils peuvent prendre, principalement des enfants, des femmes et des vieillards, ils séparent sans compassion les enfants des mères, pour éviter qu'ils ne cherchent ensemble le moyen de s'échapper. Le frère qui fait les fonctions de chef de cette expédition distribue les jeunes entre les Indiens de sa mission qui ont le plus contribué au succès des* entradas. *Dans l'Orénoque... on donne à ces prisonniers le nom de* poitos *et ils sont traités comme des esclaves jusqu'à l'âge où ils peuvent se marier.»*

Alexandre de Humboldt, *Essai politique sur le royaume de Nouvelle-Espagne*

révoltes souvent de grande ampleur : les zones *mapuches* dans le Sud chilien, le pays *chiriguano* sur les confins Sud-Est de l'Audience de Charcas, le Nord mexicain.

2. L'*encomienda*

A Saint-Domingue, dès les premières années, Christophe Colomb avait imposé aux Indiens âgés d'au moins 14 ans de verser tous les trois mois à la Couronne un tribut en or, puis, avant même la fin du XVe siècle, les autorités coloniales de l'île les avaient soumis à un système de corvée appelé aussi ***service personnel***. Très vite, la Couronne se trouva devant un problème difficile à résoudre car ses éléments étaient sur certains points contradictoires. Il lui fallut :
– d'une part, récompenser les exploits et les peines des conquérants, assurer et normaliser la vie économique des terres nouvellement découvertes ;

– d'autre part, veiller à ses propres intérêts, faire respecter le principe d'une conquête faite au nom du souverain (***realenga***) ce qui excluait donc la concession de seigneuries et de fiefs ;
– enfin, dans la mesure du possible et selon les conceptions de l'époque, protéger les indigènes contre les abus.

Les textes fondateurs de l'***encomienda***, sans toutefois encore employer le mot, datent de 1503. Le principe, hérité en grande partie des pratiques de la Reconquête de la Nouvelle-Castille en Espagne, consistait à *recommander* (en espagnol *encomendar*, d'où le nom de l'institution) un certain nombre d'Indiens aux Espagnols qui s'étaient particulièrement signalés lors de la Conquête (***los beneméritos***). **L'*encomienda* avait pour but ou pour justification, de transférer à un particulier les devoirs de protection, instruction et évangélisation qui incombaient normalement au souverain.** L'***encomendero*** devait donc subvenir aux besoins d'un curé, mais aussi s'installer à demeure et avoir toujours prêts un cheval et des armes pour assurer la défense de la région. **En échange** de ces obligations désormais assurées par lui et non plus par la Couronne, il pouvait exiger de ses Indiens le **paiement d'un tribut en nature ou en métal précieux et un certain nombre de corvées.**

Ce système, appelé indistinctement ***encomienda* ou *repartimiento,*** donna lieu, lors de la phase antillaise, à toute sorte d'horreurs ou d'abus facilités par les silences de la législation et la faiblesse du contrôle étatique. Avec la conquête du Mexique et du Pérou, l'*encomienda* se transporta sur le continent et les grands chefs de guerre, les Cortés, Pizarro et autres, reçurent ainsi en recommandation plusieurs milliers d'Indiens. En principe, à partir de 1536, l'obligation du *service personnel* – c'est-à-dire des corvées – fut supprimée et l'*encomendero* dut se contenter d'un tribut dont le montant était fixé par les autorités et normalement payé en deux fois, à la Noël et à la Saint-Jean, en monnaie métallique et en produits locaux, ce fut ce que l'on appela l'*encomienda de tributo*. La réalité est beaucoup plus complexe et variée. La disparition du service personnel fut longue d'autant que, lorsque les indigènes ne pouvaient pas payer leur tribut en argent, ils préféraient souvent, en accord avec l'*encomendero*, le faire par des corvées. Il y eut même des régions où l'*encomienda* dite *de servicio*, malgré les interdictions officielles, ne comporta plus que ce genre de prestations.

Le revenu des *encomiendas* fut très variable, en fonction du nombre d'Indiens attribués, mais aussi de la richesse ou de la pauvreté du pays, du degré de soumission des indigènes et de leur intégration au système colonial. Dans les régions pauvres, marginales et faiblement peuplées, les *encomiendas* – qui parfois ne concernaient chacune qu'un nombre dérisoire d'Indiens – ne signifiaient pratiquement rien d'un point de vue économique ; elles eurent surtout pour effet de définir chez ceux qui en bénéficiaient l'appartenance à une sorte d'aristocratie remontant à la Conquête et tirant d'elle sa légitimité. Vers le milieu du XVIe siècle, âge d'or des *encomiendas,* on estime leur nombre à un peu plus de 350 au Mexique et à près de 500 dans l'ancien empire des Incas. **Grâce à elles, on vit se constituer en Amérique une sorte de patriciat d'origine militaire** qui, lorsqu'il en eut les moyens, ambitionna de constituer la nouvelle féodalité américaine. Les riches *encomenderos* vécurent en effet souvent comme des potentats entourés d'une maisonnée abondante dans leur *casa poblada,* avec majordomes, gardes du corps, écuyers, serviteurs et même, selon la vieille tradition médiévale, *nourris* (*criados* ou *paniaguados*) et parasites de tous ordres.

Profitant de la position privilégiée et de la rente qui leur étaient ainsi accordées, la plupart des *encomenderos* accrurent de manière considérable leurs revenus et leur position sociale. Ils se firent parfois commerçants, marièrent leurs filles à des fonctionnaires haut placés et, surtout, se constituèrent des propriétés foncières souvent très étendues. On a longtemps discuté pour savoir si l'*encomienda* était à la base des *haciendas** et autres *estancias**. L'*encomienda* ne donnant légalement et en principe aucun droit sur la terre des Indiens recommandés, la réponse devrait être négative. Il n'en reste pas moins que dans la pratique les choses semblent avoir été beaucoup moins nettes. **Il ne fut pas rare que des *encomenderos,* par des moyens détournés, se rendent maîtres d'une partie des terres de *leurs* Indiens.**

Lorsque vinrent les dispositions des *Lois Nouvelles* de 1542 prises sous l'influence de Las Casas et qui, outre

Haciendas / Estancias :
voir pp. 113 et 114.

El sonsaque (de *sonsacar* : soutirer) : pratique délictive assimilée à un vol, répandue surtout dans les régions faiblement peuplées, consistant à attirer par les moyens les plus divers et souvent dolosifs (promesses, perspectives de mariage, etc.) un Indien d'une *encomienda* dans une autre où il devait désormais servir.

la suppression de certaines *encomiendas,* affirmèrent que leur jouissance ne serait plus désormais que **viagère,** on imagine la colère et l'angoisse des *seigneurs d'Indiens* comme ils aimaient à se faire appeler. Leur réaction fut très violente, surtout au Pérou, et la Couronne leur imposa, de façon transactionnelle, un système dit des *deux vies*. Désormais, toutes les deux générations les *encomenderos* durent faire un dossier afin que l'*encomienda* familiale leur soit réattribuée, ce qui fut en général le cas. Toutefois, ils ne perdirent pas l'espoir, pendant longtemps, de se voir enfin concéder la perpétuité tant désirée, mais là aussi la Couronne resta sourde à leurs plaintes et à leurs promesses, dans la mesure où, pensait-elle, le système des deux vies – qui pouvait être porté à trois en cas de mérite éminent – par son caractère précaire assurait la fidélité intéressée des familles *encomenderas.*

Si la jouissance d'une *encomienda* continua d'assurer une certaine reconnaissance sociale, les familles qui ne surent diversifier ni leurs revenus ni leurs alliances connurent, dès la fin du XVIe siècle, une baisse très nette de leur statut. Le nombre des Indiens ayant partout fortement décliné, les rentes diminuèrent dans les mêmes proportions. D'autres secteurs sociaux issus du commerce ou de l'administration se mirent à occuper le devant de la scène et beaucoup de familles *encomenderas* adressèrent alors en Espagne des courriers éplorés d'où il ressortait, sans doute d'une manière à peine exagérée, qu'elles étaient désormais guettées par la misère et la honte de se voir déchues.

Beaucoup disparurent en effet au cours du XVIIe siècle, les plus fortunées étant attachées à leur *encomienda* bien plus pour sa signification sociale et historique que pour son revenu réel. Ce type de rente ne constituait plus alors qu'une partie négligeable, voire infime, des entrées financières des grandes lignées du patriciat colonial, notamment en raison de la diminution de la population indigène. Avec le temps, la Couronne se servit des *encomiendas* vacantes (*vacas*) les plus rentables pour récompenser des personnes, souvent métropolitaines, qui l'avaient bien servie, mais dont les ancêtres n'avaient rien à voir avec la Conquête. Il s'ensuivit toute une série de **récriminations des vieilles**

familles coloniales appauvries et s'estimant lésées par ce choix qui méconnaissait le grand principe, né en Espagne mais devenu fort vivace en Amérique, de la prélation ***(prelación)***, c'est-à-dire de la priorité des descendants de ceux qui «avaient gagné le pays», les conquérants et autres premiers colons (***los pobladores :*** de *poblar,* peupler).

Au XVIIIe siècle, avec l'usure du temps, l'*encomienda* en vint à ne signifier pratiquement plus rien d'un point de vue social, encore moins sur le plan économique. Aussi, une des premières mesures américaines de la nouvelle dynastie des Bourbons fut-elle de procéder, non point à leur suppression radicale, mais à leur extinction progressive. Par une série de dispositions prises en 1718, 1720 et 1721, il fut décidé que chaque *encomienda* disparaîtrait à la mort de la personne qui en jouissait alors. Le caractère progressif de l'application et la perte de sens de l'*encomienda* firent que cette mesure ne souleva pratiquement aucun remous. Si l'on excepte certaines régions marginales où les *encomiendas,* dotées d'un statut particulier, furent maintenues (dans le Yucatan jusqu'à la fin du XVIIIe siècle, au Paraguay jusqu'au début du XIXe puisqu'elles furent supprimées par les Cortes de Cadix en 1812), il n'y eut plus désormais d'Indiens ***encomendados en particular,*** ils furent tous comme on disait ***puestos en la corona real,*** c'est-à-dire dépendant sans intermédiaire du roi, du moins en principe, comme on le verra.

Les *encomiendas* du Paraguay présentèrent toujours certaines spécificités. Si celles dites *de indios mitayos* étaient en quelque sorte traditionnelles et n'impliquaient pour les Indiens que des corvées annuelles de deux mois, celles appelées *de indios originarios* entraînaient pour ceux-ci l'obligation de quitter leur village pour aller s'installer sur les propriétés de l'*encomendero* et le servir indéfiniment sans salaire.

3. Le travail obligatoire

Même au temps de sa splendeur, l'*encomienda* n'avait concerné qu'une minorité d'indigènes. La société coloniale se mettant en place, les Espagnols avaient eu de plus en plus besoin de main-d'œuvre et les autorités locales avaient autorisé, ou même organisé, l'utilisation temporaire de certaines populations, parfois en contradiction avec les ordres venus de métropole. C'est ainsi qu'arguant du fait que les Indiens y étaient habitués puisqu'ils n'avaient pas d'animaux de trait ou de bât, une pratique très répandue, et dont le nom variait selon les régions, les obligeait à transporter à dos d'homme, parfois

Tamemes : on appelait ainsi, d'abord au Mexique puis dans d'autres régions de l'Empire, les Indiens soumis aux corvées de portage. Le mot vient du nom des sangles utilisées par les porteurs mexicains.

sur de longues distances, les marchandises les plus diverses. Sous l'influence de Las Casas, ces portages pénibles et dégradants avaient été interdits par la législation au milieu du XVIe siècle, mais on sait que dans certaines zones, comme la Nouvelle-Grenade, actuelle Colombie, ils durèrent longtemps, en fait jusqu'à ce que se généralise l'utilisation des mulets.

L'État se trouvait devant une alternative contradictoire. D'une part, il souhaitait évidemment la bonne marche de l'économie américaine. Or, de tous côtés, on lui disait que les Indiens ne servaient jamais les Espagnols lorsqu'ils n'y étaient pas obligés et qu'ils étaient par nature paresseux. D'autre part, la Couronne se devait aussi de rester fidèle aux grands principes qu'elle avait proclamés, à savoir que les Indiens étaient des vassaux libres... Toutefois, considérant que les indigènes par leur indolence – en réalité leur incompréhension, ou leur refus, du statut qui leur était imposé – se comportaient de fait comme des irresponsables qui comme tels devaient être guidés et obligés à certaines activités, tels des enfants, les autorités coloniales, puis métropolitaines, en étaient venues à légaliser puis à organiser des corvées auxquelles finit par être soumise, en échange d'un salaire minime – souvent payé en partie en

Les abus du portage à Santiago del Estero[1] (1586)

«Il y avait ici un grand abus en ce qui concerne les naturels car on les envoyait jusqu'à Potosí ou au Chili comme s'il se fût agi de mules louées par dix ou par vingt, sans qu'on leur paye leur travail ni même qu'on leur donne des espadrilles pour la route. J'ai ordonné qu'ils puissent être employés au commerce de cette région, mais qu'auparavant celui qui les envoie les présente au juge de la ville pour que l'on prenne les nom et adresse de chacun, qu'on les paie un réal par jour, plus la nourriture, et qu'au retour on les présente de nouveau au juge dont il a été question pour qu'il vérifie si ce sont bien les mêmes et qu'il leur fasse payer leur dû en fonction du voyage, seul moyen pour que les choses soient faites comme il faut et raisonnablement. Bien que l'évêque prétende que ladite ordonnance ne le concerne pas, je l'ai fait exécuter pour la première fois lors d'un transport lui appartenant, raison pour laquelle il m'a excommunié deux ou trois fois, puis m'a absous pour huit mois en attendant que l'Audience en décide ou que Votre Majesté veuille bien envoyer une cédule sur ce sujet car les ecclésiastiques sont obligés eux aussi, et les premiers, de payer la sueur des pauvres...»

Juan Ramirez de Velasco,
Colección de documentos inéditos para la historia de Chile.

1. Ville du Nord-Ouest de l'actuelle Argentine.

nature malgré les interdictions – la majeure partie de la population indigène masculine.

Ce système de travail obligatoire, dénommé selon les régions ***mita*** (au Pérou), ***cuatequil*** (en Nouvelle-Espagne) ailleurs ***tandas*, ruedas*** ou ***repartimiento*** (à ne pas confondre avec l'autre nom de l'*encomienda*), rappela à bien des égards aux Indiens les corvées imposées par leurs anciens maîtres incas ou aztèques. Pour des durées variables, plusieurs semaines ou plusieurs mois, chaque année les indigènes en âge de travailler durent donc se rendre par roulement dans les entreprises espagnoles, *haciendas, estancias,* moulins à sucre, ateliers de tissage (***obrajes***), mines, qui s'étaient vu attribuer par l'administration un certain nombre de travailleurs. Inutile de dire que ces corvées, en principe surveillées par les fonctionnaires, donnèrent lieu à toutes sortes d'abus, tant en ce qui concerne les conditions de travail que les rémunérations. Deux cédules royales de 1601 et 1609 qui suscitèrent, surtout la première, bien des controverses sur la licéité de l'utilisation de la main-d'œuvre indienne dans des entreprises privées, fixèrent définitivement le cadre institutionnel de ces corvées et clôturèrent le débat en démontrant que lesdites entreprises concouraient à la richesse du pays, de la collectivité, donc des Indiens eux-mêmes...

Les plus terribles de ces corvées furent sans aucun doute celles qui conduisirent les Indiens dans **les pêcheries de perles,** lors de la phase antillaise, et dans les mines, en particulier dans les Andes où l'activité minière prit une ampleur considérable. Ainsi, le grand centre minier de Potosí, qui avait besoin en permanence au temps de sa splendeur de plus de 12 000 travailleurs indigènes, se transforma-t-il en dévoreur d'hommes. A des centaines de kilomètres à la ronde, tous les Indiens des villages, entre 18 et 50 ans, durent aller y travailler douze mois tous les sept ans. Pour ce faire, ils devaient abandonner leurs communautés et leurs terres, amenant avec eux femmes et enfants en une migration souvent sans retour et qui donnait lieu à tous les trafics, mêmes les plus éhontés. Les femmes et les enfants étaient utilisés aux travaux de surface. Pour échapper à leur destin, c'est-à-dire ne pas aller au fond, les Indiens payaient parfois plus qu'ils n'auraient reçu en salaire des concessionnaires de mine, c'était la

Las tandas : lorsqu'elles furent créées en Nouvelle-Espagne au XVIe siècle, les *tandas* obligeaient en permanence un certain pourcentage de la population indienne (4 % en temps normal, 10 % au moment des travaux agricoles) à travailler trois semaines pour les Espagnols.

La boga : corvées très pénibles et surtout dangereuses imposées aux Indiens de Nouvelle-Grenade qui devaient assurer le transport des marchandises et des personnes sur le fleuve Magdalena.

Los camaricos : au Pérou, Indiens obligés d'assurer par corvée la nourriture et le logement des voyageurs espagnols dans les *tambos,* relais étapes créés le long des routes par les Incas et conservés par la colonisation. Des coureurs (***chasquis***) assuraient la liaison entre les différents *tambos*.

Indiens *setimas :* on appelait ainsi dans les Andes les corvéables envoyés dans les *haciendas*. Ce nom venait du fait que la population indigène était divisée en sept parties (*séptimas partes*) travaillant à tour de rôle. Dans d'autres régions, ce système des corvées concernait en permanence de 1/6e à 1/11e des Indiens.

mita de faltriquera, mot à mot la *mita de poche*, sous-entendu celle qui allait dans la poche de l'entrepreneur.

Dans les galeries, les *mitayos* travaillaient dans des conditions sanitaires et de sécurité plus que précaires. Avant de descendre, on les obligeait d'ailleurs, fait significatif, à assister à la messe des morts ! Ils restaient plusieurs jours d'affilée au fond, devaient remonter eux-mêmes le minerai extrait et le tout pour un salaire infime,

Les pêcheries de perles

«C'est autour de cette île de Cubagua[1] *que, dans ces régions américaines, on pratique le plus intensément la pêche des perles qui a lieu de la façon suivante. Les chrétiens qui s'y occupent ont des esclaves indiens, de grands nageurs qu'ils envoyent dans des canoës occupés chacun par six ou sept nageurs plus ou moins experts aux endroits où il leur semble, ou bien où ils savent, qu'il y a le plus de perles. Là, les nageurs se mettent à l'eau et plongent jusqu'au fond, tandis que reste dans l'embarcation l'un d'entre eux pour la maintenir sur place du mieux qu'il peut en attendant que remontent ceux qui vont sous l'eau.*

Une fois que les Indiens sont restés ainsi un long moment au fond, ils réapparaissent et regagnent en nageant le canoë pour y mettre les huîtres qu'ils ont pêchées (car les perles se trouvent dans ces huîtres). Ils apportent celles-ci dans des filets fabriqués à cette fin et que le nageur porte attachés à la ceinture ou au cou.

Après être monté à bord, le pêcheur se repose un peu, mange un morceau, s'il le désire, puis retourne dans l'eau et y reste aussi longtemps que possible, revient avec encore plus d'huîtres et refait ce que j'ai dit plus haut. Lorsque vient la nuit ou lorsqu'il leur semble qu'il est l'heure de se reposer, ils regagnent leurs maisons dans l'île et remettent toutes les huîtres de la journée au maître à qui ils appartiennent ou à son administrateur qui leur donne à manger et met les huîtres en lieu sûr. Lorsqu'il y en a en assez grande quantité, ils les font ouvrir et dans chacune se trouvent les perles, parfois une seule, dans d'autres plusieurs, deux, trois, cinq, six ou même dix, plus ou moins grosses selon les desseins de la Nature qui les y a mises. Les perles sont conservées et les Indiens mangent l'animal contenu dans l'huître ou bien ils le jettent car il y en a tant que cela en vient à écœurer, d'autant que, comme je l'ai dit plus haut, leur chair est très dure à digérer et bien moins savoureuse que celle des huîtres de notre Espagne.

Parfois, lorsque la mer est plus profonde que les pêcheurs et leurs maîtres ne le voudraient et comme naturellement lorsque l'homme est sous l'eau à une grande profondeur ses pieds partent vers le haut rendant la marche très difficile sur une longue distance, les Indiens procèdent de la manière suivante : ils se mettent sur les flancs deux pierres, une sur chaque côté, attachées avec une corde séparées d'un empan ou plus. L'Indien se laisse ainsi aller au fond ; comme les pierres sont lourdes, elles le font rester au fond et lorsqu'il veut remonter, il peut s'en défaire facilement. Certains Indiens sont si habiles qu'ils restent sous l'eau un quart d'heure, quelques uns même plus, d'autres moins, selon les aptitudes de chacun et leur expérience dans cette occupation.»

Gonzalo Fernandez de Oviedo,
Historia General y Natural de las Indias.

1. Ilot proche de l'île de la Margarita (du latin margarita : perle) au large de la côte Est du Venezuela.

L'enfer de Huancavelica

«Je suis descendu... jusqu'à environ 150 toises... J'ai vu dans cette mine comment travaillent les Indiens, et examiné l'endroit, sa grande profondeur, les dangers et les gaz du minerai, l'épaisse fumée des bougies de suif, l'étroitesse des galeries, la corruption de l'air causée par la sueur, les immondices et les gaz, la poussière qui s'échappe des roches sous les coups des outils, la difficulté à respirer car l'air ne peut pénétrer en ce lieu, la remontée sans fin jusqu'à l'entrée de la mine avec de lourds sacs de minerai par des échelles verticales, l'air glacé que les Indiens retrouvent dehors lorsqu'ils sortent chargés et en sueur, l'eau froide qu'ils boivent alors qu'ils ont très chaud, leurs aliments peu nourrissants, le poids d'un travail aussi éprouvant, le danger des chutes, l'absence presque totale de sécurité des ponts et des appuis à l'intérieur de la mine et, enfin, les nombreux milliers d'Indiens morts et enterrés sans compter tous les autres qui vont mourir et tous les maux qui s'accumulent... si bien que depuis quelques années l'expérience prouve que tous ceux qui y entrent pour leurs corvées en ressortent irrémédiablement condamnés à mort ; si quelques-uns décèdent aussitôt et d'autres plus tard, il est certain qu'aucun ne tient trois ans au cours desquels la maladie dont ils souffrent est si cruelle que ces malheureux préféreraient mourir sur le coup plutôt que d'endurer d'aussi grandes douleurs.»

F. Miguel Agia,
Servidumbres personales de Indios (1601).

bien inférieur à celui des travailleurs libres. La coca, l'alcoolisme, la tuberculose et les épidémies ajoutèrent leurs ravages, si bien que les seize provinces du Sud péruvien et de l'actuelle Bolivie andine, soumises à la *mita* minière, connurent pendant plusieurs siècles une véritable saignée et une désorganisation complète de la société indigène. Beaucoup d'Indiens préférèrent d'ailleurs fuir plutôt que de retourner dans l'enfer souterrain du *Cerro rico* de Potosí ou des autres mines d'argent du Haut Pérou.

Sur une échelle moindre il est vrai, il y eut pourtant pire que Potosí. A Huancavelica, au Pérou, les mines de mercure, indispensable pour le traitement de l'argent par amalgame, présentaient les mêmes problèmes et les mêmes dangers avec, en outre, celui des vapeurs de mercure qui, pénétrant dans la peau des mineurs, les rendaient d'abord impuissants, les desséchaient littéralement, avant de les soumettre à des tremblements incoercibles qui les conduisaient à la mort.

Au Mexique, le travail dans les mines du Nord ne posa pas les mêmes problèmes aux communautés indiennes. La participation directe des Espagnols aux différents travaux du fond y fut toujours plus effective qu'au Pérou. D'autre part, les concessionnaires employèrent d'abord des esclaves noirs puis, dès la fin du XVIe siècle, eurent surtout recours à des travailleurs indigènes libres venus d'autres régions. En échange d'une certaine quantité journalière de minerai, ***el tequio,*** ils étaient rémunérés, fort mal d'ailleurs, en couvertures et tissus divers dont ils se servaient ou qu'ils revendaient dans leurs villages d'origine.

La *mita* minière posa toujours de graves problèmes et suscita pendant longtemps des débats enflammés entre partisans et adversaires. Vers la fin du XVIIe siècle, une junte fut même réunie à Lima pour discuter, sans succès, de sa suppression et de son remplacement par un travail libre et salarié. Il fallut attendre la nouvelle dynastie des Bourbons pour qu'en 1719 le roi Philippe V signe enfin le décret d'abolition de la *mita* minière, mais ce texte ne fut jamais envoyé au Pérou et resta donc lettre morte. Ce furent les *Cortes* de Cadix au début du XIXe siècle qui mirent fin, de manière effective, à la *mita,* mais à cette date le régime colonial était déjà pratiquement moribond.

4. De la liberté proclamée au servage de fait

Ni l'*encomienda,* ni les corvées ne satisfaisaient vraiment les colons. Pour ce qui était de la première, son caractère relativement précaire, les limitations légales qui lui furent imposées et la dépréciation de la rente en firent plus un indicateur social qu'une source réelle de revenus. Quant aux secondes, elles étaient soumises aussi à bien des aléas et les Espagnols se plaignaient souvent, non sans motif semble-t-il, du mauvais vouloir des Indiens qui préféraient, et on les comprend, rester dans leurs communautés plutôt que d'aller travailler pour des salaires dérisoires chez les colons. Le principal souci des Espagnols fut donc de fixer à leur service le plus grand nombre possible d'indigènes. Contrairement à ce que l'on croit généralement, la colonisation espagnole en Amérique ne se jeta point sur les terres pour les posséder, **mais sur les hommes pour contrôler leur force de production.**

Il existait déjà dans l'Amérique pré-colombienne des formes de servage aux modalités variées, par exemple dans les îles les ***naborías,*** les ***yanaconas*** dans l'Empire inca. Tout naturellement, les premiers colons espagnols des Antilles utilisèrent à leur profit les *naborías* qui leur furent d'ailleurs souvent offerts par les chefs indigènes. Le système se transporta, et se développa, en Nouvelle-Espagne où il existait de nombreux captifs des guerres pré-hispaniques. En principe, les *naborías* pouvaient retrouver leur liberté à la mort de leur maître et régulièrement des juges devaient vérifier qu'ils n'étaient pas retenus contre leur volonté. La réalité des choses était évidemment beaucoup moins idyllique. De nombreux abus étaient commis et, bien que les *Lois nouvelles* de 1542 aient interdit de réduire les Indiens par la force à l'état de *naboría,* les colons continuèrent d'avoir recours à cette méthode tout à fait illégale mais efficace.

Avec la chute de la population indienne, la multiplication des entreprises espagnoles, *haciendas, obrajes, estancias,* mines, etc., et la mise en place d'une législation de plus en plus contraignante qui proclamait la liberté des indigènes, la fixation et le contrôle de la main-d'œuvre indienne dans un cadre très concurrentiel devinrent une priorité vitale pour les colons. Ceux-ci profitèrent d'abord de l'écroulement des empires précolombiens et de l'éclatement des structures sociales traditionnelles sous l'impact de la Conquête, qui jetèrent sur les routes une fraction importante de la population indienne : on l'estimait au 1/6ᵉ du total au Pérou vers le milieu du XVIᵉ siècle. Par la suite, l'encomienda et les corvées permirent souvent aux Espagnols de garder d'une façon tout à fait illégale à leur service des Indiens qui en principe ne les servaient qu'à titre temporaire. Mais on ne doit pas oublier non plus que dans certaines régions, en particulier celles où sévissaient les corvées minières, **beaucoup d'indigènes préférèrent aliéner leur liberté** en se mettant définitivement et de leur plein gré au service d'un colon, ce qui leur permettait d'échapper à l'enfer des galeries et de la *mita.*

On vit ainsi se mettre en place un système nouveau qui finit par être reconnu officiellement par les autorités dans le dernier tiers du XVIᵉ siècle au prix d'une jonglerie certaine entre les principes proclamés (la liberté des Indiens) et le pragmatisme économique qui s'imposait dans les milieux de gouvernement. Les propriétaires d'*haciendas* purent conserver sur leurs terres des familles indiennes à qui ils confièrent un lopin de terre et une chaumière ***(el bohío),*** disons plutôt une cabane misérable. En échange de cette maigre jouissance et d'un salaire très faible souvent payé en nature, notamment en alcool ou en coca dans les Andes, les Indiens devaient travailler pour le maître un certain nombre de jours par semaine, cinq au maximum de façon à laisser le dimanche libre, ainsi qu'un autre jour pour le travail du lopin personnel. Souvent les épouses devaient aller servir dans la *casa hacienda,* tandis que les enfants étaient requis comme bergers.

Au bout d'un certain temps, ces familles étaient considérées comme faisant partie du domaine mais les maîtres, pour plus de sûreté et craignant sans doute que l'administration puisse un jour revenir sur ce statut contraire au principe de la liberté de l'Indien, se les attachèrent par le biais de la dette. Ces familles ne pouvant plus sortir du domaine sans autorisation ; les maîtres leur fournirent des biens de consommation courante, sel, outils, tissus, alcool ou des avances sur salaire que les Indiens ne purent pas rembourser. Ceux-ci se retrouvèrent donc pris au piège, d'autant que ces dettes sans cesse plus importantes étaient héréditaires.

Les maîtres d'*haciendas* eurent dès lors à leur service de véritables serfs. Ce statut rappelait en effet celui des *serfs chasés* (***siervos acasillados***) du Moyen Age et, au XVIe siècle, ses défenseurs indiquaient que la même chose existait encore dans certaines régions reculées d'Espagne où il y avait des ***siervos*** (ou ***vasallos***) ***solariegos,*** liés à la glèbe et qui pouvaient être vendus avec les propriétés. Cette dernière possibilité fut légalement refusée aux *hacendados* (maîtres d'*haciendas*), mais tout le monde savait que le prix d'une *hacienda* incluait celui des serfs indiens qui lui étaient attachés.

On touche là sans doute à la preuve la plus tangible de ce regain de vitalité que connurent, en Amérique coloniale, **des organisations socio-économiques et des comportements médiévaux issus de la féodalité** au moment même où, en Espagne, ils étaient en train de disparaître. Ce modèle de servage, avec quelques variantes de détail seulement, s'imposa pratiquement dans tout l'Empire. Il prit par la suite des noms variés selon les régions : ***yanaconaje*** au Pérou, ***terrazgo*** en Nouvelle-Grenade, ***peonaje*** au Mexique, ***inquilinato*** au Chili, ***concertaje*** ou ***huasipungo*** dans ce qui est aujourd'hui l'Équateur, etc. Sous des formes à peine modifiées, il devait traverser le temps et durer en fait jusqu'au XXe siècle, dans la mesure où les *hacendados* lors de la grande offensive contre les terres indiennes l'utilisèrent au siècle passé, en le renforçant encore, pour s'attacher définitivement la main-d'œuvre indigène et assurer sa docilité.

«Défense et illustration» coloniale du yanaconaje...

«Il est en ce royaume d'autres Indiens appelés yanaconas *qui ont quitté, eux ou leurs parents, les provinces dont ils étaient originaires et sont venus vivre avec les Espagnols pour les servir. Il est nécessaire qu'ils existent à la fois pour eux-mêmes et pour la conservation du pays, puisque d'esclaves de leurs caciques qu'ils étaient dans leurs villages ils deviennent libres, de l'ignorance de ce qu'est posséder quelque chose, ils en viennent à avoir du bien et font du commerce. Ils ignoraient la vie policée et la connaissent maintenant ; ils apprennent des métiers qui leur permettent de gagner de quoi manger. Ils vivent comme des chrétiens parmi d'autres chrétiens, sont mieux traités et soignés que par leurs caciques. Ils mangent et boivent mieux que dans leur contrée d'origine, sont plus honorés que les caciques eux-mêmes, ce dont ils sont fort contents.*

Ils sont très utiles à la société, car sans eux elle ne pourrait continuer, parce que les Espagnols ne servent point et il ne faut d'ailleurs pas qu'ils servent. D'autre part, il y a peu de nègres et encore vaudrait-il mieux qu'il n'y en ait pas autant. En résumé, sans le service de ces yanaconas *pour ce qui est nécessaire, le pays ne pourrait être conservé en l'état.*

Certains affirment qu'ils sont comme des esclaves, puisque s'ils veulent partir pour changer de maître la Justice s'y oppose, ce qui serait contraire aux lois des Indes et aux directives qu'elles donnent, puisque on n'envoie pas d'Indiens yanaconas *à Potosi, qu'il est interdit de se servir des Indiens au moyen de l'esclavage ou d'aucune autre façon contraire à leur volonté et sans les payer, qu'il ne faut pas les retirer de leurs villages et qu'il faut les empêcher de les quitter.*

Tout cela est sans valeur, car ces Indiens sont comme des mineurs [...] il faut leur donner un curateur pour les procès ou l'établissement des contrats. L'Audience est leur protectrice et leur curatrice, si bien que ladite Audience, ou les juges, là où il n'y a pas d'Audience, leur donnent des ordres et leur disent ce qu'ils doivent faire.

Il y a quatre sortes de yanaconas. *Les uns servent dans les* chácaras *où l'on cultive le blé. Chacun d'eux reçoit des terres que lui donne le maître où ils sèment pour leur subsistance et même pour vendre. Ils ont des lamas avec lesquels ils transportent et dont ils tirent profit pour eux-mêmes. Ils ont aussi du bétail de Castille et des biens propres, vivent en liberté et de manière civilisée, ensemble dans leurs chaumières ou leurs maisons. Ils élèvent des animaux de basse-cour et des porcs, ont un chef, choisi par eux, qui les dirige et les gouverne. Dans chaque propriété, il y a un petit village de* yanaconas *où quelqu'un leur fait le catéchisme. Leurs maîtres les traitent bien, outre les semences et l'enseignement chrétien qu'ils leur donnent chaque année. Mais comme les Indiens sont inconstants et de peu d'entendement, poussés par d'autres maîtres ils s'en vont et fuient vers d'autres propriétés ou errent dans l'oisiveté. Comme ils n'ont alors plus de soutien, ils vendent ou troquent leurs biens acquis au bout de longues années de travail en échange d'un peu de coca ou de maïs pour s'enivrer. Parfois, ils laissent même leurs femmes et partent avec d'autres. Il est donc juste de ne pas les laisser partir puisque c'est là qu'ils ont leurs femmes et leurs enfants et que la chácara est devenue leur lieu naturel de résidence. Certains sont riches et bien traités et s'il est des maîtres qui les punissent, c'est modérément afin qu'ils ne se livrent pas à leur ivresse et aux autres vices. Si on ne les autorise pas à changer de résidence, c'est que dans le cas contraire ils ne seraient ni corrigés ni punis ni catéchisés. Lorsqu'ils sont punis avec excès ou maltraités, on les enlève à leur maître et on les établit chez un autre. Tout cela ne signifie pas qu'on les prive de leur liberté, au contraire on le fait pour leur bien, ce que recherchent les lois.*

D'autres servent les Espagnols dans leurs demeures. Ceux-là sont bien traités et catéchisés. Il ne faut en aucune manière qu'ils changent de maître de leur propre volonté ou que l'on les y autorise, car ce serait les envoyer à l'ivrognerie et aux autres vices pour lesquels ils ont des penchants. Si la punition ou les mauvais traitements sont excessifs, on les retire à leurs maîtres et on les établit avec un autre, si bien que l'on ne peut dire que cela est contraire à leur volonté ni qu'il s'agit de quelque chose de forcé, puisqu'on les oblige à faire ce qu'ils doivent et ce qui leur convient. Dans le cas contraire, s'ils vont d'un maître à l'autre, on ne prend pas assez soin de leur enseignement ni de leurs mœurs, et de là vient que beaucoup d'entre eux sont des coquins et des voleurs. Plus ils le sont et plus il convient de modérer pareil désordre. Il y a un autre inconvénient si on les laisse changer de maître. Ils sont déjà plus de deux mille dans cette province et celle du Cuzco sans maîtres, seulement occupés de leur ivrognerie et qui volent tout ce qu'ils peuvent. On devrait donner l'ordre de rassembler tous ces Indiens et de les établir chez des maîtres afin qu'ils apprennent un métier car, du fait de leur vagabondage et de leur oisiveté, ils courent à leur perte, jouent ce qu'ils ont gagné avec leurs maîtres et s'ils tombent malades personne ne les soigne. D'ailleurs beaucoup meurent de la sorte...

La troisième sorte de yanaconas *ce sont ceux qui se trouvent à Potosi et à Porco, lesquels sont actuellement employés à travailler les mines de leurs maîtres mais aussi à ramasser pour eux-mêmes tout l'argent qui se trouve dans les terrils, qui est dix fois plus abondant que celui que leurs maîtres tirent des mines... Ces* yanaconas *travaillent pour leur propre compte tout le temps où il n'y a pas de métal et ils sont aidés par des Indiens qui se louent et qu'ils paient pour ce faire.*

La quatrième sorte de yanaconas *est constituée par ceux qui sont sur le versant est des Andes et travaillent la coca, lesquels sont si contents dans cet exercice qu'il est impossible de les en faire changer. Quant à dire qu'il y a quelque inconvénient à les faire venir de leur village et à les empêcher d'y retourner, ce qui viendrait à dépeupler le royaume, les auditeurs de Charcas considérant l'inconvénient pour tout le royaume de laisser partir les Indiens des villages et d'ordonner que ceux qui sont* yanaconas *retournent dans leurs villages, ont ordonné de laisser les choses en l'état où elles étaient lorsque l'Audience a été créée, et que dorénavant on interdise aux Indiens de quitter leurs villages mais aussi aux* yanaconas *d'y repartir."*

Juan de Matienzo,
Gobierno del Perú (1567).

Chapitre 5

Las Casas et la défense des Indiens

1. Des premières expériences coloniales aux premiers combats

Bartolomé de Las Casas naquit à Séville en 1484 dans une famille de marchands peut-être de lointaine origine juive d'après certains auteurs, française selon d'autres. Dès son plus jeune âge, il fut au contact des réalités américaines, d'abord parce que Séville devint très vite le centre de tout le trafic avec le Nouveau Monde, mais plus directement aussi puisque son père et son oncle s'engagèrent dans la seconde expédition de Colomb, celle de 1493, le premier nommé restant dans les îles jusqu'en 1499. L'heure de Bartolomé allait sonner peu après. En 1502, le père et le fils s'enrôlèrent avec 2 500 personnes dans la grande expédition de Nicolas de Ovando, qui venait d'être nommé gouverneur, et partirent pour Saint-Domingue.

Sur place, les deux hommes exercèrent diverses activités commerciales, et Bartolomé participa même à des opérations militaires contre les indigènes révoltés. En récompense, il se vit attribuer un fief d'Indiens, une *encomienda,* dans la région de la *Vega real.* Sans doute déjà titulaire des ordres mineurs à son arrivée aux Antilles, il n'avait pas tardé à accéder à la prêtrise – il aurait même été le premier prêtre ordonné en Amérique – tout en continuant à vivre de la rente de son *encomienda* et du revenu de ses terres qui renfermaient des sables aurifères.

Alors qu'il se trouvait dans la capitale de l'île lors de l'avent 1511, Bartolomé de Las Casas eut l'occasion d'assister aux sermons d'un dominicain récemment arrivé dans la colonie, **F. Antonio Montesinos**, sermons dans lesquels, en présence des autorités civiles et religieuses, mais aussi de l'aristocratie locale, le dominicain

dénonça sans détours les abus et même les crimes dont était victime la population indigène. Le scandale fut immédiat dans la petite société espagnole de la toute jeune colonie et F. Antonio Montesinos dut repartir en Espagne pour s'y justifier. Il faut dire qu'en métropole même, sur la base d'informations en provenance des îles, des voix avaient commencé à s'élever contre le sort fait aux populations indiennes. Dans leurs traités, des intellectuels comme Matias de Paz et Palacios Rubio s'interrogeaient à ce propos sur les plans du droit et de la conscience chrétienne.

Le sermon de F. Antonio Montesinos

«...Le dimanche étant arrivé, à l'heure du prêche, le susdit Frère Antonio Montesinos monta en chaire. Il prit pour thème de son sermon qu'il avait préalablement rédigé et fait signer par les autres frères : Ego vox clamantis in deserto. *Après son introduction et quelques mots sur l'Avent, il commença par dénoncer avec insistance la stérilité et la vacuité de la conscience des Espagnols de l'île ainsi que leur aveuglement et le grand danger qu'ils couraient d'être damnés, puisqu'ils ne se préoccupaient guère des péchés gravissimes dans lequels, en toute insensibilité, ils vivaient plongés et mouraient. Puis, revenant sur son thème il parla ainsi :*
"Pour vous en convaincre je suis venu ici, moi qui suis la voix du Christ dans le désert de cette île, aussi convient-il que vous l'écoutiez, non point avec une attention ordinaire mais de tout votre cœur et de tous vos sens ; elle sera pour vous la plus neuve que vous ayez jamais entendue, la plus rude et la plus sévère, celle qui vous remplira le plus d'effroi et vous peindra le mieux les dangers". Et il attira un long moment l'attention de ses auditeurs sur cette voix, en termes si violents et si terrifiants qu'il les faisait trembler de tous leurs membres et leur donnait à croire qu'ils se trouvaient à l'heure du divin jugement.... Après avoir ainsi superlativement évoqué cette voix, il leur déclara ce qu'elle disait et leur en donna la substance : «Cette voix vous dit que vous êtes tous en état de péché mortel, vous y vivez et y mourez, à cause de la cruauté et de la tyrannie dont vous faites preuve à l'égard de ces innocentes personnes. Dites-moi, de quel droit et selon quelle justice maintenez-vous ces Indiens dans une servitude aussi cruelle et aussi horrible ? Qui vous a autorisés à leur faire des guerres aussi détestables, alors qu'ils étaient tranquilles et en paix dans leur pays où vos tueries et vos ravages inouïs ont détruit un nombre incalculable d'entre eux ? Comment pouvez-vous les maintenir dans une telle oppression et un tel épuisement, sans leur donner à manger ni soigner leurs maladies, puisqu'à cause du travail excessif que vous leur imposez ils meurent, ou plutôt vous les tuez, pour avoir un peu plus d'or chaque jour ? Quel souci avez-vous de leur assurer le catéchisme et de leur faire connaître leur Dieu et leur Créateur, qu'ils soient baptisés, entendent la messe et observent le dimanche et les jours de fête ? Ne sont-ils pas des hommes? N'ont-ils pas âme et raison ? N'êtes-vous pas obligés à les aimer comme vous mêmes ? Ne comprenez-vous pas cela ? Ne le sentez-vous pas ? Comment pouvez-vous rester dans un

sommeil aussi profond, dans une telle léthargie ? Soyez assurés que l'état dans lequel vous êtes ne peut pas plus vous sauver que celui dans lequel vivent les Maures et les Turcs qui n'ont pas Jésus-Christ et refusent sa foi."
Il expliqua enfin la voix dont il avait parlé d'une telle manière et avec tant d'insistance qu'il laissa ses auditeurs stupéfaits. Beaucoup en sortirent bouleversés, quelques-uns encore plus endurcis, d'autres un peu émus, mais aucun, d'après ce que j'ai su par la suite, ne fut converti.»

Bartolomé de Las Casas,
Historia de las Indias.

Las Casas poursuivit une carrière coloniale somme toute classique pour l'époque. Peu après, il s'enrôla en tant qu'aumônier militaire dans l'expédition montée par Diego Colomb afin d'aller coloniser l'île de Cuba sous le commandement de Diego Velazquez. Les opérations prirent très vite un tour particulièrement brutal et sanguinaire dont Las Casas, déjà ébranlé par les sermons de Montesinos, ne tarda pas à s'émouvoir même si, pour prix de ses services, il reçut une nouvelle *encomienda* dont la rente était bien supérieure à celle dont il avait joui précédemment à Hispaniola. Elle lui permit d'amasser rapidement une appréciable fortune et de participer à des opérations commerciales d'une certaine envergure.

Ce que l'on a appelé la «conversion» de Las Casas fit lentement son chemin. Tiraillé entre le constat des horreurs coloniales et le sens de la parole évangélique, en 1515, il choisit définitivement son camp, renonça à son fief et se mit à prêcher dans le sens indiqué par F. A. Montesinos, au grand scandale de la toute jeune société cubaine, seulement préoccupée de ses profits immédiats et qui le rejeta. Las Casas décida donc de quitter l'île. Il regagna Saint-Domingue, y retrouva la petite communauté dominicaine et en particulier Montesinos avec lequel il partit pour l'Espagne, afin d'aller défendre devant la Cour la cause des Indiens.

N'ayant pu rencontrer Ferdinand le Catholique mort peu après, Las Casas et son compagnon réussirent à entrer en contact avec le Régent, le célèbre cardinal Cisneros, qui les chargea ainsi que Palacios Rubio de mettre sur pied un projet de réforme des Indes, en fait rédigé par Las Casas. L'idée générale consistait à **libérer les indigènes** non point de la tutelle espagnole mais **des abus des colons.** Pour ce faire, il proposait de supprimer

La destruction des Indes : *«Alors que les Indiens étaient si bien disposés à leur égard, les chrétiens ont envahi ces pays tels des loups enragés qui se jettent sur de doux et paisibles agneaux. Et comme tous ces hommes qui vinrent de Castille étaient gens insoucieux de leur âme, assoiffés de richesses et possédés des plus viles passions, ils mirent tant de diligence à détruire ces pays qu'aucune plume, certes, ni même aucune langue ne suffiraient à en faire relation.»*

B. de Las Casas, *Lettre à M. de Chièvres*, ministre du roi (1519).

les *encomiendas* et de **développer l'émigration de paysans espagnols** chargés d'instruire les Indiens, dont ils ne seraient plus les exploiteurs mais les tuteurs bienveillants. Sensiblement retouché par le Régent, le projet lascasien se retrouve en partie dans les *Instructions* que Cisneros envoya aux autorités des îles. Las Casas fut nommé «Procureur et Protecteur universel de tous les Indiens des Indes», puis chargé de conseiller et d'accompagner une mission de frères hiéronymites désignés pour aller enquêter sur place. Une fois arrivés, la rupture ne tarda pas à être consommée, les religieux jugeant excessives les positions de Las Casas qui rentra en Espagne pour y reprendre ses démarches instantes auprès des plus hautes sphères de l'État.

Au cours de ses pérégrinations en Espagne, Bartolomé vécut un temps à Valladolid. Il logea au couvent de San Pablo et étudia à celui de San Gregorio, qui étaient alors les centres intellectuels les plus actifs et surtout les plus novateurs de l'ordre dominicain en Espagne. Parallèlement, il perfectionna des plans de colonisation pacifique destinés à unir Espagnols et Indiens dans un développement harmonieux.

Dans un contexte sensiblement différent de ce qu'il avait connu jusque-là, puisque Charles Ier, futur Charles Quint, était monté sur le trône d'Espagne, Las Casas échafauda ensuite un nouveau projet de colonisation pacifique concernant cette fois la côte de Cumana, à

Las Casas et *l'Utopie*

«Le projet de colonisation paysanne est alors présenté au Conseil des Indes avec une précision nouvelle et un luxe de détails qu'on est tenté d'appeler *utopiens,* car il appelle *famille* chaque cellule sociale groupant, avec un ménage d'Espagnols, six ménages indiens et *père de famille* son chef : terminologie semblable à celle de la *familia rustica* d'une quarantaine de membres dont More fait, dans son fameux livre récemment paru, l'élément de base de la société d'Utopie. Au fond, cette conception tendait à faire de ces familles de minuscules *encomiendas* vraiment salvatrices confiées à un Espagnol agriculteur *(labrador),* qui pourrait être aussi un modeste hidalgo tenté par l'attribution de terres et d'*Indiens pour le servir,* à charge d'administrer leur communauté familiale et de l'entraîner à la pratique du catholicisme ; la *familia* payerait au Roi non seulement le quint de sa production d'or, mais aussi une capitation par ménage indigène.»

André Saint-Lu et Marcel Bataillon, *Las Casas et la défense des Indiens.*

l'Est de l'actuel Venezuela, et dans lequel les franciscains devaient jouer un rôle déterminant. Après de grandes difficultés d'organisation, l'échec fut presque immédiat et, en 1521, Las Casas arrivé sur place ne put que constater l'étendue du désastre.

2. La retraite conventuelle et de nouvelles formes de lutte

En 1523, Las Casas, de longue date en contact étroit avec les dominicains, entre dans l'Ordre prêcheur. Il étudie au couvent de Saint-Domingue, réfléchit et surtout décide de se faire par la plume le propagandiste de ses idées. Il entreprend ainsi la rédaction de plusieurs de ses œuvres majeures, la *Historia de las Indias,* sur la Conquête et la colonisation, ainsi que son *Apologética Historia* sur le monde indien que d'aucuns considèrent comme la première grande étude anthropologique sur l'Amérique.

Thomas More (1478-1535)

Humaniste anglais, ami intime d'Érasme, grand chancelier d'Henri VIII, il fut décapité pour n'avoir pas voulu reconnaître le rôle spirituel que le Roi s'était arrogé. Il est notamment l'auteur de l'*Utopie,* livre où il proposait une organisation idéale pour un pays imaginaire. Certaines de ses idées devaient être mises en pratique au XVIe siècle dans les *hospitales de Santa Fe,* créés au Mexique par D. Vasco de Quiroga, auditeur de Mexico puis premier évêque du Michoacan.

Le massacre des Innocents

«C'était l'usage chez les Espagnols que l'un d'eux, désigné par le capitaine, se chargeât de distribuer, selon ce qui revenait à chacun, les aliments ou les objets que leur donnaient les Indiens. Or, alors que le capitaine était sur son cheval, ainsi que les autres cavaliers, et que l'abbé lui-même surveillait la répartition du pain et du poisson, un Espagnol, subitement, tire l'épée (dont on peut croire que le diable s'était emparé) et aussitôt les cent autres en font autant, et entreprennent d'éventrer, pourfendre et massacrer ces brebis et ces agneaux, hommes et femmes, enfants et vieillards, qui étaient assis tranquilles, regardant étonnés les chevaux et les Espagnols. En un rien de temps, il ne reste aucun survivant de tous ceux qui se trouvaient là. Entrant alors dans la grande case qui était tout à côté, car cela se passait à sa porte, les Espagnols pareillement se mettent à tuer à coup d'estoc et de taille tous ceux qui s'y trouvaient, tellement que le sang ruisselait de partout comme si l'on avait tué un troupeau de vaches. Quelques Indiens qui furent assez prompts pour escalader les pieux et la charpente de la case parvinrent à s'échapper.

L'abbé, un peu avant cette tuerie, s'était éloigné de l'endroit où elle eut lieu pour se rendre sur une autre petite place du village, à proximité de la grande case où il devait loger, ainsi que tous les Espagnols. Là se trouvaient une quarantaine d'indigènes, de ceux qui avaient transporté les équipages de la troupe dans la traversée de ces provinces, étendus sur le sol pour prendre leur repos. C'est alors que cinq Espagnols qui étaient avec l'abbé, entendant soudain les coups d'épée et le carnage, mais sans voir ce qui se passait car des maisons les en empêchaient, mettent l'épée au poing et s'en vont tuer les quarante Indiens qui, éreintés de leurs charges et fardeaux, étaient en train de se reposer : ainsi prétendaient-ils, sans doute, les payer de leur portage. L'abbé, pris de colère, s'interpose et, les blâmant sévèrement, s'efforce de les arrêter, et comme ils lui gardaient quelque révérence, ils abandonnèrent leur intention, de sorte que quarante Indiens eurent la vie sauve. Mais cinq Espagnols allèrent aussitôt prendre part au massacre que faisaient les autres ; et lorque l'abbé, qui s'était attardé à empêcher la mort des quarante porteurs, arriva sur les lieux, il ne vit partout que des cadavres qui jonchaient le sol, chose épouvantable s'il en fût. Le capitaine Narvaez, comme il l'aperçut, lui dit : "Que pensez-vous de ce qu'ont fait les Espagnols ?" Et l'abbé, voyant tant de corps mis en pièces et bouleversé par tant de cruauté, lui répondit alors : "Qu'ils aillent au diable, et vous aussi!"»

Bartolomé de Las Casas,
Historia de las Indias.

La Bulle *Sublimis Deus* (1537) : sollicitée auprès du pape Paul III par les dominicains indophiles, elle proclama l'humanité des Indiens et leur aptitude à recevoir la foi chrétienne, mettant ainsi un terme officiel aux supputations sur la nature véritable des Américains.

«Considérant que les Indiens, étant de véritables hommes, non seulement sont aptes à recevoir la foi chrétienne, mais encore, d'après ce que nous savons, la désirent fortement... nous décidons et déclarons, nonobstant toute opinion contraire, que lesdits Indiens... ne pourront être en aucune façon privés de leur liberté ni de la possession de leurs biens... et qu'ils devront être appelés à la foi de Jésus-Christ par la prédication de la parole divine et par l'exemple d'une vie vertueuse et sainte.»

Après un court séjour au Mexique, Bartolomé retourne à Saint-Domingue où son intransigeance dans la défense des indigènes lui vaut bien des inimitiés et même un déplacement d'office sur ordre de l'Audience. Mais rien de l'arrête. Ainsi, il n'hésite pas à écrire au Conseil des Indes pour lui reprocher de permettre l'exploitation éhontée des Indiens. D'autre part, à la suite d'une intervention personnelle, Las Casas réussit à mettre fin pacifiquement à la grande rébellion d'un cacique indien, Enriquillo, que les autorités avaient en vain essayé de réduire par les armes depuis 1519.

Mais depuis quelques années les horizons américains s'étaient singulièrement élargis. Outre la Nouvelle-Espagne que Las Casas connaît déjà, l'Amérique du Sud et surtout le Pérou sont entrés dans l'orbite espagnole. Pendant cinq années (1535-1540) Bartolomé va donc sillonner les routes du Nouveau Monde, enrichir ses connaissances et se convaincre un peu plus des dénis de justice dont souffrent partout les indigènes. On le retrouve ainsi au Nicaragua où il prend conscience de l'ampleur de l'esclavage des Indiens, au Guatemala où du haut de la chaire il condamne la Conquête au grand scandale des Espagnols de la colonie, puis une nouvelle fois au Mexique avant de regagner le Guatemala d'où il rentre en Espagne, sans avoir pu réaliser son rêve d'aller au Pérou nouvellement conquis et où, pensait-il, on pourrait peut-être infléchir les choses avant que les mauvaises habitudes ne soient définitivement prises.

Témoin devant Dieu et devant les hommes

«Je puis affirmer, en vérité, que le seul mobile qui m'ait poussé à écrire ce livre, est le très grand, l'extrême besoin d'information exacte et de pleine lumière sur ce Nouveau Monde qui, j'ai pu le constater dans toute l'Espagne depuis de nombreuses années et parmi tous les ordres de l'État, se faisait cruellement sentir. D'un tel défaut, d'une telle carence, que de calamités et combien de dommages ont pu découler! Que de royaumes, en effet, ont été dépeuplés contre toute justice et combien de millions d'êtres, dans ces vastes Indes, ont perdu leurs vies et leurs âmes ! Que de péchés inexpiables ont été commis, à la faveur de l'aveuglement et du racornissement des consciences ! Que de préjudices, et combien lamentables, ont pu en résulter et en résultent tous les jours pour les royaumes de Castille ! Je suis absolument certain qu'on ne pourra jamais en faire le compte, jamais en mesurer la gravité ni jamais les déplorer comme il faudrait, avant le dernier, l'effroyable jour du très juste et rigoureux jugement divin.»

Bartolomé de Las Casas,
Historia de las Indias (1552), Prologue.

3. Francisco de Vitoria, les *Lois nouvelles* et l'expérience de *la Vera Paz*

Pendant que Las Casas s'informait et tâchait de convaincre sur le terrain, c'est-à-dire en Amérique, en Espagne même la réflexion sur la question américaine avait beaucoup évolué dans le sillage de ce que l'on a appelé l'École de Salamanque, dont la figure la plus en vue était un autre dominicain, un Basque, **Francisco de Vitoria** (1486-1546), précédemment titulaire d'une chaire au collège San Gregorio de Valladolid. S'étant libéré comme un certain nombre de ses contemporains de la scolastique médiévale alors en pleine décadence, il était revenu aux sources du thomisme* et avait beaucoup réfléchi sur la notion et les implications du principe de la loi naturelle dont bénéficient tous les hommes, sur l'organisation du monde, reflet de la pensée de Dieu créateur de toute chose, qui le font considérer généralement comme le fondateur du droit international. Sa réflexion avait conduit Vitoria à examiner les relations entre les pouvoirs civil et ecclésiastique et, tout naturellement, il en était venu à reconsidérer un sujet jusque-là tabou : les droits des souverains de Castille sur les Indes.

En 1537-1539, dans un ensemble de leçons sur les Indiens (*De Indis*) et sur le droit de la guerre (*De jure belli*), il concluait que la présence des Espagnols en

Thomisme : doctrine philosophique née au XIIIe siècle de la pensée du dominicain italien saint Thomas d'Aquin dont les zélateurs furent ses frères d'Ordre, alors que les franciscains défendaient les théories de Duns Scot. La rénovation du thomisme servit de point de départ à plusieurs écoles philosophiques espagnoles des XVIe et XVIIe siècles.

La légende noire : les ennemis de l'Espagne du XVIe siècle, la France mais surtout les pays protestants de l'Europe du Nord, insistèrent avec une extrême virulence – et une bonne dose de mauvaise foi – sur les horreurs et les crimes de la colonisation espagnole. Cette campagne, liée à l'hispanophobie religieuse et politique régnant alors en Europe, fut durement ressentie en Espagne, qui dénonça les a priori de ce qu'elle affirma être *légende*. Le fait que les écrits de Las Casas – et ses exagérations manifestes – aient constitué l'essentiel de l'argumentation des tenants de la *légende noire* a contribué à jeter en Espagne un discrédit durable sur l'œuvre du Protecteur des Indiens.

«Je crois que Dieu attend de moi que je remplisse à nouveau les cieux et la terre de clameurs et de gémissements.»

Bartolomé de Las Casas, *Lettre au prince Philippe* (futur Philippe II), 1545

Amérique ne pouvait avoir d'autre fondement que la propagation de l'Évangile. La guerre de conquête n'avait aucune justification en dehors des cas où les indigènes, approchés selon des méthodes persuasives et pacifiques, empêcheraient la prédication et, au nom du droit des gens, les rois d'Espagne étaient seulement habilités à exercer sur les Indes une sorte de protectorat. Ce dernier aspect, qui pourtant ouvrait la porte à une justification globale de la présence colonisatrice, fut considéré comme dangereux et **Charles Quint ordonna la saisie de tous les textes** qui, d'une manière ou d'une autre, mettraient en discussion les droits de la Couronne sur les Indes.

L'impact de la pensée et de l'enseignement de Vitoria – qui allaient bien au-delà des problèmes américains – furent considérables, malgré les restrictions apportées à leur diffusion. Las Casas qui, en 1540 et 1541, résida à Valladolid en reçut à l'évidence les échos et commença la rédaction d'un nouvel ouvrage de dénonciation des horreurs coloniales et de leur conséquence inéluctable à court terme : la destruction du Nouveau Monde. Le titre est très évocateur du contenu, la *Brevísima relación de la destrucción de las Indias.* Publié dix ans plus tard, les ennemis de l'Espagne devaient très vite y puiser des arguments pour la fameuse ***légende noire**** des exactions espagnoles en Amérique. Parallèlement, **Las Casas entreprit de proposer des remèdes dont le principal lui sembla être la suppression de l'*encomienda*.** Non seulement celle-ci ouvrait la porte à tous les abus, mais, en livrant les Indiens à des particuliers, la Couronne trahissait sa mission puisque tous les indigènes étaient placés de droit sous sa suzeraineté directe en tant que vassaux libres.

Introduit auprès de l'Empereur lors des *Cortes* de Castille en 1542 qui se tinrent à Valladolid, Las Casas réussit à le convaincre de procéder à l'épuration du Conseil des Indes, mais surtout fut convié à exposer ses idées devant un aréopage composé de treize hautes personnalités. Après une nouvelle intervention auprès de Charles Quint lors des *Cortes* d'Aragon à Monzon, un ensemble d'une quarantaine de lois – appelées ***Lois nouvelles*** puisqu'elles remplaçaient celles édictées en 1519 à Burgos – fut rédigé par les treize personnes qui avaient écouté Las Casas à Valladolid. Si certaines des lois de

1542 prévoyaient une réforme du système administratif, près du tiers était consacré à l'amélioration du sort des Indiens suivant les recommandations de Las Casas. Tout tournait en fait, comme il le proposait depuis des années, autour d'une **réforme radicale de l'*encomienda*.** Fonctionnaires et ecclésiastiques ne pourraient plus s'en voir attribuer, les charges des Indiens seraient revues et modérées par des commissions épiscopales et, surtout, dans le but de rendre la liberté aux vassaux indigènes, à la mort de leurs titulaires, **les *encomiendas* reviendraient à la Couronne et seraient donc supprimées**.

Le triomphe des idées de Las Casas était complet. Il fut autorisé à assister aux séances du Conseil des Indes et obtint même, en 1543, un additif aux lois de l'année précédente qui en accentuait la portée dans le sens voulu par lui. Enfin, il fut élevé à la dignité épiscopale et, après son refus d'aller au Cuzco, **la Couronne lui attribua le diocèse de Chiapas, dans le Nord du Guatemala,** qu'il connaissait déjà et où, accompagné de religieux dominicains de Valladolid et de Salamanque, il espérait édifier une société libérée des tares coloniales qu'il dénonçait depuis si longtemps. Arrivé sur place en 1544, **Las Casas**, bien décidé à mettre en pratique à La Vera Paz l'esprit réformiste des *Lois nouvelles,* **ne tarda pas à entrer violemment en conflit avec les colons** qui refusaient de se laisser dépouiller – ne fût-ce que d'une partie de leurs avantages – et dénonçaient comme dangereusement utopiques toutes les innovations de leur évêque, mais aussi avec les fonctionnaires de l'Audience qui refusèrent de le suivre. En fin de compte, en 1547, Las Casas, sans doute trop rigide et peu diplomate, dut repartir en Espagne en n'ayant obtenu dans le concret que la suppression de l'esclavage des Indiens.

«Pour que les hommes puissent vaquer aux choses de Dieu, œuvrer comme des chrétiens, garder les préceptes sacrés, s'accoutumer et se livrer à l'exercice du culte et de la religion catholiques, et fréquenter les saints sacrements de l'Église – tout cela sans se gêner les uns les autres – il faut qu'ils vivent dans la paix et la tranquillité et qu'ils y soient maintenus : conditions qui ne seront remplies que si l'on garde les sentiers de la justice, en laissant à chacun ce qui lui appartient au lieu de le lui prendre, en respectant son droit sans lui faire le moindre tort ni la moindre violence.»

B. de Las Casas, *Memorial de remedios para las Indias.*

4. Réaction coloniale et ouverture de la polémique en Espagne

Si à *La Vera Paz* l'action personnelle de Las Casas heurta les colons de manière radicale, dans le reste du continent la simple annonce des *Lois nouvelles* suffit à provoquer leur colère dans la mesure où elles allaient à l'encontre des pratiques nées de la Conquête. Il leur

Gonzalo Pizarro (1502?-1548)

Né à Trujillo, un des trois frères de Francisco passés au Pérou et, comme lui, fils bâtard de leur père commun. Après un séjour en Italie, on le retrouve en Amérique où F. Pizarro le nomme gouverneur du Cuzco qu'il défend contre un soulèvement indien. Gouverneur de Quito en 1539, il entreprit la célèbre expédition de *la Canela* vers les terres mythiques de l'Est d'où son lieutenant en révolte, Francisco de Orellana, partit à la découverte de l'Amazone. Après avoir combattu les partisans d'Almagro, devenu simple *encomendero* dans la région de Charcas, il se souleva contre le vice-roi Blasco Nuñez Vela venu imposer les *Lois nouvelles* et qui fut tué à Iñaquito en janvier 1546. La Couronne ayant envoyé le président La Gasca avec des pouvoirs illimités pour mater la révolte, G. Pizarro le fit condamner à mort par contumace. Après avoir vaincu les troupes de La Gasca à Huarina en 1547, G. Pizarro refusa l'accord qui lui était proposé. Trahi par les siens soucieux de retrouver la légalité et de ménager leur avenir, il fut battu lors de la bataille de Jaquijaguana à l'issue de laquelle il fut décapité.

apparut aussi et surtout que **la Couronne, par le caractère désormais viager des *encomiendas,* entendait les priver, ainsi que leur famille, de situations durement acquises par leur seul mérite,** puisque la Conquête, on l'a vu, fut pour l'essentiel le fruit de l'entreprise privée.

La réaction des *encomenderos* ne se fit pas attendre. Au Mexique, le pouvoir colonial, prévenu à temps, put en fin de compte contrôler la situation sans trop de difficultés. Il en fut tout autrement au Pérou. Le parti des *encomenderos* se rangea derrière **Gonzalo Pizarro,** le frère de Francisco, le conquérant du pays. Il leva une véritable armée, affronta les troupes royales et ne fut vaincu qu'après plusieurs années de campagnes. Cette guerre cristallisa, au-delà du problème des *encomiendas,* toutes les **rancœurs des colons contre la Couronne,** leur permit d'exprimer certaines de leurs aspirations les plus secrètes et que jusque-là ils n'avaient pas osé formuler. Ainsi, sur les bannières de Gonzalo Pizarro, l'initiale de son nom fut-elle surmontée d'une couronne royale et certains de ses conseillers le pressèrent de se proclamer roi du Pérou. En Espagne, le spectre d'un Pérou devenu indépendant ne fut pas pris à la légère, d'autant que la métropole, faute d'infrastructure et de moyens, avait bien des difficultés pour rétablir son autorité.

La situation se dénoua, en fin de compte, grâce aux craintes de certains *encomenderos* au moment de sauter le pas décisif et grâce aux divisions que les représentants du pouvoir royal, par leurs promesses et leurs menaces, surent faire surgir dans le camp adverse. Les meneurs furent tués au combat, exécutés ou purent faire à temps une soumission opportune. Malgré sa victoire, la Couronne se garda de tout triomphalisme. Si elle en profita pour donner un tour nouveau et définitif à son pouvoir désormais affermi, elle pensa qu'il ne lui fallait pas pousser trop loin son avantage. Elle resta donc ferme sur le principe des *Lois nouvelles* : **l'*encomienda*** ne serait plus perpétuelle, mais au lieu d'être seulement viagère comme prévu, elle **serait attribuée pour deux vies,** celle de celui qui l'avait reçue et celle de son successeur immédiat. C'était en fait repousser le problème d'une génération, mais par là-même les tensions suscitées dans les milieux colons par l'imminence de la perte des *encomiendas* retombaient et c'était bien le but recherché.

Pendant encore presque un siècle, par des moyens légaux cette fois, les colons essayèrent à maintes reprises de faire fléchir la Couronne. Ils lui proposèrent même de se cotiser et de lui acheter la perpétuité des *encomiendas*. De hauts fonctionnaires furent officiellement chargés d'étudier le problème et leurs conclusions s'orientèrent d'ailleurs parfois dans des sens divergents. Dans les débats que cette question suscita, certains conseillers de la Couronne penchaient eux aussi pour la perpétuité. En fin de compte, le système choisi fut bâtard. Toutes les deux générations, les familles détentrices d'une *encomienda* durent refaire un dossier et une demande d'attribution. Si elles ne s'étaient signalées par aucun manquement à l'autorité royale, l'*encomienda* leur était restituée pour deux nouvelles générations. En d'autres termes, cette procédure devait satisfaire les deux parties concernées : la Couronne gardait un droit de regard sur les *encomiendas* et un moyen de pression sur les *encomenderos ;* ces derniers dans la pratique se virent garantir une perpétuité qui n'osait pas dire son nom et assurait à leurs familles la continuité des revenus mais surtout du prestige social attachés à l'institution.

En Espagne même, les débats s'étaient amplifiés. La révocation du caractère viager des *encomiendas,* en octobre 1546, avait conduit Las Casas et ses partisans à combattre pour l'**arrêt des conquêtes armées,** ce qu'ils obtinrent en 1549. Toute nouvelle expansion territoriale devait être soumise à l'accord préalable de l'autorité royale et l'usage de la force ne serait plus autorisé que pour défendre la vie des missionnaires.

La grande nouveauté de ces années réside cependant ailleurs. Dans le sillage des réactions américaines aux *Lois nouvelles,* en métropole un courant opposé aux idées lascasiennes s'était organisé et surtout avait trouvé des porte-parole de qualité. Sa figure la plus en vue fut **Juan Ginés de Sepulveda.** Se fondant sur Aristote, dans son *Democrates alter* de 1543, il soutenait que les peuples inférieurs (en l'occurrence les Indiens qualifiés par lui de *homunculi* ou petits hommes) devaient être soumis aux supérieurs, dans une sorte de servitude dictée par la loi de nature (*a natura*). Les guerres contre les barbares, comme la Conquête, étaient donc licites et même souhaitables pour leur bien.

Juan Ginés de Sepulveda (1490-1573)

Après des études dans les deux universités les plus prestigieuses d'Espagne, la traditionnelle Salamanque et la nouvelle Alcala de Henares, ce noble andalou de petite fortune partit en Italie où il résida longtemps, fréquenta les milieux intellectuels, perfectionna sa connaissance des humanités et combattit les propositions d'Érasme et de Luther. A son retour en Espagne, Charles Quint le nomma chroniqueur officiel et précepteur de langues classiques du futur Philippe II. Ses propositions ayant été condamnées, Sepulveda, sans doute le meilleur helléniste espagnol de son temps et connaisseur accompli d'Aristote, se consacra à de nombreuses études historiques qui lui valurent le surnom de *Tite-Live espagnol.*

La polémique ouverte avec Las Casas était inévitable. Elle eut lieu officiellement, en août 1550 et en avril 1551, au couvent de San Gregorio à Valladolid. Devant quatorze personnes, théologiens, membres des Conseils des Indes ou de Castille, Sepulveda et Las Casas échangèrent leurs arguments. Si, à l'issue des débats, les décisions de la Couronne furent dans l'ensemble conformes aux idées de Las Casas et entraînèrent notamment un regain de l'activité missionnaire sur les bases imaginées par celui-ci, les principes lascasiens et les campagnes en faveur des Indiens durent tenir compte désormais dans le pays d'une opposition solidement étayée sur le plan des idées et jouissant d'appuis politiques non négligeables.

Las Casas, pour sa part, se remit à rédiger sa monumentale *Historia general de las Indias* dont il détacha une partie pour faire son *Apologética historia,* où l'historien se fait aussi anthropológue avant la lettre. Dans le même temps, il s'identifia de plus en plus à son rôle de défenseur des Indiens et continua la lutte car ses adversaires, même au sein de l'Église, ne désarmaient pas. Infatigable, habité jusqu'à la fin par le souffle qui avait guidé toute sa vie depuis plus de cinquante ans, Las Casas mourut en 1566, mais les idées qu'il avait lancées n'étaient pas près de s'éteindre.

Dieu va foudroyer l'Espagne

«Et je crois qu'en punition de ces œuvres impies, scélérates et ignominieuses, si tyranniquement et sauvagement perpétrées, Dieu va foudroyer l'Espagne de sa fureur et de son ire, s'il est vrai que toute l'Espagne, peu ou prou, a pris sa part aux sanglantes richesses violemment usurpées au prix de tant de ruines et d'exterminations. La rigoureuse pénitence qui pourrait la sauver, je crains fort qu'elle ne la fasse trop tard, si jamais elle la fait, car l'aveuglement dont le Ciel, pour nos péchés, a frappé grands et petits, et principalement ceux qui se vantent ou ont la réputation d'être sages et avisés, et qui se croient capables de gouverner le monde, cet obscurcissement de leur raison, en châtiment de leurs péchés, et plus généralement de toutes les fautes de la Nation espagnole, est encore aujourd'hui si total que depuis soixante-dix ans qu'ont commencé ces vols et ces vexations, ces massacres et ces destructions, jamais on n'a voulu comprendre que tant de scandales et d'infamies au détriment de notre sainte foi, tant de rapines et d'injustices, de ravages et de carnages, d'asservissements et d'usurpations, et pour tout dire enfin, des destructions et des exterminations aussi totales, étaient autant d'iniquités et de péchés mortels.»

B. de Las Casas, *Testament.*

Messianisme et prophétisme chez Las Casas

«Pour un chrétien du XVIe siècle qui redoutait la fin du monde ou de son monde (l'Espagne) par delà il y avait l'espérance : espoir messianique dans la victoire finale de la Chrétienté, voire espoir millénariste dans l'établissement d'une société idéale sur une terre renouvelée. C'est ainsi que l'Amérique devint pour certains, religieux ou laïcs, une Terre Promise, une Nouvelle Jérusalem qui rendait inutile la reconquête de la Jérusalem de Palestine...
Comment se situait Las Casas par rapport à ces rêves ? Disons d'abord qu'il était conscient de l'accélération qu'avait connue l'histoire du salut à cause de la Découverte. Mais surtout que cette conscience ne l'empêcha pas d'insister fréquemment sur le temps nécessaire à la conquête et à la colonisation pacifiques, à l'évangélisation, à l'extirpation progressive et volontaire de l'idolâtrie et des coutumes païennes incompatibles avec le christianisme. D'où son opposition radicale aux théories de ceux des missionnaires franciscains du Mexique qui pensaient que la conquête armée, l'évangélisation rapide et les baptêmes en masse hâtaient l'avènement du règne de Dieu sur terre...
Quant à la prise de conscience par Las Casas de l'importance du Nouveau Monde dans l'histoire de l'humanité et du christianisme, il ne cessa de relativiser les affaires européennes par rapport aux problèmes américains. Cet "américanisme" déboucha-t-il sur l'exaltation millénariste du Nouveau Monde ? Dans le Pérou des années 1570, le dominicain hétérodoxe Francisco de la Cruz se réclama de l'autorité de Las Casas pour justifier la croyance dans le transfert de la Chrétienté aux Indes, après sa destruction en Europe. De fait, l'idée est exprimée dans l'*Historia de las Indias,* quoique présentée comme une simple éventualité. Si cette idée découle logiquement des inquiétudes de Las Casas au sujet de la destruction de la Chrétienté espagnole, soutien principal de la Chrétienté catholique européenne, elles s'inscrit aussi dans sa démarche d'exaltation des Indes et de leurs habitants.
Il est inutile d'insister sur son apologie des Indiens et de leur aptitude à recevoir la foi. Quant aux contrées américaines, elles sont souvent qualifiées par Las Casas de "paradis" ou de "terres bienheureuses". Et il semble bien que le Défenseur des Indiens ait rêvé à l'instauration, sur les terres paradisiaques du Nouveau Monde, d'une Chrétienté idéale formée du mélange des Indiens et des paysans espagnols...
D'autre part, Las Casas présentait sa lutte prophétique pour la justice comme un combat pour "chasser l'enfer hors des Indes". Il faut prendre cette image, employée à la fin de la *Très brève relation...,* comme l'expression d'une rhétorique passionnée, mais ne faut-il pas y voir une parenté avec l'évocation, dans le chapitre XX de l'Apocalypse, du diable enchaîné pour permettre à l'Église des saints de prospérer pendant mille ans de bonheur sur une terre renouvelée ?»

Alain Milhou, *Las Casas, prophétisme et millénarisme.*

5. Le combat sous Philippe II

Avec l'avènement de Philippe II, beaucoup de choses avaient changé dans le panorama politique et idéologique de l'Espagne. En 1556, l'interdiction faite en 1549 de procéder à de nouvelles conquêtes sans autorisation préalable fut rapportée et le Conseil des Indes reçut mission de censurer désormais, avant publication, tous les ouvrages concernant l'Amérique...

Au Mexique, partisans et adversaires de Las Casas se retrouvèrent face à face à l'occasion de tous les grands débats suscités par l'installation définitive de la société coloniale, mais c'est au Pérou, une fois encore, que les échos des idées du Protecteur des Indiens et les controverses auxquelles il avait donné naissance firent le plus de bruit. Certains missionnaires appartenant aux Ordres religieux s'étaient fait les avocats convaincants et souvent exaltés de ses idées. Ils réussirent même parfois à persuader les Conquérants sur leur lit de mort de restituer devant notaire ce qu'ils avaient pris aux Indiens. Trois amis et frères d'Ordre de Las Casas y jouèrent un rôle déterminant, F. Tomas de San Martin, provincial dominicain du Pérou, F. Jeronimo de Loaysa, archevêque de Lima, et Domingo de Santo Tomas, informateur privilégié de Las Casas sur les choses des Andes.

La polémique rebondit à la fin des années soixante lorsqu'arriva à Lima un nouveau vice-roi, **D. Francisco de Toledo,** spécialement chargé de remettre le pays en ordre, c'est-à-dire d'y imposer de manière définitive et incontestée l'ordre colonial, ce qu'il fit en quelques années avec un zèle et une efficacité redoutables. Une de ses premières constatations fut la présence et l'activité, voire l'activisme, de groupes formés de religieux lascasiens qui, dans le droit fil des perspectives du Protecteur des Indiens, n'hésitaient pas à convaincre les indigènes eux-mêmes, s'il en était besoin, de l'iniquité du sort qui leur était réservé, et mettaient en doute les justes titres de la Couronne sur un pays qui, selon eux, avait eu des souverains naturels, donc respectables, les Incas.

Le débat était d'importance, d'autant qu'un descendant de la dynastie maintenait, à l'écart du monde colonial, la fiction d'un État inca dans la région reculée de Vilcabamba. **D. Francisco de Toledo décida donc de combattre les lascasiens sur leur propre terrain.** Pour justifier la présence espagnole, il lui fallait démontrer que les Incas n'étaient que des usurpateurs, des tyrans et des exploiteurs des masses indiennes, heureusement libérées de cette pesante tutelle par la victoire espagnole... Au milieu des années soixante-dix, D. Francisco de Toledo s'appliqua donc à cette tâche avec l'aide de collaborateurs qui réunirent une série de preuves – à leurs yeux irréfutables – de cette manière de voir les choses. Il fit enquêter auprès de vieux Indiens qui, comme par hasard, répondirent tous dans le sens espéré, ordonna ou suscita la rédaction de mémoires explicites et combatifs, comme le célèbre *Mémoire* rédigé de façon anonyme à Yucay dans la région du Cuzco – mais sans doute dû à la plume d'un parent du vice-roi – d'ouvrages orientés et partisans, mais non dénués de valeur, tels ceux de Polo de Ondegardo. **Tous avaient pour but une véritable campagne d'opinion destinée aux Espagnols de la colonie et de métropole, mais aussi aux Indiens eux-mêmes,** puisqu'un des collaborateurs les plus proches de Toledo, le docteur Loarte, parcourut le pays avec de grandes toiles peintes montrant par l'image aux élites d'origine inca les abus et les crimes de leurs ancêtres qui rendaient illégitimes et irrecevables quelque réclamation de leur part que ce fût.

Le devoir de restitution

«Lesdits Espagnols qui firent mettre à mort Atahualpa (ils n'étaient pas deux cents) sont obligés, sous peine de damnation éternelle, de restituer le royaume du Pérou à ses héritiers, ou à ceux qui auraient dû lui succéder selon le droit ou les coutumes indigènes...
Lesdits Espagnols qui participèrent à la capture et à la mise à mort d'Atahualpa sont obligés de restituer intégralement l'or, l'argent et les autres trésors qu'ils amassèrent à l'occasion de son emprisonnement, à savoir l'or et l'argent dont il remplit, pour sa rançon, la pièce où il était enfermé, et tous les autres objets de valeur dont lesdits Espagnols s'emparèrent....
Les mêmes Espagnols sont obligés de restituer tout le bien mal acquis par ceux qui vinrent après eux dans ces royaumes et qui spolièrent tant de chefs de leurs honneurs et de leurs dignités, de leurs richesses, domaines et vassaux, privant également de leurs biens et de leurs libertés tous les autres Indiens, en leur imposant la servitude des repartimientos...
Le roi de Castille et de Léon ne peut posséder au Pérou aucune mine d'or, d'argent ou d'autre métal, aucun gisement d'émeraudes ou d'autres pierres précieuses, sans la permission des rois du Pérou. Et ils sont obligés de restituer tout ce qu'ils ont extrait jusqu'à maintenant...
Le roi catholique de Castille, notre souverain, est obligé sous peine de damnation de restituer les royaumes du Pérou à l'Inca petit-fils de Guayna Capac, j'entends à celui qui est l'héritier desdits royaumes. Il est également obligé de rendre aux autres seigneurs ce qui leur appartenait...
Si ces restitutions entraînaient la rébellion des encomenderos *contre le roi d'Espagne, par suite de leur refus d'abandonner les* repartimientos, *ledit roi serait obligé de leur faire la guerre, fût-ce au péril de sa propre vie, afin de délivrer les innocentes populations qui se trouvent opprimées.»*

B. de Las Casas,
Tratado de las doce dudas (1564).

L'offensive *tolédane,* du nom du vice-roi, réussit pleinement. Elle marqua en fait la dernière phase des combats entamés soixante ans plus tôt par les prêches de F. Antonio Montesinos, puis continués avec tant de fougue et de talent par Las Casas et l'école du droit naturel de Salamanque. Désormais, les allusions aux œuvres du Protecteur des Indiens deviendront rares et beaucoup de ses questionnements, de ses dénonciations concernant les justes titres des rois espagnols à posséder l'Amérique ou la licéité des pratiques coloniales, seront bientôt considérés comme hétérodoxes, condamnables et attentatoires aussi bien aux intérêts qu'à l'honneur de l'Espagne.

Quel furent le sens et la portée véritables des remises en cause lascasiennes ? Était-il un précurseur de la lutte anti-coloniale, comme les hardiesses de certains de ses épigones pourraient le laisser supposer et comme l'ont écrit parfois ses commentateurs actuels ? La réalité est sans doute beaucoup plus complexe et doit être examinée sans anachronisme. **Las Casas, homme de son temps,**

Las Casas selon ses adversaires du XVIe siècle

«Il prit l'habit dans l'île d'Hispaniola, et comme tant de mauvais traitements, au début, furent infligés aux naturels, poussé par un zèle charitable, il se fit leur défenseur contre les Espagnols. Mais une telle passion se mêla, semble-t-il, à leurs querelles, que ni lui ni les Espagnols ne méritaient d'être crus, car rien dans une dispute n'affaiblit autant la force de la persuasion que la passion, et celle de ce religieux était si grande qu'elle débordait de ses yeux et de sa bouche, laquelle écumait de colère quand il parlait des Espagnols en termes fort immodérés, ce qui ne faisait qu'accroître leur excitation réciproque, comme s'il se fût agi d'ennemis déclarés.
Les uns disaient que ce religieux était l'apôtre des Indiens, et que Dieu l'avait envoyé pour les protéger ; d'autres affirmaient que ce n'était pas l'esprit de Dieu qui le guidait, mais celui du diable et la passion. Lui, cependant, fut bon religieux quoiqu'il ne faille pas surestimer son autorité. Il revint en Espagne voici trente ans ou un peu plus, sans l'autorisation de ses supérieurs, et comme on lui demandait avec quelle licence il était venu, il répondit que c'était avec celle de la charité. Je crois bien que si c'eût été la charité divine, elle l'aurait guidé d'une autre manière et aurait donné d'autres fruits ; mais le démon, qui veillait au fond des ténèbres, commença à ourdir ce mensonge, profitant de l'occasion qui s'offrait à lui – ou plutôt la provoquant – pour asseoir son règne infernal et susciter des maux passés, présents et à venir.»

Anonyme, *Parecer de Yucay.*

homme d'Église, proposait en fait une autre forme de relation coloniale plus humaine, fondée sur l'estime et le respect réciproques. Mais ces notions sont-elles compatibles et la position lascasienne n'est-elle pas au fond une utopie chrétienne au sens le plus noble du terme ?

Quoi qu'il en fût, l'œuvre lascasienne et l'école de Salamanque qui lui donna une base théorique sont sans aucun doute un des honneurs historiques de l'Espagne, à l'époque même où, par ailleurs, elle commettait les abus et les crimes que l'on sait. Ce n'est pas sans raison que la Révolution française plaça Las Casas au nombre des *Bienfaiteurs de l'Humanité*. De toute façon, malgré ses limites, l'irréalisme de certaines positions et ses contradictions, le mouvement lascasien est profondément original. **Dans le monde moderne, il est le seul exemple, face à un empire d'outre-mer en train de se former, d'un grand mouvement critique** capable de combattre sur le plan des principes les groupes de pression coloniaux, mais aussi à certains moments et avec des bonheurs divers d'avoir une réelle influence politique.

Las Casas : une passion pathologique ?

«Las Casas, cet auteur qui aime tant parler de lui-même dans les milliers de pages qu'il a laissées, ne rapporte aucun acte personnel de charité ou d'amour cordial envers l'Indien : il ne fait que citer ses réactions indignées en face des abus des Espagnols. Accusateur impénitent, il s'accuse lui-même d'avoir envoyé ses Indiens aux mines d'or quand il était *encomendero,* mais jamais il ne se montre à nous embrassant un Indien pour le consoler des misères de la vie. Jamais au cours des seize années où il fut retenu par ses supérieurs dans la retraite des couvents américains, il n'apparaît qu'il ait accompli quelque acte de charité missionnaire envers les Indiens... Las Casas éprouve quelque répugnance à fréquenter les indigènes. Pour lui l'Indien ne représente d'autre intérêt que d'être la victime de l'Espagnol. L'inclination affective pour le déshérité, telle qu'on pourrait l'attendre d'un Las Casas, nous la trouvons entièrement offusquée par la passion violente contre les Espagnols qui interviennent dans les affaires des Indes...

Ainsi ressort à l'évidence le monoïdéisme de Las Casas, dans toute son extraordinaire intensité. On ne trouverait aucun exemple d'un écrivain qui, pendant cinquante ans, n'éprouve pas la moindre fatigue à écrire des milliers et des milliers de pages, toutes consacrées, sans une seule exception, à un seul thème, unique et passionnant : le mépris des Espagnols en face de l'exaltation des Indiens.»

Ramon Menendez Pidal,
El padre Las Casas ;
su doble personalidad, Madrid (1964).

Chapitre 6

La réorganisation du monde indigène

1. Les caciques

A l'arrivée des Espagnols, leurs premiers interlocuteurs indigènes furent les chefs traditionnels. L'appellation locale de ces derniers (par exemple, *curacas* dans les Andes centrales) fut en principe conservée, bien que les vainqueurs aient utilisé aussi plus généralement, quel que soit le pays, le terme de *caciques* qu'ils avaient rencontré dans l'aire caraïbe.

Dans les régions soumises aux anciens empires, les Espagnols trouvèrent souvent deux systèmes de chefferies indiennes qu'ils eurent parfois du mal à différencier, du moins au début : celle que les conquérants de Tenochtitlan ou du Cuzco avaient imposée lors de leur propre conquête, et l'autochtone, issue des structures pré-incaïques ou pré-aztèques qui, dans bien des cas, avait conservé certaines prérogatives économiques ou de commandement.

Malgré la destruction des empires indiens et la mise à mort, au Mexique comme au Pérou, de leurs souverains, les Espagnols composèrent avec l'aristocratie locale. **En échange d'une soumission sans faille** et, bien entendu, de leur appui auprès des masses chez lesquelles ils gardaient un grand prestige en leur qualité d'héritiers des splendeurs du passé mais surtout d'une certaine légitimité, **les nobles aztèques et incas reçurent un traitement de faveur.** Les plus titrés d'entre eux purent s'habiller à l'européenne, eurent droit de faire précéder leur nom du *don* ou du *doña* hispanique, se virent même attribuer dans quelques cas, rares il est vrai, de riches *encomiendas* ou des habits d'ordres militaires, toutes choses qui les mettaient pratiquement sur pied d'égalité avec l'aristocratie espagnole née de la Conquête. Des collèges spéciaux furent même créés pour leurs fils, à

Lettre de Philippe II au vice-roi de Nouvelle-Espagne sur la création d'un collège destiné aux fils de caciques

«Je trouve excellent le projet que vous m'avez soumis de faire un collège près du quartier indien de Mexico où l'on accueillerait et garderait, tel un collège ou un pensionnat, des enfants et des jeunes gens fils de caciques et d'Indiens de haut rang, afin qu'on leur y enseigne notre langue, le latin, la médecine ou toute autre chose plus conforme à leurs capacités, mais surtout la vertu et les bonnes mœurs pour leur bien mais aussi celui des personnes qu'ils auront plus tard à diriger et à gouverner.
Prenez conseil auprès de l'Audience et des personnes connaissant bien la question. Comme il semble que votre projet aura de bons effets, mettez-le à exécution et tenez-m'en informé...»

Madrid, 17 janvier 1593.

Mexico, Lima, Quito et Cuzco. Il faut ajouter qu'au Mexique comme au Pérou, nombre de conquérants prirent pour maîtresses attitrées des princesses indigènes de haut rang dont ils eurent des enfants qui, pour être issus d'unions illégitimes, n'en furent pas moins reconnus *de facto* par la société et jouèrent un rôle de pont entre les deux peuples.

Lorsqu'il se structura, **le pouvoir colonial manifesta néanmoins une grande défiance à l'égard de cette aristocratie indienne** qui gardait trop vivace à son goût le souvenir du passé pré-espagnol et qui n'hésitait d'ailleurs pas à avoir recours aux tribunaux coloniaux, pour se voir reconnaître tel ou tel privilège ancien ou pour se plaindre avec véhémence des torts que lui faisaient des particuliers ou l'administration. Le maintien de foyers de résistance indienne – au Pérou pendant plusieurs décennies dans la région de Vilcabamba – la crainte de soulèvements indigènes auxquels se seraient joints les métis et les laissés-pour-compte du rêve américain, accentuèrent, avec le temps, à la fois les suspicions espagnoles et la mise à l'écart de la noblesse indienne qui, au lendemain de la Conquête, avait pensé sauvegarder ses anciennes prérogatives au prix d'une collaboration ouverte avec les vainqueurs. Certaines têtes trop visibles de cette aristocratie furent exilées en Espagne. La surveillance permanente dont les caciques furent l'objet amena aussi l'administration coloniale à ne pas hésiter à frapper fort et à étouffer dans l'œuf tout mouvement revendicatif, hâtivement qualifié de séditieux. Ainsi au Pérou, en 1666, la tentative d'un certain nombre de caciques, simplement désireux de s'associer pour se plaindre des abus dont étaient victimes les Indiens, fut-elle durement réprimée.

Au début du XVIIIe siècle, on devait voir surgir dans le milieu des caciques une véritable renaissance indienne. Notamment au Pérou, la symbolique incaïque interdite pendant plus de cent cinquante ans, le souvenir des splendeurs passées, l'orgueil longtemps refoulé – ou simplement tu – d'appartenir à d'illustres lignées, se manifestèrent d'abord timidement, puis de manière plus ouverte, au point que certaines élites créoles, elles aussi désireuses d'affirmer des racines américaines, participèrent parfois, de manière paradoxale et manipulatrice, au mouvement. Les choses ne devaient pas en rester là, et l'on aura l'occasion de voir dans les chapitres consacrés au XVIIIe siècle que, dans certains cas, les caciques allaient prendre la tête des soulèvements indigènes qui éclatèrent alors un peu partout, donnant ainsi raison rétrospectivement aux suspicions longtemps nourries à leur sujet par le pouvoir colonial.

Pour ce qui est des petits chefs locaux, au niveau des villages, toutes proportions gardées l'administration utilisa envers eux la même politique que celle pratiquée à

Le «retour» des Incas au début du XVIIIe siècle

«...Le souvenir des Incas cessa d'être clandestin. C'est au cours du XVIIIe siècle que ce processus atteignit son point culminant : le passé émerge dans la peinture murale, sur la toile (portraits des Incas), sur les vases traditionnels de bois peint, à travers une symbologie nouvelle (par exemple, des anges armés de tromblons qui rappellent la foudre pré-hispanique), par la lecture de Garcilaso, dans les représentations scéniques de la capture de l'Inca qui sont jouées à Cajamarca, Huacho, au Cuzco, dans les images de Huascar et d'Atahualpa, enfin dans les prédictions de "la venue du moment". L'utopie acquiert une dimension panandine. Son territoire s'étend de Quito à Tucuman, des petits ports comme Huacho jusqu'à la frontière amazonienne. Mais gare aux simplifications ! Ne croyons pas que tout le monde attendait le retour de l'Inca. Le territoire est vaste mais discontinu ; il s'agit plutôt d'îlots et d'archipels. L'idée ne se propage pas seulement parmi les Indiens, elle atteint Créoles, Espagnols, indigènes de la forêt amazonienne, métis, mais à l'évidence n'arrive pas à faire l'unanimité : elle ne concerne que des secteurs, des noyaux, des segments de cette société coloniale qui, cependant, à la fin du XVIIIe siècle, nourrira l'espoir de s'unir pour faire une révolution et expulser les Espagnols. Mais à ce moment-là l'utopie aura fait irruption dans les espaces auparavant réservés au discours des dominants.»

A. Flores Galindo, *Buscando un Inca : identidad y utopía en los Andes.*

l'égard de la grande aristocratie indienne. Elle leur reconnut, parallèlement à la nouvelle organisation du monde indigène dont il sera question plus loin, une place à part. Les honneurs qui devaient leur être rendus par les Indiens du peuple ***(el común)*** furent codifiés ainsi que la déférence auxquels ils avaient droit de la part des fonctionnaires espagnols. En échange, la Couronne exigea d'eux une fidélité sans état d'âme. **Pour mieux se les lier** et en même temps bien marquer aux yeux de tous leur collaboration avec le nouveau pouvoir né de la Conquête, **elle les obligea à remplir certaines missions à la fois délicates et fondamentales,** mais aussi sans doute hautement significatives aux yeux de leurs vassaux. Ainsi les caciques furent-ils chargés d'organiser le recrutement des travailleurs de leur village pour les périodes de corvée dans les entreprises espagnoles, *haciendas,* ateliers de tissage et surtout mines. Cela ne pouvait que contribuer à les faire haïr des gens du *común*, étant donné l'exploitation et les souffrances qui attendaient ces derniers sur leur lieu de travail.

Les relations entre les caciques et le peuple indien furent donc très souvent conflictuelles, d'autant que les premiers eurent tendance à vouloir s'ériger en pouvoir parallèle à celui que mit en place la nouvelle organisation municipale espagnole et qui, en principe, les tenait à l'écart. Il faut ajouter que, dans la plupart des cas, les liens de vassalité de leurs anciens sujets à leur égard n'avaient pas disparu du jour au lendemain, d'où une autre source d'ambiguïté et des avantages dont la plupart d'entre eux surent tirer parti. Certains en profitèrent pour se constituer de belles fortunes, aux dépens des villages et de manière tout à fait illégale, d'autant que mieux instruits que le *común* des nouvelles règles du jeu économique et social, plus souvent au contact des Espagnols, ils n'avaient pas tardé à comprendre les mécanismes de la société coloniale et à en jouer parfois avec une grande habileté.

Il ne faut pas s'étonner dès lors que les plaintes émanant du milieu indigène contre les caciques fussent nombreuses et argumentées. Ils y apparaissent souvent ce qu'ils étaient vraiment : un maillon supplémentaire de l'exploitation des Indiens, mais un maillon qui néanmoins, pour des raisons ethniques et historiques, suscitait dans les villages des sentiments très complexes, voire contradictoires.

Forasteros : Indiens en provenance d'une communauté autre que celle où ils vivaient, et soumis, de ce fait, à un certain nombre de règles différentes de celles qui régissaient les Indiens ***originarios,*** c'est-à-dire nés dans la communauté.

Mitimaes ou ***mitimas*** (du quechua ***mitmaq***) : populations indiennes déplacées par les Incas, le plus souvent par mesure disciplinaire, et qui conservèrent longtemps durant l'époque coloniale le souvenir de leur exode.

Droits, obligations et pratiques des caciques andins

«...Il nous faut d'abord préciser certains points quant au rôle du *curaca* dans le monde colonial. Cette autorité suprême des ensembles socio-politiques d'identification immédiate des indigènes a toujours exercé une véritable fascination sur les historiens. Cela ne doit pas étonner, étant donné sa position centrale, ambiguë et parfois tragique, à la charnière des deux mondes. Grâce à la signification toute particulière de ses fonctions et à l'intérêt que ses pratiques ont éveillé, on peut maintenant formuler des affirmations beaucoup plus justes que celles qui avaient été avancées, lorsque cette figure du monde des dominés avait commencé à être tirée de l'oubli.

Dans un premier temps, entre la phase de la Conquête proprement dite et la réorganisation de Toledo (1570), les *curacas* furent à la fois l'objet et les protagonistes de la polémique. D'abord comme alliés fondamentaux des conquérants, ensuite comme un nouvel échelon détenant des parts fondamentales de pouvoir à l'intérieur de la société coloniale en formation face aux *encomenderos*. Si la figure de D. Francisco de Toledo peut être considérée comme centrale pour la compréhension des changements intervenus à son époque, il ne fait aucun doute que son rôle dans la limitation du pouvoir des *curacas* devrait être considérée comme essentielle. Le pouvoir colonial central qui était en train de naître réduisit et marginalisa le *leadership* des autorités indigènes, même s'il y eut de complexes réajustements de forces.

Malgré ces limitations apportées à leurs fonctions initiales, les *curacas* demeurèrent fondamentalement à l'intersection du fonctionnement planifié de la société imaginée et mise en place en 1570. Comme par le passé, ils furent des pièces maîtresses pour l'extraction des excédents de la société indigène, à la fois comme médiateurs de l'exploitation et comme défenseurs de l'identité de leurs villages. Loin de se transformer en spectateurs passifs sur la grande scène de l'exploitation, ils administrèrent habilement les formes andines à l'intérieur du nouvel univers mercantilisé qu'avaient créé les Espagnols. Pour ce faire, ils firent un usage rationnel de l'écologie combinée et des marchés à longue distance, car ils connaissaient les besoins de Potosi en leur qualité de *capitanes de la mita* mais avaient aussi la haute main sur les ressources des vallées productrices et des *punas* où se concentraient hommes et animaux... Les *curacas* devinrent ainsi, et avec succès, commerçants. Ils forgèrent leur légitimité dans une société soumise aux tensions propres d'une confrontation sourde et permanente des deux cultures, ils défendirent leur monde originel mais l'intégrèrent dans une nouvelle situation de subordination qui tenait compte évidemment de la demande et de l'extraction des ressources indigènes par les Espagnols.»

Luis Miguel Glave,
Trajinantes, caminos indígenas en la sociedad colonial, siglos XVI-XVII.

«Les droits ainsi attribués aux caciques perpétuent, en fait, ceux dont les "seigneurs" pré-hispaniques disposaient déjà, à des degrés variables suivant leur rang dans la hiérarchie, avant la conquête espagnole. Ils se fondent sur le même principe de réciprocité (asymétrique), qui justifie les obligations que leur doivent leurs sujets par les services qu'ils leur rendent eux-mêmes. Services d'ordre symbolique, car les caciques sont les garants de la prospérité de leur communauté, qu'ils assurent en principe par leur bonne gestion, ainsi que par l'exécution des rites qui leur incombent (quelles qu'en soient les altérations sous la domination espagnole). Et services d'ordre matériel, paradoxalement liés à l'accomplissement des tâches essentielles qui, dans le système colonial, leur reviennent : la levée du tribut et l'envoi des *mitayos*. On a vu, en effet, que la combinaison de la responsabilité collective des communautés et du déclin démographique, aggravé par les mouvements de migrations, provoque, dès la fin du XVIe siècle et pendant tout le XVIIe, un constant décalage entre taxations officielles et situations réelles. Certes, nous savons que les caciques conservent sur les *forasteros* un contrôle beaucoup plus efficace qu'on ne l'admettait généralement. C'est sur eux cependant que retombe, en définitive, la responsabilité des défaillances : ils paient donc pour les absents, pour les "pauvres Indiens", comme le rappellent leurs "informations de services" avec une emphase ostentatoire, mais non totalement mensongère. A quoi s'ajoutent les frais de procès, des plaintes, des diverses démarches administratives dont ils ont la charge, en tant que représentants de leurs communautés. La générosité dont les caciques tirent leur prestige s'inspire sans doute encore de valeurs andines, mais elle se mesure désormais aux critères de la société coloniale.

Comment les caciques se procurent-ils les sommes énormes dont ils ont besoin pour maintenir leur prestige (c'est-à-dire, pratiquement, répondre au nom de leur communautés aux exigences du tribut et de la *mita*) ? Les ressources que les taxations leur assurent sont censées non seulement rétribuer leurs mérites, mais encore leur fournir les moyens de remplir leurs fonctions. Elles s'avèrent cependant bientôt insuffisantes, au regard des charges exorbitantes que les dysfonctionnements du système colonial font peser sur eux et qui vont croissant... Certes, les ordonnances tolédanes elles-mêmes recommandaient aux communautés de consacrer le produit des champs collectifs, cultivés par leurs membres, au versement du tribut. Or la gestion des terres collectives est placée précisément sous l'autorité des caciques et, dans bien des cas, ceux-ci trouvent plus expédient (en raison de la rareté des hommes, c'est-à-dire des *originarios* présents) de les louer à des Espagnols. Ainsi se crée l'engrenage par lequel les caciques sont amenés à confondre les comptes des "caisses de communauté" et ceux de leurs propres revenus, que ces derniers proviennent de leurs diverses activités commerciales, des terres qu'ils possèdent à titre privé, de celles qui leur sont légalement attribuées en tant que caciques, ou encore des pratiques illégales au moyen desquelles ils s'efforcent de compenser leurs ressources... Est-ce un hasard si, à partir de la fin du XVIIe siècle précisément, les plaintes qui se multiplient contre les caciques proviennent des membres de leur propre communauté ?»

N. Wachtel, *Le Retour des ancêtres, Les Indiens Urus de Bolivie, XXe-XVIe siècles, Essai d'histoire régressive*, Gallimard, 1990.

Cédule royale reconnaissant comme nobles les descendants de caciques

«Pour ce qui est des descendants des notables indiens que l'on appelle les caciques et ceux qui procèdent d'Indiens moins notables, à savoir les tributaires qui avant de connaître notre foi étaient vassaux, il est dit ce qui suit :

Les premiers et leurs descendants ont droit à toutes les prérogatives et à tous les honneurs, aussi bien ecclésiastiques que laïques, reconnus d'habitude aux nobles hidalgos de Castille; ils pourront aussi participer à tous les corps dont les statuts exigent la noblesse, puisque l'on considère que ces gens-là, avant de connaître notre foi, étaient nobles et à ce titre bénéfiaient des tributs et du vasselage de leurs inférieurs...

Pour ce qui est des Indiens moins notables, et de leurs descendants, mais dont le sang est pur, sans aucun mélange d'aucune secte réprouvée, ceux-là doivent aussi recevoir toutes les prérogatives, dignités et honneurs dont jouissent en Espagne les gens ayant fait la preuve de la pureté de leur sang.»

Madrid, 26 mars 1697.

Calpulli : cellule de base du monde aztèque d'origine clanique. Ses terres (ou *calpullalli*) étaient réparties en lots inaliénables (les *milpas*), attribués en usufruit viager aux pères de famille (les *macehuales*) qui devaient cultiver en outre le lopin du chef (le *calpulle*). Malgré une certaine diversité dans les formes d'exploitation de la terre, le rôle essentiel revenait aux *macehuales* tenus à des corvées pour des travaux d'intérêt public (le *tequio*). Souvent le *calpulli* avait aussi des serfs ou *mayeques*.

Ayllu : groupe, à tendance endogame, de familles nucléaires unies par des liens de parenté ou d'alliance, par un système relativement égalitaire et un réseau contraignant d'entraide multiforme. Les *ayllus* étaient intégrés dans un système de chefferies composées d'un ensemble variable d'autres *ayllus* en nombre pair dont l'un, celui du *curaca*, avait prééminence sur les autres. Les chefferies étaient généralement divisées en deux sections ou *sayas* (*hanan saya*, moitié d'en haut, *hurín saya*, moitié d'en bas), souvent subdivisées selon le même principe en deux autres *sayas*.

2. Les villages communautaires

Pour la réorganisation des populations, les Espagnols durent tenir compte d'un certain nombre d'impératifs. D'une part, il leur fallait trouver un dessin général qui corresponde à leurs intentions mais tienne également compte des **traditions indigènes** qui ne pouvaient être bouleversées, sous peine d'effets contraires au résultat recherché. De l'autre, ils devaient sans doute **rationaliser et optimiser le système d'exploitation**, mais en prenant garde d'établir – moins dans un but philantropique que pour la sauvegarde des intérêts espagnols bien compris dans le long terme – des garde-fous susceptibles de sauvegarder la force de production indienne dans des limites compatibles avec la logique coloniale.

Après bien des tâtonnements, au cours du dernier tiers du XVIe siècle, un peu partout dans l'Empire, on vit donc s'instaurer une organisation villageoise qui, malgré diverses nuances imposées par des spécificités régionales, répondit au même schéma. La cellule de base, qui fut conservée et à certains égards renforcée, fut la communauté agraire qui avait été auparavant celle des sociétés américaines (***calpulli**** de Nouvelle-Espagne, ***ayllu**** dans les Andes). La propriété collective du village sur le sol, le simple usufruit des parcelles attribuées aux familles selon leur besoin – donc l'impossiblité des transmissions par héritage et de l'accaparement des terres – les pratiques d'entraide, l'habitude des travaux collectifs pour tout ce qui était d'intérêt général, tout cela fut maintenu et définitivement codifié. Il faut dire que ces règles choquaient d'autant moins les Espagnols que c'étaient encore pratiquement les mêmes que celles de nombreuses communautés villageoises restées très traditionnelles dans certaines régions reculées de la péninsule ibérique.

Chaque Indien n'étant que l'usufruitier de sa parcelle, il lui était interdit de la vendre ou de la négocier de quelque façon que ce soit puisqu'elle appartenait à la communauté qui n'avait pas, elle non plus, la possibilité d'aliéner les terres du village. La Couronne en garantissait l'intégrité, mais si elle sut les défendre contre les attaques frontales des appétits espagnols, on verra qu'elle céda souvent de manière insidieuse devant le grignotage des *haciendas* voisines.

Sur les métiers que l'on doit apprendre aux Indiens dans les villages

«Comme j'ai déjà eu l'occasion de le dire, les Indiens ont des penchants pour les choses basses et viles, car ils sont au nombre de ceux dont Platon a dit que la Nature leur avait infusé du métal ; vouloir changer leur nature semble être une erreur, comme il ressort de Platon lui-même, que suivent Aristote et d'autres....

Pour cette raison, il me semble qu'il est bon de leur enseigner les métiers mécaniques[1] *et du travail de la terre pour lesquels ils ont plus d'inclination, et qu'en aucune façon ils ne doivent apprendre à monter à cheval, à faire de la poudre ou à tirer à l'arquebuse, car certains le font mieux que les Espagnols... ; bien qu'ils soient peu nombreux, la chose pourrait devenir préoccupante si on n'y mettait bon ordre. Les Indiens de ce royaume sont si habiles qu'ils apprennent très bien tout ce qu'on leur enseigne, pourvu qu'il s'agisse de choses n'exigeant pas de jugement, car cela dépasse leur entendement. S'ils n'en étaient pas dépourvus, les Indiens ne seraient point au nombre de ceux dont Aristote dit qu'ils sont naturellement nés serfs, destinés à obéir et à servir ceux que cette même Nature a fait libres.*

Il me semble donc que l'on doit leur interdire ce que j'ai dit plus haut et ordonner qu'on leur enseigne des métiers mécaniques et des choses basses qui ne les écartent point de leurs penchants naturels.»

J. de Matienzo, *Gobierno del Perú (1567).*

1. Manuels, nécessitant l'usage du corps.

Les empiètements des caciques mexicains

«Avant l'arrivée des Castillans, il existait déjà une tendance marquée à la constitution de domaines territoriaux au profit des *pilles,* la noblesse, et au détriment des anciens clans ou *calpullis* : la situation trouble née de la conquête sembla précipiter cette évolution, pour peu de temps du reste. Alors qu'au début les nouveaux venus s'intéressaient fort peu aux terres, il arriva en effet que l'aristocratie indigène réussît à s'emparer de toutes celles qui relevaient "de Montezuma" et "des temples" ou même – fait plus grave – des champs appartenant aux *calpullis,* parfois demi-abandonnés [...] Ces usurpations tendaient à transformer les Indiens libres ou *macehuales* en une sorte de serfs ou fermiers perpétuels, les *mayeques* ou *terrazgueros.* Les nobles, plus ou moins dépossédés par ailleurs, cherchaient là à rétablir une situation matérielle et morale à demi-compromise.

Mais les redevances et services des Indiens avaient des limites, et il était évident que tout ce que prélevaient les caciques risquait de réduire d'autant le tribut des Espagnols ; le sol, enfin, prenait quelque valeur avec le développement de l'élevage. De là l'émoi des conquérants qui commencèrent à remarquer le fait au cours du deuxième tiers du siècle, mais en profitèrent aussi pour acquérir à bon compte quantité de terres.

[...] Il y avait plus grave, car les autorités indigènes usaient de leur pouvoir pour usurper les terres des *calpullis* eux-mêmes, qu'elles faisaient alors cultiver par des *mayeques* [...] Lorsque les cultivateurs indiens montrent de la mauvaise volonté à devenir une manière de serfs ou métayers perpétuels, le cacique va trouver le vice-roi *«con cautela»* et, avec le mandement qu'il obtient, il se fait faire un titre en forme – un plan en couleurs de ses prétendus domaines – pour obliger les récalcitrants à payer les redevances ou à s'en aller.»

F. Chevalier, *La formation des grands domaines au Mexique, terre et société aux XVI*e*-XVII*e *siècles,* Institut d'Ethnologie.

Sur le plan matériel, **les villages furent souvent profondément modifiés et reconstruits,** comme les bourgades et les villes de Castille, sur un plan en damier qui facilitait la surveillance par l'administration, tandis que sur la place centrale on retrouvait l'église et les bâtiments municipaux. Afin de renforcer le contrôle colonial, dans les régions faiblement peulées ou dépeuplées par la Conquête, on rassembla souvent dans des bourgades artificiellement créées (***las reducciones***) plusieurs villages pré-hispaniques voisins. Cette campagne de restructuration, conduite au Pérou par le vice-roi D. Francisco de Toledo (1569 à 1582), fut ensuite étendue par le vice-roi comte de Monterrey (1590-1603) au Mexique où elle affecta quelque 250 000 personnes.

Même si elles se fondirent dans ces nouvelles unités, les diverses composantes indigènes gardèrent longtemps le souvenir de leur identité qu'elles manifestèrent pendant des siècles, par exemple sous la forme d'interdits matrimoniaux, de certaines dévotions ou de fêtes patronales particulières à chaque quartier. Il n'en reste pas moins que cette politique contribua efficacement à faire disparaître beaucoup de liens traditionnels à l'intérieur des groupes indigènes. En transportant les Indiens dans des cadres géographiques et sociaux différents de ceux qu'ils avaient toujours connus, les *reducciones* remplirent parfaitement leur rôle de vecteurs du nouvel ordre colonial.

Du point de vue de l'organisation, le modèle retenu fut là encore celui des *pueblos* castillans. A chaque début du mois de janvier, les hommes mariés élisaient une municipalité constituée d'un ou deux *alcaldes*, de *regidores* (échevins, quatre au maximum) et d'un nombre divers de personnes elles aussi chargées pendant un an de fonctions d'intérêt général : sacristain, garde-champêtre, etc. Tous recevaient, pour la durée de leur mandat, un bâton de commandement (*la vara*), plus ou moins grand et plus ou moins richement orné selon l'importance de la fonction, celui du premier alcalde, souvent rehaussé d'argent, étant bien sûr le plus beau de tous.

Dans leur fonctionnement, ces municipalités allièrent la tradition pré-hispanique et les façons de procéder de leurs modèles castillans. Ainsi, le pouvoir colonial leur imposa d'avoir, pour garder les fonds et les documents municipaux, une caisse de communauté munie, selon la tradition espagnole, d'une serrure nécessitant trois clés et qui ne pouvait s'ouvrir que lorsqu'elles étaient utilisées toutes trois à la fois par leurs trois détenteurs, qui étaient en général le premier *alcalde,* le majordome chargé de la gestion des biens communaux et le cacique.

Une cédule de Philippe III, en 1618, précisa que tous les villages indiens comptant plus de quatre-vingts maisons devraient avoir deux *alcaldes* et au moins deux *regidores.*

Si une marge de manœuvre certaine fut laissée à ces conseils indiens pour tout ce qui touchait à leur vie quotidienne et matérielle, il n'en reste pas moins que leur **autonomie** fut **surveillée de manière étroite et permanente,** à la fois par le représentant de l'appareil politico-administratif, le *corregidor* ou *alcalde mayor,* et par le prêtre chargé de l'évangélisation, qui tous deux assurèrent d'abord le passage du système pré-hispanique à celui qu'avait imaginé le pouvoir colonial, puis restèrent par la suite des guides vigilants du respect de l'orthodoxie sous toutes ses formes.

Les villages indiens tels qu'ils apparurent désormais furent donc, sur la base d'un certain respect des principes directeurs de la vie collective des indigènes, le résultat d'un profond remodelage administratif, imposé dès la fin du XVIe siècle par les vainqueurs et qui allait durer sous des formes inchangées pendant toute l'époque coloniale, et à peine modifiées jusqu'au XXe siècle.

Lettre au vice-roi de Nouvelle-Espagne pour que les Indiens apprennent la langue castillane

«On a étudié ce que vous dites des difficultés rencontrées dans l'exécution des ordres, concernant l'apprentissage de la langue castillane par les Indiens, et des sommes considérables qui seraient nécessaires pour les salaires des personnes qui en seraient chargées. C'est pourquoi vous voudrez bien recommander aux supérieurs des Ordres que dans les couvents, et particulièrement dans les doctrinas *où ils réunissent les enfants, ils enseignent aussi la langue castillane et qu'au moins à l'intérieur de celles-ci on interdise aux Indiens de parler leur langue car, comme vous le savez, l'apprentissage du castillan est pour eux d'une extrême importance afin qu'ils soient mieux instruits des choses de notre sainte foi catholique.*
Je vous charge donc, et vous ordonne, en collaboration avec l'Audience royale et les prélats séculiers et réguliers, d'étudier comment atteindre ce but si important, et de mettre à exécution ce qui vous paraîtra approprié, sans grever davantage les finances royales. Vous me tiendrez au courant de ce que vous aurez décidé et aurez fait...»

Denia, 16 août 1599.

3. Le statut de l'Indien

Dans la nouvelle société dessinée par les Espagnols, le statut de l'Indien fut d'abord celui d'un vaincu. Comme tel, il perdit ses cadres traditionnels et son autonomie, fut contraint de se mettre sous des formes diverses au service de ses vainqueurs, qui organisèrent un système complexe d'exploitation dont il est question par ailleurs.

La Couronne, après bien des tâtonnements et sous la pression d'intérêts divergents, en vint à imaginer pour lui un statut particulier. En effet, une fois passées les premières années de la Conquête et son exploitation sans limites ni perspective de durée, les campagnes lascasiennes étaient venues apporter d'autres éléments de réflexion, en rappelant la signification chrétienne de l'entreprise espagnole et en insistant sur les principes de liberté et d'égalité qui devaient présider à toute réflexion et à toute politique concernant le monde indigène.

Soucieuse de ne point céder aux exigences des partisans d'une exploitation coloniale sans entraves, consciente que les principes affirmés par Las Casas se heurtaient dans leur application concrète à bien des obstacles et pouvaient même aller parfois à l'encontre des buts recherchés, convaincue enfin qu'elle devait impérativement ménager la survie du monde indien sans le travail

Cédule royale interdisant aux Espagnols, aux Métis, aux Mulâtres et aux Noirs de vivre dans les villages indiens

«Président et auditeurs de mon Audience de la province du Guatemala... Alors que les cédules royales ordonnent aux Espagnols, aux Métis, aux Mulâtres et aux Noirs de ne pas habiter dans les villages indiens, et bien que mon procureur ait demandé leur application, cette interdiction n'est pas respectée malgré son importance évidente. Il faut donc et il est nécessaire que vous donniez l'ordre à tous les Espagnols, Métis, Mulâtres et Noirs, quels que soient leur âge et leur qualité, de quitter sans délai les villages indiens et d'aller vivre et résider dans ceux des Espagnols, comme l'ordonne la législation. Si les villages espagnols sont très éloignés de ceux des Indiens et s'il vous semble nécessaire, à vous mon président, de faire un village espagnol dans un endroit adéquat et plus proche, qu'il en soit fait ainsi et accordez-lui toute l'aide dont il pourra avoir besoin...»

Valladolid, 22 décembre 1605.

Le double jeu des nouvelles autorités villageoises

«La participation à ce nouveau groupe de pouvoir offrait de nombreux avantages à l'Indien qui décidait de s'allier aux représentants provinciaux de l'autorité espagnole : le prêtre et le corregidor. Un avantage bien réel, mais modeste, était la compensation offerte. Seul le maître d'école indien recevait un salaire, les autres, en échange de leurs services, étaient dispensés de la *mita,* exonérés de payer le tribut ou bien du recrutement pour le travail obligatoire. Cependant, il y avait bien plus important que cette récompense légale : le pouvoir qui dérivait de la position de ces élus municipaux, comme représentants de l'autorité espagnole. Les individus qui formaient ces groupes exerçaient le pouvoir sur leurs semblables en vertu de la force que constituait le gouvernement espagnol, source d'autorité tout à fait extérieure aux sanctions traditionnelles, et des coutumes qui réglaient l'exercice du pouvoir dans la société indienne. Dans la mesure où les fonctionnaires espagnols ne forçaient pas les représentants indiens à observer les sanctions de la société indienne, ceux-ci pouvaient les ignorer ou les contourner en toute impunité. En outre, étant donné que ces sanctions réglaient aussi l'accès à la richesse, les Indiens qui profitaient de cette source de pouvoir extérieure à la structure traditionnelle de la société indienne pouvaient obtenir un meilleur accès aux ressources de leur propre société.

Il est certain et évident que les élus indiens utilisaient leur pouvoir pour accumuler des richesses personnelles... Cependant, les biens obtenus par les membres de ce nouveau groupe de pouvoir, grâce à leur association avec les autorités espagnoles, n'entraînèrent point le prestige et le rang qui accompagnaient la richesse dans la société indienne traditionnelle, puisque cette richesse avait été obtenue en dehors des patrons de cette société. Il est sûr que certains ne se préoccupaient guère d'être des usurpateurs d'un pouvoir et de richesses qui, selon les traditions indiennes, ne leur appartenaient pas. D'autres, au contraire, semblent avoir cherché à légitimer leurs nouvelles positions...

Au début du XVIIe siècle, les Espagnols découvrirent le double jeu des autorités dans les villages indiens et luttèrent contre elles sans aucun succès. Il leur était difficile de comprendre le comportement de l'Indien, puisque, s'il était découvert, non seulement il perdait sa position privilégiée et sa source de pouvoir, mais en plus il était fréquemment sanctionné sans pitié et était exilé de son village. Cependant, le rôle de prêtre dans les cérémonies traditionnelles donnait prestige et pouvoir dans la société andine qui ne les accordait en général que par la naissance. Il est donc possible de comprendre la participation des membres du groupe de pouvoir indien aux cérémonies religieuses indigènes si nous prenons en compte leur aspiration à une position sociale et à un rang supérieurs dans leur société, en utilisant le pouvoir dérivé de leurs alliances avec les autorités espagnoles. En participant à des activités qui étaient le symbole d'une position sociale supérieure dans la société indigène, ils pouvaient obtenir la reconnaissance et le prestige qui allaient de pair avec leur richesse et leur pouvoir effectif. De la sorte, ils avaient la possibilité de gravir un échelon social de plus dans la société tradionnelle.

Il est évident que, dès la fin du XVIe siècle et au début du XVIIe, la hiérarchie sociale et le prestige à l'intérieur de la société indigène furent réorganisés en fonction des nouveaux canaux ouverts au pouvoir et à la richesse par le système économique et les régulations légales du groupe espagnol. Mais la hiérachie sociale ne fut pas bouleversée, il y eut un fort degré de continuité entre les élites anciennes et les nouvelles.»

Karen Spalding,
De indio a campesino, cambios en la estructura social del Perú colonial.

duquel rien n'était possible, la Couronne opta en définitive, à la fois par calcul mais aussi comme résultat d'une logique qui finit par s'imposer d'elle-même, pour une **politique de tutelle paternaliste.**

Avec le temps, une foule de cédules venues d'Espagne, mais aussi d'ordonnances prises sur place par les vice-rois ou les présidents d'Audience, limitèrent les capacités sociales de l'Indien, en d'autres termes restreignirent sa liberté, mais en même temps le protégèrent, dans certaines limites, de son environnement colonial. Fondamentalement considéré comme un mineur, un enfant, l'indigène vit ainsi une grande partie de son destin lui échapper. Les textes officiels insistèrent sur son caractère ***miserable,*** terme qui ne doit pas être pris ici dans son sens actuel, mais signifiant digne de compassion, exigeant la sévérité d'une tutelle paternelle.

La société coloniale dès lors fut régie par **deux systèmes de valeurs** radicalement différents, celui des Espagnols et celui des Indiens, et la plupart des théoriciens de l'époque partent dans leurs analyses du principe que le monde hispano-américain est constitué de **deux *républiques* distinctes,** celle des Espagnols et celle des Indiens dont les normes, pour le bien de chacune et de l'ensemble, doivent être différentes.

A ce titre, l'indigène fut soumis à des formes d'évangélisation particulières, ne put accéder à la prêtrise et resta hors d'atteinte de l'Inquisition. On le confina dans ses villages ou en ville dans des quartiers réservés, il fut exempté des impôts payés par les Espagnols et eut le sien propre, le tribut. Il ne fut pas soumis au service militaire, mais ne put ni monter à cheval, animal noble et espagnol par excellence, ni porter des armes à feu ou même des épées.

Sur le plan juridique, l'indigène ne pouvait pas signer de contrat d'un montant supérieur à une certaine somme, il ne pouvait exercer aucune fonction publique en dehors de son village d'origine, ne pouvait pas devenir membre des corporations artisanales, était passible de poursuites s'il ne conservait pas son costume traditionnel et s'habillait comme les Espagnols. Enfin, dans les procès, ses témoignages n'eurent qu'une valeur relative et durent toujours être corroborés, surtout lorsque sa parole était en balance avec celle d'un Espagnol.

Le portrait d'un colonisé : on ne peut dresser un portrait unique et global de l'Indien à partir des témoignages espagnols. Les *a priori* et les perspectives des regards, les réalités humaines concernées, les spécificités régionales, les positions idéologiques, furent variées et évoluèrent. Mis à part le courant lascasien qui se définit cependant par rapport aux positions colonialistes les plus excessives, les représentations de l'Indien offrent en général un portrait ***en négatif,*** qui souligne des défauts, des manques ou des qualités seulement relatives, ***ethnocentriste*** qui juge en fonction des normes européennes et chrétiennes, ***justificatif*** car, en dernier ressort, il explique rétrospectivement le sort réservé à l'Indien.

Sur le plan judiciaire, la tutelle de l'indigène fut tout à fait manifeste. Dès 1557, le *fiscal* du Conseil des Indes fut nommé Protecteur des Indiens, puis, par souci de rapprocher le Protecteur des plaignants potentiels, en 1563 une cédule avait chargé de cette même fonction le *fiscal* de chaque Audience américaine. Plus tard, l'administration en vint à créer un corps spécial de *protectores de indios* (ou *de naturales*), dont la fonction consistait à aider les Indiens dans leurs démarches, à rédiger leurs plaintes, à veiller que leurs dossiers ne se perdent pas dans les méandres de la bureaucratie. Les vice-rois eux-mêmes durent consacrer une partie de leur temps aux questions indigènes et il y eut d'ailleurs dans les deux capitales vice-royales, Mexico et Lima, des tribunaux spécialement destinés à étudier les affaires indiennes, les *juzgados generales de Indios*, créés le premier en 1573, le second en 1603.

Il est très difficile de dresser un bilan de cette tutelle inscrite dans un contexte général d'exploitation et de marginalisation, d'apprécier quelle y fut, dans les faits, la part respective de la protection véritable et désintéressée de l'Indien, de la surveillance soupçonneuse d'un pouvoir colonial toujours en éveil, des dérapages qui purent avoir lieu sous son couvert et conduisirent les fonctionnaires à ignorer sciemment la loi, ou à pratiquer eux-mêmes des abus, parfois criants, qu'ils auraient dû empêcher ou sanctionner.

La proportion de ces diverses composantes dans la tutelle à laquelle l'Indien se retrouva soumis varièrent à l'évidence de façon sensible selon les époques, les régions, mais aussi les hommes qui furent chargés de l'appliquer. Les qualités humaines de chacun, leurs appétits et leur conscience, entrèrent sans doute en jeu, mais aussi leur place dans la mécanique globale de la société. Il est évident que la protection des Indiens ne pouvait avoir le même sens pour un *corregidor* chargé de veiller à la bonne rentrée des impôts, au bon fonctionnement des corvées et à la police générale d'un groupe de villages, et pour un *protector de naturales* accomplissant sa tâche avec honnêteté et efficacité.

Il faut aussi noter que les Indiens ont su profiter, plus tôt, davantage et mieux qu'on ne l'a cru longtemps, des rares possibilités de se faire entendre, voire d'obtenir

Au début du XVIIe siècle, il y avait **onze *protectores de naturales*** pour l'ensemble de l'Audience de Lima et cinq dans celle de Charcas. Il s'agissait de charges mal payées – entre 200 et 600 pesos par an – dont les salaires étaient assurés soit par les communautés indigènes, soit par les caisses royales. Quelquefois elles étaient d'ailleurs couplées, pour les rendre financièrement plus attractives, à d'autres fonctions publiques comme celle d'*alguacil mayor* ou de *tesorero*.

réparation, que leur offrait le système de tutelle espagnol. La fréquence de leurs recours aux tribunaux en sont un bon exemple, même si les résultats de leurs démarches ne furent pas toujours positifs et si une sentence en leur faveur était bien loin de se traduire automatiquement dans les faits.

Les Indiens et la procédure espagnole

«Très tôt, les Indiens eurent la réputation d'être procéduriers. Dès la décennie 1550, ils inondaient les Audiences de requêtes et de procès, la plupart entre communautés, *ayllus* ou groupes ethniques indigènes. Vingt ans plus tard, Toledo espérait que l'organisation administrative locale simplifierait les procédures et éviterait un travail excessif aux juristes de la capitale. Mais dans la pratique, la consolidation d'un système d'exploitation implacable administré par un groupe de magistrats chargés d'imposer les grandes lignes de la législation, ne servit guère à décourager les procédures. Au contraire, les autochtones apprirent à revendiquer agressivement les "droits" qu'on leur avait reconnus. Vers 1600, ils avaient transformé certaines formes juridiques de lutte en une vaste stratégie de défense des intérêts individuels, de l'*ayllu* ou de la communauté....

Évidemment, l'infériorité sociale, juridique, politique et économique des Indiens mettait de grands obstacles à leur succès devant les tribunaux et réduisait à presque rien nombre de leurs "victoires". Les *residencias* (enquêtes)[1] réalisées par les fonctionnaires qui prenaient leurs fonctions sur le comportement et les comptes de leurs prédécesseurs offraient en théorie la possibilité de réclamer contre les abus des fonctionnaires corrompus. Mais même lorsque les indigènes parvenaient à inverser la tendance bien connue des corregidores à pratiquer la collusion dans les *residencias,* souvent leur "victoire" représentait bien peu...

Les indigènes parvenaient à repousser quelques-uns des empiètements sur leurs terres, ils réussissaient à faire réviser leurs quotes-parts de *mita* lorsque la population baissait et élaboraient des argumentations juridiques contre des cas notoirement iniques de travail obligatoire. Même quand leur action devant les tribunaux ne suffisait pas à prévenir les abus ou les exactions, elle retardait les colonisateurs, offrait aux Indiens un répit pour planter leurs champs ou leur permettait d'avoir des indemnisations pour retirer leurs plaintes. Ainsi les Indiens obtenaient-ils au moins que l'action devant les tribunaux fût une forme viable de lutte. Mais il faut se demander pourquoi, dans un système créé pour exploiter le paysannat indigène, de tels recours étaient possibles...

Le système d'exploitation, consolidé sous Toledo, ne fonctionnait pas comme un bloc monolithique, mais comme une alliance de divers réseaux de l'élite locale, régionale et inter-régionale. Bien que dans sa structure générale ce système transformât les peuples autochtones en "Indiens" disponibles pour l'appropriation coloniale, les réseaux de l'élite étaient pleins de contradictions internes suffisantes pour que ces Indiens aient une marge de manœuvre. En outre, les institutions coloniales espagnoles donnaient aux lois, et en règle plus générale au système juridique, une importance centrale dans l'administration. En apprenant l'art de se défendre en collaboration avec les bureaucrates ou les pouvoirs coloniaux, les Indiens – malgré les désavantages qui faisaient obstacle au bon succès de leurs procès – augmentaient leurs possibilités de victoires concrètes.»

Steve Stern, *Los pueblos indígenas del Perú y el desafío de la conquista española.*

1. Voir p. 52.

Chapitre 7

L'économie minière et agricole

1. La primauté de l'économie minière

La recherche des métaux précieux, en premier lieu de l'or, dont à la fin du Moyen Age le Vieux Continent manquait beaucoup non seulement pour ses dépenses somptuaires mais surtout pour ses transactions commerciales alors en pleine expansion, a été, c'est bien connu, un des mobiles principaux de l'expansion outre mer. L'Espagne était d'ailleurs moins bien placée à cet égard que les puissances d'Europe centrale où la production argentifère de Bohème, de Silésie et de Saxe par exemple, connut à partir du milieu du XVe siècle un remarquable essor. Elle voyait aussi avec une grande envie l'or que les commerçants portugais drainaient en abondance vers Lisbonne depuis les comptoirs qu'ils avaient installés sur les côtes africaines.

L'attrait du métal jaune transparaît dès le journal de Christophe Colomb et les témoignages sur les conquérants donnent maints exemples des coups de folie réalisés pour s'en rendre possesseurs. Au Pérou en particulier, où traditionnellement l'or servait à profusion pour les bijoux et les objets du culte, la Conquête fut une longue série de rapines et de destructions dans la mesure où, afin de pouvoir emporter plus facilement les objets dérobés, les soldats espagnols les martelaient et les transformaient aussitôt en lingots. On rappellera aussi que lors de la fuite éperdue de la *Noche triste* de Mexico, quand les troupes de Cortés durent battre en retraite devant les attaques aztèques, beaucoup de soldats se noyèrent dans la lagune à cause du poids de leurs poches remplies de métal dérobé à Tenochtitlan.

Cet or résultait de l'accumulation des générations antérieures. Les Indiens le recueillaient en effet par

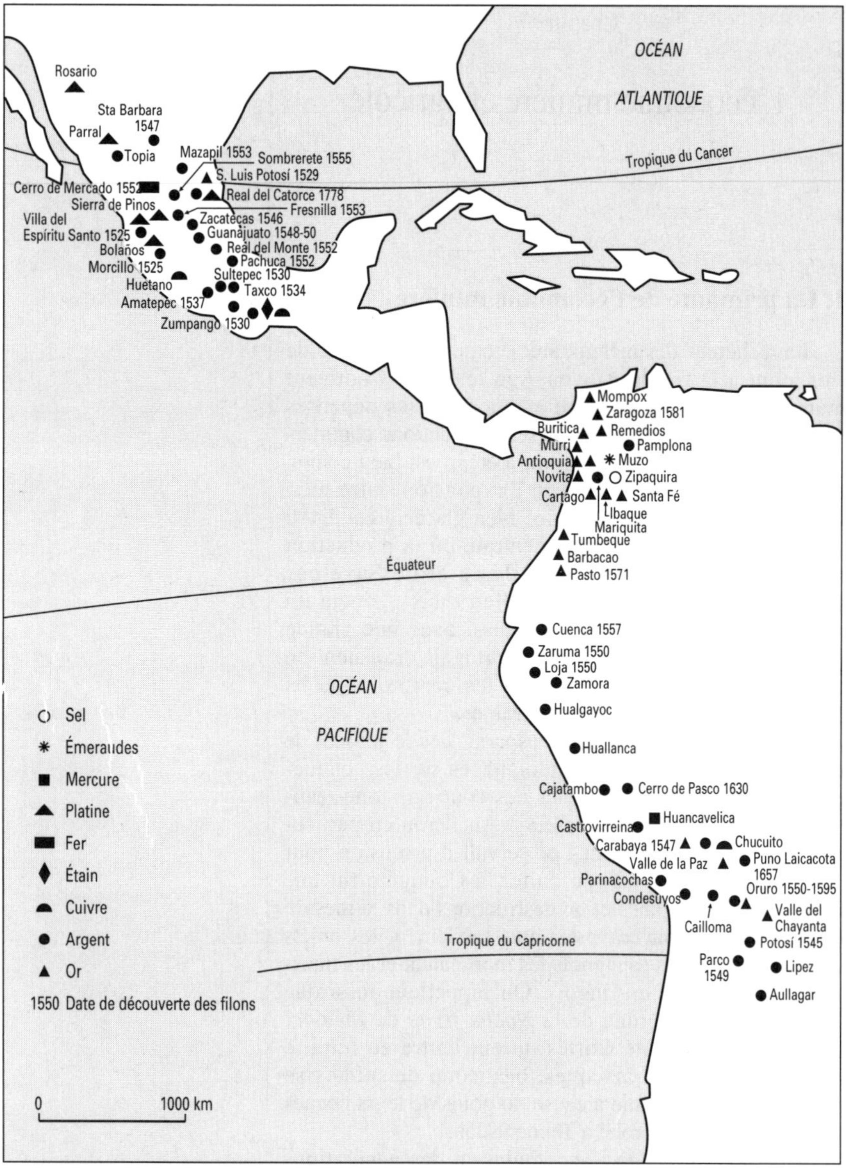

Les principaux centres miniers américains.

orpaillage*, mais ignoraient les techniques à proprement parler minières. Malgré les espoirs nés de la découverte de gisements à Saint-Domingue, il fallut se rendre bientôt à l'évidence : la production ne correspondait pas, tant s'en faut, aux espérances. **Dès les années 1530, l'or** qui au début de la Conquête avait constitué plus de 95 % des métaux précieux importés d'Amérique **chuta verticalement et fut remplacé par l'argent**. La production aurifère remonta vers la fin du XVIe siècle avec la mise en exploitation de divers filons en Nouvelle-Grenade (Cartago, Popayan, Antioquia), au Pérou (Carabaya), dans les régions de l'actuel Équateur (Zaruma, Zamora) ou au Chili (Quilacoya, Quillota), mais désormais l'argent était définitivement devenu la **véritable épine dorsale** de toute l'économie américaine et par là même espagnole.

Orpaillage : recherche de paillettes et de pépites d'or par lavage des sables alluviaux (les placers).

Dès la décennie 1560-1570, dans la production minière américaine, la valeur de l'argent extrait était plus de trois fois supérieure à celle de l'or. Compte tenu des fraudes diverses et de la contrebande, Pierre Chaunu a calculé qu'entre 1503 et 1660 le total des exportations d'or vers l'Espagne a dû être de l'ordre de 300 tonnes ; pendant la même époque, celui de l'argent a dépassé... 25 000 tonnes.

La découverte de grands gisement argentifères eut lieu de façon continue tout au long du XVIe siècle et même au-delà en Nouvelle Espagne : Colima, Sultepec, Zumpago (1530), Taxco (1534), Guadalajara (1543), Zacatecas (1546), Guanajuato (1550), Fresnillo (1553), Sombrerete (1558), San Luis Potosí (1592) pour ne citer que les principaux. Dans les Andes, même chose : Potosí (1545), Castrovirreina (1555), Oruro (1606), Cerro de Pasco (1630), un peu plus tard Laicacota, etc. Dans cet ensemble tout ne fut pas équivalent. Les mines de Zacatecas au Mexique et surtout celles de Potosí dans le Haut Pérou (actuelle Bolivie), dont la production était au moins quatre fois plus importante que la précédente, furent de loin les plus remarquables et dominèrent la production continentale. D'après les calculs effectués pour la période 1550-1630, on estime à plus de 10 000 tonnes l'argent extrait du *Cerro rico* de Potosí...

Machacado et ***Negrillo :*** variétés les plus recherchées du minerai d'argent de Potosí. Le premier nommé était pratiquement pur ; le second, ainsi appelé à cause de sa couleur, présentait malgré ses qualités l'inconvénient de se trouver dans les veines les plus profondes. Il existait bien d'autres variétés moins riches ou rencontrées hors des filons, par conséquent moins rentables : ***mulato***, ***jaboncillos***, ***quijos***, ***quemazones***, ***calichal***, etc.

Il faut dire qu'outre la richesse de leurs gisements, les mines de Potosí bénéficièrent d'un autre apport

Amalgame : alliage du mercure avec un autre métal. Cette technique servait pour séparer le minerai d'argent de sa gangue, en profitant notamment de la densité du mercure qui facilitait le tri. Cette technique, utilisée à Potosí à partir de 1572 par les raffineurs (*los azogueros*, de *azogue* : mercure), permettait de séparer les sulfures de plus en plus présents dans les minerais rencontrés. Il fallait en moyenne pour cette opération deux fois plus de mercure que d'argent recueilli.

Indios mingados : travailleurs indigènes qui s'engageaient librement dans les mines des Andes, une fois terminée leur période de *mita*.

Vicuñas et ***vascongados :*** lieu de rencontre de populations très diverses, où l'argent et les facilités de toute sorte avaient créé une atmosphère très particulière, Potosí fut notamment le théâtre, à partir des années 20 du XVIIe siècle, d'une sorte de guerre civile larvée à épisodes qui opposa les Basques, jouissant d'une solide position économique et manifestant un particularisme mal ressenti par le reste de la population, aux Créoles et aux Espagnols du Sud qui se reconnaissaient à leurs bonnets en fourrure de vigogne, d'où leur nom.

essentiel, la découverte au Pérou de mines de mercure à Huancavelica en 1564, qui, grâce à la technique de l'amalgame*, permirent une meilleure exploitation du minerai.

Attirant vers elle toute sorte de populations, propriétaires de mines (les *mineros*), artisans, soldats, fonctionnaires, gens de mauvaise vie et, bien sûr, des milliers de travailleurs indigènes (les *mitayos*) obligés de venir souvent de fort loin y accomplir des périodes de travail obligatoire particulièrement pénibles et dangereuses, **Potosí connut un développement urbain considérable,** au point de devenir en quelques décennies une des villes les plus peuplées du monde de l'époque. Dix ans après sa création, elle comptait déjà :

– 45 000 habitants en 1555,
– 120 000 en 1585,
– plus de 150 000 au début du XVIIe siècle...

Après une phase d'extraordinaire expansion, la production d'argent entra, au cours de la seconde moitié du XVIIe siècle dans une **phase de déclin** sur laquelle beaucoup de choses ont été écrites. On a insisté à ce propos sur le manque de mercure, la diminution de la main-d'œuvre indigène, l'épuisement des filons. A la lumière des études les plus récentes, il semble que ce recul n'ait pas été aussi fort et ni aussi brutal qu'on l'a cru longtemps. Ce qui alors a sans aucun doute beaucoup baissé, ce furent les exportations d'argent en direction de la métropole et les chiffres du trafic transatlantique sont, il est vrai, éloquents à cet égard. L'examen de la consommation de mercure, matière première indispensable à l'affinage du métal, montre que la tendance à la baisse a bel et bien existé, mais en aucune façon dans les proportions catastrophiques que la chute des échanges intercontinentaux l'avaient laissé croire.

Calculée de la façon indiquée plus haut, la production d'argent de tout le continent aurait atteint ou dépassé les 120 millions de pesos pour chacune des décennies comprises entre 1610 et 1640, 100 millions entre 1640 et 1660, avant d'être respectivement de :

– 80 millions (1660-1670),
– 95 millions (1670-1680),
– 52 millions (1680-1690),
– 83 millions (1690-1700).

Production quinquennale d'argent de l'empire américain
(en millions de pesos à huit réaux)

1571-1575	*21,6*	1616-1620	*63,1*	1661-1665	*40,8*
1576-1580	*44,4*	1621-1625	*77,9*	1666-1670	*39,9*
1581-1585	*49*	1626-1630	*48,9*	1671-1675	*53,3*
1586-1590	*61,5*	1631-1635	*57,9*	1676-1680	*42,3*
1591-1595	*59,3*	1636-1640	*64,8*	1681-1685	*19,4*
1596-1600	*51,6*	1641-1645	*61,4*	1686-1690	*33,1*
1601-1605	*39,5*	1646-1650	*45*	1691-1695	*43,1*
1606-1610	*43,1*	1651-1655	*62,1*	1696-1700	*39,9*
1611-1615	*61,6*	1656-1660	*46,9*		

D'après B. Bennassar.

Évolution comparée de la production d'argent en Amérique espagnole et des importations de métal enregistrées à Séville (1570-1700)
(en millions de pesos)

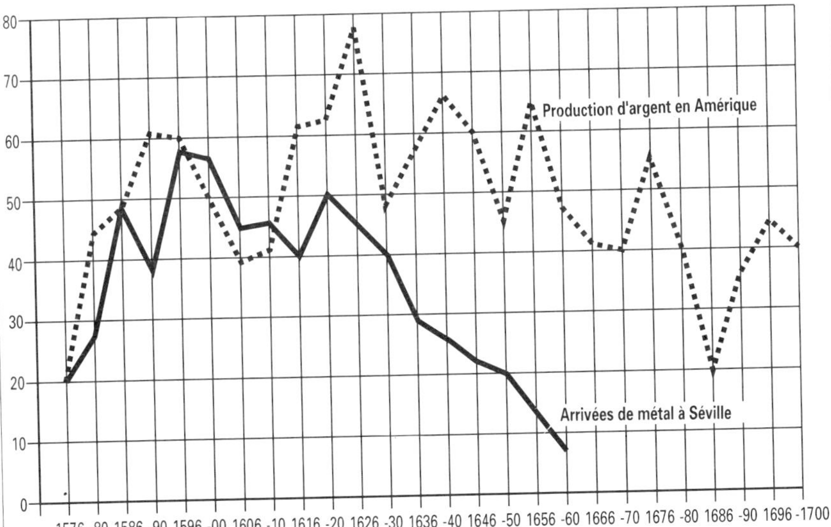

El situado : on appelait ainsi le système de subvention par lequel les régions pauvres et déficitaires recevaient, en principe annuellement, des caisses royales situées dans les zones les plus riches, appelées *cajas matrices* (Mexico, Lima et Santa Fe) une partie de leurs excédents fiscaux destinés au fonctionnement de l'État dans ces contrées défavorisées.

2. Affirmation et diversité des productions rurales

L'erreur de calcul, ou d'appréciation, dont il a été question ci-dessus vient en partie du fait que, si l'on avait traditionnellement tenu compte de la contrebande et des fraudes diverses, on a longtemps mésestimé le pourcentage d'argent américain resté sur son continent d'origine pour les dépenses croissantes de l'État (administration, défense, mécanismes internes de compensation financière, *situados**, etc.), mais aussi pour les nécessités elles aussi grandissantes de la vie économique des royaumes américains. Après être passé par une première époque où la présence espagnole s'était surtout manifestée par le pillage des conquistadors, l'Empire avait connu une seconde phase caractérisée par l'organisation d'un système de ponctions pratiquées sur le travail indigène au moyen de toute une série de méthodes, quelques-unes légales mais la plupart spontanées. La troisième et dernière période avait correspondu à l'émergence d'une économie de production rendue nécessaire par la mise en place de la société hispano-américaine dans toute sa complexité.

De la Conquête à l'apparition des *haciendas* dans les Andes

«Dans l'espace andin, à notre avis, le véritable processus de transformation de la structure agraire de type colonial a eu lieu entre le dernier quart du XVIe siècle et les premières années du XVIIe. Il faut dès lors souligner les principaux changements intervenus au cours de la cinquantaine d'années qui ont précédé.

Entre 1530 et 1550, soit durant les deux premières décennies qui suivent l'invasion des osts espagnols, ont lieu, entre autres phénomènes, la destruction de l'État impérial inca et l'interruption brutale de la structure et de la dynamique démographiques de la société indigène. Au cours de cette courte période que l'on pourrait prolonger de cinq années supplémentaires si l'on y inclut la guerre de succession dynastique née de la mort de Huayna Capac, s'est produit l'écroulement de la population indigène. S'il est sûr que nous ne connaissons pas encore la mesure exacte de cette brutale contraction ni les différences régionales qui se sont manifestées dans le cadre de la chute générale (même s'il est hors de doute que la crise fut beaucoup plus sévère sur la Côte que dans la Sierra), tous les renseignement connus jusqu'à aujourd'hui montrent que vers 1550 la population était réduite à la moitié ou au tiers de ce qu'elle était en 1525-1530.

La transition commence par une altération radicale du paysage agraire : la chute brutale de la population entraîna un fort rétrécissement de l'espace agraire, de cet espace que la pression démographique des époques précédentes avait étendu même

aux sols les moins appropriés pour la culture. En outre, la réduction violente de la densité de la population occasionna un retour à des cultures plus extensives, des régressions dans les techniques agraires. Sur la longue frange côtière péruvienne, le manque d'hommes provoqua une rapide détérioration des canaux d'irrigation entre les vallées ; des régions entières de culture irriguée intensive furent envahies par le sable. Dans la Sierra, où les terrasses *(andenes)* avaient constitué le plus grand succès technique d'une agriculture de haute productivité, plusieurs témoignages indiquent l'abandon de quelques-unes de ces aires. Cependant, il est encore prématuré de donner des conclusions définitives sur l'ampleur de ce processus puisque même, ne l'oublions pas, on discute encore à la fois les fonctions et la véritable expansion du système d'irrigation et de terrasses durant le *Tahuantinsuyu,* l'empire inca.
La seconde phase couvre plus ou moins le quart de siècle suivant, c'est-à-dire de 1550 à 1575. En théorie, nous aurions tendance à la définir comme la phase de subordination formelle au système primitif. En effet, une des caractéristiques dominantes de cette seconde phase est donnée par l'ordre normatif que l'État colonial imprime au système de rente en travail de l'*encomienda.* Si dans la rente de l'*encomienda* apparaissent des traits différents de ceux de la *mita* incaïque, les normes coloniales essayent expressément de reproduire diverses conditions et diverses formes du processus de production propre au système indigène. Par exemple, on maintient l'inscription territoriale de chaque groupe ethnique, on ordonne que les produits du tribut soient les mêmes que ceux en usage dans la production villageoise, les appareils de pouvoir indigène retiennent le contrôle sur le processus productif de l'excédent, processus qui s'effectue, en outre, selon les anciennes conditions techniques et d'organisation sociale.
Mais, dans le même temps, a lieu le premier développement de ce qui deviendra la production dominante du système colonial andin, à savoir la production de minerai d'argent...»

Carlos Sempat Assadourian,
La organización espacial del sistema colonial.

Les activités minières grosses consommatrices de toute sorte de produits alimentaires et artisanaux, la création d'un réseau de villes nombreuses et parfois assez peuplées, rendirent bientôt nécessaire **un système d'approvisionnement qui profita aux activités agricoles et à l'élevage**. L'économie indigène étant fondée sur l'autosuffisance et restant pour l'essentiel à l'écart des circuits monétaires, les Espagnols entreprirent de créer leurs propres exploitations, soit à partir de concessions attribuées par les conseils municipaux ou la Couronne, soit sur les terrains où ils s'étaient installés spontanément sans aucun titre légal. **Ces nouvelles unités,** appelées ***haciendas**** – mais aussi au début *chácaras* ou *chacras* en Amérique du Sud – lorsqu'elles se consacraient à l'agriculture et ***estancias**** quand elles s'occupaient d'élevage, **s'établirent en général à proximité des villages indiens,** d'abord parce que ceux-ci étaient

Estancias : voir p. 114.

Hacienda : ce vieux mot médiéval en provenance d'Espagne désignait à l'origine quelque forme de bien meuble ou immeuble que ce fût, argent, bétail, terres. On parla donc de «*haciendas* minières», de «*haciendas* de moutons», de «*haciendas* de labour et de bétail». Pour désigner précisément les propriétés terriennes, on employa d'abord des termes indigènes (*chacras* en Amérique du Sud), ou espagnols (*caballerías* au Mexique, du nom de l'unité de mesure agraire d'une quarantaine d'hectares employée pour les délimiter). L'usage du terme *hacienda,* sans adjectif et employé seul pour désigner un domaine rural, ne s'est vraiment imposé et répandu dans l'Empire qu'au XVIIe siècle.

Estancia : à la différence de *hacienda*, ce mot fut une création américaine. Son apparition dans les îles coïncide avec la stabilisation des troupeaux (*hatos*) jusque-là itinérants. Alors que la propriété de la terre fut assez rapidement reconnue, celle des pâturages suscita de nombreuses oppositions de la Couronne et des municipalités fidèles à la tradition médiévale castillane de la liberté des parcours de pâturage. L'étymologie même de *estancia* (du verbe ***estar :*** *se trouver, être momentanément*) semble exclure tout concept de propriété. Néanmoins, après bien des débats, les maîtres de troupeaux parvinrent en général à se faire reconnaître la propriété de leurs pâtures.

installés sur les meilleurs terroirs, mais aussi afin d'avoir un accès plus facile au réservoir de main-d'œuvre absolument indispensable qu'ils représentaient.

S'il arriva souvent aux *haciendas* d'occuper des terres indiennes, il est sûr néanmoins que, dans un premier temps, leur petit nombre, la forte chute de la population aborigène et l'éclatement de certaines structures traditionnelles, par exemple l'abandon des terroirs travaillés par corvées pour l'empereur aztèque ou inca et le clergé pré-hispanique, permirent au problème de rester dans des proportions supportables, même s'il y eut bien des cas où les Indiens furent purement et simplement dépouillés de leurs terres. Par la suite, avec la valorisation des productions agricoles et l'augmentation du nombre des exploitations espagnoles que les valeurs sociales de l'époque considéraient comme le signe le plus manifeste d'un certain statut social et qui servirent souvent de valeur refuge à l'occasion des crises régionales, **les rapports entre *haciendas* et terres communautaires indiennes ne cessèrent de se dégrader**.

Les premières eurent tendance à grignoter les secondes par la ruse, la violence ou la complicité de chefs indigènes soudoyés. De nombreux procès, souvent fort longs et compliqués, arrivèrent à ce sujet devant les tribunaux puisqu'en principe l'autorité coloniale défendait l'intégrité des terres indigènes. Il n'en reste pas moins que périodiquement l'administration envoya dans les provinces des juges chargés d'examiner l'évolution foncière des propriétés espagnoles. Souvent, après un simulacre d'enquête, ils entérinaient officiellement les empiètements de ces dernières aux dépens des Indiens et les *hacendados* en étaient quittes pour payer une somme (*la composición de tierra*) qui leur donnait la propriété définitive des parcelles en litige.

La configuration du terrain, notamment dans les vastes espaces à faible rendement potentiel, les stratégies d'alliances familiales, une certaine conception hégémonique de la propriété foncière héritée sans doute d'anciennes traditions médiévales, contribuèrent à la **création d'unités parfois très vastes** mais dont seulement une partie, souvent réduite, était mise en culture, selon le vieux principe du *latifundium*. Toutefois, sauf exceptions comme par exemple le Nord du Mexique, ces grandes *haciendas* furent en général loin de posséder les immensités dont leurs héritières se rendront maîtresses après l'Indépendance au XIXe siècle lorsque, par le biais des lois libérales, elles furent bien près d'en finir avec la propriété indienne.

Haciendas et *estancias* fonctionnèrent comme des unités de production mais aussi et surtout comme des **unités sociales et de commandement** où l'on assista à la renaissance de comportements et de formes relationnelles de type féodal qui, en Espagne même, avaient disparu ou étaient sur le point de disparaître. Nous avons eu l'occasion d'examiner en détail le statut de la main-d'œuvre indigène à l'intérieur de ces exploitations, mais il faut insister ici sur leur tendance à se constituer en **unités fermées, fonctionnant sur la base de relations personnelles très hiérarchisées** et le plus souvent contraignantes dans le cadre d'une économie interne en général très peu monétarisée, mais articulées à l'extérieur sur les grands marchés régionaux et leur système relativement moderne de profit.

En leur centre on trouvait la demeure du maître tout puissant (la *casa hacienda* ou *casa grande*) pourvue d'une abondante maisonnée, sa chapelle où un prêtre payé par l'*hacendado* venait dire la messe, ce qui rendait inutile, et interdit, d'aller l'écouter au village. Elles étaient pourvues d'un corps d'autorité, souvent métis, chargé de gérer le domaine mais aussi d'y faire régner l'ordre, avec un administrateur (*mayordomo*), en général un blanc de basse extraction, et des chefs d'équipe métissés pour les travaux agricoles (*capataces*, *caporales*, *mayorales*) qui, au besoin, se transformaient en hommes de main du propriétaire et régentaient la prison de l'*hacienda* où, en dépit des lois, le maître exerçait sa propre justice.

Liées à la constitution de marchés régionaux destinés prioritairement à la population d'origine européenne, les *haciendas* se consacrèrent à des productions agricoles originaires du Vieux Continent et correspondant aux goûts ou aux habitudes alimentaires des Espagnols. Ainsi, en zone tempérée, les terres à blé (*tierras de pan llevar*) furent particulièrement prisées même si, dans l'ensemble, en région tropicale le maïs resta la production principale. La vigne*, autre plante cardinale du

La culture de la vigne à une vaste échelle et, dans les régions de canne à sucre, les boissons alcoolisées issues de la distillation, furent à l'origine d'un très important alcoolisme indigène dont les effets ont souvent été dénoncés par les autorités mais qui, de fait, était suscité par les colons eux-mêmes dans la mesure où, malgré les interdictions officielles, une partie des salaires indiens étaient payée en alcool et/ou en coca dans les Andes.

Les *hommes riches et puissants* du Mexique au XVIIe siècle

«Cette aristocratie naissante des *hacendados* offre donc bien des traits communs avec la noblesse andalouse, comme elle mi-urbaine, mi-rurale, passionnée par le cheval et les taureaux. Mais la noblesse mexicaine n'était pas fermée aux apports extérieurs : non seulement le roi vend des titres à de puissants personnages, mais les descendants des conquérants ou les membres des vieilles familles créoles n'hésitent guère à se marier avec les filles des riches marchands, eux-mêmes désireux de se mêler à l'aristocratie terrienne. Ainsi, un vice-roi peut-il écrire en 1673 que *"dans ces provinces en général le* caballero *est marchand et le marchand est* caballero. *A quoi* – ajoute-t-il – *je ne vois pas d'inconvénient majeur, mais bien plutôt une utilité politique".* C'est que bien des majorats et patrimoines étaient mal en point. En fait, au cours du XVIIe siècle, les revenus dits nobles se trouvaient fort diminués par la décadence des mines comme par le manque de débouchés pour les produits de la terre. Les haciendas se repliaient sur elles-mêmes et fournissaient des rentes d'autant moins considérables qu'elles étaient plus lourdement chargées d'hypothèques, de cens et fondations de messes. Aussi les propriétaires fonciers cherchaient-ils des alliances avantageuses dans le monde du négoce, tandis que les commerçants plaçaient leurs bénéfices dans les terres et se rapprochaient ainsi de la noblesse.
Au cours du XVIIe siècle, l'économie rurale de la hacienda semble donc envahir toute la vie mexicaine, de même que le type social du *hacendado* paraît déteindre sur toutes les autres classes de la société créole et espagnole, hormis les hauts fonctionnaires de México qui veillaient à maintenir des liens étroits avec la métropole. Ce repli sur la terre contribue à faire renaître dans le Nouveau Monde [...] certaines formes de vie patriarcale.»

F. Chevalier, *La formation des grands domaines au Mexique, terre et société aux XVIe-XVIIe siècles,* Institut d'Ethnologie.

monde méditerranéen connut de même un rapide essor en Amérique malgré certaines prohibitions destinées à protéger les exportations espagnoles. La côte péruvienne, au Sud de Lima, devint un vignoble d'importance continentale, mais il y en eut bien d'autres moins étendus et aux marchés plus localisés.

Parmi les productions non originaires d'Amérique, le sucre mérite une place tout à fait à part. La canne à sucre en provenance d'Asie, que les Arabes avaient fait connaître au bassin méditerranéen, trouva des terrains d'élection outre-Atlantique. Importée très tôt dans les îles en premier lieu, elle connut surtout un remarquable essor sur le continent où des régions entières lui furent de bonne heure consacrées, dans le Mexique humide et chaud du Sud, sur la côte Nord du Pérou, dans les basses vallées andines. Si la **culture de la canne** n'atteignit pas le degré d'industrialisation qu'elle devait connaître à partir du XVIIIe siècle dans l'aire antillaise, elle n'en contribua pas moins à offrir au marché américain un produit original qui marqua profondément les habitudes alimentaires et même sociales du Nouveau Monde, dans la mesure où elle fit naître une première économie de plantation le plus souvent **axée sur l'exploitation de la main-d'œuvre esclave**. Si d'autres produits tropicaux, le cacao, le tabac*, voire les préparations tinctoriales, comme l'indigo* en Amérique centrale ou la cochenille* en Nouvelle-Espagne, connurent de même un certain engouement, il allait falloir attendre là aussi le XVIIIe siècle pour que les nouvelles facilités du commerce transatlantique les fasse passer au rang de grands produits d'exportation.

Ces cultures nouvelles, parfois à une grande échelle, suscitèrent bien des tensions entre blancs et indigènes, pour la possession de la terre, mais souvent plus encore pour le contrôle de l'eau dans les régions où l'irrigation était indispensable. Les paysages et l'environnement subirent aussi de leur fait de notables changements, cependant la mutation écologique la plus profonde ne fut point la conséquence des nouvelles productions agricoles, mais plutôt de l'introduction en Amérique d'une activité pratiquement inconnue jusqu'à l'arrivée des Européens : **l'élevage**.

Avant eux, seules les Andes centrales avec les lamas avaient pratiqué un élevage d'animaux d'une certaine taille. Dès leur arrivée dans les îles, les Espagnols introduisirent vaches, chevaux et porcs qui, avec l'effondrement des autres activités insulaires, avaient constitué pratiquement la seule source de revenu dans leurs *hatos* gérés de manière très extensive et d'un rendement minime. Sur le continent, l'introduction du bétail européen, avec en plus des animaux précédemment cités le mouton, prit très vite des proportions considérables et fit dans bien des régions l'effet d'une véritable invasion. Bientôt par millions, chevaux, vaches et surtout moutons envahirent tous les pâturages possibles, débordèrent sur les cultures indiennes, entamant ainsi une lutte séculaire dans le Nouveau Monde entre agriculteurs et éleveurs. Dans beaucoup d'endroits, **l'animal réussit même à chasser l'indigène** jusqu'à ce que celui-ci parvienne à son tour à devenir éleveur.

C'est par erreur que les Espagnols appelaient ***tabaco*** «l'herbe à fumer» des Indiens dans les Grandes Antilles. Ce mot désignait en fait les petits tuyaux servant à inhaler la fumée.

La rencontre du tabac : *«Les deux chrétiens rencontrèrent sur le chemin qui traversait le village de nombreux hommes et de nombreuses femmes tenant à la main un brandon fait d'herbes dont ils ont coutume d'aspirer la fumée...»*
Christophe Colomb, 6 novembre 1492.

Indigo (*el añil*) : produit tinctorial bleu extrait d'une plante (indigotier).

Cochenille (*la grana*) : produit tinctorial rouge préparé à partir de pucerons parasites élevés sur les cactus mexicains.

Ingenios et ***trapiches :*** on appelait ainsi, selon qu'ils étaient actionnés par la force animale ou hydraulique, les moulins servant à concasser le minerai ou à broyer la canne. Par extension, le mot *ingenio* en vint à désigner non seulement l'atelier d'élaboration du sucre, mais l'exploitation sucrière dans son ensemble.

La région du Tucuman, dans le Nord-Ouest de l'actuelle Argentine, fut le grand **centre producteur de mules** pour les transports à travers tout le continent.

L'élevage était destiné à l'alimentation des villes et des centres miniers, mais était aussi lié à l'approvisionnement en bêtes de somme (l'essentiel du transport terrestre était effectué à travers le continent par des caravanes de mules*, *las recuas*) et en produits de première nécessité comme le cuir ou les textiles. La laine donna lieu dans les grandes régions d'élevage ovin, Nouvelle Espagne et pays andins, à une fabrication à grande échelle de draps et de tissus divers, souvent de qualité médiocre, mais néanmoins indispensables. Ils étaient fabriqués selon des méthodes artisanales dans des ateliers de tissage parfois très importants, les ***obrajes,*** ou de proportions plus modestes (*los chorrillos*), qui appartenaient soit aux *estancieros* ou aux *hacendados*, soit à des entrepreneurs espagnols, laïcs ou ecclésiastiques, quelquefois, comme dans la région de Quito, même à des

L'invasion du mouton

«L'introduction au Mexique du bétail européen... avait eu un précédent immédiat dans l'île de Saint-Domingue où, vers 1570, on avait recensé 400 000 bovins pour seulement 10 000 habitants. La Nouvelle-Espagne connut à partir du milieu du XVIe siècle, une croissance incontrôlée des troupeaux de bovidés dont même l'agriculture se ressentit, dans la mesure où le phénomène affecta les terres de labour. C'était là le transfert outre-mer de la vieille rivalité péninsulaire entre agriculteurs et éleveurs, paysans et bergers. Moyens et grands “seigneurs de troupeaux” comptaient leurs têtes par milliers et dizaines de milliers. La mutiplication du bétail en vint à constituer un problème, même pour l'existence humaine. Un siècle plus tard, un processus similaire allait apparaître avec des symptômes identiques, dans les *llanos* du Venezuela, puis la pampa du Rio de la Plata. La chose se reproduisit en Nouvelle-Espagne lorsque la brebis mérinos remplaça la race *churra*. Sur les plateaux de l'intérieur, qui offrent une certaine similitude climatique avec la Castille et l'Estrémadure, s'organisa un régime de transhumance saisonnière et de *Mesta*[1] péninsulaire, selon une variante municipale qui réglait les activités d'un élevage en expansion.
Les Andes offrent aussi des exemples dignes d'être rappelés. Les modifications introduites par la pâture dans les paysages apparurent bientôt, non point sur les hautes et froides *punas* qui constituaient un écosystème relativement stable où le bétail autochtone n'avait jamais rompu l'équilibre du milieu, mais aux altitudes moyennes où l'élevage n'avait jusque-là pas été pratiqué. Il y fut un agent destructeur des versants boisés pour leur utilisation ultérieure comme zones de pâturage ou de culture. Ce déboisement systématique et cette dégradation de la forêt fut la première étape du processus de déforestation, accentué plus tard par l'impérieux besoin de bois que manifestaient les centres miniers comme Potosí.»

R. M. Serrera, *La América española (Época de los Austrias).*

1. Association d'éleveurs pour l'utilisation et la défense des parcours de pâture.

communautés indigènes. La main-d'œuvre y était en général maltraitée, sous-payée et travaillait dans des conditions parfois effroyables (certains *obrajes* servaient de lieu de réclusion pour les condamnés aux travaux forcés). Les indigènes étaient d'ailleurs souvent contraints de s'y rendre pour des périodes de travail fixées par l'administration et en principe rémunérées à un tarif officiel. Dans bien des régions, les études économiques montrent que les ***obrajes,*** stimulés par la demande des centres miniers, **étaient souvent d'un revenu bien supérieur à celui des propriétés agricoles** et constituaient le **véritable moteur de l'économie régionale.** Rien d'étonnant dès lors à ce que leur possession ou leur contrôle entraînent parfois de terribles conflits d'intérêt entre familles rivales du patriciat local.

Le travail dans les obrajes *péruviens*

«Pour se faire une idée parfaite de ce que sont les obrajes, *il faut se les représenter comme une galère qui n'arrête jamais de naviguer, où l'on rame sans cesse par calme plat et dont le port de destination est si éloigné qu'il ne sera jamais atteint même si son équipage travaille nuit et jour dans l'espoir de quelque repos. Le gouvernement de ces* obrajes, *le travail qu'y font les Indiens auxquels échoit ce véritable malheur et les châtiments rigoureux qui sont infligés à ces pauvres gens, sont impossibles à rapporter.*
Le travail dans les obrajes *commence avant qu'il ne fasse jour. A cette heure-là, chaque Indien se rend dans la pièce à laquelle il est assigné selon son travail et on lui donne les tâches qui lui incombent. Aussitôt après, le maître ferme la porte et les Indiens se retrouvent comme en prison. A midi, on ouvre la porte pour que les femmes viennent leur apporter une nourriture à la fois de mauvaise qualité et peu abondante, ce qui dure très peu de temps, après quoi ils sont de nouveau enfermés. Lorsque l'obscurité de la nuit ne permet plus de travailler, le maître vient ramasser le travail. Ceux qui n'ont pas pu le terminer – sans que l'on écoute leurs excuses et leurs justifications – sont punis d'une manière si cruelle qu'on ne saurait la rapporter.*
Tels des bourreaux insensibles, ces hommes impies infligent aux misérables Indiens des coups de fouet par centaines, car on ne saurait les compter autrement. Pour ajouter à leur punition, ils les gardent enfermés dans la pièce dont on a parlé en guise de prison, mais bien que tout le bâtiment puisse être considéré comme tel, il est un endroit précis où l'on trouve entraves et carcans pour les punir de manière encore plus ignominieuse que les esclaves les plus coupables. Dans la journée, le maître fait plusieurs inspections en compagnie de son adjoint et de l'administrateur. L'Indien qui a fait la moindre erreur est immédiatement châtié avec les mêmes coups de fouet. Il poursuit son travail jusqu'à l'heure de la pause et d'habitude la punition recommence.
Voila ce qu'on inflige tous les jours aux Indiens soumis à la mita *dans les* obrajes, *et ce châtiment est d'autant plus cruel qu'il ne leur sert pas à être dispensés du paiement*

de leur dette, car toutes leurs fautes durant le travail sont notées et ils sont obligés d'en rendre compte à la fin de l'année, et ainsi de suite si bien qu'elle va en augmentant année après année, jusqu'à ce que le remboursement du travail en retard étant devenu impossible, le maître acquière un droit injustement établi de réduire en esclavage non seulement l'Indien mitayo *mais aussi tous ses enfants. Et encore, le traitement de ces Indiens paraîtra charitable si on le compare à celui qui est réservé par les corregidors à ceux qu'ils condamnent à travailler dans ces* obrajes *parce qu'ils ont omis de payer leur tribut de manière ponctuelle lorsqu'on le leur a demandé et souvent, comme il a été dit plus haut, sans qu'ils le doivent légitimement. Ces Indiens gagnent un réal par jour, la moitié est retenue pour payer le corregidor, l'autre moitié est destinée à leur subsistance, ce qui est insuffisant pour un homme qui travaille sans arrêt toute la journée. Pour preuve de ces dires, imaginez ce qui pourra bien être acheté dans ce pays et qui puisse les sustenter, alors qu'ils n'ont même pas de quoi se payer la* chicha, *boisson tellement nécessaire aux Indiens étant donné qu'ils y sont habitués et qu'elle est devenue pour eux une seconde nature, qu'elle les nourrit et fortifie autant que ce qu'ils mangent. En outre, comme l'Indien n'est pas maître de quitter cette prison, il se voit obligé d'accepter tout ce que le maître veut bien lui donner pour le demi-réal en question. L'inhumanité du traitement infligé dans les* obrajes, *dans le but de ne rien laisser perdre, tire même profit sur le dos des Indiens de l'orge et du maïs qui se sont gâtés dans les greniers, des bêtes qui meurent et empuantissent l'air et, d'une façon générale, de tout ce qui est le plus mauvais et le plus méprisable.*
La conséquence de ce traitement est que ces Indiens tombent malades peu après leur arrivée en ce lieu. L'épuisement de leur nature comme le manque de nourriture, la répétition de ces cruels châtiments et la maladie qu'ils contractent du fait de la mauvaise qualité de leur alimentation, font qu'ils meurent avant d'avoir pu payer leur tribut avec leur salaire.»

Jorge Juan et Antonio de Ulloa,
Noticias secretas de América.

3. L'articulation des marchés régionaux

La configuration du nouveau modèle économique américain autour de la grande propriété rurale qui domine tout le XVIIe siècle a souvent été présentée comme le résultat de deux phénomènes concomitants, la stagnation puis le reflux de la production minière et l'augmentation sensible de la population d'origine européenne. De fait, les études les plus récentes montrent que l'essor de l'*hacienda* et de l'*estancia,* ainsi que des marchés internes dans lesquels elles s'insérèrent, correspondent aux dernières années du XVIe siècle et au début du XVIIe alors que la production minière n'était pas en crise, tant s'en faut, et que le grand commerce transatlantique n'était pas entré en décadence. Le déclin des mines et la perte de pouvoir d'achat qui en fut la conséquence n'ont fait qu'accentuer le processus de **ruralisation de l'économie hispano-américaine.**

Les grands centres argentifères du Haut-Pérou et de Nouvelle-Espagne, aux différents stades de leur histoire, ont joué, comme on l'a écrit, le rôle de véritables pôles de croissance. Ainsi, entre 1630 et 1645, chaque année Potosí mobilisait de 30 000 à 35 000 mules nées dans le Tucuman et consommait des milliers de bovins venus des élevages de la lointaine Cordoba. Ses importations de blé et de maïs lui arrivaient de Lima, mais aussi des autres oasis de la côte Nord-péruvienne et du Chili central. Les vins et les alcools lui étaient fournis par les vignes de la côte Sud du Pérou (Pisco) ou du piémont argentin (Cuyo) et les plantations de canne des vallées chaudes et humides des Andes péruviennes (Apurimac), sans parler des salaisons chiliennes, des huiles végétales ou animales venues d'horizons divers et souvent très éloignés, et surtout des textiles que produisaient en énorme quantité pour son marché une foule d'*obrajes* situés dans les régions de l'actuel Sud péruvien.

En Nouvelle-Espagne, même chose. Très tôt, dans le Nord, les mines du Zacatecas avaient vivifié tout un réseau de bourgs agricoles et de *ranchos* d'élevage. Par la suite, l'ouverture de nouveaux centres miniers (*reales de minas*) allait développer considérablement les potentialités agricoles de la zone du *Bajío** mexicain qui devint ainsi, après la région de Puebla plus anciennement mise en valeur, l'autre grenier du pays.

Aussi bien le Mexique que le Pérou furent ainsi parcourus de routes commerciales parfois étendues sur des milliers de kilomètres et très actives, même si leur prospérité subit bien des fluctuations, voire des périodes de difficultés aiguës. Loin d'avoir dû attendre la crise minière pour assister à un reflux sur les valeurs foncières, ces régions ont au contraire longtemps profité du haut niveau de la production argentifère et de ses nombreux effets structurants, puisque ceux-ci ont donné une forte et durable impulsion aux activités agricoles et à l'élevage, ont assuré la cohésion et la complémentarité de zones jusque-là autarciques ou marginalisées et créé, en un mot, **un espace économique cohérent**.

Lorsque vinrent pour la mine les années de repli, puis de décadence plus accentuée dans la seconde moitié du XVIIe siècle, les marchés internes étaient construits, les courants d'échanges bien définis et une certaine

Bajío : au Mexique, riche zone agricole et d'élevage, faite d'un ensemble de bassins drainés par le fleuve Lerma et ses affluents, située entre les plateaux centraux au Sud et les immensités semi-désertiques du Nord.

différenciation régionale des économies entrée dans les faits de manière définitive, toutes choses qui allaient constituer la base sur laquelle les Bourbons du XVIIIe siècle devaient s'appuyer pour **relancer avec succès l'énorme machine assoupie de l'Empire.**

Constitution et hiérarchisation des économies régionales américaines

«Il paraît aujourd'hui nécessaire d'insister sur une autre échelle des contextes spatiaux dans les analyses localisées de l'économie coloniale. Le point de départ est la fragmentation de l'Amérique espagnole en grands espaces économiques, soit antérieurs à la division politico-administrative, soit expression de celle-ci. Le dessin simplifié des espaces fait ressortir les éléments suivants :

1. La structure se fonde sur un ou plusieurs produits dominants qui orientent la croissance vers l'extérieur, vers la métropole.
2. A l'intérieur de l'espace, on voit se créer une spécialisation régionale du travail et se structurer un système d'échanges qui inscrivent les diverses contrées à un niveau déterminé de participation et de développement dans l'ensemble régional. A l'exception de la ville-port, exportatrice et importatrice (c'est-à-dire porte communicante de l'espace avec la métropole), l'intensité des échanges de chaque région avec les autres de l'ensemble colonial est sans commune mesure et de toute façon supérieure à celle des échanges avec n'importe quelle autre région extérieure.
3. La métropole organise légalement un système d'accès et de communication directe avec les espaces, en même temps qu'elle en ferme l'entrée aux autres puissances européennes.
4. La métropole régule, modifie ou interdit la relation entre ces grands espaces coloniaux.

Or, face au schéma selon lequel *"la biographie moderne du capital commence au XVIe siècle, avec le commerce et le marché à l'échelle mondiale"*, la question ici traitée révèle immédiatement à quel point il est difficile de parler en termes de contextes fermés, alors que la circulation des produits et le capital commercial intensifient peu à peu leur influence sur l'évolution, l'amplification progressive et l'interdépendance des mouvements économiques. L'observation est valable pour les ensembles régionaux américains dans la mesure où il y a une relativisation des formes et des effets de l'insertion dans le marché mondial.

L'analyse devrait se développer en termes de contextes ouverts de type colonial, ce qui suppose que l'on n'oublie pas, d'une part, la participation des ensembles régionaux dans l'économie générale, de l'autre, l'articulation des relations ou des systèmes de médiation. On prendra aussi comme point de départ de la perspective le schéma correspondant à la relation ensemble régional-métropole en tenant compte de deux faisceaux d'intérêts, ceux de la métropole et ceux des groupes sociaux dominants de la colonie.

D'un autre côté, dans l'économie européenne, les flux de métal précieux et le marché colonial accèdent à une position hiérarchique, déterminant des effets de grande intensité à travers, bien entendu, la médiation d'une métropole en crise. Puis vient la relation entre l'Europe et les autres blocs continentaux, où le métal américain déjà diffusé anime les grands courants commerciaux...

Cet échelonnement progessif de *situations* révèle certainement le manque de connexions directes entre certaines régions américaines et l'Espagne, l'Europe ou d'autres continents, mais ne représente qu'une *apparence de marginalité de l'économie générale américaine* et révèle en même temps que sa participation aux réseaux

entremêlés passe d'abord par l'ensemble régional et n'a recours qu'ensuite à la médiation de la métropole...
Une image conventionnelle de la période coloniale dresse d'habitude, encore aujourd'hui, le tableau d'une économie en stagnation, de régions inertes enfoncées dans la seule production de valeurs d'usage. S'il convient d'écarter les opinions sans fondement sur les économies fermées, recluses, on ne doit pas pour autant tomber avec légèreté dans l'excès inverse, aussi faux et conventionnel que le précédent. Pour une saine approche de la réalité, il nous faut partir d'une référence-clé : le degré d'autosuffisance économique auquel était arrivé tel ou tel ensemble à la fin du XVIe siècle.
Pour ce qui est de la constitution de l'espace économique péruvien, en tenant compte de la combination du développement productif atteint par la société indigène et de la substitution relative des importations qui commence de manière presque parallèle à la Conquête, elle augmente d'intensité au cours de la décennie 1560 et s'achève, approximativement, vers 1600.»

Carlos Sempat Assadourian,
El Sistema de la economía colonial.

Chapitre 8

Le trafic transatlantique

1. Le carcan du monopole

Dès les origines, une idée tout à fait normale pour l'époque devait présider aux relations commerciales entre la métropole et ses colonies américaines : le contrôle direct de l'État sur tout le trafic, dans le cadre d'un **système de monopole**. Ce dernier – que les autres puissances coloniales européennes devaient aussi pratiquer à leur manière **(l'exclusif*)** – fut essentiellement surveillé et régulé par un organisme situé à Séville, la ***Casa de Contratación*** créée en 1503. Instituée sur le modèle de ce que les Portugais avaient fait avec la *Casa da Guiné* et la *Casa da India,* elle eut les pleins pouvoirs sur tout ce qui avait trait aux relations transatlantiques : constitution des équipages, conformité des navires, filtrage de l'émigration, perception des taxes. Par la suite, ses compétences s'étendirent et elle devint le tribunal chargé de résoudre les conflits liés au trafic maritime. A partir de 1543, les intérêts des marchands et des armateurs furent à la fois défendus et réglés par le *Consulado* ou *Universidad de cargadores a Indias,* un organisme corporatiste très puissant qui, jusqu'en 1717 date du transfert de la *Casa de contratación* à Cadix, fut le plus ferme défenseur du monopole sévillan.

Le monopole s'inscrivit aussi dans la géographie. Le port de Séville puis, pour des raisons de tirant d'eau, ceux de Sanlucar de Barrameda, plus en aval sur le Guadalquivir, et de Cadix situé lui en eau libre, furent seuls autorisés à commercer avec l'Amérique. Ce principe ne souffrit qu'une courte entorse au XVIe siècle lorsque certains points de la façade Nord Atlantique – comme La Corogne et Bayona (Galice), Avilés (Asturies), Laredo (Cantabrique), Bilbao et Saint-Sébastien (Pays Basque) – ou méditerranéenne

L'exclusif : système par lequel les métropoles se réservaient l'exclusivité (d'où le nom) des relations avec leurs colonies.

(Carthagène et Malaga), purent aussi commercer avec les Indes mais à une condition : les navires qui les touchaient devaient aller se faire contrôler à Séville, ce qui était fort contraignant et donc poussait à la fraude. Par souci d'efficacité bureaucratique, Philippe II supprima ce privilège en 1573.

Le choix de Séville fut loin d'être arbitraire. La capitale andalouse, déjà une grande ville pour l'époque, offrait toute une série d'avantages : une solide infrastructure commerciale et bancaire, un bon réseau de communications avec le reste de la péninsule et surtout le plateau central castillan, une excellente situation par rapport aux vents alizés et aux courants marins porteurs, une forte tradition nautique sur tout le littoral atlantique de l'Andalousie, enfin la protection qu'offrait au début le fait que, Séville étant à 90 kilomètres à l'intérieur des terres, son port se trouvait à l'abri des attaques étrangères.

Précisément, pour mettre le trafic hors de portée des pirates et autres corsaires barbaresques, en 1526 on interdit aux navires de faire la traversée sans protection. En 1537 fut organisée à cet effet la première flotte et, à partir de 1543, une décision royale rendit la **navigation en convoi obligatoire*. Ce système des flottes, épine dorsale du commerce avec l'Amérique, appelé *Carrera de Indias*, fut par la suite systématisé.** En 1564, la Couronne décida d'organiser deux flottes annuelles, une pour la Nouvelle-Espagne, en janvier puis avril, une autre pour la Terre Ferme c'est-à-dire Carthagène des Indes, Panama et au-delà le Pérou, en août. Après avoir

«**La navigation en convoi** ne va pas sans inconvénient. Elle augmente les temps de navigation en alignant la marche des navires rapides sur les plus lents. Elle allonge les temps de chargement et de déchargement, décourage l'initiative et institue une prime constante à la fraude, à la lenteur et à la mauvaise foi. L'obligation de naviguer en convoi au-delà d'une certaine distance – variable suivant les directions et les époques – contribue à éloigner les pays lointains et à rapprocher l'Outre-Mer proche.»

P. Chaunu,
Conquête et exploitation des Nouveaux Mondes : XVIe siècle, P.U.F., 1991.

L'organisation des flottes

«Afin de garantir la sécurité du convoi face à de possibles attaques ennemies ou de pirates, il était prévu de réaliser toute la traversée en ordre de bataille, sans que jamais les navires qui composaient la flotte puissent soit précéder le navire dit capitaine qui ouvrait la route, soit se trouver en arrière du navire amiral qui fermait la marche. Il était aussi formellement interdit aux navires de commerce d'abandonner leur position dans la navigation de conserve... Au milieu du XVIe siècle, les flottes se composaient d'habitude de 15 à 20 navires marchands, chiffres qui, à la fin du siècle et au commencement du suivant, augmentèrent pour osciller entre 30 et 75. Plus tard, lors de la réduction générale du trafic, ce nombre diminua de nouveau. Il se trouva réduit à dix ou quinze, et resta ainsi presque sans changement jusqu'à l'époque des Bourbons.»

A. Garcia Baquero, *Cadiz y el Atlántico.*

Le galion : si la caravelle fut le bateau des découvertes, le galion, lourd navire de transport armé de un à trois ponts, d'un tonnage longtemps inférieur à 550 tonneaux mais qui en atteignit 1 000 à la fin du XVIIe siècle, fut celui de la *Carrera de Indias*. Sa construction, souvent défectueuse, était une spécialité basque et cantabrique. Surmontées d'énormes châteaux pour l'artillerie et la troupe, ses volumineuses superstructures offraient trop de prise au vent et gênaient les manœuvres, ce qui amena à les réduire. A partir de 1650, les marines du Nord qui l'avaient aussi adopté évoluèrent vers les *navires de ligne,* plus rapides, plus maniables, plus grands et d'une capacité de feu bien supérieure, qui assurèrent leur supériorité sur les mers.

Flotas et ***galeones :*** les flottes à destination de la Terre Ferme, convoyées par six ou huit galions, furent connues de ce fait sous l'appellation générique de *galeones*. Le nom de *flotas* fut réservé aux convois à destination du Golfe du Mexique, habituellement protégés par deux navires de guerre, *la capitana* et *la almiranta*.

hiverné aux Indes, les deux flottes se rassemblaient au retour à La Havane et revenaient ensemble au printemps suivant, chargées des richesses américaines auxquelles leurs deux puissances réunies offraient une meilleure protection. Le coût de celle-ci était d'ailleurs en grande partie supportée par les marchands et les armateurs par le biais d'un impôt spécial, ***la avería.***

Au Nouveau Monde, toujours pour mieux contrôler le trafic, **un nombre très réduit de ports reçurent l'autorisation de servir de relais à Séville et Cadix.** En Amérique du Sud, Carthagène sur la côte caraïbe de la Nouvelle-Grenade (Colombie actuelle) et Nombre de Dios, puis plus tard Portobelo, sur l'isthme de Panama, se transformèrent ainsi en plaques tournantes. Les foires de la seconde faisaient se rencontrer les produits venus d'Espagne et l'argent des marchands du Pérou qui avaient organisé leur flotte depuis El Callao, port de Lima, seul habilité à cet effet sur la façade du Pacifique Sud. En Nouvelle-Espagne, sur le Golfe, Veracruz jouait le même rôle, avec en plus pour elle le fait qu'elle était le point d'arrivée des produits en provenance des Philippines qui, après avoir traversé en convoi le Pacifique une fois l'an (***el galeón* de Manila***) et avoir été débarqués sur la côte Ouest du Mexique à Acapulco, traversaient le pays pour être ensuite expédiés vers l'Espagne.

Cette organisation, qui devait durer jusqu'à la seconde moitié du XVIIIe siècle, constituait un **carcan d'une extrême rigidité.** En dehors des ports cités, rien n'était possible, du moins officiellement. Pour éviter toute évasion fiscale, une série de règlements prohibèrent ainsi le commerce avec les territoires brésiliens du Portugal ou les échanges directs entre le Mexique et le Pérou. Un port comme Buenos Aires, à qui tout commerce direct était en principe interdit, fut bloqué dans son développement et celui de son arrière-pays. Il ne dut de survivre chichement qu'à des *licences* accordées de manière ponctuelle, pour des produits déterminés et des périodes très courtes, mais surtout à des pratiques illégales.

En effet, une des conséquences essentielles de la lourdeur bureaucratique et fiscale du système fut de favoriser l'évasion sous toutes ses formes. La contrebande, ou interlope*, souvent grâce à la corruption des fonctionnaires chargés de la réprimer, devint un des axes de l'activité transocéanique tant à Séville que dans les ports américains, de sorte que les chiffres officiels sont par définition inexacts et très nettement inférieurs à la réalité.

L'interlope : de l'anglais *interlopper*, navire trafiquant en fraude ; par extension, contrebande avec les colonies d'une autre puissance, en violation du monopole de l'exclusif. Le mot, comme adjectif, a pris aujourd'hui le sens d'«équivoque», «suspect».

2. L'évolution du trafic

Le trafic connut d'abord une **phase ascendante de forte expansion jusque vers 1610**. Elle fut très nette au cours de la première moitié du XVIe siècle. Le nombre

Les freins du *poids moteur* et du *temps long*

«Le problème fondamental est celui du poids moteur, entendez les vivres et l'eau qu'il faut embarquer pour l'équipage. Le passage de la découverte à l'exploitation de la route allège le poids moteur grâce à la réduction du volume de l'équipage et à un calcul au plus juste du temps de navigation. En outre, l'installation de bases continues offre une possiblité d'embarquer d'une manière fractionnée les vivres conservables. Une des caractéristiques, par contre, de l'ancienne navigation à voile, c'est l'imprévisibilité du temps de parcours. La marge entre temps court et temps long augmente avec la distance ajoutée. Le battement vers l'Amérique est du simple au double. C'est donc sur le double qu'il faut calculer le volume des vivres embarqués. La sécurité est à ce prix. *A priori,* elle porte théoriquement plus loin. Théoriquement seulement. Car l'armement en découverte peut embarquer un poids moteur égal aux possibilités de transport du navire. Le voyage en exploitation suppose un poids moteur très inférieur afin de dégager une possibilité de transport. Le coût du fret sera en outre en proportion directe du poids moteur... Un poids moteur très élevé finit par rendre prohibitif le coût d'une exploitation commerciale.»

P. Chaunu, *Conquête et exploitation des Nouveaux Mondes, op. cit.*

L'Espagne et le mercantilisme

«Au cours des XVIe et XVIIe siècles, il y a eu en Espagne une absence totale de politique économique nationale semblable à celle que proposaient les mercantilistes. En effet, le mercantilisme, comme on l'a dit, a été la première manifestation du nationalisme économique. Avec lui, est apparue la nouvelle conception nationaliste de l'économie, et il a aidé de façon décisive, dans tous les pays où il a été en vigueur, à parcourir le chemin qui conduit de l'économie régionale à l'économie nationale. Il a toujours exprimé clairement une volonté d'unité, au point d'en venir à constituer un mouvement d'unification nationale aussi bien dans le domaine politique que sur le terrain économique. Unifier le travail économique du pays, en dépassant les particularismes médiévaux, dans le cadre d'une politique économique de caractère national, fut pour le mercantilisme autant une fin qu'un moyen.

Il suffit de considérer les lignes directrices suivies en économie par l'Espagne des XVIe et XVIIe siècles pour se persuader à quel point le pays fut loin de suivre les postulats mercantilistes. En effet, au cours de ces deux siècles, il y eut à peine l'ébauche d'une politique économique nationale capable de subordonner tous les efforts à un intérêt commun. Au contraire, le manque d'organisation et la réalité d'une Espagne divisée nous apparaissent comme des faits incontournables. Les divers royaumes péninsulaires avaient chacun sa propre réglementation économique. De nombreuses barrières douanières divisaient les royaumes, en même temps que leurs régimes monétaires, fiscaux et même de mesure particuliers contribuaient à accentuer les disparités et à les scinder encore un peu plus. Comme l'a signalé Carande, lorsqu'on considère *"la survivance dissociée des économies de chacun des cinq royaumes péninsulaires, sans qu'aucune organisation se superpose, les assimile et ouvre la voie à une économie nationale unitaire, on pressent qu'aucune politique n'a essayé de la fondre au creuset de l'unité nationale"*. Sans doute peut-on considérer que le mercantilisme a été bien des choses à la fois et que son rôle moteur de l'unification nationale n'est ni le seul de ses caractères ni peut-être son aspect principal. Des pays qui eurent une mesure différente de l'unité-valeur de l'unification pourraient sembler plus pauvres dans le domaine des manifestations mercantilistes et ne point être dépourvus cependant des autres aspects du système si nous acceptons que le mercantilisme à un moment donné a bien été le système complexe que l'on a dit. C'est là sans doute un aspect très difficile à mesurer. Plus évident dans certains États, comme la Hollande, il n'apparaît pas aussi nettement dans l'Angleterre de Cromwell ou la France de la Fronde. Unification et nationalisme contaminent de problèmes politiques et même de mentalités le terme mercantilisme. Faute d'une inspiration nationaliste dans l'organisation économique du pays, on pourrait ajouter la totale inadéquation de la structure espagnole aux exigences d'une politique mercantiliste. En effet, le mercantilisme, comme on le sait, a conduit dans tous les pays à une exaltation du travail productif et de l'esprit d'entreprise. Il a lutté ouvertement contre les préjugés nobiliaires et l'oisiveté, il a essayé d'effacer la traditionnelle méfiance qui existait à l'égard du profit et des activités commerciales. Eh bien, aucun de ces aspects n'apparaît dans l'image offerte par la société espagnole de l'époque des Habsbourg. Il suffit d'observer l'attitude des divers secteurs de cette société face à l'économie pour s'assurer du faible enracinement de ce nouvel esprit d'entreprise et d'aventure, de calcul rationnel et de lucre que répandit le mercantilisme. Les préjugés aristocratiques et le mépris traditionnel envers les activités marchandes et manufacturières demeurèrent indemnes. Les représentants des classes les plus élevées, devant le péril de souiller leur blason, résistèrent avec ténacité et repoussèrent toute participation aux entreprises et aux affaires commerciales.»

A. Garcia Baquero,
Cádiz y el Atlántico.

annuel des navires qui traversèrent l'Océan dans un sens ou dans un autre passa ainsi de 35 en 1506 à 215 en 1550. Dans le même temps, le tonnage concerné montait de 3 300 tonnes à plus de 32 000. Après une courte période de dépression (1559-1562), la reprise dura jusqu'en 1592 et à cette époque, par rapport aux années 1550-1560, l'augmentation du nombre de navires et des tonnages fut respectivement de 150 et 200 %. A partir de 1593, les échanges entrèrent dans une phase d'équilibre qui allait se prolonger jusqu'en 1610, l'année 1608 étant, selon le spécialiste de la question Pierre Chaunu, «l'année de tous les records». Tous les indicateurs étaient au plus haut. Ils montraient d'évidents signes de prospérité, mais aussi des symptômes non équivoques annonçant des jours moins favorables.

Valeur des métaux précieux américains enregistrés en Espagne (1503-1660)
(en millions de pesos à 450 maravédis)

Périodes	Fonds publics	Fonds privés
1503-1510	311	876
1511-1520	573	1 615
1521-1530	307	8 65
1531-1540	1 783	3 804
1541-1550	2 350	8 112
1551-1560	5 197	12 667
1561-1570	5 604	19 744
1571-1580	9 948	19 209
1581-1590	15 593	37 613
1591-1600	20 997	48 615
1601-1610	16 069	40 738
1611-1620	11 560	43 079
1621-1630	9 509	42 455
1631-1640	9 425	24 000
1641-1650	6 308	19 225
1651-1660	2 845	7 809

D'après E. J. Hamilton.

D'après les calculs effectués par P. Chaunu sur 40 convois entre 1550 et 1650, la **durée moyenne du voyage Cadix-Veracruz** était de 75 jours, avec cependant des variations énormes dont il fallait tenir compte (entre 55 et 179 jours). Pour le retour, ces chiffres étaient respectivement de 128 jours (70 au moins et 298 au plus).
Avec le temps, la longueur des trajets n'a pas évolué de manière très sensible.
Pour les années 1771-1778, A. Garcia Baquero a constaté que le parcours Cadix-Veracruz durait en moyenne 85 jours et, en sens contraire, 117. Par rapport au siècle précédent, on perdait à l'aller ce que l'on gagnait au retour.

Registros sueltos : navires autorisés à commercer en dehors des grandes routes de la *Carrera*. Leur existence permit d'assouplir sensiblement le carcan du monopole. Selon P. Chaunu, entre 1504 et 1650, les *registros sueltos* représentèrent 15 % du nombre des navires et en tonnage 8,4 % du trafic. Par un règlement de 1642, les ports autorisés à recevoir les *registros sueltos* étaient Buenos Aires dans le Rio de la Plata, Campeche et Tabasco au Mexique, Honduras en Amérique centrale, Saint-Domingue, Porto Rico et La

Havane dans les îles, Trinidad, Cumana, Margarita, La Guaira, Maracaïbo, Rio Hacha et Santa Marta sur le rivage Sud de la mer des Antilles.

Outre les *registros sueltos,* il existait deux autres sortes de navires pouvant naviguer en dehors des flottes : les ***navíos de aviso,*** petites embarcations chargées de la correspondance et qui, en principe, ne pouvaient se livrer à aucune activité commerciale et les ***navíos de azogue,*** transportant le mercure vers les régions minières.

Or et argent américains enregistrés en Espagne (1503-1660, en kilos)

Années	Argent	Or
1503-1510	—	4 965
1511-1520	—	9 153
1521-1530	148	4 889
1531-1540	86 193	14 466
1541-1550	177 573	24 957
1551-1560	303 131	42 620
1561-1570	942 858	11 530
1571-1580	1 118 591	9 429
1581-1590	2 103 027	12 101
1591-1600	2 707 626	19 451
1601-1610	2 213 631	11 764
1611-1620	2 192 255	8 855
1621-1630	2 145 339	3 889
1631-1640	1 396 759	1 240
1641-1650	1 056 430	1 549
1651-1660	443 256	469

D'après E. J. Hamilton.

L'or, l'argent, les perles... et les autres

«Sur la gamme, en valeur, des exportations de l'Amérique espagnole vers l'Europe, l'ensemble des trésors (or, argent, perles) oscille autour de 95 %. Bout à bout, les sucres, les cuirs, les tinctoriaux (indigo, cochenille) et la pharmacopée finissent, dans les dernières années du XVIe siècle, par représenter 7 à 8 % des retours de l'Amérique vers la Péninsule ibérique. On peut considérer qu'avant le XVIIIe siècle ils n'atteindront jamais 15 à 20 %.»

P. Chaunu.

Remarque :
Les calculs effectués plus récemment par Michel Morineau, pour la période 1580-1620, permettent de nuancer cette affirmation. Au cours de ces années, les importations en provenance d'Amérique étaient constituées à 26,94 % par des marchandises et à 73,05 % par des métaux précieux dont près des trois quarts (73,3 %) appartenaient à des particuliers.

De fait, tout le XVIIe siècle et la première décennie du XVIIIe offrent l'histoire d'un **inexorable déclin.** La chute du tonnage transporté fut très accusée jusqu'en 1640-1645. Elle reprit sur des rythmes différents jusqu'en 1660 puis 1675, date à laquelle elle eut tendance à se stabiliser avant de replonger de nouveau jusqu'en 1689. Elle se rétablit encore jusqu'en 1695, puis redescendit sans rémission jusqu'en 1709, année où elle atteignit ses niveaux historiques les plus bas. Pour ce qui est maintenant de la valeur et non plus du volume des produits concernés, les chiffres suivent à peu près les mêmes courbes descendantes : entre 1611-1615 et 1656-1660, la diminution est de 76 %, entre 1656-1660 et 1701 de 53 %.

Les valeurs relatives

«Acceptons pour le XVIe siècle un ordre de grandeur de 25 000 tonnes d'équivalent argent, dont les trois quarts exportés servent à couvrir le déficit de la balance des paiements tant à l'Ouest avec l'Asie qu'à l'Est avec l'Europe.

Mais que représente cette production minière en valeur du temps ? Fernand Braudel évalue à 180 millions d'hectolitres, en moyenne, la production annuelle du blé dans le bassin de la Méditerranée. La Méditerranée, évidemment, zone par excellence du blé dur. En donnant à l'hectolitre de blé le prix moyen des années 1550, nous obtenons pour la production de blé méditerranéen, sur un siècle, l'équivalent de 900 000 t d'argent. Il faudrait doubler pour atteindre la valeur globale de la production agricole. Les trésors d'Amérique et le blé méditerranéen se situent dans un rapport de valeur de l'ordre de 1 à 35.

Nous avons comparé, il est vrai, des choses qui ne sont guère comparables. Le commerce du blé en Méditerranée porte en gros sur 1 % de la production. Voici, dans l'ordre des échanges, l'Amérique hissée à la première place. Les exportations (18 000 tonnes d'équivalent argent) de métaux d'Amérique représentent une valeur double du blé exporté par mer, au XVIe siècle, dans le bassin de la Méditerranée.

Ordre de grandeur calculé à la hâte ; il faudrait affiner, multiplier les exemples, nuancer. On verrait l'Amérique grandir dans la seconde moitié du XVIe siècle, la valeur en blé des trésors d'Amérique courir plus vite, marcher en avant de la hausse des prix. Ce rapide coup de sonde, toutefois, nous invite à la prudence...

La richesse créée par les mines d'Amérique reste loin derrière la production agricole d'Europe. Cependant, aucun produit échangé sur mer ne peut se comparer aux trésors qui pallient à travers l'Atlantique le déficit de la balance des comptes de l'Ancien Monde au XVIe siècle

Voilà pour la valeur créée, mais à quel prix ? Cela, au vrai, nous l'ignorons encore. Tout ramène donc vers ces études de démographie historique par lesquelles passent toutes les explications.

Combien d'hommes ont été absorbés par l'économie minière américaine ? Quelle est l'incidence sur le bilan catastrophique de la démographie indienne ?»

P. Chaunu, *Conquête et exploitation des Nouveaux Mondes, op. cit.*

Si le sens général de l'évolution est indiscutable, les chiffres bruts sont en réalité plus difficiles à analyser qu'il n'y paraît. Par exemple, il n'y eut **pas de parallélisme, ni même de véritable corrélation, entre la diminution des tonnages et la chute des arrivées de métal précieux, essentiellement d'argent**. De toute façon, l'intégralité de l'argent enregistré à Séville ne correspondait pas à des transactions mercantiles. Environ 23 % venait en Espagne au titre des entrées fiscales et, pour le restant, il faut tenir compte des héritages, des rapatriements de capitaux, des transferts de nature diverse entre particuliers, etc. D'un autre côté, à partir du milieu du siècle, l'obligation de déclarer les métaux précieux par les marchands fut levée, ce qui fut la porte ouverte à toutes les fraudes, mais aussi complique singulièrement la tâche de l'historien. Enfin, les unités volumétriques d'enregistrement sont loin de toujours spécifier le contenu et surtout sa valeur.

Le monopole, l'impact sur l'Espagne

«La richesse du monopole est une richesse qui diffuse rapidement depuis Séville, à travers la Péninsule et l'Europe... Nous pouvons suivre, de 1450 à 1750, la lente, la progressive fermeture des ciseaux des prix européens, entre le Sud de l'Espagne, cher, le Nord puis le Centre, meilleur marché. Entre Valence et l'Andalousie, d'une part, la Pologne autour de Cracovie, d'autre part, l'écart au milieu du XVe siècle est de l'ordre de 1 à 7, de 1 à 7,5 à la fin du XVe, de 1 à 2 vers 1750. L'or et l'argent d'Amérique ont contribué, paradoxalement, à effacer les disparités économiques de l'espace européen, à le rendre en 1750 un peu moins profondément désarticulé qu'en 1450-1500. Le monopole fait bien son office ; il draine les richesses d'Amérique, sans les retenir, il les draine pour l'Europe. On peut même affirmer qu'au-delà de 1590-1610, il les draine plus pour l'Europe du Nord que pour la péninsule ibérique.
Combien de richesses de Séville sont rapidement mobilisées et irradiées à travers le monde, nous nous sommes efforcé de le montrer pour les péripéties de la guerre de Flandre. Les respirations du monopole à Séville font, à quelques mois d'intervalle, les heurts et malheurs du *tercio*[1].
Cette vérité, on n'est guère tenté de l'ignorer. On serait au contraire tenté de la grossir. Jusqu'à la fin du XVIe siècle, les richesses du monopole ont alimenté l'économie sévillane, andalouse et espagnole, avant d'aller renforcer les richesses du Nord. Séville, capitale du monopole andalou-canarien sur l'Amérique, Lisbonne capitale d'un double monopole aux branches inégales sur l'Asie et le Brésil, ont joué, dans l'Europe du XVIe siècle comme Anvers, centre relais de redistribution de cette richesse, le rôle de pôle de croissance.»

P. Chaunu, *Conquête et exploitation des Nouveaux Mondes, op. cit.*

1. Ancienne dénomination des régiments espagnols.

Pour apprécier l'impact sur l'Espagne de ce trafic transocéanique, il ne faut pas oublier non plus que toutes les marchandises transportées n'étaient pas forcément espagnoles et plus encore que, du fait de la subordination financière grandissante des marchands espagnols aux grandes maisons de commerce étrangères et de la dépendance du marché espagnol face aux productions des autres puissances européennes, **très vite après l'arrivée en métropole une bonne partie des bénéfices repartait hors des frontières espagnoles.** Ce phénomène déjà sensible au XVIe siècle avec le rôle des Italiens, en particulier génois, s'accentua au XVIIe et impliqua de plus en plus les Français et les Hollandais. Selon un mémoire de la fin du siècle, sur les 53 millions de livres de produits enregistrés à Cadix, 13 ou 14 appartenaient aux Français, 11 ou 12 aux Italiens et aux Hollandais, 6 ou 7 aux Anglais, un peu plus de 2 aux Allemands et seulement... 2,5, soit 5 %, aux Espagnols !

Commerce au bout de la pique : expression par laquelle, au XVIIe siècle, on désignait le commerce de contrebande pratiqué furtivement avec les colonies espagnoles.

3. La faillite du système

A tout cela s'ajoutaient deux éléments mentionnés au passage précédemment, la fraude et la contrebande. Une foule de témoignages convergent pour dire l'importance prise au XVIIe siècle par les deux. La première, toujours tentante face à un fisc tâtillon et gourmand, fut accentuée par le fait que lorsqu'il se voyait réduit à des situations financières extrêmes l'État n'hésitait pas à spolier littéralement les particuliers. En moyenne tous les dix ans, mais ensuite de manière plus rapprochée au fur et à mesure que s'accentuait la crise, il pratiquait ***el embargo,*** le blocage des effets de commerce à leur retour et la conversion forcée d'une partie, parfois de la totalité, de l'argent enregistré à Séville en titres de rente, *los juros,* négociables mais au dixième seulement de leur valeur...

La contrebande fut, elle, de deux types : soit intérieure, comme on l'a définie, c'est-à-dire du fait de véritables professionnels espagnols, les *metedores* de la baie de Cadix qui déjouaient les contrôles et travaillaient souvent en haute mer, soit étrangère. Directement depuis leur métropole, ou plus encore depuis leurs bases avancées d'Amérique du Nord ou de la région caraïbe souvent

Boucanier : nom donné aux chasseurs des Grandes Antilles qui se déplaçaient dans l'intérieur des îles à la recherche du bétail redevenu sauvage, dont ils faisaient ensuite fumer les quartiers selon la technique indigène appelée *boucan,* d'où leur nom. Les flibustiers s'adonnant pour survivre au boucan, les mot «flibustiers» et «boucaniers» sont parfois donnés à tort comme synonymes.

Flibustier : du hollandais *vryjbuiter,* celui qui fait du butin librement ; mot employé dans la Caraïbe de préférence à corsaire, désignant ceux qui pratiquaient la course avec une commission royale, à ne pas confondre avec les pirates, ou *forbans*, véritables bandits des mers.

d'ailleurs conquises sur l'empire espagnol, Français, Anglais et Hollandais, ces derniers depuis le Brésil à l'époque où ils y supplantèrent les Portugais, commercèrent avec les territoires hispano-américains grâce à la complicité rémunérée des élites locales et même des fonctionnaires coloniaux. Il faut dire que les *Compagnies des Indes* fondées par les nouvelles puissances coloniales savaient aussi se montrer très efficaces. La hardiesse de l'ennemi fut telle qu'il lui arriva de capturer des flottes entières, comme les Hollandais en 1626 devant le port de Matanzas à Cuba, et que les corsaires anglais attaquèrent souvent avec succès Portobelo, le grand marché de l'isthme (1668), Maracaïbo (1669), Santa Marta (1670), et Panama (1671). **En un mot l'Espagne avait perdu définitivement l'exclusivité continentale sur laquelle s'était fondée sa grandeur.**

La mer des Caraïbes du monopole espagnol à la souveraineté partagée

Occupations hollandaises : Curaçao, Aruba et Bonaire, face à la côte vénézuelienne ; Saint Martin dans les petites Antilles ; Surinam, future capitale de l'État du même nom (1634-1638).
Occupations françaises : Dominique, Martinique, Guadeloupe, Sainte-Croix (1635), Marie-Galante, Saint-Barthélemy (1648), Grenade (1650) dans les petites Antilles ; île de la Tortue (1640) et divers établissements sur la côte Ouest de Saint-Domingue, occupation définitivement reconnue par la traité de Ryswick (1697) qui accorde à la France la partie occidentale de l'île (futur Haïti).
Occupations anglaises : les Bermudes (1612), la Barbade et Saint Kitts (1624), Barbude, Monserrat et Tobago (1624-1632), les Bahamas (1646-1670), Antigua (1650), Jamaïque (1656); sur le continent, Bélize (1638), la côte des Mosquitos (Nicaragua, 1665).

La mer du Sud, nouveau mirage des flibustiers*

«Oublier un passé glorieux n'était pas chose facile et un grand nombre d'aventuriers ne se résignèrent pas à déposer leurs armes et à ne plus connaître les heures enivrantes des abordages... Derrière Panama, il y avait toutes les richesses de la mer du Sud, la navigation le long des côtes du Pacifique entre le Pérou et l'Isthme : les plus grands espoirs des aventuriers furent placés dans cette nouvelle aire de pillage, car ils discernaient là une des zones les plus fragiles des défenses espagnoles. Alors que la Caraïbe était relativement surveillée, les grandes puissances cherchant d'ailleurs à y contrôler l'action des corsaires, le Pacifique Sud restait une mer libre qui présentait une suffisante densité de relations commerciales et était encore mal protégée...»

P. Butel, *Les Caraïbes au temps des flibustiers,* Aubier-Montaigne, 1982.

Les voies multiples de la fraude au début du XVIIIe siècle

«A l'aller, les pratiques frauduleuses commençaient à l'instant précis où les navires étaient présentés pour la jauge et l'inspection. Les propriétaires essayaient alors de se concilier les bonnes grâces des fonctionnaires chargés de cette tâche au moyen de dons. Ils obtenaient ainsi que les navires soient déclarés nettement plus petits qu'ils n'étaient en réalité. Cette méthode devait être assez généralisée, puisqu'en 1739 les dénonciations arrivèrent jusqu'à la Cour qui décida immédiatement le 14 avril que tous les navires devraient être de nouveau jaugés. On put ainsi s'apercevoir que plus de la moitié avaient été sous-évalués de la moitié de leur capacité et quelquefois même davantage.

Une fois la jauge et l'inspection terminées, et le navire prêt à recevoir le chargement, les systèmes dont se servaient les négociants pour introduire à bord des marchandises sans rien payer au Trésor ni aux Douanes étaient des plus variés. Une méthode très facile et directe consistait à suborner la garde chargée de surveiller le navire afin qu'on n'y introduise aucune marchandise à bord sans autorisation, bien que quelquefois il n'était même pas besoin de recourir à ce procédé étant donné que la garde était souvent constituée par les courtiers eux-mêmes....

Un autre moyen souvent utilisé pour ces activités illicites était le recours aux embarcations de la Douane, dans la mesure où celles-ci pouvaient facilement atteindre les navires en cours de chargement, et ce de jour comme de nuit, sans que les autres embarcations chargées de veiller aux procédures fiscales les inspectent, étant donné leurs échanges de bons procédés et le partage qu'elles faisaient des bénéfices tirés de cette activité...

La fraude était encore plus importante avec les navires du Roi qui partaient de la baie de Cadix sans inspection et avec pour mission de transporter des vivres, des équipements et des munitions pour le compte des finances royales. Ces navires, souvent français, recevaient une autorisation de la Douane pour transporter des vêtements, des fruits et d'autres marchandises jusqu'aux îles Canaries, mais dès qu'ils avaient abandonné la baie, ils partaient aussitôt directement pour les Indes.

Cependant, il ne fait aucun doute que les plus grands détournements avaient lieu au retour, étant donné la valeur bien supérieure des chargements composés en général non seulement de toute sorte de produits, mais aussi de lingots d'or et de barres d'argent.

Le processus commençait au moment du chargement des navires dans les ports américains où les marchands ne déclaraient pas les valeurs qu'ils expédiaient, ou bien faisaient leur déclaration une fois le registre clos. Les fonctionnaires leur fournissaient alors un reçu ou *guía* qui devait être présenté à Cadix, mais qui, en réalité, ne serait montré que si l'on était découvert, afin de prouver qu'il n'y avait pas eu intention de fraude. Les sommes qui de cette façon sortaient illégalement des colonies et échappaient au contrôle ne peuvent, bien évidemment, être quantifiées.

A l'occasion, on recourait à un procédé moins subtil mais tout aussi efficace, qui consistait simplement à détruire ou à faire disparaître avant d'arriver à Cadix le registre où figurait l'or et l'argent transportés, ce qui rendait impossible de déterminer s'il y avait fraude ou non.

Il y avait aussi fréquemment ce que l'on appelait les *arribadas maliciosas* qui consistaient à arguer d'avaries, d'attaques de pirates, de tempêtes, du manque de vivres ou tout autre prétexte, pour justifier ainsi l'arrivée dans n'importe quel autre port du littoral andalou, mais aussi d'une façon plus générale, espagnol, portugais et même français, où évidemment il était plus facile de débarquer de manière illicite des chargements qui ne l'étaient pas moins. Dans

certains ports du Sud, comme Ayamonte ou Sanlucar, on n'avait même pas besoin de cela. Lorsque les navires approchaient, les bateaux de pêche se chargeaient de transporter les sommes que l'on voulait introduire de manière subreptice.
Un autre système également très utilisé, bien que surtout par les étrangers, consistait à partir à la rencontre des navires espagnols et à transférer en pleine mer d'un bateau à l'autre les produits et les fonds. Pour ce faire, il fallait au préalable obtenir une copie de la route que suivraient les embarcations espagnoles, chose qui de l'aveu même du juge chargé des affaires de contrebande à Cadix n'offrait aucune difficulté.
Une fois dans la baie, les moyens dont usaient les commerçants pour récupérer les fonds sur les navires et les introduire dans le pays sans passer par la douane revêtaient les modalités les plus variées. A cet égard, il faut tenir compte de la longue tradition de ces pratiques dans la baie de Cadix puisque [...] le commerce y avait commencé avec la contrebande des marchands étrangers dans le trafic des Indes.
Tout comme pour les pratiques frauduleuses qui avaient lieu lors du chargement, pour celles du déchargement, on avait recours à des dons et à la subornation des fonctionnaires de la Douane ou des gardes des portes de la ville. Ces pratiques arrivèrent même à avoir leur propre tarif, puisque, comme l'affirme une lettre anonyme de 1738 au gouverneur de la ville, les *guardas mayores* des portes dites de la Mer et de Séville touchaient 1 % de tout ce qui entrait illégalement.
D'autre part, il existait à Cadix depuis fort longtemps un service de contrebandiers parfaitement organisés et spécialisés dans les introductions frauduleuses de fonds. C'étaient les célèbres *metedores.* Leur technique consistait à partir à la rencontre des embarcations lorsqu'elles approchaient de la baie, à monter à bord sous divers prétextes. Ils montraient aux voyageurs qu'ils jugeaient fortunés des lettres de crédit dans lesquelles des négociants étrangers, ou d'autres personnes de Cadix ayant du répondant, garantissaient aux intéressées ce qu'ils confiaient aux *metedores.* Il suffisait de payer un pourcentage pour cette opération qui avait lieu ainsi en douceur.»

Antonio Garcia Baquero, *Cádiz y el Atlántico.*

Les coûts de défense contribuèrent en outre à grever considérablement les budgets et à accentuer la descente de l'excédent colonial, dans la mesure où les caisses royales les plus riches durent contribuer par des versements souvent considérables à subvenir aux nécessités des zones les plus démunies ou les plus exposées, puisque l'Empire fonctionnait comme une grande unité fiscale solidement charpentée autour de mécanismes de compensation financière entre les régions. C'était autant d'argent que l'État ne toucherait jamais en métropole.

Dans ce contexte, on estime généralement qu'**au cours des années 1680,** par exemple, **les flottes espagnoles ne fournissaient plus à l'Empire que le tiers des produits européens mis sur son marché**. Cela fut d'ailleurs très visible, et rendu nécessaire, lorsqu'au cours de la seconde moitié du siècle, comme cela arriva à diverses reprises, plusieurs années d'affilée passaient sans qu'aucune flotte ne soit organisée en Espagne. Les boutiques d'Amérique n'en furent pas dépourvues pour autant et les prix ne grimpèrent point de manière exorbitante.

A partir de 1640, année noire s'il en fut avec la révolte de Catalogne et la guerre d'indépendance du Portugal, le système commença à montrer d'évidence son incapacité à fonctionner et à remplir son rôle à la fois économique et politique. Pour la première fois d'une longue série, aucune flotte en provenance d'Amérique ne toucha le Guadalquivir. La périodicité des convois s'altéra. **Tous les inconvénients du monopole et de son fonctionnement apparurent au grand jour** et s'aggravèrent avec la lenteur, les coûts élevés, les routes peu rationnelles, le poids excessif et la complexité de la fiscalité, l'incitation à la contrebande et aux fraudes de toute sorte.

Mais d'un autre côté, on assista à **consolidation des économies régionales américaines,** à l'augmentation des investissements et de la productivité dans le Nouveau Monde, à l'élévation de son autosuffisance économique dans bien des domaines. L'environnement international y contribua pour sa part. De 1650 à 1700, l'Espagne ne connut que dix-huit années de paix. La course et la flibuste en profitèrent évidemment. Faute de moyens pour équiper et défendre les flottes, celles-ci s'espacèrent, tous les trois ou quatre ans. Au cours des deux dernières décennies du XVIIe elles devinrent même exceptionnelles.

Pourquoi, dès lors, avoir maintenu un système frappé d'une telle obsolescence qu'il n'était plus capable de remplir sa mission, faisait peser de lourdes hypothèques sur l'avenir et, de fait, ne fonctionnait même pas la plupart du temps ? Les raisons furent sans doute multiples : incapacité d'imaginer et/ou de mettre en place les moyens nécessaires à sa relance, volonté de maintenir envers et contre tout ce qui avait été l'un des plus beaux fleurons de l'entreprise coloniale espagnole ?

Sans doute, mais il faut aussi tenir compte des **pressions exercées**, sur un État déliquescent, **par les groupes d'intérêt** qui, malgré tout continuaient de tirer profit du système monopoliste même affaibli, à savoir les marchands de Séville et des quelques ports autorisés en Amérique dont les organisations consulaires, les *consulados,* défendirent leurs positions avec la dernière énergie et des arguments qui pouvaient faire fléchir un **Trésor espagnol aux abois**. Au cours du XVIIe siècle, le *consulado* de Séville versa aux caisses royales deux millions de pesos de *servicios,* deux autres qualifiés de dons (*donativos*) et plus de six et demi sous forme de prêts... et le système du monopole continua. Il fallut l'**arrivée sur le trône d'Espagne d'une dynastie venue de l'étranger** et la **conception d'une politique globale nouvelle** pour que l'on se décide enfin à réfléchir sur la viabilité de ce carcan qui n'en finissait plus de pourrir.

Le régime fiscal de la *Carrera*

La avería : destinée à payer les frais occasionnés par la protection des flottes. Fixée à l'origine à 4,5 %, elle augmenta peu à peu pour atteindre le taux énorme et décourageant de 36,5 % en 1631. Redescendue à 12 %, elle fut supprimée en 1644.

El almojarifazgo : créé pour subvenir aux besoins des organismes administratifs de la *Carrera*, il s'élevait à 7,5 % (2,5 % au départ d'Espagne et 5 % à l'arrivée en Amérique).

El derecho de toneladas : imposé aux armateurs par tonneau transporté, d'où son nom, il était variable selon les destinations. A la fin du XVIe siècle, il variait entre 20 ducats (à destination de Buenos Aires) et 3 ducats pour Saint-Domingue et Porto Rico.

El derecho de extranjería : trois ducats d'argent par tonneau transporté sur des navires étrangers.

El derecho de San Telmo : instauré lors de la création du *Seminario de San Telmo*, école de navigation établie à Séville.

La media anata : surtaxe imposée aux navires dits *de registro suelto.*

Le XVIIe siècle, un siècle de crise économique ?

«Il y a eu certainement une grave crise économique au XVIIe siècle. Mais ce fut une crise espagnole et européenne, pas américaine. L'Amérique a continué de produire de grandes quantités d'argent. Ce sont les envois de métal précieux vers la Péninsule qui ont baissé, tandis qu'une part toujours plus importante des entrées fiscales restait dans les colonies pour payer l'administration et la défense, ou bien partait vers les Philippines. Après 1650, on n'expédiait plus en Espagne que 20 % des sommes recueillies tandis que la défense en absorbait 30 %. Pour ce qui est des Philippines, vers 1640, 40 % des exportations de métal précieux mexicain leur était destinées.

Le commerce atlantique décrut lui aussi, mais parce qu'une partie des produits auparavant amenés d'Espagne commença à être cultivée ou fabriquée sur place, ou bien amenée de Chine... Plusieurs auteurs estiment qu'au cours de ces années-là le commerce colonial connut une série de changements qualitatifs liés aux transformations de

l'économie coloniale, plutôt qu'à une dépression économique américaine.
Il s'est produit un réajustement de l'économie américaine de sorte que l'Europe, ou plutôt l'Espagne, cessa de jouer le rôle le plus important et fut remplacée par les économies locales, voire celle d'Orient. On passa d'une économie qui n'existait qu'en fonction de la métropole à une autre qui cherchait à satisfaire ses besoins propres.
Ce processus s'accéléra du fait de la décadence économique de l'Espagne. L'industrie péninsulaire était incapable de fournir à l'Amérique les produits dont elle avait besoin, ses prix étaient très élevés. Aussi les colonies eurent-elles recours chaque jour davantage à leur propre commerce ou à celui avec l'étranger. Les envois de métal vers la Péninsule et le commerce atlantique chutèrent, certes, non point du fait de la décadence économique américaine, mais de celle de l'Espagne. En même temps, cette crise qui privait l'économie castillane de ses revenus les plus sûrs contribua à son tour à rendre la crise espagnole encore plus aiguë.
En résumé, il s'agit surtout d'un réajustement économique dont les résultats varièrent d'une région à l'autre. Là où l'économie prit des formes plus modernes, comme au Mexique, avec un secteur lié au commerce et utilisant la main-d'œuvre libre, la mine se développa. Grâce à elle, on parvint à mettre en route une agriculture et une industrie capables de satisfaire les besoins les plus criants du marché intérieur, même si la croissance de ces secteurs n'eut rien de spectaculaire.
Au contraire, là où restèrent en place les vieilles structures, comme au Pérou, où le secteur minier n'utilisa pas la main-d'œuvre libre mais continua de se nourrir des excédents de la force de travail du secteur de subsistance qui lui étaient fournis par périodes, l'adaptation à la nouvelle situation fut plus difficile. Lorsque la production d'argent baissa, de ce fait et par manque d'investissements, la récession ne se fit pas attendre.»

R. Sevilla Soler, *Las Minas americanas y la crisis del* XVII*, estado de la cuestión.*

Chapitre 9

La dynamique des populations : dépeuplement, immigration, métissage

1. L'effondrement de la population indigène

Il s'agit là, sans aucun doute, de **l'un des phénomènes les plus tragiquement spectaculaires de la confrontation des deux continents.** Toute une série de facteurs y ont concouru :

– les guerres, le gaspillage multiforme de toutes les ressources – et en premier lieu humaines – du Nouveau Monde qui caractérisa les premières années de la Conquête ;

– la rupture des cadres économiques et sociaux traditionnels qui résulta de l'implantation d'un nouvel ordre colonial, la dureté et même l'inhumanité de certaines conditions de travail, notamment dans les mines, qui furent imposées aux populations indigènes ;

– enfin le choc de maladies jusque-là inconnues outre-Atlantique (grippe, pneumonie, rougeole, variole, varicelle, etc.), contre lesquelles des siècles de cohabitation avec microbes et virus avaient donné aux Européens, du moins pour les plus bénignes, une relative immunisation dont les Américains étaient dépourvus.

Si tous les spécialistes sont d'accord sur la nature de ce faisceau de causes et leurs effets, les avis divergent cependant de façon très sensible sur les chiffres qui ont parfois donné lieu à des **estimations** qu'il ne faut pas hésiter à qualifier de **fantaisistes.** En effet, si, en particulier grâce à la documentation fiscale, il est possible de connaître avec une relative précision la population indigène à l'époque coloniale, on est totalement dépourvu de sources pour les années qui l'ont précédée, de sorte que l'on en est réduit à des extrapolations qui, pour savantes qu'elles soient, conservent néanmoins une part, variable

Principales épidémies dans la région de Quito

1532	rougeole
1539	variole
1546	pneumonie et typhus
1558	variole et rougeole
1562	variole
1582	variole
1585-91	variole, rougeole et oreillons
1597	rougeole
1604	épidémie non identifiée
1606	diphtérie
1611	rougeole et typhus
1612	scarlatine et diphtérie
1614	diphtérie
1618	rougeole

selon les cas mais toujours non négligeable, d'incertitude et ont donné lieu à des controverses fort animées, d'autant qu'il y avait là un point essentiel quant au jugement qui pouvait être formulé sur la colonisation espagnole. Bartolomé de Las Casas l'avait bien senti, lui qui avait fait de cette question un des axes de ses campagnes.

Ainsi, pour le Mexique central, région qui a suscité les études les plus approfondies, les recherches menées au début par des historiens nord-américains (L.B. Simpson, S.F. Cook, W. Borah) arrivent à des conclusions très éloignées les unes des autres et d'ailleurs en constante évolution. Elles oscillent du simple au double : entre 11 et 25 millions à l'arrivée des Espagnols en 1519, et entre un et deux millions au tout début du XVIIe siècle... Dans les Andes centrales, la tendance fut du même ordre. Pour un pays comme le Pérou, on ne dispose pas d'estimations concernant les premières décennies de présence espagnole, au cours desquelles les pertes furent les plus sévères. Cependant, pour le demi-siècle 1570-1620, les Indiens virent leur nombre diminuer encore au moins de moitié et passer d'environ 1 200 000 à moins de 600 000, la chute atteignant d'ailleurs surtout les régions côtières, où la présence espagnole était plus dense, et celles soumises dans les Andes au travail obligatoire de la mine. Quant aux Antilles, nous avons eu l'occasion de rappeler l'ampleur du désastre qui se solda en fin de compte, dès le début du XVIIe siècle, par la disparition quasi totale des indigènes. Pour la seule île de Saint-Domingue – pour laquelle on parle sans doute avec exagération d'un million

Population estimée du Mexique central au XVIe siècle
(en millions d'habitants)

D'après W. Borah et S.F. Cook		D'après S.F. Cook et L.B. Simpson :	
1519	25,3	**1519**	11
1523	16,8	**1540**	6,4
1548	6,3	**1565**	4,4
1568	2,6	**1597**	2,5
1580	1,9	**1607**	2
1595	1,3		
1605	1		

Les Caraïbes, dont il resta quelques familles isolées dans certaines îles des petites Antilles jusqu'au début du siècle dernier, ne subsistent plus aujourd'hui, d'ailleurs assez métissés, que dans quelques villages du Nord de la Dominique, petite île anglophone montagneuse située entre la Guadeloupe et la Martinique.

Chute estimée de la population maya du Guatemala (d'après E. Zamora Acosta) :

1520	315 000
1550	121 000
1575	75 000
1600	64 000

Les maladies européennes ne furent pas les seules à frapper en Amérique. La traite négrière introduisit aussi outre-Atlantique un certain nombre d'affections jusque-là cantonnées à l'Afrique : la filariose, l'onchocercose et l'enkylostomiase, sans doute aussi la forme la plus grave du paludisme, la *malaria,* et peut-être la fièvre jaune.

On a longtemps affirmé que les Espagnols du XVIe siècle avaient ramené en Europe **la syphilis** qu'ils auraient transmise aux courtisanes italiennes, lesquelles en auraient gratifié les soldats français des guerres d'Italie, futurs vecteurs de la maladie dans le reste de l'Europe. Ce parcours supposé du *tréponème pâle* explique les divers noms de la maladie (*mal francés* ou *morbo gálico* en Espagne, *mal de Naples* en France, etc.). Les travaux les plus récents inclinent cependant à penser que la maladie existait des deux côtés de l'Océan avant la Découverte, les guerres du XVIe siècle et, d'une façon générale, la mobilité des populations ayant entraîné sa recrudescence à grande échelle.

La chute de la population indienne du Pérou
d'après Noble D. Cook

	1570	1600	1620
Côte Nord	77 500	39 000	22 800
Côte centrale	129 800	67 500	42 300
Côte Sud	36 500	15 300	8 100
Sierra Nord	209 000	146 200	106 100
Sierra Centrale	241 100	159 000	109 700
Sierra Sud	571 300	406 200	299 800

N.B. La première année étudiée se situant près de quarante ans après l'arrivée des Espagnols, l'évolution ci-dessus ne tient donc pas compte du premier choc démographique.

de personnes en 1492 – il n'y avait plus que 60 000 Indiens quinze ans plus tard, 30 000 au milieu du XVIe siècle et... 500 en 1570 !

Pour le continent, en tenant compte uniquement des régions dominées par les Espagnols et des seules populations indigènes, les cent cinquante premières années de présence européenne se sont soldées sans aucun doute par la mort violente ou indirectement provoquée de plusieurs dizaines de millions d'individus, si bien qu'en fait **la Découverte marqua le début du premier, mais aussi du plus important des génocides de l'époque moderne**. De fait, le monde indigène allait mettre plus d'un siècle pour voir sa population se stabiliser.

2. L'émigration espagnole

Très tôt, dès la fin du xve siècle, **les départs pour l'Amérique furent strictement surveillés** par le pouvoir royal soucieux d'éviter que n'émigrent aux Indes occidentales des populations suspectes ou marginales (juifs convertis, musulmans, gitans, étrangers). Dès sa création en 1503, la *Casa de Contratación* de Séville, qui avait pour mission de réguler, mais aussi de contrôler tout le trafic avec l'Amérique, fut chargée de cette mission et, à partir de 1509, ses fonctionnaires tinrent des registres où ils consignaient l'origine, la destination et les motifs des candidats au départ qui devaient recevoir par leurs soins une autorisation spéciale, la *licencia de embarque.*

Cette sorte de passeport fut accordé selon les époques de manière plus ou moins stricte ; avec une certaine libéralité sous Charles Quint, de manière restrictive sous Philippe II, mais il faut tenir compte, en ce domaine comme pour tous les autres, des possibilités nées de la corruption des fonctionnaires, de la fraude et des départs clandestins*. Là encore les estimations divergent quant à l'importance de ces départs : de 100 000 à 300 000 pour l'ensemble du XVIe siècle (officiellement un peu plus de 57 000 jusqu'en 1579), avec des pointes qui correspondent aux grandes étapes de la Découverte (conquête des empires continentaux) et de l'exploitation du continent (début de l'exploitation minière, mise en place d'un appareil d'État, par exemple).

Les calculs effectués à partir des registres sévillans permettent de cerner avec une relative précision l'origine géographique des migrants. Pour la période 1509-1579, les Andalous arrivent en tête (35 % en moyenne), suivis des habitants des deux Castilles et d'Estrémadure (de 12 à 18 % chacune selon les époques), du Léon (dont la proportion oscille de 8 % à 5 % et du Pays Basque (stable autour de 3 %). Durant toute la période, à elles seules, ces six régions devaient fournir en permanence plus de

Passagers clandestins : il n'était pas rare que les navires en partance pour l'Amérique embarquent clandestinement des passagers dans la baie de Cadix ou même en haute mer. On leur donnait familièrement le nom de *llovidos* ou *llovidos de la costa* (*llovido*, participe passé de *llover :* pleuvoir, c'est-à-dire celui que la pluie aurait amené à bord...) ou plus officiellement de *polizones*.

Instruction donnée au vice-roi du Pérou, D. Luis de Velasco

«Considérant les innombrables abus qu'ont commis et commettent le grand nombre de personnes qui passent de façon continuelle outre-Atlantique sans licence, amenées par les capitaines de navires qui en tirent profit et s'arrangent, une fois arrivés, pour les cacher et leur permettre de poursuivre leur voyage sans être arrêtés, de sorte que ces pays se remplissent de vagabonds et de femmes de mauvaise vie, j'ordonne par des cédules générales envoyées à tous les ports que l'on mette un soin tout particulier à rechercher, vérifier et débusquer tous ceux qui sont partis sans licence et de ne laisser débarquer en aucune façon ceux qui en seraient dépourvus.

A Séville, Sanlucar et Cadix, on a rendu publique à son de trompe l'interdiction faite à tout capitaine d'emmener des passagers sans licence, sous peine de se voir priver de son autorisation de naviguer et d'une amende de deux cents ducats par clandestin, sans compter d'autres peines prévues par les nouvelles ordonnances concernant le trafic maritime. Aussi, je vous charge et vous ordonne de rembarquer aussitôt, sans admettre de discussion ni aucune dispense, tous ceux qui n'amèneraient pas avec eux lesdites licences ou ne pourraient vous les présenter. Je vous recommande d'y veiller tout particulièrement, étant donné l'importance que j'attache à ce que l'on soulage ce pays de la charge que représente un aussi grand nombre de gens perdus qu'il vous incombe de punir...»

L'Escorial, 22 juillet 1595.

Cédule au vice-roi du Mexique lui ordonnant d'expédier aux Philippines les clandestins se trouvant en Nouvelle-Espagne

«Dans une lettre en date du 15 novembre 1625 de Don Juan Niño de Tavora que j'ai nommé Gouverneur et Capitaine Général de îles Philippines, celui-ci insiste sur la nécessité d'envoyer continûment dans ces îles et en provenance du Mexique de grandes quantités de personnes. Il estime que cela serait très facile à faire si chaque année on prenait soin de réunir toutes celles qui arrivent d'Espagne clandestinement, dont le nombre est considérable ainsi qu'il a eu l'occasion de le constater lors de son voyage en Nouvelle-Espagne. Comme il importe à mon service que ces îles soient totalement défendues afin de faire échec aux Hollandais et aux autres ennemis qui les infestent, après avis de la Junte de Guerre du Conseil des Indes, il a paru nécessaire qu'il en soit fait ainsi. Je vous charge et vous ordonne donc de mettre tout votre soin et toute votre vigilance à ce que ces gens soient rassemblés, ainsi que les vagabonds de Nouvelle-Espagne, et soient mis en résidence surveillée jusqu'à leur embarquement pour ces îles...»

Madrid, 1er octobre 1626

90 % du total des migrants ce qui, étant donné la configuration de l'Espagne d'alors, ne saurait surprendre pour des raisons géographiques, démographiques, mais aussi politiques puisque, ne l'oublions pas, les territoires américains appartenaient d'un point de vue juridique à la couronne de Castille. Au cours de la période dont il a été question, l'émigration en provenance de la couronne d'Aragon (Aragon, Catalogne, Valence et Baléares) n'a jamais dépassé 2 % du total.

En ce qui concerne la répartition des sexes, les femmes furent longtemps en nombre très inférieur à celui des hommes, élément dont il faudra tenir compte au moment d'analyser l'apparition du métissage. Entre 1509 et 1538, leur nombre fut à peine le dixième de celui des hommes. La proportion doubla ensuite, atteignit 23 % en 1575 et continua de progresser, mais resta toujours très inférieure à celle de la composante masculine.

Du point de vue sociologique, au moment de la Conquête on a signalé l'importance des nobliaux et des cadets (*segundones*), souvent appauvris, pour lesquels le départ en Amérique était la seule issue, hasardeuse il est vrai. Par la suite, diverses études ont aussi montré le poids grandissant des secteurs les plus défavorisés du monde rural. Il n'en reste pas moins que le processus colonial une fois engagé, l'élément urbain, ou rural déjà émigré à la ville en Espagne, a constitué l'essentiel des candidats à l'émigration. Au milieu du XVIe siècle, plus de la moitié des migrants venaient d'une trentaine de cités en métropole et Séville, à elle seule, fournissait plus de 18 % des départs. Ce caractère urbain de la composante migratoire devra d'ailleurs entrer en ligne de compte lorsqu'on étudiera l'importance des villes dans les nouveaux royaumes américains.

3. La traite négrière

On a longtemps répété que Bartolomé de Las Casas, le défenseur des Indiens, aurait été à l'origine de l'introduction en Amérique d'esclaves africains dans le but de soulager la misère des indigènes. Si cette idée figure effectivement dans ses écrits, c'est faire au célèbre dominicain un bien mauvais procès que de voir en lui le responsable intellectuel de la traite. **Celle-ci, aux mains des Portugais depuis le milieu du XVe siècle, existait déjà en Espagne avant la découverte de l'Amérique** et faisait alors partie sans problème de l'univers mental, comme des pratiques sociales, des Espagnols de l'époque. D'ailleurs, dès 1501, soit bien avant les campagnes de Las Casas, la Couronne envisagea l'envoi à Saint-Domingue de Noirs préalablement christianisés.

Les premières expéditions d'esclaves eurent lieu peu après. Dès le début, ce trafic fut concentré entre les mains de négociants portugais – que leur origine mettait en relation directe avec les comptoirs de leurs compatriotes sur la côte occidentale de l'Afrique où l'on pouvait s'approvisionner en esclaves – mais aussi de financiers, notamment génois. Un système de licences royales (*licencias*), en quelque sorte au coup par coup, permit l'entrée en provenance directe d'Afrique de 4 000 esclaves par an sur lesquels la Couronne percevait pour chacun d'eux une taxe et était même parfois directement partie prenante dans la mesure où une certaine partie de la cargaison était transportée au bénéfice personnel du souverain. L'ampleur prise par les besoins de main-d'œuvre en Amérique (en 1594, près d'un bateau sur deux touchant le Nouveau Monde transportait des esclaves) jointe au faible rendement fiscal des licences amena la Couronne à imaginer un autre système : **l'*asiento*.** Par ce terme, on désignait en droit espagnol un contrat d'exclusivité à durée limitée entre la Couronne et un particulier pour l'administration d'un service public.

Ce monopole de fait fut donc négocié de manière systématique à partir de 1595 entre le pouvoir royal et des négriers portugais. En échange d'une forte somme, ils s'engageaient à introduire en Amérique un certain nombre d'esclaves. Le premier *asiento* de Pedro Gomez Reynel prévoyait ainsi 38 250 têtes sur neuf ans pour lesquels l'*asentista* s'engageait à payer au Trésor la somme de 100 000 ducats. Jusqu'en 1640, date à laquelle le Portugal, uni à l'Espagne depuis 1580, retrouva son indépendance, tous les *asentistas* successifs (au nombre de sept) furent portugais. Par la suite, l'Espagne dut trouver d'autres sources d'approvisionnement et fit appel, selon les époques et selon les vicissitudes de la politique internationale européenne, aux Hollandais, aux Français de la *Compagnie Française de Guinée* (1701-1710), aux Anglais de la *South Sea Company* (1713-1750), sans compter les tentatives de créer un compagnie purement espagnole à Cadix pour ce genre de trafic : la *Compañía Gaditana de Negros*.

La règle voulait que chaque expédition comprenne en général deux tiers d'hommes pour un tiers de femmes seulement, d'où le déséquilibre entre les sexes que connut toujours la population esclave d'Amérique. Un problème d'approche difficile est celui du nombre d'Africains ainsi transportés. Outre le fait qu'en ce domaine, comme dans les autres, la fraude et la contrebande* furent importantes – notamment pour prévenir les pertes que signifiaient les décès toujours très élevés au cours de la traversée* – les systèmes de comptabilité varièrent au cours des années. Après des comptages par tête plus ou moins fiables, l'unité de compte fut la *pieza de Indias* correspondant à un adulte mâle en âge de travailler, les femmes et les enfants étant considérés, selon leurs aptitudes, comme une fraction de ladite unité. Plus tard, vers la fin du XVIIe siècle, l'État et les négriers se mirent d'accord sur un nouveau système, celui de la *tonelada de esclavos,* représentant en principe trois esclaves mais en fait beaucoup plus, cinq, six, voire sept.

A leur arrivée en Amérique, les esclaves subissaient une inspection, *el palmeo*, au cours de laquelle on prenait leurs mensurations et on jaugeait leurs capacités

La contrebande négrière rend très difficile le calcul, même approché, de la population africaine déportée. Au terme d'analyses serrées, E. Vila Vilar pense que le nombre des esclaves introduits dans l'Empire était sans doute triple de celui officiellement prévu dans les contrats.

Les ***asientos*** prévoyaient officiellement un «taux de perte» durant le voyage. Initialement fixé à 10 %, il fut porté par la suite à 40 %. D'après les calculs effectués par E. Vila Vilar, pour les trajets les plus longs (Angola-Amérique) les décès durant la traversée étaient de l'ordre de 23 %.

physiques, donc leur prix. Ensuite, avant de les mettre sur le marché, l'*asentista* leur imprimait sa marque au fer rouge en général sur l'épaule, *la carimba**, opération destinée à montrer à l'avenir aux acheteurs et aux fonctionnaires que cet esclave avait été importé légalement et que l'on avait payé pour lui les taxes réglementaires.

Les recherches les plus récentes estiment que, pour la période 1550-1640, 1 207 navires (par rapport à un total de 7 585 ayant participé à la *Carrera*) transportèrent en Amérique espagnole environ 300 000 Africains, alors que, si l'on s'en tient aux chiffres officiels des licences et de l'*asiento*, le total n'aurait pas dû dépasser 100 000... Les ports d'arrivée étaient en nombre restreint, pratiquement les mêmes que pour le reste du trafic : Veracruz pour le Mexique (près de 27 % du total), La Havane pour les îles (un peu plus de 7 %), Buenos Aires (environ 16 %) qui réimportait des esclaves en provenance du Brésil pour satisfaire, après un interminable trajet à travers la Pampa puis le Tucuman, la demande des villes minières du Haut-Pérou, l'actuelle Bolivie. On doit faire, pour terminer, une place à part à Carthagène des Indes (plus de 50 %) qui fut à bien des égards la plaque tournante de tout le trafic sud-américain.

Carimba : du portugais *carimbo :* sceau.

Le voyage des esclaves

«S'ils sont tant serrés, tellement sales et si maltraités, selon le témoignage même de ceux qui les amènent ici, c'est qu'on les fait venir attachés six par six par des colliers de fer dont les anneaux sont passés dans une chaîne et deux par deux par des fers passés à leurs pieds, de sorte qu'ils sont pris par le cou et les jambes, sous le pont, enfermés de l'extérieur, sans voir le soleil ni la lune. La puanteur, la presse et la misère de cet endroit sont telles, qu'aucun Espagnol n'ose passer la tête par l'écoutille sans en avoir des nausées ni ne peut rester une heure à l'intérieur sans risquer d'attraper quelque grave maladie. Le réconfort et la consolation de ces malheureux se résume à ne manger toutes les vingt-quatre heures qu'une écuelle pas très grande de farine de maïs ou de mil cru, qui ressemble au riz de chez nous, et à boire à peine une petite cruche d'eau et à n'avoir rien d'autre si ce n'est force coups de bâton ou de fouet et des insultes. Voila ce qui se passe communément avec les hommes, même si je pense que depuis quelque temps certains armateurs les traitent un peu moins durement.»

Alonso de Sandoval,
De instauranda Æthiopum salute.

Traite et contrebande

«Autre problème important, celui des marchandises. La traite des Noirs était un bon prétexte pour en introduire frauduleusement. Scelle a démontré que c'était un aspect qui intéressait plus particulièrement les Nations étrangères. On a toujours pris soin de limiter les tentations. Il est interdit non seulement à l'asientiste, mais aussi à toute personne qui le représente aux Indes, d'y commercer directement, sous peine de mort (!) et de saisie de tous ses biens au profit du fisc, du juge et du dénonciateur. Seules pourront être achetées les marchandises destinées à la traite sur les côtes, à la nourriture et à l'habillement des Noirs, sans dépasser le strict nécessaire. Voilà ce que l'on peut lire dans l'asiento de Gomez Reynel. Cela n'empêchera pas que les commerçants que Reynel aura choisis comme facteurs aux Indes puissent traiter de leurs affaires, à condition que l'asientiste n'y ait aucune part. Les mêmes précautions seront prises pour M. R. Lamego. Des exceptions pourront être admises comme pour Grillo et Lomelin, encore qu'il s'agisse de transporter du fer, du bois et divers outils destinés à la construction d'un galion à Campeche.

Non content de ne rien débarquer, un navire obligé à un accostage imprévu ne devra rien embarquer, si ce n'est le strict nécessaire pour poursuivre son voyage. Grillo et Lomelin s'engagent en ce sens à n'embarquer ni or, ni argent, ni aucune autre espèce de produits, ce qui laisse entendre que cela se pratiquait.

Poussée par sa préoccupation de contrôler les mouvements de population aux Indes, l'administration centrale exigera le retour des marins castillans ou portugais avant un an, sous peine de deux cents mille maravédis d'amende pour chaque contrevenant...

De même que l'équipage, les navires ne peuvent rester aux Indes. Au bout d'un an, ils doivent revenir au port de départ sous peine de perdre la caution fournie. Celle-ci est fixée par la *Casa*. Tout retard indépendant de la volonté du capitaine devra être dûment justifié.»

J.-P. Tardieu, *Le destin des Noirs aux Indes de Castille, XVI-XVIIIe siècles,* Harmattan, 1984.

Carthagène des Indes, plaque tournante du trafic négrier américain

«Carthagène était un grand centre distributeur, puisque ce port redistribuait les esclaves dans les Caraïbes, à Lima, via Panama, et en Nouvelle-Grenade intérieure. Pour les deux premières destinations, on rembarquait les esclaves sur des bateaux plus petits vers les Antilles et Portobelo, pour la troisième en utilisant la voie fluviale du Magdalena et les radeaux qui y naviguaient.

Inutile de dire que, dans la concurrence existant en Amérique entre les négriers, les Péruviens avaient un formidable avantage : l'argent. La demande n'était pas plus forte à Lima qu'au Venezuela, à Saint-Domingue ou à Cuba, mais la monnaie avec laquelle on payait était différente.

Entre les produits locaux que les îles pouvaient offrir et le métal qu'amenaient les négriers péruviens, ceux de Carthagène n'hésitaient pas. Aussi, la majeure partie des esclaves qui arrivaient à Carthagène étaient-ils rembarqués pour Lima, qui jouait dans le Pacifique le même rôle que Carthagène dans l'aire caraïbe : un centre de distribution pour d'autres régions : Quito, le Chili ou le reste du Pérou.»

E. Vila Vilar, *Hispanoamérica y el comercio de esclavos.*

Les régions dans lesquelles, dès la fin du XVIe siècle, apparurent ce que l'on devait appeler plus tard *les Amériques noires* correspondent *grosso modo* aux zones de plantation de canne à sucre, les terres chaudes du Mexique, la côte péruvienne, les grandes Antilles (surtout Saint-Domingue, Cuba et Porto Rico), encore que dans ces dernières, si le rapport numérique Blancs/Noirs fut dès le XVIe siècle très défavorable aux premiers, le nombre des esclaves y ait été sans commune mesure avec ce qu'il serait plus tard, lors du boom sucrier cubain de la fin du XVIIIe siècle et surtout du XIXe. D'une façon générale, on trouva partout des esclaves africains, notamment dans les villes où ils constituaient souvent un élément du train de vie des maisons fortunées, mais aussi un apport décisif dans le travail artisanal.

Les pièges de l'affranchissement

«Si l'affranchissement était souvent accordé par dispositions testamentaires, il pouvait également s'effectuer par lettre octroyée légalement au bénéficiaire. Il s'agit de la *carta de horro, de ahorramiento* ou *de ahorría* [1]... C'était un procédé déjà connu en Espagne... La liberté de l'esclave comporte des limites. Remarquons tout d'abord l'ambiguïté évidente de ces documents. Katia M. de Queiros Mattoso l'a bien vue, lorsqu'elle dit : *"Le langage des chartes de liberté en dit long sur un certain paternalisme efficace et moralisateur, plus mesquin que généreux qui règne dans les rapports maîtres-esclaves."* La soif de liberté ne pouvait-elle pas pousser l'esclave à une attitude hypocrite envers son maître, dans le seul but de mériter ses bonnes grâces ? Le maître ne détenait-il pas par là le moyen de réduire ses esclaves à sa volonté, tout en se revêtant du manteau de la charité chrétienne ? Même si la bonne foi de tous les maîtres n'est pas en cause, on peut se demander à combien de situations tragiques donnait lieu la promesse de telles lettres ou l'espoir de les obtenir. Une autre évidence attire l'attention ; les *cartas de horro* sont rarement désintéressées. Katia Mattoso, pour le Brésil, assure que la majorité des affranchissements – 66 à 75 % d'entre eux – est concédée soit à titre onéreux, soit avec des clauses restrictives qui enlèvent toute gratuité à l'acte de manumission[1] et servent avant tout l'intérêt des propriétaires. La charte de liberté est un acte commercial, rarement un acte généreux...
En ce qui concerne l'abandon déguisé en libération dont sont victimes les vieux esclaves ou au contraire les jeunes enfants, l'administration coloniale envisagera d'y porter remède. On trouve des velléités dans une cédule royale en 1550 qui interdit aux maîtres d'accorder la liberté aux vieillards et aux enfants sans prévoir une rente pour leur nourriture.»

J.-P. Tardieu,
Le destin des Noirs aux Indes de Castille, XVIe-XVIIIe siècles, op. cit.

1. Lettre d'affranchissement légal d'un esclave ou d'un serf.

Criollo : mot sans doute apparu dans les milieux de la traite portugaise d'Afrique. Dérivé du verbe *criar* (élever un enfant), il désignait l'esclave né chez un maître, par opposition à celui qui avait été capturé en Afrique avant d'être transporté en Amérique.

Ladinos : ce terme a depuis longtemps pris dans certaines régions, notamment d'Amérique centrale, un autre sens que celui indiqué ci-contre. Il désigne les métis (qui parlent espagnol) pour les différencier des Indiens monolingues.

Morenos et *pardos :* noms donnés dans de nombreuses régions aux mulâtres et qui, par simple indication de la couleur marron de la peau, étaient jugés moins offensants que *mulato* dont la dérivation de *mulo* (mulet) était évidente. Dans une perspective euphémistique, ces termes furent par la suite étendus aux Noirs.

Conuco ou *chacra :* noms donnés dans l'aire caraïbe et en Amérique du Sud aux jardins octroyés aux esclaves des plantations pour améliorer leur ordinaire.

On distinguait d'ailleurs en général deux sortes d'esclaves. Ceux vivant en milieu urbain étaient le plus souvent nés sur place (les ***criollos**** ou Créoles), parlaient espagnol (d'où leur premier nom de *ladinos** – celui qui parle la langue d'origine latine – comme en Espagne médiévale), avaient dans bien des cas des compétences professionnelles réelles et se trouvaient relativement intégrés à la vie coloniale. Il n'était d'ailleurs pas rare de rencontrer des esclaves loués par leurs maîtres à des entrepreneurs ou même travaillant de manière indépendante et simplement obligés de verser régulièrement à leur propriétaire une partie de leur salaire. Cela leur permettait parfois de racheter leur liberté, ce qu'en principe les maîtres ne pouvaient leur refuser. Ils étaient appelés dès lors ***negros horros*** (de l'arabe *horr* : libre, non esclave).

Au contraire, les esclaves du milieu rural étaient confinés sur les plantations, soumis à un régime de surveillance très strict et à des normes de travail épuisantes. Pour la plupart d'entre eux, ils arrivaient directement d'Afrique (les ***bozales***) et de ce fait restaient durablement étrangers à un monde qui leur était à tous égards hostile, d'autant que les maîtres s'ingéniaient à mélanger les ethnies sur leurs domaines de manière à éviter la naissance de solidarités dangereuses pour l'ordre esclavagiste.

Les **formes de résistance** surgies de ces situations de violence latente ou caractérisée furent toujours **nombreuses et diverses,** le plus souvent cependant détournées (automutilation, sabotage du matériel, incendies volontaires des ateliers) pour éviter au maximum la rigueur et la cruauté toujours exemplaires des châtiments. Les révoltes d'esclaves furent, jusqu'au XVIIIe siècle, fort rares et leur façon de mettre fin à leur sort résida le plus souvent dans la fuite, le marronnage, mot qui vient d'ailleurs de ***cimarrón***, adjectif espagnol désignant l'esclave, ou l'animal, en fuite. Dès la fin du XVIe siècle, certaines régions écartées ou difficiles d'accès (côtes de Nouvelle-Grenade, région des *Esmeraldas* dans ce qui est aujourd'hui l'Équateur du Nord-Ouest, massifs montagneux des Grandes Antilles) furent ainsi connues pour être des repaires de bandes de marrons (*los palenques*) particulièrement craints que des expéditions punitives spécialement organisées n'arrivèrent ni à capturer ni à détruire définitivement.

L'impact économique du commerce négrier

«Grâce à l'*asiento,* le commerce négrier constitua en fin de compte une des rentes les plus importantes du Trésor... Si de 1595 à 1640, époque portugaise de l'*asiento,* il ne représente que 2,53 % de tous les revenus américains de l'État, dans le domaine des échanges commerciaux le pourcentage s'élevait à 10,9 %... Cependant, l'approvisionnement en esclaves inscrivit l'Espagne dans un contexte de dépendance face aux puissances maritimes comme le Portugal ou la Hollande. La faiblesse de l'infrastructure navale empêcha l'Espagne de prendre en mains ce trafic, ce qui signifia qu'elle ne put faire siens les bénéfices de la vente des esclaves.»

G. Peralta Rivera, *Los mecanismos del comercio negrero.*

4. Le métissage biologique

Dès les premières années, le phénomène du métissage entre Espagnols et Indiennes fut **un des traits dominants de la société américaine.** L'absence de femmes espagnoles ou leur nombre longtemps insuffisant, les facilités de toute sorte – et notamment sexuelles – qu'offrait aux vainqueurs leur situation dominante y contribuèrent beaucoup.

Dans un premier temps, **les enfants issus des aventures et des viols de la Conquête demeurèrent au sein de la population indigène** et s'y fondirent, à l'exception toutefois de ceux nés de conquérants en renom et de princesses indiennes, que leurs pères, sans pour autant légaliser leur union, gardèrent auprès d'eux et firent éduquer comme de jeunes hidalgos espagnols. Le cas emblématique de cette situation fut celui du futur Garcilaso de La Vega, connu dans les lettres espagnoles comme *el Inca Garcilaso*. Cette première génération servit indiscutablement de pont entre les deux mondes indigène et européen et eut un nombre sans doute réduit mais significatif de représentants qui se fondirent dans l'aristocratie de la colonie.

La situation, cependant, ne tarda pas à changer. Le nombre de métis augmenta dans certaines régions, comme celle de Quito ou encore plus au Paraguay, de manière très notable. Issus d'unions presque toujours illégitimes, souvent ancillaires ou fugaces, ils furent considérés comme le fruit du péché et du relâchement des mœurs. **La société indigène, d'abord accueillante à**

Garcilaso de La Vega 1539-?1616

De son vrai nom Gomez Suarez de Figueroa, né au Cuzco, en 1539, fils d'un conquérant d'Extrémadure, Garcilaso de La Vega – de la famille du poète de la Renaissance du même nom – et d'une princesse inca, abandonnée plus tard pour une épouse espagnole. Après une douzaine d'années auprès de sa mère, en milieu indigène, il alla vivre avec son père qui l'éleva avec les autres fils de conquérants du Cuzco. Parti en Espagne en 1560 pour y faire reconnaître ses droits, il resta jusqu'à sa mort, en 1616, dans la région de Cordoue où il jouit d'une bonne situation sociale. Grâce à ses souvenirs et à une relecture critique des autres chroniqueurs, il a laissé une œuvre monumentale dont se détachent les *Commentaires royaux des Incas* (1609), puis l'*Histoire générale du Pérou* (1617), sur l'époque coloniale.

Métis : *«La plupart des métis ont fière allure, bien qu'ils soient sensiblement différents des Espagnols. Ils sont en général bavards et médisants, inconstants et intempérants et, bien que certains d'entre eux soient vertueux, toute leur occupation se réduit à l'oisiveté. En dehors de leur père, personne ne peut les corriger ni leur faire entendre raison, ce à quoi il faudrait porter remède.»*

Description anonyme de Quito, 1573.

Montañeses : nom donné aux métis de Blancs et d'Indiennes dans la plupart des régions d'Amérique du Sud, au XVIe siècle.

Règlements de la corporation des batteurs d'or de la ville de Mexico : *«Nul ne pourra subir l'examen en vue de devenir maître batteur d'or s'il n'est espagnol par les quatre quartiers ; celui qui – sans être espagnol – aura appris le métier, pourra travailler en qualité d'ouvrier chez un maître, mais ne pourra pas subir l'examen en vue de devenir maître batteur d'or. S'il était contrevenu à cet ordre, l'examen sera annulé et celui qui l'aurait fait passer devra payer une amende de cent pesos...»*

leur égard, se mit à les repousser elle aussi. Enfin, la structuration des préjugés raciaux dans le monde colonial et surtout la crainte des Espagnols de voir ce groupe humain le concurrencer dans certaines activités lucratives, ou de chercher à s'allier avec les Indiens et les laissés-pour-compte de tout genre contre l'ordre établi, achevèrent de renvoyer les métis dans une **double marginalité** qu'ils supportèrent avec de plus en plus de difficultés.

Le groupe métis se constitua ainsi dans l'amertume et la frustration, d'autant qu'une réglementation complexe et tâtillonne entreprit de lui interdire très officiellement l'accès, en qualité de patrons, à toute une série d'activités professionnelles gratifiantes (orfèvres) ou à des responsabilités administratives (notaires) et ecclésiastiques (prêtrise), que les Blancs entendaient se réserver. On leur refusa même à plusieurs reprises le port d'armes... Dès lors, il n'est pas étonnant que, dans les discours sur les métis, les Espagnols aient souligné parmi leurs caractères dominants, outre le danger potentiel qu'ils représentaient, leur instabilité sociale et émotionnelle, elle aussi préoccupante.

Si la norme sociale assigna à chaque métis des limites à ne pas dépasser, le langage de tous les jours se mit, lui, à définir et à classer les nuances issues des multiples mélanges possibles des trois bases blanche, indienne et noire. Fondamentalement, on distingua les ***mestizos*** issus du Blanc et de l'Indienne, les ***mulatos*** du Blanc et de la Noire, les ***zambos*** (ou ***zambahigos***) de Indien et de la Noire ou *vice versa*. Mais avec le temps, les possibilités de mélange, notamment entre sang-mêlé, se multipliant, on arriva à plusieurs dizaines de termes, souvent d'ailleurs méprisants ou ridicules et comiques.

Il serait cependant faux de croire que la marginalisation des métis fut stricte et étanche. De fait, si les règles et les principes les confinant dans des positions subalternes étaient bien établis, les pratiques furent beaucoup plus souples, en ce domaine comme dans bien d'autres. L'amitié, les liens familiaux subtils, souvent cachés mais bien réels, entre les branches créole et métisse d'une même famille, tout simplement l'argent et la corruption, permirent dans bien des cas à des métis aisés ou bien apparentés d'accéder à des fonctions qui leur étaient règlementairement interdites.

Les *castas** au Mexique à la fin de l'époque coloniale

Premier degré : Blanc-Noir : *mulato* ; Blanc-Indien : *mestizo* ; Noir-Indien : *zambo (lobo* ou *chino).*

Deuxième degré : Noir-Mulâtresse : *grifo* ou *cabro* ; Blanc-Mulâtresse : *cuarterón (tercerón* ou *morisco)* ; Blanc-Métisse : *cuatralbo* ou *castizo* ; Indien-*zamba* : *zambahigo* ; Indien-Métisse : *tresalbo.*

Troisième degré : Blanc-*cuarterón* : *albino* ; Blanc-*castizo* : *postizo, octavón* ; Blanc-*tercerón* : *salta atrás** ; métis-*cuarterón* : *coyote* ; *grifo-zambo* : *jíbaro* ; Blanc-*cuarterón : quinterón* ; Blanc-*octavón : puchuelas* ; Blanc-*coyote : barnizo* ; Blanc-*cambujo : albarrazo.*

Las castas : on désignait sous cette appellation générique l'ensemble des métis.

El salto atrás (le saut en arrière) : fait de se marier ou d'avoir un enfant avec une personne à peau plus foncée et donc située plus bas dans la hiérarchie pigmentocratique.

Mejorar la raza (améliorer la race) : situation contraire à la précédente.

Cédule royale sur les métis occupant des emplois publics

«Mon vice-roi, mon président et mes auditeurs de l'Audience royale de Lima dans les provinces du Pérou, J'ai été informé que dans ces régions il y a des métis qui sont corregidors, alcaldes mayores, échevins, notaires et ont d'autres emplois de ce genre. Je désire savoir plus précisément ce qu'il en est et si les métis qui sont dans ces emplois ont une habilitation, qui la leur a donnée, si l'ordre existe bien au Pérou de ne pas donner aux métis de semblables offices, si cette interdiction est ou non respectée, et dans ce dernier cas pourquoi, quels inconvénients il s'en est ensuivi, il s'ensuit ou il pourrait s'ensuivre.

Je vous demande donc, après vous être enquis de tout de manière très approfondie, de me faire un rapport spécial avec votre avis sur la question.»

Madrid, 9 septembre 1600.

Cédule royale au vice-roi du Pérou sur les mesures à prendre à l'égard des sang-mêlé

«J'ai été informé qu'il conviendrait de rassembler le grand nombre de mulâtres et de zambaigos *vivant dans ces provinces et dans celle de Charcas, ainsi que les nègres libres et les métis, et de les obliger à vivre dans les villes peuplées d'Espagnols, afin qu'il y paient le tribut et fassent des corvées à Potosí comme les Indiens qui pourtant sont plus libres qu'eux.*

Je veux savoir ce que vous en pensez, s'il conviendrait que l'on rassemble les mulâtres, les zambaigos, *ainsi que les nègres libres et les métis, si cela pourra se faire facilement, de quelle manière et dans quelles villes, de quel impôt on pourra les taxer, si l'on pourra les organiser en vue de les envoyer travailler à Potosí, quels inconvénients et quels avantages il pourrait en résulter, ou quel autre ordre pourrait être donné, comme je vous l'ai déjà demandé par une autre cédule.*

Informez-moi de la manière de soulager le pays de ces gens et de couper court aux inconvénients que l'on peut craindre. Je vous demande, après avoir considéré cette question avec grande attention, de m'envoyer votre rapport et votre avis, ainsi que le nombre de nègres libres, de mulâtres, de zambaigos *et de métis vivant dans votre circonscription, chaque groupe étant indiqué séparément.»*

Madrid, 10 avril 1609.

Cédule royale sur l'interdiction faite aux métis d'exercer les fonctions de notaire

«Le licencié Hernando de Villagomez, procureur du Conseil des Indes, m'a rapporté que dans le district de l'Audience du Guatemala quelques métis remplissent les fonctions de notaires royaux et publics, chose dont il résulte de nombreux inconvénients. Il m'a supplié d'ordonner qu'ils ne fassent point usage de leur fonction, soient privés de leur titre, et qu'à l'avenir vous n'autorisiez pas l'exercice desdits notaires métis sous peine de graves sanctions. Ayant pris avis de mon Conseil, j'ai tenu pour bon de vous adresser cette cédule que je vous demande de prendre en considération et d'appliquer...»

El Pardo, 21 novembre 1603.

Le pouvoir colonial lui-même y contribua de manière officielle, en autorisant, contre le paiement d'une certaine somme, certains métis à ne plus être considérés comme tels par l'administration. Ce furent les fameuses ***habilitaciones,*** dès la fin du XVIe siècle pour les *mestizos* et, plus tard, les ***gracias al sacar*** pour les mulâtres. Avec le temps aussi, les choses évoluèrent sensiblement. Certaines barrières tendirent à devenir moins rigides, mais l'augmentation – dans plusieurs régions, considérable – du nombre des métis au cours du XVIIe siècle et surtout du XVIIIe, sans que disparaissent vraiment les grands principes de leur marginalisation, devait entraîner parmi eux un **malaise latent de plus en plus difficile à contenir** et même explosif, ainsi qu'on le verra.

Le *paradis de Mahomet :* l'isolement du Paraguay à des milliers de kilomètres de son chef-lieu administratif (Charcas) et des bases d'où il pouvait être approvisonné (le Rio-de-la-Plata) amena très vite un arrêt de l'immigration espagnole, notamment féminine, et fit que les Espagnols y possédaient ouvertement des sortes de harems avec un grand nombre de maîtresses indiennes, d'où le nom donné à la région. La conséquence en fut, dès la fin du XVIe siècle, l'importance du métissage au point qu'une cédule royale finit par assimiler les métis paraguayens aux Espagnols.

5. Le métissage culturel

On a fait remarquer avec juste raison que le métissage sous toutes ses formes avait été, malgré le contexte défavorable dans lequel il était né et s'était développé, **un des processus les plus porteurs d'avenir pour l'Amérique,** qui ne prendrait le nom de latine qu'au XIXe siècle.

Dès le XVIe siècle et le début du XVIIe, dans une situation à l'évidence d'une extrême inégalité, les divers peuples en présence, mais aussi les différentes cultures, au sens le plus large du terme, ne pouvaient manquer dans leurs contacts quotidiens de s'influencer et par là-même de se modifier. Le métissage biologique s'accompagna d'une **acculturation des dominés** qui n'oubliè-

L'Amérique coloniale et les phénomènes d'acculturation

«Si l'on retient la définition, quand même classique, proposée en 1936 par Redclift, Linton et Herskovits, *"L'acculturation comprend les phénomènes résultant du contact direct et continu entre des groupes d'individus de culture différente, avec des changements subséquents dans les types culturels originaux de l'un ou des deux groupes".* L'expansion européenne entraîne, à partir du milieu du XVe siècle et, sur un niveau incomparablement supérieur, à partir du début du XVIe, une multiplication par dix d'abord, peut-être, puis par cent, des contacts entre des groupes humains qui avaient vécu des histoires fractionnées. L'expansion est le point de départ d'un processus d'unification, donc d'un processus d'acculturation générale.
On peut sans crainte adapter au XVIe siècle ce concept récent. N'est-ce pas au XVIe siècle que se font entendre les premiers balbutiements de ce qu'il faut bien appeler les sciences humaines de l'acculturation ? L'anthropologie, la linguistique, l'ethnologie.»

P. Chaunu,
Conquête et exploitation des Nouveaux Mondes, P.U.F., 1991.

rent pas pour autant leurs racines et n'abandonnèrent pas leurs propres pratiques culturelles, malgré les pressions multiformes et constantes excercées par le groupe dominant. Il en résulta, comme on l'expliquera à propos du domaine religieux, un ***syncrétisme**** variable selon les régions et les groupes concernés, mais souvent très original dans ses expressions.

L'historiographie a longtemps mésestimé la capacité des Indiens à entrer dans les arcanes des méthodes de pensée et de fonctionnement de la société espagnole. Des études récentes démontrent au contraire qu'au moins les élites y sont parvenues assez rapidement et surent en jouer à leur profit.

En ce qui concerne les Noirs, la situation est sensiblement différente. Coupés de leur milieu d'origine, rassemblés en unités où l'on avait soin de mélanger les ethnies, vivant dans bien des cas au contact immédiat des Espagnols, **leur acculturation fut en fait beaucoup plus rapide et profonde que celle des Indiens,** dans la mesure où ce qu'ils purent capter de la culture espagnole qui leur était imposée devint bientôt leur seul moyen commun d'expression, sans qu'ils perdent pour autant, il est vrai, une identité exprimée par ailleurs de multiples façons.

A cet égard, il est intéressant de remarquer que le monde hispano-américain à l'époque coloniale n'a

Syncrétisme : système philosophique ou religieux qui tend à fondre plusieurs doctrines différentes. Par extension, perception globale et confuse des choses.

pratiquement pas vu l'émergence de langues créoles, comme dans les Antilles anglaises ou françaises. Il ne faut pas s'y tromper, les grandes manifestations de la culture afro-américaine hispanophone que l'on connaît aujourd'hui ne se sont affirmées comme telles que beaucoup plus tard, lorsque dans certaines régions l'esclavage prit des proportions beaucoup plus massives et s'inscrivit de ce fait dans un contexte culturel différent.

Pour terminer, il faut prendre garde à ne pas oublier que le métissage culturel ne fonctionna pas dans un seul sens, celui de l'acculturation que les vainqueurs imposèrent aux vaincus et aux dominés. Souvent à leur corps défendant et sans même s'en apercevoir, malgré la signification hautement symbolique et discriminante de certaines pratiques, **Espagnols et Créoles prirent en Amérique une foule d'habitudes, alimentaires ou vestimentaires, de comportements sociaux, directement influencés par le monde multiculturel dans lequel ils vivaient.** Les Espagnols arrivant de métropole en étaient souvent les témoins quelquefois amusés, plus souvent réprobateurs, toujours inquiets. L'usage des langues indiennes se répandit ainsi très tôt dans les milieux créoles qui, dans bien des cas, surent parfaitement jouer de cet atout supplémentaire pour défendre leurs intérêts contre l'État colonial et les Espagnols de métropole.

Chapitre 10

L'administration de la foi

1. L'Église et l'État en Amérique

Dès les origines, c'est-à-dire dès la Conquête, **l'État et l'Église furent**, en Amérique espagnole, **intimement liés**. Il est bien connu qu'il en était de même en Europe dans ce qu'il est coutume d'appeler l'Ancien Régime, mais dans les domaines hispaniques cette réalité avait pris des proportions et des caractères propres. En effet, toute l'histoire médiévale espagnole avait été rythmée par la Reconquête de la Péninsule et cette guerre séculaire entre chrétiens et musulmans avait souvent été assimilée à une croisade. Or, c'est précisément lorsque celle-ci s'acheva en 1492 avec la prise de Grenade que commença l'entreprise américaine. C'est même dans le quartier général de Santa Fe, lors de l'assaut final donné à la capitale musulmane d'Espagne, qu'Isabelle la Catholique décida de s'engager aux côtés du Découvreur. De nombreux contemporains estimèrent que, de par la volonté divine, la Conquête des Indes occidentales n'était en fin de compte que la continuation de ce que l'Espagne avait fait sur son sol pendant des siècles, et même une sorte de récompense pour les efforts séculaires qu'elle avait consentis.

Rappelons d'ailleurs que lorsque les conquérants prenaient possession d'un territoire, ils étaient tenus de le faire au nom du Roi et de la foi, puisque la conversion des indigènes à la religion catholique fut officiellement un des objectifs de la présence espagnole. Très vite, d'ailleurs, les expéditions comptèrent dans leurs rangs un ou plusieurs prêtres chargés à la fois de l'assistance spirituelle de la troupe et des premiers jalons de l'évangélisation auprès des Indiens.

Les liens entre la Couronne et la jeune Église américaine devinrent rapidement institutionnels. Diverses

Limosna de vino y aceite (aumône de vin et d'huile) : aide financière accordée par la Couronne aux églises et aux couvents afin de subvenir aux frais de culte.

Novenos (neuvièmes) : le revenu des dîmes (*diezmos*) était réparti selon une arithmétique un peu complexe. Une moitié était attribuée à parts égales – donc 1/4 chacun – à l'évêque et à son chapitre. L'autre moitié était subdivisée en neuvièmes : 4/9e allait au salaire des curés du diocèse, 3/9e à la construction et à l'entretien des églises, 2/9e au Trésor royal.

bulles des papes Alexandre VI et Jules II firent en effet du roi d'Espagne le *patron,* ou protecteur, de cette dernière. **Ce système, appelé *patronato real* ou *regio patronato,* fit de la Couronne le véritable chef de l'Église américaine.** Le roi nommait les évêques et les membres des chapitres épiscopaux, percevait la dîme que son administration répartissait ensuite et devait participer aux frais de construction des églises ou à ceux qu'occasionnait le clergé ; par exemple, c'était le Trésor qui assurait le transport depuis la métropole et le viatique des missionnaires. En contrepartie, l'édification des églises ou des couvents, l'implantation en Amérique de tel ou tel ordre étaient soumises à l'autorisation préalable du roi.

Dans un autre domaine, celui des relations avec Rome, le Conseil des Indes devait examiner les bulles et les brefs pontificaux destinés à l'Amérique. Ils n'y étaient applicables qu'avec l'autorisation des Conseillers (*real paso*), qui pouvaient aussi les retenir lorsqu'ils les

Une Église coloniale

«Dans mes conclusions, j'ai aussi voulu montrer que la faiblesse principale de l'œuvre évangélisatrice réalisée par les religieux espagnols repose dans l'énorme lacune que représentait l'absence d'un clergé indigène complet. Cette conclusion est ce qui a été le plus discuté dans mon livre et, cependant, je reste convaincu de la vérité de cette affirmation, au moins en lignes générales. L'Église mexicaine, comme celle du Pérou que j'ai eu également l'occasion d'étudier, ont été deux créations incomplètes. Ou plutôt, on n'a point fondé une Église mexicaine et on a fondé à peine une Église créole ; ce qui a été créé, avant tout et surtout, ce fut une Église espagnole, organisée selon le modèle espagnol, dirigée par des Espagnols et où les fidèles indigènes jouaient un peu le rôle de chrétiens de seconde zone.
Le régime du *patronato,* auquel je n'ai pas donné dans mon livre l'importance qu'il méritait, même d'un point de vue méthodologique, a encore accentué ce trait de l'Église d'Amérique. Il est vrai que le roi d'Espagne n'était pas le chef de cette Église, qu'il n'a jamais aspiré le moins du monde à secouer l'autorité du Saint-Siège. Mais il a suffi que, dans la pratique, le monarque ait entre ses mains les évêques, les prêtres et les religieux pour que le caractère national, c'est-à-dire espagnol, se manifeste encore plus fortement et de manière encore plus évidente.
En résumé, une Église espagnole a été superposée à une chrétienté indigène et l'Église du Mexique est apparue, en fin de compte, non comme une émanation du Mexique lui-même, mais de la métropole, une chose venue de l'extérieur, un cadre étranger appliqué à la communauté indigène. Ce ne fut pas une Église nationale, mais coloniale, puisque le Mexique était une colonie et non point une Nation.»

Robert Ricard,
Avant-propos à l'édition mexicaine
de *La Conquête spirituelle du Mexique.*

considéraient contraires aux intérêts du Roi et de l'État. **C'est dire le poids énorme joué par la Couronne dans tout ce qui concerna l'évangélisation, puis la vie de l'Église coloniale,** mais on imaginera sans peine aussi toutes les difficultés et les multiples motifs de friction que cette situation ne pouvait manquer de susciter avec Rome et avec l'Église américaine, d'autant que la Couronne attendait de celle-ci qu'elle soit le docile exécutant de la politique édictée en Espagne, ce qui fut loin d'être toujours le cas.

2. La conquête spirituelle

Les exigences de l'évangélisation et les besoins spécifiques à cet égard des populations indigènes eurent pour conséquence de faire cohabiter en réalité **deux Églises en Amérique coloniale, celle des Espagnols,** qui dans son organisation et son fonctionnement était en tout semblable à celle de la lointaine Péninsule, **et celle des Indiens, des Métis et des Noirs,** qui obéissait, dans des lieux de culte propres, à d'autres objectifs.

Les néophytes, comme on les appelait, furent rassemblés en unités de catéchèse, les ***doctrinas**,*** où leur étaient administrés les sacrements et où en plus de la messe hebdomadaire ils devaient assister au moins une fois par semaine à une séance de catéchisme. En principe, les *doctrineros* étaient tenus de connaître la langue de leurs ouailles et nul ne pouvait être nommé dans une *doctrina* s'il n'avait satisfait préalablement à un examen linguistique. L'Église, surtout les Ordres religieux, attacha beaucoup d'importance à cet aspect de sa mission. On vit se créer dans les couvents des enseignements de nahuatl, de quechua et de bien d'autres langues indiennes. Les frères publièrent des centaines d'ouvrages linguistiques (dictionnaires, grammaires, traductions, etc.) et furent même les initiateurs d'une étude ethnologique ou historique des populations indiennes et de leur passé. Il n'en reste pas moins que ce remarquable élan initial dû à des hommes d'un dévouement, d'une foi et d'une qualité humaine à tous égards hors du commun, comme les franciscains en donnèrent maintes preuves au Mexique, s'affaiblit à partir de la fin du XVIe siècle et que

Les ***doctrinas*** confiées aux religieux furent de manière constante une source de graves conflits entre les clergés séculier et régulier. Les membres du premier, souvent dépourvus de bénéfice et soutenus par les évêques, estimaient que les *doctrinas* auraient dû être de leur seule compétence. Le second refusait obstinément de s'en défaire et cherchait à limiter par tous les moyens le droit de regard des évêques. Ainsi, lors des inspections épiscopales, surgissaient d'interminables débats pour savoir ce qui, dans les reproches faits à un *doctrinero* appartenant à un Ordre, relevait des aspects purement professionnels (*in officio officiando*) incombant à l'évêque, ou de son comportement personnel (*de moribus et vita*) qui relevait du provincial.

Les premiers missionnaires et les langues autochtones du Mexique

«Au cours de la période 1524-1572, pour le seule Nouvelle-Espagne et pour les livres qui se rapportent au travail d'évangélisation, nous trouvons au moins 109 ouvrages, dont 80 furent écrits par des franciscains, 16 par des dominicains, 8 par des augustins et 5 anonymes. Pour ce qui est des langues, ces livres sont en nahuatl ou sur le nahuatl : 66 ; en tarasque ou sur le tarasque : 13 ; pour l'otomi : 6 ; le pirinda : 5 ; le zapotèque : 4 ; le totonaque : 2 ; le zoque et le dialecte de Chilapa : 1 chacun... La répartition linguistique entre les ordres trouve son explication dans la distribution géographique des missions.»

Robert Ricard,
La Conquête spirituelle du Mexique.

La splendeur du culte et de la dévotion : les raisons de l'apostolat liturgique poussèrent les missionnaires à construire de belles et vastes églises, à les orner avec luxe et ostentation, les conduisirent aussi à entourer la célébration de la messe et des autres offices divins de la pompe la plus solennelle. Ils en attendaient deux résultats : attirer l'âme des Indiens, si sensibles aux spectacles extérieurs, et accroître chez eux le respect et la dévotion à l'égard des cérémonies sacrées.

les *doctrinas,* devenues l'enjeu de rivalités matérielles aiguës, furent souvent confiées à des personnes bien peu au fait des réalités indiennes.

Les *doctrineros* étaient nommés de deux façons, selon qu'ils étaient réguliers ou séculiers. Chez les premiers, le provincial lors des chapitres établissait pour chaque poste une liste de trois personnes (*la terna*) qui était ensuite soumise pour approbation à l'évêque, lequel la transmettait au président de l'Audience qui procédait en général à la nomination du premier de la liste. Étant donné les luttes intérieures au sein des communautés conventuelles, pour la plupart traversées et souvent déchirées par des rapports de force très tendus, on imagine sans peine que les propositions devaient souvent plus à l'amitié ou à la logique du pouvoir qu'aux mérites évidents des candidats. Dans le cas du clergé séculier, les *doctrinas* étaient pourvues par concours devant les autorités épiscopales, mais là encore, vu la multitude de plaintes suscitées à ces occasions, il est permis de penser que le favoritisme, voire des négociations plus matérielles entraient aussi en ligne de compte.

Dans ces conditions, les *doctrinas* étaient vite devenues dans bien des cas un élément de plus dans l'exploitation de l'Indien. Tout au long de l'époque coloniale, les autorités laïques et ecclésiastiques ne cessèrent, mais le plus souvent en pure perte, de dénoncer les trafics auxquels se livraient les *doctrineros*. Pendant les séances de catéchisme, les indigènes pouvaient être occupés à filer et à tisser de sorte que les prêtres se trouvaient en fait à la tête de véritables ateliers. Les sacrements dont les évêques fixaient les tarifs voyaient leur prix multiplié de façon considérable. Lors des grandes fêtes religieuses, les *doctrineros* exigeaient de leurs ouailles des cadeaux sans lesquels ces dernières ne pouvaient entrer dans l'église. Sur le modèle de ce que faisaient la plupart des corregidors, certains titulaires de *doctrinas* obligeaient aussi les Indiens à leur acheter, ou à aller vendre, des produits dont ils faisaient négoce, parfois à grande échelle, comme de vulgaires commerçants.

Pour les aider dans leur entreprise, les *doctrineros* étaient souvent aidés de membres de leur famille, car une nomination de ce genre constituait pour elle une véritable aubaine. Il arrivait même que les affaires d'un titulaire de *doctrina* soient si importantes qu'il se paie un vicaire pour le remplacer dans le travail proprement ecclésiastique de sa tâche. Tout ceci explique pourquoi dans les régions riches, aux Indiens nombreux, où le casuel (*las obvenciones*) souvent d'origine illégale était élevé, les *doctrinas* étaient l'objet de toutes les convoitises et de maintes pratiques fort peu reluisantes, tandis que dans les régions éloignées, peu peuplées, en un mot pauvres, il n'y avait guère de candidats, ce dont les évêques se plaignaient amèrement. Dans le cas des missions situées sur

Mercédaire (de l'espagnol *mercedario*) : religieux de l'Ordre de la Merci, fondé en Espagne, dont l'essentiel de l'activité consistait à recueillir des fonds pour racheter les chrétiens captifs des barbaresques en Afrique du Nord.

Dialogue imaginaire entre un père et une mère

«Le mari dit à sa femme : "Madame, vous n'y connaissez rien, je ne cesse de penser que tous nos fils doivent entrer au collège, car pour peu qu'ils aient quelques lettres, ils seront prêtres."
L'épouse répond : "Que voila bien pensé et bien parlé, mon doux Seigneur, puisque Dieu nous a donné tant de fils pour gagner de l'argent et être riches. Que notre fils Yaguito soit prêtre séculier ainsi que Francisquillo. Ils gagneront bien leur vie et nous enverront des Indiens et des Indiennes pour nous servir, sans compter des perdrix, des poules, des œufs, des fruits, du maïs, des pommes de terre, et même de l'herbe que mâchent les Indiens. Ils nous laisseront en dépôt des gamins et des fillettes. Mais alors, Messire, ne serait-il pas bien qu'Alonsito soit frère augustin, Martinillo dominicain et Gonzalico mercédaire ? O mon Dieu, comme nos fils vont nous gâter !..."*
[Comme les fils n'étaient guère disposés à prendre l'habit, le père trouve des arguments encore plus convaincants :]
"Taisez-vous, mes fils, vous n'y connaissez rien, vous êtes de petits sots, car bien des prêtres enrichissent leur père, leur mère et leurs frères... Beaucoup d'entre eux sont dans les doctrinas *et y ont de nombreux enfants métis. Ces enfants, votre mère les élèvera et lorsqu'ils seront grands ils nous serviront à la maison. Cela est bien plus économique que d'acheter des négresses. Allez, cessez de ronchonner, soyez* doctrineros *et vous serez très riches..."»*

Felipe Huamán Poma de Ayala,
Nueva Corónica y buen gobierno.

La crise du recrutement missionnaire : si au début la Péninsule a fourni un grand nombre de missionnaires enthousiastes, bien formés et désintéressés, un recrutement de qualité se fit ensuite plus difficile. Dans une Espagne exsangue, les recruteurs se plaignaient que les couvents ne laissaient plus partir que des frères médiocres sans vocation véritable. Il leur arriva même de ne pouvoir réunir l'effectif prévu. A cela s'ajoutèrent les difficultés financières puisque c'était le Trésor royal qui payait le voyage des missionnaires, d'où de nombreux retards. Fidèle à sa vocation internationale, la Compagnie de Jésus en profita pour inclure dans ses missions de nombreux étrangers (Italiens, Allemands et Flamands) qui, venus d'horizons différents, jouèrent un rôle éminent dans l'histoire intellectuelle de l'Empire.

De *Santiago Matamoros* à *Santiago Mataindios* : saint Jacques, patron de l'Espagne et des armées castillanes qui, durant la Reconquête, partaient à l'attaque en invoquant son nom (*Santiago, y cierra España!*) traversa l'Océan avec les conquérants. Il fut représenté sous les traits d'un conquérant espagnol monté sur un cheval écrasant des Indiens éplorés et impuissants.

les marches de l'Empire, où les Indiens n'avaient pas été de fait agrégés au système colonial (*misiones vivas*), où les risques étaient grands et l'espoir de profit personnel absolument nul, il fallait faire venir régulièrement des missionnaires de métropole, car sur place, dans le clergé local, qu'il fût créole ou espagnol, personne ne voulait s'en charger.

Cet ***enlisement de la Conquête spirituelle***, pour reprendre une formule célèbre, eut évidemment des conséquences notables sur la qualité de l'évangélisation. Les évêques s'en rendaient bien compte lorsqu'ils partaient en tournée d'inspection (*visitas*) dans les provinces de l'intérieur. A leur retour, ils écrivaient au Conseil des Indes ou au roi pour leur faire part de leur stupéfaction devant le comportement des *doctrineros,* mais surtout devant l'ignorance des indigènes et le soupçon souvent fondé que ceux-ci continuaient en secret de pratiquer leurs religions ancestrales. Ceci devait conduire à l'organisation, notamment dans les Andes centrales, de campagnes dites d'**extirpation de l'idolâtrie** dont les succès furent variables et contrastés. Quoi qu'il en fût, la minutie toute notariale avec laquelle, lors de ces campagnes, furent consignés les interrogatoires, les dénonciations et les enquêtes, les destructions d'objets de culte, etc., nous a légué, bien involontairement, une somme documentaire extraordinairement précieuse pour connaître, en quelque sorte de l'intérieur, ce qui restait, plus d'un siècle après la Conquête, des religions pré-hispaniques.

L'extirpation de l'idolâtrie n'eut que des effets limités et, en général, les autorités espagnoles ne purent ni ne surent voir, ou ne voulurent pas admettre, que tout était loin d'avoir disparu du passé pré-colombien. Il y eut à l'évidence une stratification, un mélange, en un mot à cet égard aussi un métissage dont le **syncrétisme** devait durer bien au-delà de l'époque coloniale et qui aujourd'hui encore **réapparaît sous des formes souvent inattendues.**

Bien des éléments y ont contribué, par exemple le fait que, dans beaucoup de cas, pour mieux faire passer leur message, les missionnaires donnèrent à Jésus, à la Vierge, aux saints, aux fêtes ou aux sacrements des noms, des qualificatifs directement issus de ceux que les indigènes avaient utilisés pour désigner leurs propres dieux. D'autre part, les nouveaux lieux de culte, églises et chapelles, furent souvent construits sur d'anciens oratoires pré-colombiens ce qui sans doute eut pour effet de faciliter l'assistance des Indiens aux offices, mais sans que l'on sache bien ce qu'ils y vénéraient vraiment.

Les problèmes de la prédication en langue indigène au Pérou (début du XVIIe siècle)

«Avila[1] déplorait en 1616 l'insuffisance de la prédication et sa mauvaise qualité : *"On a prêché et on prêche hors de propos. Raconter à un Indien que Notre Seigneur a ressuscité un mort, guéri un boiteux, donné la vue à un aveugle, et lui dire ensuite : Chien, pourquoi ne crois-tu pas cela ? Pourquoi adores-tu les montagnes, pourquoi n'es-tu qu'un ivrogne ? Cela ne s'appelle pas prêcher, et ce barbare a raison de rétorquer qu'il trouve du plaisir dans l'ivrognerie, qu'en adorant la divinité de la montagne, il agit conformément à l'enseignement de ses ancêtres".*

Telles étaient les critiques, pour le fond, de l'inefficacité pédagogique, explicable par la formation insuffisante des curés. Mais c'était tout le problème du fonctionnement des séminaires qui était en cause et il était trop vaste pour qu'Avila l'abordât dans un projet limité et rapide. Une autre cause, beaucoup plus immédiate et beaucoup plus répandue, de la médiocrité ou de l'absence de prédication, résidait dans le fait qu'un grand nombre de curés d'Indiens connaissaient mal la langue des paroissiens ou l'ignoraient même complètement.

Il s'agissait là d'un mal auquel il n'était pas impossible de porter remède dans des délais assez brefs ; aussi les directeurs de l'extirpation proposèrent-ils des mesures dans ce sens. Avila demanda et obtint que les curés d'Indiens fussent tenus désormais de mettre par écrit leurs sermons en quechua et de les exhiber, sur simple réquisition, au Visiteur de passage. Un mémorial de 1615 allait plus loin encore, puisqu'il souhaitait qu'un certain nombre de curés fussent initiés aux langues régionales (mochica, puquina, cauque, etc.) et non plus seulement au quechua, dit *lengua general,* qu'on ne comprenait pas dans certaines régions.

C'est sans doute aussi l'année suivante que fut adoptée une mesure générale, prise par l'archevêque, dont [on sait] qu'elle fut appliquée avec rigueur : tous les curés d'Indiens briguant une paroisse durent désormais passer un examen complémentaire, dont l'épreuve principale consistait en la rédaction d'un sermon en quechua que l'impétrant proposait ensuite devant un jury de spécialistes. D'autre part, tous ceux qui s'occupaient déjà d'une cure se virent donner un délai de huit mois pour rattraper le temps perdu et passer cette épreuve de langue.

Les extirpateurs jugaient les problèmes de forme (la langue) plus urgents à résoudre, en l'occurrence, que les problèmes de fond (l'esprit et la thématique du sermon). Tenus aussi de fournir un appareil pédagogique à tous les curés, qu'ils obligeaient par ailleurs à étudier le quechua, ils confièrent au titulaire de la chaire de quechua à l'université la rédaction d'une méthode qui parut en 1616. Les résultats de cette politique linguistique restèrent sans doute très limités. C'est qu'elle dut se heurter à la résistance passive du clergé rural peu enclin à fournir le gros effort intellectuel qu'on lui demandait soudain. Les religieux ne l'acueillirent pas mieux.»

Pierre Duviols, *La lutte contre les religions autochtones dans le Pérou colonial.*

1. Francisco de Avila, initiateur des campagnes d'extirpation de l'idolâtrie.

Le bilan de l'extirpation de l'idolâtrie au Pérou

«Ainsi menée au cours de plus d'un siècle, d'abord par à-coups, puis systématiquement, la lutte contre la religion autochtone a-t-elle été efficace ? Peut-on du moins en dresser le bilan ?... A vrai dire, le seul élément d'estimation que l'on puisse retenir ici et dont il faille modestement se contenter, c'est la façon dont l'Église du Pérou elle-même a jugé ses propres résultats... La religion populaire, elle, allait connaître certes des avatars. Dans les vastes zones mal contrôlées par les Européens, les anciens cultes régionaux, libérés de la tutelle incaïque, renaissent, se perpétuent, mais aussi se développent. Dans les régions occupées, ces cultes s'adaptent à la clandestinité, s'altèrent, évoluent, se transforment, mais puisent aussi une vigueur nouvelle dans la résistance. Partout les manifestations de la religion s'exacerbent, quelles que soient les formes imposées désormais par les circonstances, ne serait-ce que parce que, pour beaucoup, il n'est d'autre compensation possible aux réalités insupportables que les espoirs alimentés par le surnaturel, par la magie... Mais si la clandestinité et la résistance forcées n'ont pas affaibli la religion indigène, si elle l'ont exaltée, elles n'en ont pas moins modifié les activités cultuelles... Un bilan complet et précis, dans l'état actuel de la recherche, n'est pas réalisable, qu'il s'agisse de celui des destructions archéologiques dues aux extirpateurs, de celui de la répression, de celui des conversions ou de la nature intime de ces conversions. Il serait oiseux de prétendre trancher dans des domaines séduisants, mais flous, tels que ceux du syncrétisme et de la religion mixte. On rappellera seulement pour finir un jugement emprunté à une étude contemporaine sur la région de Puno, dans la mesure où elle nous semble corroborer et couronner nos observations diachroniques : *"L'extirpation de l'idolâtrie est une entreprise à la Sisyphe. Mais si l'Église catholique n'est point parvenue à détruire les vieilles croyances, elle les a certainement altérées et, surtout, elle a réussi à se faire reconnaître comme un médiateur acceptable entre l'individu et le monde surnaturel."*»

Pierre Duviols,
La lutte contre les religions autochtones dans le Pérou colonial.

Enfin, il faut aussi tenir compte de **l'opinâtre capacité de résistance silencieuse et clandestine du monde indien** qui, contre vents et marées, sut préserver, en l'adaptant aux temps nouveaux, une partie de lui-même face à l'impact de la Conquête et sous le rouleau compresseur des modes de vie et de pensée importés par les vainqueurs.

Dans le domaine de l'encadrement religieux des populations indiennes, bien des expériences intéressantes furent imaginées dans le sillage de mouvements fortement influencés par des conceptions utopiques : tentative de Las Casas à la Vera Paz au Guatemala au XVIe siècle, villages franciscains du Paraguay au début du XVIIe, missions capucines dans l'Est et dans les *Llanos* vénézuéliens à partir de 1660. Mais l'attitude et la politique des jésuites méritent d'être traitées à part.

Dans certaines régions qui leur furent confiées, essentiellement le Paraguay actuel, le Nord-Est de l'Argentine (région significativement appelée aujourd'hui *Misiones*) et certains territoires situés dans le Sud du Brésil actuel, au lieu de travailler dans le milieu traditionnel des indigènes, ils optèrent pour rassembler les Indiens dans des villages construits à cet effet selon des règles d'urbanisme et de sociabilité bien définies. Dans ces unités (*las reducciones*) les Indiens furent entièrement pris en mains par les pères. Travail, loisirs, activités artistiques, etc., étaient décidés par la Compagnie et donnèrent d'excellents résultats.

Les *reducciones* se multiplièrent rapidement. Créées au tout début du XVIIe siècle, elles étaient plus d'une douzaine quarante ans plus tard. La population guarani y augmenta dans des proportions considérables (une centaine de milliers de personnes au milieu du siècle) alors que partout ailleurs elle suivait la courbe descendante que l'on sait. Sous la conduite vigilante des pères, les Indiens y développèrent toutes sortes d'activités productives et culturelles remarquables qui suscitèrent bien des envies, à la fois de la part des colons du Paraguay qui voyaient leur échapper une main-d'œuvre docile et performante, et des chasseurs d'esclaves brésiliens, les *bandeirantes* venus de São Paulo, qui leur firent à plusieurs

Maté : infusion de feuilles d'un arbuste du Paraguay aux vertus digestives, notamment pour compenser les effets d'une alimentation trop riche en protéines. Son nom vient de la petite calebasse (*mate*) où elle était préparée avant d'être aspirée à l'aide d'une pipette en bois ou en métal. La collecte de la *hierba mate* ou *hierba de Paraguay* devint une des principales activités des *réductions* et les jésuites s'assurèrent le quasi-monopole de sa commercialisation. Ils essayèrent même, sans succès, d'en implanter la consommation en Europe, d'où son autre nom : le *thé des jésuites*.

Les *bandeirantes* à l'assaut des réductions

«Les missions du Guaira traversèrent une terrible crise de 1628 à 1631. Alors que les treize réductions prospères réunissaient un peu plus de 100 000 Indiens, elles subirent l'attaque des *bandeirantes* de Sao Paulo lancés à la chasse aux esclaves. Seules purent résister les missions de Loreto et de San Ignacio. Des dizaines de milliers d'Indiens furent réduits en esclavage. Accompagnés de 10 000 Indiens, les jésuites entreprirent alors une longue marche vers le Sud et l'Ouest afin de s'établir sur le Haut-Parana et le Paraguay. Les *bandeirantes* lancèrent des expéditions contre les nouveaux centres missionnaires. Pour organiser la résistance, les jésuites décidèrent d'armer et d'entraîner les indigènes sous la direction de ceux d'entre eux qui avaient combattu en Europe (tel le père Domingo de Torres, ancien de la guerre des Flandres). De la sorte, les Indiens des missions gagnèrent en 1641 la grande bataille de Mboreré contre une puissante *bandeira* formée de 400 Portugais et de milliers d'auxiliaires indiens. A partir de cette date, l'armée guaranie sera considérée, avec raison, comme la force armée la plus solide du continent. Elle allait avoir l'occasion de le démontrer au XVIIIe siècle.»

B. Bennassar, *La América española y la América portuguesa, siglos XVI-XVIII.*

reprises de véritables guerres soldées par de sanglantes batailles. Une abondante littérature devait naître à propos de ces *reducciones,* qui furent sans doute un des exemples les plus accomplis des nombreuses réalisations utopiques que devait connaître le Nouveau Monde.

Il n'en reste pas moins que, considérée dans le long terme, **l'appréciation de leur succès doit être nuancée.** Si effectivement les résultats ont été ceux que l'on a dits, le paternalisme des jésuites eut aussi comme conséquence d'infantiliser les Indiens, de les priver de leur instinct de survie et de réflexes d'autodéfense face aux agressions du monde colonial. Aussi, lorsque la Compagnie fut expulsée d'Amérique dans le dernier tiers du XVIIIe siècle, les *reducciones* disparurent en quelques années, leurs réalisations furent rayées de la carte et la population indienne des territoires missionnaires diminua de moitié entre 1767, date de l'expulsion des pères, et le début du XIXe siècle. Tout au plus en est-il resté quelques monuments et peut-être, ce qui est plus significatif, le maintien d'une forme de guarani comme langue véhiculaire du pays.

3. Les Ordres religieux

Traditionnellement, les Ordres religieux étaient importants en Espagne. Ceci fut d'ailleurs accentué au moment de la Contre-Réforme. Il était donc normal qu'il en soit au moins de même dans l'Amérique qui se construisait à cette époque, mais un élément vint encore

Les jésuites et la création du guarani moderne

«Les réductions guaranies de la Compagnie de Jésus s'étendaient sur un territoire très vaste, un rectangle de plusieurs centaines de kilomètres de côté comprenant donc un grand nombre de clans et de tribus. En séparant les Guaranis du monde d'alentour et en essayant de fondre divers groupes tribaux, les missionnaires contribuèrent à la formation d'une nouvelle langue guaranie commune qui unifia les dialectes les plus répandus. Cette fusion linguistique, qui prit un temps considérable, conduisit à la naissance et au développement d'une lingua franca *guaranie qui, après avoir influencé les dialectes indigènes limitrophes et ceux utilisés par les Guaranis en contact avec les Espagnols, finit par les absorber.»*

Alberto Armani, *Ciudad de Dios y Ciudad del sol : El «Estado» jesuita de los guaraníes (1609-1768).*

y accentuer le rôle des réguliers. On les retrouve dès les premières expéditions de conquête et par la suite, étant donné l'organisation conventuelle qui pouvait essaimer facilement, il fut beaucoup plus facile à tel ou tel Ordre de dépêcher outre-Atlantique certains de ses frères pour mener à bien l'évangélisation, alors que la lourdeur et le caractère territorial de l'organisation épiscopale ne se prêtait guère à ce genre d'opération. Les réguliers jouirent donc à certains égards d'une antériorité par rapport aux séculiers. Cette situation devait perdurer pendant une bonne partie du XVIe siècle, puis laisser des traces durables dans l'organisation ecclésiastique, mais aussi laïque, de la colonie où **les religieux constituèrent, encore plus qu'en Espagne, un élément fondamental de la société.**

Pour éviter que ne se reproduise dans l'Empire l'inflation du nombre des organisations régulières que connaissait alors la métropole, la Couronne autorisa en définitive cinq Ordres seulement à passer aux Indes occidentales : dominicains, franciscains et mercédaires*, un peu plus tard les augustins et, autour de 1570, les jésuites. Par la suite, les carmélites purent aussi fonder des communautés, ainsi que des ordres spécialisés dans les activités hospitalières, les frères de Saint-Jean-de-Dieu et, au XVIIe siècle, l'ordre de Bethléem créé au Guatemala ou celui de Saint-Hippolyte au Mexique.

Malgré ces précautions, les problèmes ne tardèrent pas à surgir : réapparition de vieilles susceptibilités juridictionnelles remontant au Moyen Age entre réguliers et séculiers, rivalités et frustrations à propos de l'occupation par les frères de nombreuses *doctrinas* que le clergé épiscopal, souvent privé de bénéfices, estimait devoir lui revenir, jalousies nées de la réussite sociale de certaines communautés comme celles des dominicains ou plus encore des jésuites, etc.

Il faut dire que le rôle des couvents dépassa bientôt le domaine des seules activités religieuses. Ils assurèrent certaines fonctions socialement décisives, comme l'enseignement, la santé, l'assistance aux détresses, etc., qui leur valurent beaucoup de reconnaissance, mais aussi de solides jalousies. Certains laïcs, en souvenir de bienfaits ou pour ménager leur avenir *post mortem,* leur léguèrent les biens les plus divers : terres, maisons,

L'expulsion des jésuites : comme l'avaient fait avant elle les Couronnes du Portugal (en 1759) et de France (en 1762), celle d'Espagne décida en 1767 d'expulser de ses territoires européens et américains la Compagnie de Jésus, trop puissante et accusée d'être contre le régalisme. Cette décision eut dans l'Empire, plus encore qu'en métropole, des conséquences majeures étant donné le rôle primordial des jésuites dans l'enseignement, la diffusion de la culture et l'action missionnaire, mais aussi l'importance de leurs multiples fonctions économiques qui suscitaient bien des jalousies. Leurs *haciendas* furent confiées jusqu'à leur vente à une administration, dite des *temporalidades,* créée à cet effet et dont la gestion fut désastreuse.

Mercédaires : cf. p. 161.

Les jésuites en exil : leur expulsion d'Amérique conduisit en Europe, et notamment en Italie, l'Espagne leur étant fermée, un grand nombre de jésuites. Certains d'entre eux y écrivirent des œuvres qui figurent parmi les plus significatives du XVIIIe siècle américain. Parmi les plus intéressants, citons les Mexicains Pedro José Marquez qui unit dans sa réflexion archéologie et esthétique, Francisco Javier Alegre, historien de la Compagnie dans son pays, Francisco Javier Clavigero auteur d'une *Historia antigua de México* qui réfutait les théories sur l'infériorité du monde américain, le Guatémaltèque Rafael Landivar dont la *Rusticatio americana* exaltait la nature de son pays, le Quiténien Pedro Berroeta, le Péruvien Juan Pablo Viscardo y Guzman, dont la *Lettre aux Espagnols Américains* fait un véritable précurseur de l'Indépendance, les Chiliens Manuel Lacunza, théologien, et Juan Ignacio Molina, historien.

esclaves, bijoux, argent et meubles qui vinrent arrondir le patrimoine des couvents. Parfois ces legs étaient faits sans autre précision que la volonté de figurer parmi les bienfaiteurs de l'Ordre. Souvent il s'agissait de fondations de messes (*capellanías*) par lesquelles les couvents s'engageaient, en échange du revenu perpétuel d'un bien particulier, à dire chaque année un certain nombre de messes pour le repos de l'âme du défunt, considérée alors par les notaires comme héritière.

Grâce à ces dons, les Ordres se retrouvèrent à la tête d'une fortune composite. Une partie des fonds dont ils disposaient étaient prêtée à des particuliers sous forme de cens (*censos*) attribués le plus souvent selon des règles assez lâches et sans beaucoup de garantie, plus par amitié avec tel ou tel responsable de couvent qu'à la suite d'un véritable calcul économique. Mais l'essentiel de la fortune conventuelle était ailleurs : *haciendas* agricoles et *estancias* d'élevage (sauf dans le cas des franciscains qui se refusèrent toujours à entrer dans ce jeu), mais aussi immeubles et commerces qui firent souvent des Ordres, en particulier dans les grandes villes, les premiers propriétaires urbains. **Les propriétés des Ordres furent en général mal administrées,** pour ne pas dire très mal, avec comme seule perspective celle d'une conception uniquement accumulative de la richesse que fustigeaient le clergé séculier et les autorités politiques, car le résultat était une baisse appréciable, ou à tout le moins un manque à gagner certain, dans les recettes fiscales – les dîmes notamment – que les Ordres essayaient en plus de ne pas payer.

Seule la Compagnie de Jésus, dont les règles de gestion étaient très strictes et surtout modernes, **sut pratiquer une véritable politique économique,** des investissements et une complémentarité bien comprise entre ses diverses unités de production. Comme par ailleurs elle sut, grâce à ses qualités éminentes, se gagner les sympathies et la reconnaissance de beaucoup d'anciens élèves fortunés, elle se retrouva, dès le début du XVIIe siècle, à la tête d'une fortune considérable puis d'une sorte d'empire économique qui fit beaucoup fantasmer ses adversaires et fut sans aucun doute une des raisons pour lesquelles la monarchie éclairée en vint à lui donner l'ordre de quitter l'Empire au XVIIIe siècle.

Les jésuites et l'économie

«La Compagnie [de Jésus] exerça sur toutes ses propriétés une sévère réglementation institutionnelle. La conservation et l'augmentation de son patrimoine (avec toutes les implications morales et religieuses que cela pouvait avoir) exigeait en particulier des mesures minutieuses prenant en compte aussi bien les problèmes juridiques que techniques, commerciaux ou ceux que l'on pourrait appeler *spirituels,* propres à une congrégation aussi jalouse de ses objectifs religieux. Pour y parvenir, la Compagnie avait décentralisé les responsabilités en divisant formellement son économie en administrations qui correspondaient aux différents collèges. Chacun d'entre eux s'occupait des affaires de ses propriétés et gardait une apparente autonomie par rapport aux autres....

Bien entendu, en dernière instance, toutes ces gestions se complétaient et tendaient à n'en faire qu'une. Au-dessus d'elles il y avait la Province dont elles faisaient partie qui systématisait le travail des collèges, sans parler de la politique pensée et élaborée à l'échelle mondiale par la Compagnie. On peut décrire le système jésuite comme la coordination hiérarchique d'une administration économique partiellement décentralisée, avec un gouvernement central qui se réservait aussi bien le pouvoir des décisions essentielles que les ressorts d'une surveillance permanente...

Périodiquement, toutes les *haciendas* des jésuites devaient recevoir la visite de l'un des supérieurs. Le Visiteur devait examiner en premier lieu les livres de comptes, parcourir l'hacienda et rédiger enfin des Ordres qui devaient être couchés dans un volume spécial. Ces Ordres équivalaient à un règlement intérieur relatif au travail des esclaves, à la conduite du personnel, aux services religieux, aux recommandations concernant les cultures, etc...

En plus de la Visite périodique, du contrôle direct et personnel des supérieurs, un autre procédé de surveillance était constitué par les *Libros de haciendas,* les résumés et autres rapports qu'envoyaient les administrateurs.»

P. Macera,
Haciendas jesuitas del Perú.

Pour toutes ces raisons, religieuses, économiques et sociales, les Ordres exercèrent un très fort pouvoir d'attraction. Les vocations, très nombreuses aussi dans le clergé séculier, furent chez eux innombrables. Tout au long du XVIIe siècle, les autorités politiques et administratives ne cessèrent de s'en plaindre et dénoncèrent tout à la fois l'accumulation des religieux dans les communautés des grandes villes, le coût disproportionné et les difficultés rencontrées par l'observance de la règle dans une infinité de couvents trop petits et isolés, le laxisme des autorités provinciales, notamment créoles, peu regardantes sur la qualité des candidats à la bure, et souvent même métis, contrairement aux règles en vigueur.

Chez les femmes, les couvents posèrent bien vite des problèmes spécifiques. Les parents y mirent souvent dès leur plus jeune âge, parfois même dès leur naissance, soit les filles qu'elles destinaient au service de Dieu, soit celles pour lesquelles ils n'avaient ni l'envie ni les moyens de prévoir un avenir. D'autre part, lorsqu'elles étaient issues de riches lignées, les nonnes qui se partageaient âprement le pouvoir conventuel (*monjas de velo negro*) vivaient au sein de ces communautés dans de véritables maisons improprement appelées cellules et appartenant à leur famille, entourées de religieuses moins fortunées confinées à des tâches subalternes (*monjas de velo blanco*) qui leur tenaient compagnie, de servantes, d'esclaves, voire de nourrissons qui leur étaient confiés et qu'elles élevaient pour satisfaire sans doute leur instinct maternel.

Recours d'une religieuse en vue d'obtenir l'annulation de ses vœux *(Lima, 1641)*

«Je dis donc qu'étant âgée de huit ou neuf ans et incapable de pouvoir discerner s'il me convenait ou non d'entrer au couvent, on m'a fait revêtir l'habit et une de mes tantes m'a ainsi élevée continûment, de sorte que, lorsque j'ai atteint l'âge de pouvoir connaître l'état religieux et ses obligations, je me suis retrouvée habillée en nonne.

J'ai aussitôt manifesté que je n'avais ni la volonté ni l'inclination de rester ainsi et que je ne voulais pas prononcer mes vœux. Je l'ai dit et répété à ma mère avant et pendant mon noviciat. Je lui ai demandé de me retirer, de me garder avec elle, puisque je n'avais ni le goût ni la volonté de faire profession. Tantôt en me priant, tantôt en me menaçant de leur courroux qui aurait pu effrayer les âmes les plus fermes, ma mère et mon père m'ont persuadée de continuer et de prononcer mes vœux.

Qui plus est, ma mère m'ayant retirée ensuite du noviciat et amenée chez nous, quelques jours avant la profession je lui dit maintes fois de ne point me presser et de ne pas m'obliger à la faire. Néanmoins, elle m'a amenée avec elle contre ma volonté et de force au couvent, en me disant que puisque j'y avais été élevée et en portais l'habit, je devais faire profession et que, si je refusais, elle me ferait mourir de peine, me garderait enfermée et me maltraiterait, ce qu'elle aurait fait si, pour lui être agréable, je n'avais prononcé mes vœux, contre ma volonté et sous l'emprise de la peur.

Considérant que, malgré tout, je n'avais pu amener mes parents à me retirer du couvent, j'usai alors d'un autre recours que le droit me permet, à savoir que je dénonçai les vœux en question devant Bartolomé de Torres, notaire, en lui notifiant que ma volonté n'avait jamais été d'être, en aucune façon, religieuse, et que mes vœux n'avaient été qu'apparents en raison des violences et de la peur que m'inspiraient mes parents.

Une fois ce document établi, craignant qu'il ne devienne public s'il restait dans les registres, le notaire me le donna et je le remis à une personne en qui j'avais toute confiance, Doña Manuela Gudiño, religieuse de même couvent que moi, laquelle, soit pour que je ne fasse point usage de ce document, soit parce qu'elle l'a effectivement égaré, n'a jamais voulu me le rendre malgré mes nombreuses tentatives pour le récupérer...»

Archives de l'Archevêché de Lima.

Les couvents furent ainsi surpeuplés, aussi bien à l'échelle des petites capitales provinciales que dans les grandes cités vice-royales où les communautés, toutes catégories confondues, pouvaient réunir plusieurs centaines de personnes. Outre les multiples difficultés nées d'un respect approximatif de la clôture et de ses obligations, de la cohabitation dans des espaces devenus trop petits et les conflits d'autorité avec les évêques, ces communautés posaient de sérieux problèmes sanitaires. La moindre épidémie y faisait des ravages, mais là encore il fallut attendre le XVIIIe siècle pour voir se relâcher l'inflation conventuelle.

A titre d'illustration, indiquons qu'à Lima, d'après le recensement effectué en 1700, pour une population urbaine qui dépassait à peine 37 000 habitants, les couvents d'hommes abritaient 1 941 personnes, soit environ 11 % de la population masculine : 639 prêtres, 810 religieux de diverses catégories – choristes, novices, frères lais, étudiants – 492 serviteurs et esclaves. Dans les communautés de femmes vivaient 3 870 personnes. Certaines atteignaient des chiffres effarants: plus de 800 à l'Incarnation et plus de 1 000 à la Conception, 600 chez les clarisses, autour de trois cents à Sainte-Catherine-de-Sienne, Saint-Joseph et à la Trinité. Au total plus de 20 % des femmes de Lima vivaient dans ses couvents comme religieuses, servantes ou esclaves.

4. Religion et contrôle social

A une époque où la foi s'imposait spontanément à tous, où les manifestations extérieures de la religion rythmaient et donnaient de la solennité aux moments importants de la vie collective, familiale et individuelle, où pratiquement tout le monde avait un frère, un cousin, un parent proche, un ami intime, voire plusieurs, appartenant à tel ou tel Ordre ou au clergé séculier, dans une société dans laquelle il n'existait pas de séparation aussi nette qu'aujourd'hui entre les états laïque et ecclésiastique, **il était inévitable que l'Église joue un grand rôle dans les mentalités et les comportements.** C'était d'autant plus le cas qu'elle était officiellement chargée du contrôle social, par exemple par le biais de

Autodafé (du port. *auto da fé :* acte de foi) : cérémonie publique à grand spectacle, destinée à frapper les imaginations, au cours de laquelle étaient exécutées les sentences les plus graves de l'Inquisition, condamnations à mort et réconciliations.

San-benito (de l'esp. *San Benito :* Saint Benoît) : casaque – ainsi dénommée parce qu'elle rappelait vaguement celle des bénédictins – qui était de couleur jaune et dont étaient revêtus certains condamnés de l'Inquisition lors des autodafés.

Alumbrados : au XVIe siècle, personnes prétendant entrer en contact avec Dieu sans intermédiaire humain ni cheminement ascétique. Le spontanéisme de leur démarche, en marge des garde-fous de la hiérarchie catholique et des méthodes approuvées de la dévotion, suscita en Espagne une réaction très vive des autorités. En Amérique, dans l'atmosphère troublée de la société coloniale naissante, traversée de courants mystiques et messianiques divers pouvant entraîner de périlleux dérapages, plusieurs groupes d'*alumbrados* se manifestèrent au Mexique et surtout au Pérou. Le cas le plus célèbre fut celui du dominicain F. Francisco de la Cruz mort à Lima sur le bûcher, en 1572.

l'Inquisition dont les fonctions en Amérique, comme en Espagne, dépassaient de beaucoup le seul champ de l'orthodoxie religieuse.

Les capitales vice-royales (Mexico et Lima en 1570-1571), Carthagène des Indes, le grand port de la côte caraïbe de l'actuelle Colombie ouvert aux influences extérieures parfois difficiles à contrôler, à partir de 1610, disposèrent d'un tribunal inquisitorial qui faisait la chasse aux réformés susceptibles de se glisser au travers des mailles du filet, aux judaïsants, mais aussi aux bigames, aux adeptes de pratiques sexuelles considérées comme déviantes, voire aux blasphémateurs. En général, l'Inquisition en Amérique se montra moins sévère qu'en Espagne, sauf à l'encontre des judaïsants qui, pour la plupart en raison leur origine lusitanienne, furent doublement pourchassés, surtout lorsque le Portugal redevint indépendant. En 1639, le grand autodafé* de Lima condamna 62 d'entre eux, dont une douzaine à mort, et en 1641 une cinquantaine passèrent devant le tribunal de Mexico, avec là encore une douzaine de condamnations au bûcher. La grande différence avec l'Europe fut qu'une partie importante de la société échappait en Amérique à la juridiction inquisitoriale, puisque les Indiens, considérés comme des néophytes et non comme des infidèles, furent heureusement exemptés de ses enquêtes et des châtiments qu'elle infligeait, amendes, san-benito*, exposition à la honte publique, emprisonnement et même autodafé. L'Inquisition devait être supprimée en Amérique en 1813 seulement par décision des Cortés de Cadix, alors que le processus d'indépendance était bien entamé, mais il faut reconnaître que la pression alors exercée par les inquisiteurs sur la société avait perdu depuis longtemps de sa force et de sa vigilance.

Si par ailleurs **l'Église** avait entre autres pour mission de veiller au respect des principes régissant l'équilibre de la société, elle **offrait aussi une des rares soupapes de sûreté existantes contre les abus et la dureté du temps.** Malgré beaucoup d'obstacles et bien qu'en général elle reproduise fidèlement en son sein tout l'éventail social et l'étalonnement des hiérarchies laïques, elle était en fin de compte le seul espace permettant aux humbles de gravir les échelons, pourvu qu'ils en aient la volonté et fassent preuve des qualités requises.

L'Inquisition de Lima en chiffres (1570-1635)

Procès : 1045 : 790 condamnés (75,52 %), 183 poursuites abandonnées (17,49 %), 46 relaxés au bras séculier (4,39 %).

Délits : bigamie 103 (13,03 %) ; sorcellerie 63 (7,97 %) ; sollicitation* 55 (6,96 %) ; propositions scandaleuses 177 (22, 4%) ; blasphèmes 126 (15,94 %) ; luthéranisme 45 (5,69 %) ; judaïsme 84 (10,63 %) ; divers 137 (17,33 %).

Origine des inculpés : Espagnols et créoles : 56,95 %; Noirs, métis et mulâtres : 16,43 % ; étrangers (dont plus de la moitié de Portugais) : 23,03 %.

Sexe des inculpés : hommes : 88,98 %; femmes : 11,01 %.

Condamnations : condamnés réconciliés* au cours d'un autodafé : 33,79 % ; réconciliés en effigie : 0,25 % ; relaxés au bras séculier, en personne : 2,40 %, en effigie : 1,26 % ; condamnés hors autodafé : 62,27 %.

D'après P. Castañeda et P. Hernandez, *La Inquisición de Lima (1570-1635).*

Sollicitation : propositions déshonnêtes faites par un confesseur ou un directeur de conscience à sa pénitente.

Réconciliation : cérémonie expiatoire par laquelle un condamné de l'Inquisition était réintégré dans le sein de l'Église, soit en effigie, soit en sa présence.

Dans un autre ordre d'idées mais de la même façon, si elle sanctionnait la formation des familles et leur durée, elle pouvait aussi, compte tenu des manquements graves ou du comportement répréhensible de l'un des conjoints, prononcer ce que l'on appelait alors le divorce, mais était en fait une simple séparation légale, ou même décider l'annulation du mariage. Ces procédures souvent intentées permettaient ainsi aux femmes battues ou éhontément exploitées d'échapper à leur sort.

Chapitre 11

Organisation et fonctions de l'espace urbain

1. La prééminence du fait urbain

Un des caractères les plus originaux et peut-être les plus significatifs de la colonisation espagnole fut sans doute, dès les premières décennies, la **prééminence du fait urbain.** Aux Indes de Castille, l'importance des villes puisait d'abord ses racines dans celle des cités de la lointaine mère-patrie, doublement héritière de la tradition méditerranéenne et, plus particulièrement romaine, mais aussi des siècles de contact avec l'Islam et des exigences politico-militaires de la Reconquête, soucieuse de contrôler les territoires gagnés sur les musulmans et appuyant sa présence sur un réseau de villes et de bourgades aux fonctions militaires, religieuses, administratives et commerciales.

La méconnaissance des réalités de l'environnement local, jointe au caractère évolutif de la géographie économique et politique des nouvelles colonies, obligea souvent les *pobladores* à transporter leur ville à peine sortie de terre vers des lieux plus cléments ou mieux situés. A titre d'exemples, Guayaquil (Équateur), Barquisimeto (Venezuela), Chachapoyas (Pérou) connurent ainsi trois fondations en trois endroits différents. Le record semble revenir aux villes vénézuéliennes de Trujillo et de San Tomé de la Guayana qui vécurent respectivement six et sept transferts.

Outre les habitudes de la tradition ibérique, d'autres raisons manifestes guidèrent le choix des conquistadors, ou des *pobladores* qui, après la phase militaire, fondèrent les cités américaines à partir desquelles allait s'organiser leur domination : proximité de zones agricoles riches, présence de populations indigènes nombreuses, organisées et facilement intégrables au système qui se mettait en place. Dans certains cas, Andes et Mexique, un autre facteur entra en ligne de compte : l'existence de vieilles métropoles indigènes (Cuzco, Tenochtitlan) aux multiples fonctions et s'appuyant à des degrés divers sur un réseau de cités moins importantes leur servant de relais.

Dans les anciens empires pré-colombiens, la plupart des «créations» urbaines espagnoles furent ainsi établies près d'agglomérations déjà existantes, des capitales de fédérations ou de royaumes que les Aztèques et les Incas avaient soumis ou assimilés. Malgré leur supériorité technique sur bien des points, les moyens dont disposaient les Espagnols du XVIe siècle, comparés à ceux de leurs devanciers américains, étaient encore insuffisants pour leur permettre d'emblée une **véritable révolution géopolitique de l'espace pré-colombien.** Dans certains cas, comme à Mexico, le changement de pouvoir avec Cortés et ses successeurs alla jusqu'à s'accomoder fort bien de la permanence du site pour la capitale simplement rebaptisée et reconstruite, selon un plan espagnol, avec les pierres des anciennes constructions aztèques. Au contraire, dans d'autres, comme au Pérou, le choix d'une capitale sur la côte, selon la logique des relations de la nouvelle colonie avec les centres de décision espagnols, et non plus dans les Andes qui jusque-là avaient été l'axe vertébral de l'empire inca, signifia de fait une rupture majeure et un rééquilibrage de tout le pays en fonction des nouvelles données coloniales.

*«**Quant au choix de l'endroit où la ville sera établie,** que ce soit, comme il a déjà été dit, en un lieu élevé qui soit sain, facile à défendre, fertile et pourvu de nombreuses terres pour les labours et le pacage, de bois pour la construction ou le chauffage et d'autres matériaux, d'eau douce, de naturels, qui soit commode, notamment pour le transport et où l'on puisse entrer et sortir facilement... Dans la mesure du possible, qu'il n'y ait aux environs ni lagunes ni marécages où vivent des animaux venimeux et où l'air et les eaux soient corrompues.»*

Ordonnance du 13 juillet 1573, § 112.

2. Fondation et administration des villes

Dès la phase antillaise et les années 1504-1518, Nicolas de Ovando à Saint-Domingue et Diego Velazquez à Cuba entreprirent de fonder des bourgades dont ne devaient guère subsister que les deux capitales, Santo Domingo dans la première et Santiago de Cuba, dans la seconde. Avec l'arrivée sur le continent, les choses se systématisèrent rapidement, étant donné l'impérieuse nécessité de **créer des points d'appui, à la fois centres administratifs, religieux, commerciaux et culturels**. Ainsi naissent dès 1519 les premières villes mexicaines.

En l'espace de quelques décennies à peine, à partir du bagage politico-culturel castillan, on vit se mettre en place un modèle de ville qui, systématisé par les ordonnances de Philippe II en 1573, allait couvrir tout le continent avec quelques variantes secondaires dues à la topographie ou à diverses données régionales, comme la guerre indienne au Chili, et dont la plupart des centres-villes latino-américains d'aujourd'hui gardent encore la marque.

La ville et son territoire

«L'image physique de la "ville" devait remplir un rôle didactique permettant la compréhension d'un ordre nouveau. Il fut stipulé que les maisons devaient être construites de façon telle *"que lorsque les Indiens les verraient elles devraient susciter leur admiration et leur faire comprendre que les Espagnols s'installaient définitivement, qu'ils devaient les craindre, les respecter, rechercher leur amitié et ne point les attaquer".*
En même temps, la notion de ville impliquait une aire plus ample que le nouveau centre urbanisé, un concept de ville-territoire s'étendant sur une vaste juridiction qui irait en diminuant, au fur et à mesure que de nouvelles fondations réduiraient ses attributions.
Les confins de la ville étaient géographiquement si éloignés que souvent ils ne furent même pas explorés. Au contraire, l'attribution de grâces de terres dans les zones adjacentes dessinèrent d'un paysage rural et impliquèrent la nécessité de sa continuité avec le noyau urbain.
Les zones de pacage, les exploitations agricoles et les terres communales, appelées *propios* ou *del común,* constituaient le cadre concentrique du plan de la ville et de son *ejido**, lequel était conçu comme une aire d'expansion potentielle de la cité. La fondation urbaine constituait donc la trace d'une organisation territoriale à partir du centre-ville qui organisait intégralement l'espace physique. Dans la pratique, cependant, la faiblesse démographique et fonctionnelle de bon nombre de ces établissements réduisit ce système de projection à une simple utopie.
Pour ce qui était de son noyau urbain, le plan de la ville était défini par la place, les rues, les pâtés de maisons et leurs terrains respectifs. Le dessin géométrique tendait à la fois à simplifier la tâche des fondateurs et à imposer les hiérarchies d'une cité idéale conçue a priori...
Quant à son rôle, l'organisation urbaine agissait nettement comme un centre de services pour une activité à prédominance rurale, agricole et/ou pastorale. Cette complémentarité se manifestait dans l'intensité des fonctions bureaucratiques et administratives de la ville, qui dépendaient de son rang dans le contexte colonial.»

Ramon Gutiérrez,
Arquitectura y urbanismo en Iberoamérica.

La hiérarchisation du tissu urbain

«A partir du moment où la propriété urbaine obligea l'*encomendero* et le conquistador à investir dans la construction d'une demeure, elle devint un élément qui figea et limita la mobilité et les statuts sociaux... Cela signifie que lorsque les familles les plus anciennes entrèrent en décadence – et ce processus est apparu plus tôt qu'on ne le croit généralement, comme le montrent les stratégies matrimoniales, la captation de biens par les couvents etc. – plutôt que de s'adapter aux transformations, l'élite tendit à simplifier le cadastre.
A l'enkystement du centre – que nous admirons aujourd'hui du point de vue monumental et historique – s'ajouta la hiérarchisation du tissu urbain au moyen de définitions politiques, de critères qui n'étaient guère fonctionnels, comme la différenciation socio-raciale. Bien que l'abondante réglementation concernant les villes d'Espagnols, les villages indiens et les hameaux d'*encomienda* fût souvent contournée au profit de l'offre et de la demande de travail, elle influa néanmoins sur les capacités financières des villes. On peut se représenter l'Amérique espagnole coloniale comme un continent dans lequel les espaces urbains tendent à l'hypertrophie et à la macrocéphalie, imprégnés de leurs hinterlands respectifs,

saupoudrés de villages et de bourgades techniquement déprimées. Ce schéma est aussi valable pour le plan de la ville coloniale en lui-même, si l'on compare les centres administratifs et les faubourgs résidentiels, d'une part, et, de l'autre, les quartiers où s'entassait la population indigène et métisse en dépit de la splendeur du tracé en damier qui flattait le regard de la métropole.»

P. Vives, in *Historia y futuro de la ciudad iberoamericana* (ouvr. collec.).

Un des premiers actes officiels des Espagnols lorsqu'ils touchaient une terre nouvelle était souvent de fonder les villes à partir desquelles se structurerait leur établissement. Ainsi Veracruz, au Mexique dès 1519, et au Pérou San Miguel de Piura en juin 1532, peu après l'arrivée de Pizarro et de ses hommes.

Elles étaient organisées autour d'une **grand-place** (*Plaza Mayor*) que l'on traçait en premier lieu, et au centre de laquelle était dressé le pilori (*rollo*) symbole de l'autorité de justice. Sur les côtés de cette place étaient érigés les lieux des trois pouvoirs : l'église, voire la cathédrale, le palais du vice-roi, de l'Audience royale ou la maison du corregidor selon l'importance de la ville, enfin l'hôtel de ville (*ayuntamiento*). A partir des quatre côtés de la place, **un plan en damier*** le plus souvent régulier délimitait des rues se coupant à angle droit et subdivisait l'espace urbain en *cuadras* d'environ cent mètre de côté et comprenant chacune un certain nombre de terrains (*solares*) – à l'origine quatre qui furent subdivisés par la suite – sur lesquels la première aristocratie entreprit de construire ses demeures. On retrouvait, somme toute, le plan des villes de la Reconquête castillane et celui des bastides ou des villeneuves frontalières lors des guerres entre Français et Anglais en Aquitaine.

Très tôt, la population espagnole se subdivisa en trois catégories : les ***vecinos,*** souvent issus de l'aristocratie née de la Conquête, jouissant des droits municipaux, propriétaires de leur *solar,* tenus d'y faire construire une maison et de résider en ville ; les ***habitantes,*** vivant à demeure dans la cité, parfois depuis longtemps, mais d'un rang social en général inférieur (artisans) ou arrivés plus tard (professions libérales) ; les ***estantes,*** gens de passage ou sans racines véritables (marchands ambulants, compagnons, soldats).

Dehesas et ***ejidos :*** aux abords immédiats des villes (d'où le mot *ejido :* du latin *exitus* = sortie) des terrains en général étendus furent déclarés propriété municipale, à la fois pour ménager une réserve foncière d'intérêt collectif, mais aussi afin de constituer un glacis de protection pour la cité (en français médiéval *dehesa* = défens). Nul ne put y construire, même de manière précaire, et leur seule utilisation put être le pacage des animaux.

Plan en damier : certaines villes échappèrent dès le début à la rigidité du plan en damier. Ce fut souvent le cas des villes minières où la rapidité de l'installation et la pression démographique, exercée à leur corps défendant par les indigènes obligés de venir y travailler, finirent par pérenniser l'improvisation du «campement minier» des origines. Tel est le cas de Potosí (Bolivie), Taxco et Guanajuato (Mexique) ou Zaruma (Équateur). D'autres cités durent tout simplement leur plan irrégulier au relief tourmenté de leur site qui rendait inopérant le schéma théorique.

La *Plaza Mayor*

«La Plaza Mayor est un élément structurel fondamental. C'est le centre de la ville. Centre géométrique, centre vital et centre symbolique. Son mode d'insertion et sa totale imbrication dans le tracé urbain ne peuvent se concevoir comme quelque chose d'indépendant. Il s'agit d'un élément consubstantiel à l'ensemble, et même d'un élément générateur. Toute la ville s'organise à partir de là : *"On commencera par la Grand-Place et on dessinera les rues à partir d'elle"*, préciseront les ordonnances de Philippe II.
Mais en même temps, la Plaza Mayor est le centre vers lequel converge toute la vie de la cité. C'est le lieu de rencontre de toutes les fonctions sociales, de celles qui dérivent de l'exercice du pouvoir à celles des divertissements et du temps libre. Autour d'elle, et ouverts sur elle, se trouvent les édifices du pouvoir et de la religion. C'est là que l'on rend la justice, que l'on fait du commerce, que l'on célèbre les fêtes...
Lorsque la ville est établie au bord de la mer ou d'un fleuve, le port est un élément d'une telle importance qu'il pourrait enlever de la vie à la Place si celle-ci se situait loin de lui. Aussi, la Place est-elle alors près du port. Le centre de la cité se déplace vers la côte ou la berge. Ce sont des cas en marge du modèle.»

F. de Terán, *in La Ciudad hispano-americana, el sueño de un orden* (ouvr. collec.).

La Plaza Mayor *d'après l'ordonnance du 13 juillet 1573*

«La Grand-Place sera un quadrilatère dont la longueur sera au moins égale à une fois et demi sa largeur, car ces proportions sont les plus appropriées aux fêtes comportant des chevaux, mais aussi à toutes celles qui pourraient s'y faire. Les dimensions de la place seront fonction du nombre d'habitants, mais en prévoyant que la ville peut croître. Ses dimensions ne seront donc pas inférieures à deux cents pieds sur trois cents, ni supérieures à cinq cent trente sur huit cents. La proportion moyenne, la meilleure, est de six cents pieds sur quatre cents.
De la place partiront quatre rues principales, une au milieu de chaque côté de la place et deux rues à chaque coin de la place. Les quatre coins de celle-ci devront tenir compte des vents dominants, afin que de cette manière les rues partant de la place ne soient pas exposées aux quatre vents principaux, ce qui présenterait beaucoup d'inconvénients. Le pourtour de la place, ainsi que les quatre rues principales qui y donnent, seront munies d'arcades, vu leur utilité pour les commerçants qui ont l'habitude de se tenir en ce lieu.
Les rues qui partent de la place devront avoir un accès libre et ne pas se terminer sous les arcades qui seront donc interrompues pour que se rejoignent les trottoirs de la place et des rues. Celles-ci devront être prolongées à partir de la Grand-Place, de sorte que lorsque la ville viendra à grandir, elle ne rencontre aucun obstacle déjà construit qui serait cause d'enlaidissement, gênerait la défense ou présenterait un inconvénient quelconque.
Des places secondaires de bonnes proportions seront dessinées dans l'agglomération afin d'y édifier les paroisses et les monastères de façon à bien répartir la parole de Dieu.
Aucun terrain ne sera donné à des particuliers sur la Grand-Place. Ils seront destinés à l'Église, à la Couronne et à la municipalité. On y construira aussi des boutiques et des commerces. On commencera la construction de la ville par celle de la Grand-Place.»

La préfiguration de la cité

«Paragr. 90 – Celui qui s'engagera à fonder une ville d'Espagnols dans les limites qui lui auront été attribuées, devra réunir au moins trente vecinos *; chacun d'eux aura une maison, dix vaches reproductrices, quatre bœufs ou deux bœufs et deux bouvillons, une jument, cinq truies, des poules et un coq, vingt brebis de Castille ; la ville devra avoir aussi un prêtre chargé d'administrer les sacrements et qui dotera l'église des ornements ainsi que de tout le nécessaire au culte divin... On donnera à la cité un territoire de quatre lieues, en carré ou en rectangle selon la nature du pays... de sorte que les limites de ce territoire soient au moins à cinq lieues de l'agglomération – ville ou village – d'Espagnols la plus proche, et que sa fondation ne porte aucun préjudice à celles qu'auraient précédemment fondées les Espagnols ou les Indiens.*

Paragr. 91 – Le territoire en question sera réparti de la façon suivante: que l'on réserve d'abord les terrains nécessaires à l'agglomération, à l'ejido *correpondant ainsi qu'à la* dehesa *qui devra être suffisante pour le bétail que les* vecinos *devront avoir et dont il a été question précédemment ; ensuite une partie équivalente sera constituée par les terrains communaux ; enfin, le reste sera divisé en quatre parties, une sera choisie par celui qui se sera engagé à fonder la ville, les trois autres seront réparties en trente lots pour les trente* pobladores.*»*

Ordonnances du 13 juillet 1573.

Le pouvoir municipal fut spontanément organisé sur le modèle castillan. Un conseil municipal (***cabildo***) fut élu chaque année par les seuls *vecinos*, encore que dans certains cas d'extrême urgence (attaque de pirates, catastrophe naturelle, épidémie) pût se tenir un ***cabildo abierto :*** ouvert, comme son nom l'indique, à toute personne demeurant en ville.

Le conseil municipal était composé de :
– deux maires (*alcaldes ordinarios*) dont le second remplissait en fait les fonctions de premier adjoint. Ne pouvant être réélus avant deux ans – c'était ce que l'on appelait la *ley del hueco* – ils présidaient le conseil, étaient investis de fonctions de basse justice et dirigeaient l'administration locale. Pour symboliser les pouvoirs dont ils étaient investis, on leur remettait au moment de leur élection une *vara,* un bâton de commandement qui, de manière significative, devait être plus court que celui des fonctionnaires d'autorité, mais était en général richement orné et rehaussé d'incrustations d'argent ;
– six à douze échevins (*regidores*) – voire plus dans les grandes capitales – d'abord eux aussi élus annuellement, mais à partir de la fin du XVIe siècle propriétaires de leur charge (*regidores perpetuos*) lorsque la Couronne, en

Les défenses de la ville : vers le milieu du XVIe siècle, Philippe II décida de défendre l'Empire contre les attaques étrangères. Le projet comportait un trajet unique pour les flottes naviguant en convois fortement protégés, mais aussi la fortification des principaux ports de la *Carrera,* en premier lieu La Havane où se réunissaient tous les navires en partance pour Séville. Par la suite, des murailles seront construites sur le pourtour de l'aire caraïbe (Veracruz, Carthagène des Indes, Santo Domingo, San Juan de Porto Rico, Portobelo, San Agustin de la Floride), puis sur le Pacifique (Panama, Callao) et le Rio de la Plata (Montevideo).

proie à d'inextricables difficultés financières, mit en vente un certain nombre de charges municipales. Leurs fonctions étaient surtout liées à l'ordre public (police des marchés), à la bonne marche de l'approvisionnement, à la surveillance des travaux d'intérêt général, à la santé, etc.

A cela s'ajoutait un grand nombre de fonctions d'importance variable, selon les cas électives, vénales ou qui étaient pourvues par désignation, et dont les plus importantes étaient : l'*alférez real* chargé de la bannière royale, symbole de la fidélité des habitants envers la Couronne, le *procurador* à qui était confiée la défense des intérêts municipaux lors des dicussions avec le pouvoir, l'*escribano* ou notaire qui tenait le livre des actes du conseil (*libro becerro*) et les archives, le *mayordomo* administrateur des biens de la ville, le *depositario general* et le *tenedor de bienes de difuntos* qui conservaient les biens en litige et veillaient au bon déroulement des successions.

Des îles au milieu d'un continent

«Il faut se souvenir que la ville constitua toujours en Amérique un système économique à l'échelle de sa région, en lui-même complet ou en tout cas organisé en fonction d'objectifs suprêmes : autosuffisance de la production, abondance des biens, niveau de prix minimum des aliments et des produits de première nécessité. Telles avaient été les caractéristiques et les finalités de toutes les économies urbaines à la fin du Moyen Age. Elles s'accentuèrent encore, si cela était possible, au Nouveau Monde, du fait de la dispersion des villes et des énormes distances qui les séparaient les unes des autres, conséquences inévitables d'une part du processus d'expansion rappelant celui de la frontière contre les Maures, d'autre part de la rapidité de l'installation américaine, effectuée avec des moyens très limités sur les plans économique et humain dans un espace géographique véritablement immense, surtout si on le compare aux dimensions du paysage méditerranéen où les Castillans avaient vécu jusque-là. La raison économique principale pour laquelle les premiers *pobladores* se sont groupés en cités, plus encore que la vieille tradition urbaine de la Méditerranée, est née de la nécessité vitale d'avoir à leur disposition des personnes de tous les corps de métiers, capables de rendre autant que faire se pouvait la collectivité autosuffisante, la vie moins précaire et plus sûre. Les villes durent se transformer en îlots de développement qui, en raison de leur isolement géographique, devaient éviter par tous les moyens les frais de transport prohibitifs des produits depuis l'Espagne ou même les autres cités.»

Guillermo Cespedes del Castillo,
in La Ciudad hispanoamericana, el sueño de un orden (ouvr. collec.).

Élu* par une minorité de privilégiés, le *cabildo* était souvent le champ clos de rivalités sans merci dans une société où le prestige, les apparences et la considération sociale jouaient un rôle déterminant. Le pouvoir municipal était en fait entre les mains de clans constitués par les alliances familiales du patriciat qui se partageaient les charges électives au gré et au mieux de leurs intérêts et n'hésitaient pas à entrer en conflit ouvert les uns avec les autres, quitte à faire cause commune ensuite face à d'éventuels intrus. Excédée, la Couronne en venait parfois à suspendre pour un certain temps, dans telle ou telle ville, le privilège d'élire la municipalité.

Si le conseil municipal se réunissait régulièrement, la réalité de son pouvoir était limitée. Les guerres civiles et les soulèvements dans les Andes péruviennes au cours de la décennie 1540, les troubles moins graves, mais tout de même inquiétants, qui se manifestèrent un peu partout en Amérique à la même époque, eurent tôt fait de convaincre la Couronne de rogner les moyens d'action des *cabildos*. Les *corregidores*, fonctionnaires royaux

Les élections municipales avaient lieu en principe le premier janvier. Toutefois, comme le résultat du vote devait être confirmé par les autorités politiques de la capitale régionale, dans les zones éloignées de celle-ci, les élections se déroulaient souvent plus tôt dans le mois de décembre, afin que les nouveaux élus prennent effectivement leurs fonctions le premier janvier. Ainsi, dans l'actuel Équateur, Ibarra (à une centaine de kilomètres de Quito) élisait sa municipalité le 23 décembre, Riobamba (à près de 200 kilomètres) le 19 et la lointaine Cuenca, le 22 novembre.

Les rivalités municipales

«L'historiographie a eu tendance à sous-estimer le rôle des conseils municipaux dans la mesure où, dès le début de l'époque coloniale, la puissance royale, échaudée par les problèmes que suscitaient les premières générations de *pobladores,* avait pris bien soin de confiner les assemblées locales dans des fonctions très limitées. Par ailleurs, dans l'analyse politique des macro-ensembles hispano-américains, le *cabildo* a pu aussi apparaître effectivement comme une entité sinon négligeable, du moins secondaire. Pourtant, malgré ses faiblesses consubstantielles, cette institution était bel et bien l'élément corporatif le plus sensible du monde colonial, c'est-à-dire le plus représentatif des intérêts locaux, donc le lieu privilégié de leur contrôle et des affrontements qu'ils pouvaient faire naître...

L'âpreté et la répétition des luttes suscitées par les élections, le soin des grandes familles à en garder le contrôle avec leurs alliés, les interventions multiformes du *cabildo* dans la vie de tous les jours suffiraient à prouver son importance au niveau du quotidien. Ajoutons que le conseil municipal avait aussi de nombreuses attributions qui ne pouvaient laisser indifférents des *hacendados-obrajeros* fortement et diversement impliqués dans la vie économique de la cité et de la région...

Enfin, le conseil municipal offrait aussi un autre avantage. En sanctionnant par une élection annuelle l'ordre des préséances au sommet de la hiérarchie municipale, dans une société où le paraître était, bien plus que de nos jours, porteur et créateur de sens, le *cabildo* se présentait comme le lieu privilégié où un rôle éminent pouvait être assigné à l'un ou à l'autre.»

Bernard Lavallé,
*Le Marquis et le marchand, les luttes de pouvoir au Cuzco (*1700-1730).

chargés de l'échelon local, jouèrent un rôle déterminant dans la mesure où ils surveillaient l'action des conseils municipaux, jugeaient en appel les décisions des *regidores* et tranchaient en cas d'égalité lors des votes puisqu'ils assistaient aux délibérations. Lorsqu'une cité était privée de la possibilité d'élire ses *alcaldes,* le *corregidor* les remplaçait alors dans toutes leurs fonctions et imposait ainsi une sorte d'administration directe de la Couronne. Ce fut ainsi le cas de Quito, qui, pour s'être rebellée en 1592 lors de l'instauration d'un impôt nouveau, l'*alcabala,* fut privée de la possibilité d'élire ses alcaldes jusqu'en 1699.

Malgré les limites apportées par la Couronne à leurs possibilités d'action – et peut-être à cause d'elles – les édiles hispano-américains ont toujours gardé à l'égard du pouvoir colonial une **attitude volontiers critique, voire frondeuse.** Celle-ci se manifesta avec une réelle constance par un certain mauvais vouloir, des lenteurs calculées, au besoin une ignorance outragée ou dédaigneuse, chaque fois qu'il s'agissait d'appliquer des textes législatifs venus d'Espagne et contraires au souhait ou aux intérêts des populations, en tout cas de leurs élites. Les *alcaldes* pratiquèrent souvent de manière ouverte ou détournée le célèbre *Acato pero no cumplo* (*Je respecte, mais n'applique pas*), formule par laquelle le respect dû au souverain était sauf mais qui permettait aux *cabildos* d'en faire relativement à leur guise.

Propio : voir p. 176.
Dehesa : voir p. 177.

Les revenus des municipalités

«Outre les charges, essentiellement bureaucratiques et improductives d'un point de vue économique, le *cabildo* disposait d'un nombre très variable d'employés qui se consacraient à l'administration des deniers municipaux et au contrôle de leur dépense... Certains *propios** étaient l'objet de locations ou de contrats onéreux d'exploitation, comme les pâturages qui ne faisaient pas partie de la *dehesa** et étaient destinés à l'élevage à des fins commerciales ou l'exploitation des forêts. De même, l'usage de certains services pouvait entraîner le paiement à la municipalité de sommes fixées à l'avance : abattoir, moulin, four, places au marché, contrats d'approvisionnement – en général annuels – de certains produits. A ces revenus s'ajoutaient, pour alimenter les coffres municipaux, les amendes infligées par les alcaldes pour des infractions commises contre les ordonnances et les édits *(bandos)* édictés par le

cabildo et qui constituaient une des sources du droit municipal.
Il y eut aussi des impôts locaux dont l'importance résidait moins dans ce qu'ils rapportait que dans leur rôle d'instrument de la politique économique: les *tasas* et les *sisas* eurent une fonction régulatrice des prix et de de l'offre, en donnant un coup de fouet ou en décourageant certaines activités économiques ou productives. Les *derramas,* dont le but était de faire face à de graves urgences financières à la justification évidente, furent en général assez rares.
Les revenus des *cabildos* servaient à payer le salaire des nombreux employés municipaux, en général aussi utiles que modestes à la collectivité : crieurs publics *(pregoneros)* qui annonçaient les décisions et les nouvelles aux coins des rues ; fonctionnaires de l'octroi *(portzagueros)* qui percevaient les *sisas* aux entrées de la ville ; *alguaziles* chargés de la police et qui constituaient le bras de la justice locale ; geôliers *(carceleros)* chargés de veiller sur les hôtes provisoires de la prison municipale ; *montañeros* ou gardes forestiers ; *deheseros* qui surveillaient les pâturages communaux ; *sexmeros* chargés de vérifier les bornages. Parfois, ils avaient conservé leurs appellations médiévales, d'autres fois ils avaient changé de nom ou même avaient disparu.
A un niveau plus élevé, et d'une façon en quelque sorte plus moderne, il y avait aussi le médecin de la prison, l'avocat des pauvres et d'autres emplois similaires. La surveillance des prix, des poids et des mesures, fut très importante et fut l'objet d'un soin tout particulier de la part du *cabildo* qui délégua habituellement ces tâches à un *fiel ejecutor* qui réunissait en fait les responsabilités de *l'almotacén,* du majordome et du *merino* des municipalités médiévales...
L'administration des fonds municipaux fut conduite avec honnêteté, application et efficacité. En général, elle ne dépassa jamais les limites habituelles de la corruption, du gaspillage et de l'inefficacité qui ont toujours caractérisé la maniement des fonds publics. On n'a atteint que rarement les limites d'une corruption, d'une vénalité et d'un laisser-aller véritablement scandaleux. En pareils cas, l'opposition politique mobilisait facilement la population qui manifestait de manière ouverte, et parfois sanglante, contre la gabegie.»

G. Cespedes del Castillo,
Vecinos, magnates, cabildos y cabildantes en la América española.

Le cabildo du Cuzco rend hommage au nouveau souverain

«L'hommage solennel à Notre Seigneur le Roi Philippe V (Que Dieu le garde!) eut lieu dans cette ville du Cuzco le dimanche 8 janvier 1702 de la façon suivante. Don Diego de Esquivel y Jarava, de l'Ordre de Saint-Jacques, marquis de Valleumbroso, alcalde ordinaire, remit l'étendard royal à Don Juan de Cespedes Villarroel y Cardenas, porte-enseigne titulaire de cette ville, qui fit le serment et rendit l'hommage habituels. Puis, les édiles gagnèrent l'estrade qui avait été dressée tout près de l'immeuble de la municipalité où se trouvait un siège d'honneur sous un dais de velours cramoisi de grand prix, rehaussé d'un portrait de Notre Seigneur le Roi Philippe V. Il y avait également trois chaises de velours au pied desquelles on avait disposés les coussins correspondants, l'alentour étant richement décoré.
Le premier alcalde étant monté sur l'estrade en compagnie du porte-enseigne et de Don Agustin Jara, doyen des échevins, du notaire du cabildo, de deux massiers et de trois hommes d'armes vêtus de cramoisi de chaque côté de l'estrade, alors que le porte-enseigne tenait l'étendard royal, un des hommes d'armes cria à voix haute et à trois

reprises : "Silence ! Silence ! Silence ! Oyez ! Oyez ! Oyez !" A ces mots, le porte-enseigne enchaîna : "Castille et les Indes, par le Roi Philippe V, que Dieu le garde !" Les échevins, les gentilshommes qui se trouvaient autour de l'estrade et sur la place, mais aussi toute la ville assemblée, répondirent avec de grandes démontrations d'allégresse : "Vivat ! Vivat ! Vivat !", de nombreuses fois en levant leurs chapeaux et leurs mouchoirs et en répétant : "Vive Notre Seigneur le Roi Philippe V !"

Ensuite, l'étendard royal partit accompagné des échevins, des gentilshommes et des vecinos de la cité, tous en habits de cérémonie. Ils prirent la rue des Argentiers, allèrent en cortège jusqu'à la Grand-Place et aux marches de la cathédrale où se trouvait une autre estrade semblable à la précédente, avec le siège royal, le dais et les chaises. Il s'y fit la même cérémonie que la première fois. Une fois achevée, le cortège passa devant l'église et le collège de la Compagnie de Jésus, remonta la rue des Drapiers, longea l'église de la Merci, prit la rue droite et déboucha sur la place de Saint-François, où se trouvait une autre estrade identique aux précédentes et où l'on répéta la cérémonie.

Toutes les rues étaient ornées, les fenêtres et les balcons pavoisés. Une compagnie du bataillon de la ville ouvrait la marche conduit par le capitaine, l'échevin et capitaine Don Francisco Tomas de Valverde y Valdés qui commandait la salve aux trois endroits indiqués plus haut. Ensuite, le cortège continua par la rue de Saint-Jean-de-Dieu jusqu'à l'immeuble de la municipalité. Une fois arrivé, il monta à l'étage, plaça l'étendard dans le couloir extérieur de l'étage qui donne sur la place où celui-ci resta exposé trois jours, avec tous les égards qui lui sont dus, de même qu'un portrait du Roi au-dessus du siège et sous le dais qui fut confié à la garde du capitaine Francisco Tomas de Valverde jusqu'à ce qu'il conduise le tout chez le porte-enseigne...

On ne saurait trop dire la beauté des chevaux, la richesse des livrées et le prix des harnais par lesquels, en cette occasion, la très noble et très fidèle ville du Cuzco a démontré avec quelle joie elle remplissait ses obligations. Bien des gens porteront témoignage qu'ils n'ont jamais vu pareille splendeur compte tenu des difficultés que connaissait le royaume depuis quelques années. Mais malgré tout, notre ville n'a pas voulu être en reste par rapport à d'autres en cette fête de la proclamation que l'on devait si justement à notre grand monarque...

Pour ce qui est des corridas en l'honneur du souverain, de l'élégance des travestissements, des feux d'artifice coûteux et des autres inventions par lesquels la municipalité, les paroisses et les corporations firent un magnifique assaut pour montrer leur amour et leur fidélité, je renvoie à tous ceux qui en ont alors été témoins et s'en souviennent encore aujourd'hui.»

D. de Esquivel y Navia,
Noticias cronológicas de la Gran Ciudad del Cuzco.

Dans ce contexte, il n'est pas étonnant que les conseils municipaux aient été des foyers de remise en cause permanents ou même le fer de lance de la résistance, lors des mouvements de rébellion contre l'autorité royale, lorsqu'il y en eut, par exemple au XVIe siècle au moment des guerres civiles du Pérou ou, en 1592, à Quito, lors de la crise de l'*alcabala* dont il a été question plus haut. C'est là une attitude qui devait d'ailleurs se manifester avec une vigueur redoublée vers la fin de l'époque coloniale, période agitée s'il en fut, et au moment de l'Indépendance **ce fut très souvent des *cabildos* que partirent les étincelles qui devaient en finir avec la présence espagnole en Amérique.**

3. Les problèmes urbains

La splendeur des grandes capitales vice-royales, Mexico et Lima, voire de cités historiques comme Cuzco, fit dès le début du XVIIe siècle l'émerveillement des visiteurs. Les Créoles américains ne tardèrent pas à faire le vibrant éloge de leurs villes et en tirèrent argument pour démontrer que la civilisation de leur pays, contrairement à ce que certains prétendaient en Europe, n'était en rien inférieure à celle du vieux continent. La ville fut en effet le lieu par excellence de l'hispanité. Édifiée sur le modèle de la cité castillane, elle rassemblait les pouvoirs, donc assurait le lien avec la métropole, offrait tous les éléments du mode de vie espagnol et souvent pouvait donner à juste titre l'impression d'une Espagne transportée outre-mer.

Il n'en reste pas moins que durant très longtemps bien des cités de l'Empire, surtout celles qui étaient perdues dans les lointaines contrées à l'écart des grands axes de communication ou des centres de la vie politique et économique, gardèrent les traces de leur jeunesse, de

Le baroque et la ville

«Sur le squelette géométrique, rigide et presque invariable du plan régulier, chaque centre urbain se drapa – pour se distinguer et se définir – dans les atours du style le plus en vogue. Le baroque s'enracina en Amérique si profondément qu'il est l'élément qui caractérise le mieux les villes ibéro-américaines. Ses traits dominants : des maisons à large façade, de vastes intérieurs, beaucoup d'espace pour les nécessités sociales et familiales accompagnées d'un grand nombre de serviteurs, des églises, importantes ou modestes, mais éclairées par la flamme des retables surchargés, des édifices publics en petit nombre, mais imposants. Les puissants soignent leur pouvoir dans de belles demeures tandis que les humbles – les plus nombreux – font entendre leur faible voix dans des édifices d'un seul niveau, mais dignes, en brique crue ou parfois cuite, aux murs chaulés et d'aspect très simple.»

Francisco de Solano, *in Historia y futuro de la ciudad iberoamericana* (ouvr. collec.).

la hâte et parfois de l'improvisation qui avaient présidé à leur naissance (absence de voirie, maisons au toit de chaume, bétail circulant dans les rues, etc.) dont se plaignaient amèrement les conseils municipaux. A cela s'ajoutait les ravages de fréquentes catastrophes naturelles (surtout les tremblements de terre, mais aussi les inondations, les nuées ardentes, les raz de marée ou les incendies) qui détruisaient des cités entières et obligeaient même à l'occasion à les déplacer sur un nouveau site moins exposé.

Une des préoccupations majeures des jeunes cités américaines du XVIe siècle fut le danger de dépeuplement. Il n'était pas rare en effet que la conquête d'une nouvelle région en apparence plus riche ou la découverte de filons prometteurs provoquent de véritables exodes chez des *pobladores* que rien ne liait vraiment à leur cité et qui étaient bien décidés à chercher fortune à l'endoit pour eux le plus favorable. Pour tenter de freiner ces mouvements incontrôlés de population, les *cabildos* lièrent les droits des *vecinos* à la résidence effective dans la cité qu'ils ne pouvaient quitter, en principe sans autorisation, et limitèrent, en général à deux ans, la durée de construction des maisons sur les terrains qui leur étaient attribués.

La précarité et l'instabilité furent les caractères dominants des premières décennies. L'émerveillement des chroniqueurs et des voyageurs étrangers devant le monde précolombien ou les trésors fabuleux de certains conquérants ne doivent pas faire oublier les conditions de vie réelles des premiers colons et de leurs successeurs immédiats, dans des villes fondées souvent par quelques dizaines à peine d'Européens. Les délibérations des *cabildos* nous montrent aussi leur préoccupation constante de la sécurité urbaine, ce qui était aussi le cas en Europe à la même époque mais se trouvait accentué en Amérique par les risques d'incursions étrangères sur les côtes ou, plus souvent, par la crainte latente, mais bien réelle, de possibles soulèvements des dominés, Indiens et Noirs. Il leur était interdit de se promener en ville après le couvre-feu (*toque de queda*), d'organiser la nuit danses et beuveries dont le bruit et les désordres seraient difficilement contrôlables. D'ailleurs, dans la plupart des grandes villes, les Indiens et les Noirs autres

*«**Tous les ans, avec les crues,** le fleuve détruit les clôtures ainsi que les constructions précaires de la ville et des pâturages d'alentour. Il y a de cela quatre années, elles furent si fortes qu'elles ont emporté la plupart des maisons mais les dommages auraient été encore plus grands si, grâce à des travaux qui ont coûté de grosses sommes, on n'avait pris des précautions. Pourtant, de nouveau le fleuve a tout emporté et les dégâts ont été pire que l'année précédente. Sa violence a été telle qu'il a déraciné vingt-sept maisons, le couvent de Notre-Dame-de-la-Merci, et même la demeure du gouverneur de Votre Majesté.»*

Cabildo de Santiago del Estero, 1629.

«Dans cette province de Cuyo, il y a plus de quarante ans qu'ont été fondées les villes de Mendoza, la capitale, San Juan de la Frontera, San Luis de Loyola, dans lesquelles, en comptant vecinos *et* moradores, *il n'y a pas plus de cinquante hommes...»*

Cabildo de Mendoza, 20 mars 1607.

que ceux du service domestique demeuraient à l'écart des Blancs dans des quartiers réservés où ils devaient obligatoirement passer la nuit et qui, dans certains cas même, du moins au début, étaient entourés d'une palissade et dont les portes étaient fermées à la nuit tombée, d'où, comme à Lima, leur nom révélateur de *cercado* (l'enclos).

Si les villes américaines furent en permanence et pour longtemps de vastes chantiers où des équipes d'Indiens et de Noirs construisaient églises, couvents et palais, compte tenu de l'immensité de la tâche, on peut considérer néanmoins que la mise en place définitive des cadres de la vie collective, hérités pour l'essentiel de la métropole fut relativement rapide puisque, dès la fin du XVIe siècle, les villes et l'existence que l'on y menait avaient pratiquement pris un visage, sinon définitif, du moins durable.

Les villes hispano-américaines ont en général conservé intact, jusque vers 1870 au moins, l'essentiel du legs colonial quant à leur plan, leur tissu urbain et leur aspect. La croissance de la démographie citadine fut lente après l'Indépendance et les longues périodes d'instabilité, voire les guerres civiles, qui eurent lieu ensuite empêchèrent la réalisation d'investissements fonciers qui auraient pu les défigurer.

La nouvelle impulsion du XVIIIe siècle

La fondation de villes, qui se prolongea pendant tout le XVIe siècle, décrut considérablement durant le XVIIe, mais reprit au cours de la seconde moitié du XVIIIe. La caractéristique générale de cette nouvelle étape réside dans la réduction de la surface des pâtés de maison et leur division en parcelles plus nombreuses donc plus petites. Le plan à damier avec une place centrale continua d'être appliqué bien qu'apparaissent aussi des exemples de places allongées ou carrées. Un bon exemple de cette évolution du modèle primitif est celui de la nouvelle ville de Guatemala construite à partir de 1776, mais dont le projet initial ne fut que partiellement réalisé.

Chapitre 12

La vie quotidienne

1. Le spectacle de la rue

Le chapitre consacré à la ville coloniale a insisté sur le rôle de la place centrale, siège des pouvoirs politique, ecclésiastique et municipal. Elle était de ce fait le point de rencontre obligé de la vie sociale et l'on s'y retrouvait pour les affaires ou pour le plaisir. Le **plan en damier** des cités, une certaine uniformité de l'architecture et de la structure sociale, contribuèrent à leur donner un air de famille, quelles qu'en soient la région, l'importance et l'opulence.

Aux abords de la *plaza mayor,* les rues qui partaient à angle droit étaient le siège des maisons nobles et des couvents. Ces rues, aux noms souvent évocateurs des corporations qui y étaient installées, connaissaient officiellement une activité réglée sur le rythme du soleil, de l'aube à la tombée de la nuit (*de sol a sol*). Elles dessinaient une géographie assez nette des activités artisanales et marchandes. Une foule d'éventaires tenus par des Indiennes, des Noires ou plus souvent encore des Métisses, donnaient à la rue animation, couleurs et odeurs. Ils offraient aux chalands des légumes et des fruits, des fritures ou des sucreries, des infusions, des plantes médicinales ou des onguents. Le petit commerce espagnol s'effectuait, lui, dans de modestes espaces sans arrière-boutique *(cajones),* aménagés sous les arcades des places ou de certaines rues, et qui vendaient les produits les plus divers selon les époques et l'arrivage des flottes.

Dans chaque ville, les Indiens eurent **leur propre marché,** appelé *tianguez* au Mexique (du nahuatl *tianqui*) et *gato* au Pérou (du quéchua *cacctu*), situé en général à l'écart du centre-ville. Presque essentiellement fréquentés par les indigènes, on y trouvait surtout les produits traditionnels. Ils furent régis par des réglementations municipales particulières et continuèrent longtemps de pratiquer le troc.

Si la présence d'une domesticité importante dans les maisons nobles ou dans les ateliers des artisans favorisait la **cohabitation ethnique,** une certaine séparation raciale s'était opérée entre les quartiers. Au-delà des rues principales, souvent assez à l'écart, les Métis, les Noirs, les

Indiens résidaient majoritairement autour de leur église propre. Ils y étaient d'ailleurs soumis à des règles et à une surveillance particulières.

2. Les manifestations de la vie collective

Comme en Europe à cette époque, la vie collective avait une extrême importance. Tout y concourait : la nature à la fois diversifiée et solide des liens familiaux, la conception aristocratique de la maisonnée chez les patriciens, la multitude des relations sociales encadrant l'individu dans sa paroisse, sa confrérie, sa corporation, son ordre, le fonctionnement global de la société, enfin, où **tout était prétexte à célébrations et à manifestations publiques.**

Dans la mesure où elle était appelée à rendre solennels et à sacraliser tous les actes de la vie familiale et, d'une façon plus large, sociale, l'Église jouait à cet égard un rôle de toute première importance. On a dit dans un autre chapitre l'importance des fêtes religieuses. S'il ne faut pas minimiser le rôle que la foi individuelle

Les rues de Mexico vers 1630

«Il ne manque rien à Mexico de ce qui peut rendre une ville heureuse et si ces écrivains qui ont employé leurs plumes à louer les provinces de Grenade en Espagne et de Lombardie et de Toscane en Italie, dont ils font des paradis terrestres, avaient vu ce Nouveau Monde et la ville de Mexico, ils se dédiraient bientôt de tout ce qu'ils ont dit en faveur de ces lieux-là... Les rues des villes de la Chrétienté n'approchent point de la netteté de celles-ci, et encore moins de la richesse des boutiques qui leur servent d'ornement, mais surtout celles des orfèvres qui sont dignes d'admiration, à cause des grandes richesses et des beaux ouvrages qu'on y voit... C'est un commun proverbe en ce pays-là, qu'il y a quatre belles choses à Mexico, les femmes, les habits, les chevaux et les rues. Mais j'y puis encore ajouter la beauté des carrosses de la noblesse qui sont beaucoup plus riches que ceux de la cour de Madrid et de tous les autres royaumes d'Europe ; pour les enrichir, on n'y épargne point l'or, l'argent, les pierres précieuses, le drap d'or ni les plus belles soies de la Chine... Dans la belle rue qu'on appelle La Platería, *en moins d'une heure on peut voir la valeur de plusieurs millions en or, en perles et en pierres précieuses. La rue Saint-Augustin est aussi fort riche et fort agréable, où demeurent la plupart des marchands de soie. Mais une des plus longues et des plus larges est celle qu'on appelle* Tabuca, *où presque toutes les boutiques sont celles des marchands qui vendent des ouvrages de fer, d'acier et de cuivre.»*

Thomas Gage,
Nouvelle relation des Indes Occidentales (1648).

«Pour donner une idée de l'opulence de la ville de Lima, il suffit de rappeler ce que les marchands y étalèrent de richesses vers l'an 1682, à l'entrée du duc de la Palata, lorsqu'il vint prendre possession de la ville : ils firent paver, dans l'étendue de deux quartiers, les rues de la Merci et des Marchands, par où il devait entrer à la Place royale où est le Palais, de lingots d'argent.»

Amédée Frézier,
Relation du voyage de la Mer du Sud (1716).

et collective pouvait jouer dans tout cela, on ne peut oublier non plus les liens étroits que nombre de laïcs entretenaient avec les innombrables ecclésiastiques, séculiers ou réguliers.

Les fêtes populaires et profanes qui accompagnaient presque toujours les célébrations religieuses étaient souvent somptueuses. Les corps constitués mettaient leur point d'honneur à célébrer avec un éclat tout particulier la Fête-Dieu qui se terminait par des représentations théâtrales et, à Mexico, par des cavalcades de chars luxueusement fleuris. Dans cette même ville, le souvenir de la prise de Tenochtitlan par Cortés donnait lieu, le 13 août, fête de saint Hippolyte, à une commémoration conduite par le vice-roi et tous les dignitaires, tandis que le petit peuple en profitait à sa manière pour boire et danser.

Partout où il y avait de l'argent, l'entrée en fonction d'un nouveau vice-roi, la naissance d'un prince, le mariage du souverain, une canonisation, en un mot la moindre occasion était motif, souvent pendant plusieurs jours d'affilée, de fêtes, de feux d'artifices, de courses de taureaux, de jeux publics, de mascarades et de déguisements. Les municipalités, ou même de riches particuliers, y dépensaient des sommes énormes dont ils se vantaient ensuite auprès de la Couronne comme preuve de leur amour ou de leur dévotion, tandis que les censeurs

Corridas et légitimation du pouvoir

«Les corridas ne furent pas seulement dans la Péninsule la fête d'une société d'ordres, elle le furent aussi dans tout l'Empire. Alors que la *fiesta brava* avait été, dès ses débuts, une fête de légitimation du droit des guerriers à commander aux paysans, en Nouvelle-Espagne elle joua le même rôle pour le droit des conquistadors espagnols à dominer les indigènes.

Ce n'est point un hasard si la première corrida de Nouvelle-Espagne eut lieu le 13 août 1529, pour commémorer l'anniversaire de la chute de Mexico-Tenochtitlan aux mains des Espagnols. Dès lors, il fut décidé que : "Tous les ans en l'honneur de la fête de Notre Seigneur Saint Hippolyte, jour où a été conquise cette ville, [aurait] lieu une corrida de sept taureaux."

De la même façon pour la Saint Jacques – le saint guerrier par excellence – lors du couronnement d'un nouveau monarque, de la naissance des princes, pour les anniversaires de la famille royale, on organisait des corridas.

Elles étaient jugées également indispensables lorsque les vice-rois faisaient leur entrée à Mexico. Elles obéissaient en ces occasions non seulement au désir de plaire au nouveau représentant royal mais aussi au besoin d'établir et de légitimer son pouvoir sur la capitale de Nouvelle-Espagne.»

Juan Pedro Viqueira Alban,
Relajados o reprimidos.

de la moralité publique grondaient en chaire ou dans leurs écrits contre les débordements auxquels on avait assisté, notamment dans les quartiers noirs ou indiens.

Il serait cependant excessif et même faux de croire que la vie en Amérique était à cette époque un carnaval perpétuel, comme on l'a parfois écrit avec complaisance. **La fête n'y était souvent,** sous une forme à la fois transcendée par la magnificence des puissants et théâtralisée par la mentalité baroque de l'époque, **qu'un exutoire à la monotonie des jours,** à la dureté et aux angoisses de l'existence. Il n'en reste pas moins que vers la fin du XVIIe siècle, à Lima par exemple, les vice-rois successifs essayèrent sans grand succès de limiter les jours fériés qui paralysaient l'activité du pays. A la même époque, pour cause de fêtes, l'Audience de Santiago du Chili chômait 179 jours par an...

3. L'habitat

D'une façon générale, la maison patricienne était construite sur le **modèle de la demeure andalouse**. Il s'agissait le plus souvent d'une bâtisse surmontée d'un seul étage dans les grandes villes, mais en général de plain-pied dans les agglomérations plus modestes. Construite en pierre, elle pouvait l'être aussi selon des méthodes d'apparence plus rudimentaire, en pisé autour d'une armature de bois et de roseau *(bahareque, quincha),* parfaitement adaptée à la protection contre les secousses sismiques si fréquentes et destructrices en ces régions.

Couverte de tuiles ou au toit en terrasse lorsque le climat le permettait, sa façade se signalait par la porte principale à l'encadrement quelquefois monumental, plateresque*, classique ou baroque selon les époques, et surmonté d'un blason lorsque le maître des lieux pouvait arguer de quelque noblesse. Au rez-de-chaussée, les fenêtres étaient en saillie et munies de grilles en fer, plus souvent en bois. A l'étage, elles étaient en général agrémentées de balcons et fermées par des nattes ou des jalousies permettant de voir sans être vu, selon la vieille tradition musulmane du *moucharabieh* dont avaient hérité les Andalous.

Le vestibule d'entrée donnait sur une cour intérieure *(patio),* autour de laquelle s'organisait toute la vie de la

Plateresque (de l'espagnol *platero :* orfèvre) : terme désignant l'ornementation et l'architecture fines et surchargées des constructions espagnoles, au début du XVIe siècle.

maisonnée et où se trouvaient les lieux d'apparat consacrés à la vie sociale, en particulier un ou plusieurs salons selon la richesse des habitants du lieu. Les appartements privés se trouvaient plutôt à l'étage lorsqu'il y en avait un. Les services, eux, étaient refoulés vers l'arrière organisé autour d'une seconde cour *(traspatio),* parfois d'une troisième avec accès charretier sur une rue adjacente.

Dans toutes les régions de l'Empire, les voyageurs européens ont été frappés par le **caractère restreint du mobilier.** Outre l'indispensable (lits souvent à colonnes, tables et chaises), on ne trouvait guère que des coffres de bois peint ou de cuir repoussé, des écritoires ou des secrétaires de type castillan, dont les plus précieux étaient ornés d'incrustations de nacre et d'écaille en provenance des Philippines.

La décoration était assurée essentiellement par quelques éléments, véritables signes extérieurs de richesse : des tentures rehaussées de passementerie, de très nombreux tableaux représentant le plus souvent des motifs religieux ou des paysages de style flamand, enfin une abondante vaisselle d'argent ostensiblement exposée et, surtout au Mexique, des vases de porcelaine ramenés eux aussi des Philippines par le *galion de Manille*.

Cette demeure-type résumait et concrétisait symboliquement les exigences d'une **conception aristocratique de la société** et de l'existence, dans ce qu'elles avaient à la fois de somptuaire et de ségrégatif.

Les couches sociales moins favorisées vivaient dans des conditions bien plus difficiles. Il n'était pas rare que de modestes marchands, de petits fonctionnaires, louent une ou deux pièces donnant sur l'arrière de quelque maison patricienne. Les boutiquiers, les artisans et leurs compagnons habitaient, eux, soit dans leur arrière-boutique, soit dans des constructions de rapport organisées autour de cours insalubres et étroites, dans des conditions d'hygiène et de promiscuité difficilement supportables.

A l'écart du centre, les plus déshérités, Indiens, Noirs libres, Métis pauvres et Blancs déchus, vivaient de façon encore plus précaire, dans des huttes de torchis (*jacales* au Mexique, *bohíos* dans la zone caraïbe et dans les Andes) couvertes de paille, souvent sans foyer ni autre ouverture que la porte, transpositions urbaines de l'habitat indigène traditionnel.

4. L'habillement

En ville, l'habillement était de nette filiation hispanique, ce qui, à l'occasion, ne manquait pas de poser quelques problèmes vu l'inadaptation de la plupart des vêtements européens au climat chaud et humide des tropiques. Néanmoins, ces contraintes furent en général supportées sans trop de difficulté, car le costume, comme dans l'Europe de l'époque, avait avant tout une signification classificatrice et symbolique. **Le port de vêtements espagnols était la preuve tangible de l'appartenance au groupe dominant.** A l'inverse, la manifestation rédhibitoire du déclassement pour certains Blancs appauvris et déchus fut l'adoption d'un costume quasiment indigène.

Chaque groupe ethnique avait en principe un costume et des coiffures spécifiques, dont les éléments

Composantes et évolution de la mode coloniale au Venezuela

«Une erreur fréquente a été de penser que la mode dominante lors des différentes étapes de notre vie coloniale avait été exactement copiée sur la mode espagnole. Or, si au début, au cours du XVIe siècle, celle-ci fut effectivement fidèlement imitée, bientôt apparurent des différences très marquées sous l'effet des influences mexicaines, puis des apports directs de France, d'Angleterre, de Hollande et d'Italie au travers de la contrebande en provenance des îles étrangères voisines, mais aussi de l'inventivité des maîtres tailleurs et des utilisateurs eux-mêmes. Tout cela imprima aux vêtements de l'époque coloniale un caractère local qui refléta la vie et le milieu où ils s'étaient développés.
Pour ce qui est du Venezuela, on voit comment le luxe de la Cour d'Espagne fut apporté à l'île de Cubagua, durant la première moitié du XVIe siècle, et comment la pauvreté accompagna les conquistadors et les colonisateurs de nos premières cités. Ensuite, dominèrent l'austérité et la richesse limitée de la population du XVIIe siècle, avant les brusques changements dans la mode et la disparition de la plupart des vêtements remplacés par d'autres, au moment de l'avènement des Bourbons au début du XVIIIe, suivis des nouveautés françaises introduites au cours de la seconde moitié de ce siècle, tandis que perduraient certains vêtements espagnols notamment en ce qui concerne les habits de deuil...
Au début, au XVIe siècle et durant la plus grande partie du XVIIe, les hommes, les femmes et les enfants (ces derniers vêtus comme les adultes) ressemblaient à de raides poupées de bois, sans grande liberté de mouvement. Peu à peu, avec les changements qui eurent lieu dans le dessin du vêtement, ils se libérèrent de cette rigidité et acquirent lentement la possibilité de remuer les bras, le cou, le torse, etc. On vit alors surgir les gestes et les poses de l'élégance et l'on arriva, à la fin du XVIIIe siècle, au naturel et à la spontanéité des mouvements.»

Carlos F. Duarte, *Historia del traje durante la época colonial venezolana.*

La ***saya y manto*** : vêtement féminin composé d'une jupe ample et d'un châle enveloppant qui couvrait les épaules et surtout la majeure partie du visage, ne laissant voir qu'un œil. D'origine espagnole, il fut adopté dans la plupart des pays américains, mais connut une vogue toute particulière à Lima. Selon les autorités, l'anonymat qu'il procurait permettait aux femmes de sortir en ville sans être reconnues et d'avoir une liberté de comportement condamnable ou en tout cas dangereuse.

étaient précisés dans le détail par voie réglementaire. Il était interdit aux esclaves et aux Indiens – sauf aux caciques de haut rang – de s'habiller à l'européenne. De même, le port de tissus coûteux réputés nobles, de bijoux trop voyants, était en principe interdit aux Métis et aux Mulâtres dont le costume ressemblait d'autant plus à celui des Espagnols qu'ils avaient plus de sang blanc ou disposaient de plus de moyens économiques.

Périodiquement, les autorités furent amenées en la matière à rappeler avec insistance les règlements en vigueur, preuve de leur constante transgression. Ainsi, le costume des Mulâtresses ou des esclaves noires fut-il souvent l'objet de critiques. Il était reproché à leurs maîtresses ou à leurs maîtres de les couvrir d'or, de bijoux et de perles, de les parer des meilleures étoffes, soit dans le but d'étaler la richesse des maisonnées auxquelles elles appartenaient, soit, dans le cas des seconds, pour des raisons moins avouables liées à des relations peccamineuses.

Ordonnance de l'Audience royale de Mexico sur les réunions et le costume des nègres et des mulâtres *(14 avril 1612)*

«Informés des désordres provoqués par les nègres et les mulâtres, libres ou esclaves, le Président et les Auditeurs de l'Audience royale de Nouvelle-Espagne, désireux d'empêcher les dommages et autres inconvénients qui peuvent en résulter, ont signé les ordonnances suivantes :

1. Désormais à aucun enterrement de nègre ou de négresse, de mulâtre ou de mulâtresse, libre ou esclave, il ne pourra y avoir et il n'y aura jamais plus de quatre nègres et de quatre négresses, sous peine de cent coups de fouet à ceux qui seraient en surnombre.

2. Aucun marchand ni personne ne pourra donner ou vendre à aucun nègre ou négresse, mulâtre ou mulâtresse, libre ou esclave, quelque arme offensive ou défensive que ce soit, non plus que de la poudre ou des munitions, pour quelle raison que ce soit et quelle qu'en soit la quantité, sous peine d'être condamné à mort.

3. Personne, de quelque qualité, office ou rang que ce soit, ne pourra être ni ne sera accompagné de plus de deux serviteurs, nègres, mulâtres ou Chinois, sous peine de perdre ceux qui seraient en surnombre, le montant de leur saisie étant réparti par tiers entre le tribunal, le juge et le dénonciateur ; en revanche, il est permis d'être accompagné d'Espagnols, d'Indiens ou de Métis, quel qu'en soit le nombre.

4. De la même façon, aucune négresse ou mulâtresse, libre ou captive, ne pourra porter ni ne portera des bijoux d'or ou d'argent, des perles, des vêtements ou des châles en soie de Castille, des passementeries d'or ou d'argent, sous peine de cent coups de fouet et de la confiscation desdits vêtements, bijoux, perles ou autres, le montant de la saisie étant réparti comme précédemment...»

Dans une société où l'on était riche dans la mesure où l'on en faisait la démonstration ostensible et constante, le paraître tenait souvent lieu d'être. Espagnols et Créoles rivalisaient en la matière, au point que ce fut là un souci permanent pour les autorités. Elles redoutaient les conséquences sociales et économiques de cette ruineuse manie somptuaire. Derrière ces abus, les pouvoirs laïque et religieux croyaient apercevoir une manifestation de l'affaiblissement des valeurs sociales, du relâchement des mœurs, peut-être une incitation à la débauche et, de toute façon, une tendance suspecte et dangereuse à effacer, sous un luxe devenu commun, les nécessaires distinctions entre aristocrates et plébéiens, ou même pire, entre Blancs et Sang-Mêlé. Mais la volonté normative des autorités administratives et de l'Église, maintes fois réaffirmée, n'eut guère d'effet. La société coloniale resta fidèle sur ce point comme sur d'autres à ses pratiques très représentatives des mentalités et de sa conception des rapports sociaux.

5. L'alimentation

L'alimentation étant affaire de tradition et de culture autant que de physiologie, c'est dans ce domaine que le métissage culturel, au sens le plus large du terme, fut à la fois **le plus rapide et le plus profond.**

Avant l'arrivée des Espagnols, l'alimentation indigène n'était guère variée. Axée sur le maïs et les tubercules, elle était pauvre en protéines animales, étant donné l'absence presque totale d'animaux domestiques. La Conquête signifia donc pour les aborigènes la diversification des plantes cultivables, ainsi que la possibilité de pratiquer l'élevage, qui contribuèrent à la modification substantielle de leur économie et de leur régime alimentaire.

Pour les Espagnols, les aliments d'origine européenne constituèrent un signe distinctif. Ils continuèrent de préférer le blé au maïs, accusé de rendre le teint jaune, d'être peu nourrissant ou de favoriser les maladies digestives, mais, en fait, de constituer la base de l'alimentation indienne. Le vin et ses dérivés des vignes péruviennes restèrent en Amérique du Sud la boisson espagnole de référence, plutôt que les produits fermentés

*«**Les hommes et les femmes de Mexico font des dépenses extraordinaires en habits** qui sont pour la plupart d'étoffes de soie, ne se servant guère des draps, de camelots ou de semblables étoffes. Les pierres précieuses et les perles y sont tellement en usage et leur vanité est si grande en cela, que c'est une chose commune de voir des cordons et des roses de diamants aux chapeaux des gentilshommes et des cordons de perles à ceux des filles négresses et esclaves qui portent des tours de col et des bracelets de perles avec des boucles d'oreilles où il y a toujours quelque pierre précieuse de valeur.»*

Thomas Gage, *Nouvelle relation des Indes Occidentales (1648).*

Cédule royale au vice-roi de Nouvelle Espagne afin qu'il soit porté remède aux vêtements déshonnêtes et immodestes en usage à Mexico

«Par lettre du 28 avril dernier, l'évêque du Michoacan a rendu compte de la réception des ordres qui lui ont été donnés sur les péchés publics et les excès auxquels il fallait mettre un terme. Il lui a semblé que les désordres les plus notables, auxquels il s'efforce de remédier, concernent les costumes en raison de leur manque d'honnêteté mais aussi du fait que les tissus précieux et les soieries, les bijoux d'or, de perles et d'argent, sont portés aussi bien par les nobles que par les plébéiens, surtout chez les femmes. Pour faire cesser tout cela, il faut essentiellement y mettre bon ordre à Mexico, qu'imitent toutes les autres villes où il sera difficile d'agir si on ne le fait pas d'abord dans la capitale.

C'est pourquoi, après avis de mon Conseil royal des Indes et vu le courrier adressé ce jour en réponse à l'évêque du Michoacan où l'on confie à son zèle le remède à apporter aux atours superflus du costume des hommes et des femmes de son diocèse, il est apparu que pour l'aider dans sa tâche nous comptons, comme je le fais, sur votre soin et votre souci les plus extrêmes. Vous ferez tout votre possible pour que, dans votre ville et son archidiocèse, remède soit porté aux vêtements déshonnêtes et immodestes, et cela avec la douceur que me permet d'espérer votre prudence. Vous ferez en sorte que cet extrême relâchement et ces excès n'aillent point donner le mauvais exemple aux autres villes du royaume. Vous m'informerez, ainsi que l'évêque du Michoacan, de ce qu'il vous aura semblé et de ce que vous aurez fait.»

29 décembre 1679.

La pomme de terre : originaire des Andes du Sud et offrant une infinité de variétés aux usages très divers, la pomme de terre devait apporter une solution aux famines européennes. Elle ne fut réellement adoptée en Europe qu'à la fin du XVIIIe siècle après que le Français Antoine Augustin Parmentier l'eut préconisée dans ses *Recherches sur les végétaux nourrissants qui, dans les temps de disette, peuvent remplacer les aliments ordinaires* (Paris, 1781). Le maïs, pourtant introduit en Espagne dès le XVIIe siècle, connut une expansion plus lente et, pour des raisons notamment climatiques, resta longtemps circonscrit à des aires plus limitées que la pomme de terre.

de la canne à sucre et, surtout, la bière de maïs *(chicha)*, elle aussi typiquement indienne. En revanche, celle-ci fut très vite concurrencée en milieu aborigène par la production viti-vinicole, cause d'un très important alcoolisme indigène maintes fois dénoncé mais jamais combattu et même en réalité encouragé dans bien des cas, puisque les travailleurs indiens recevaient souvent une partie de leur salaire en alcool. Au Mexique, le vin du Nord ou importé, donc cher, demeura la boisson des Blancs aisés, tandis que les classes moins favorisées se rabattaient sur les eaux de vie de canne, les Indiens sur les jus d'agave distillé *(mezcal)* ou fermenté *(pulque)*. De fait, l'usage de ce dernier, réputé pour ses vertus médicinales, s'étendit à toutes les couches de la population, mais Espagnols et Créoles le réservaient à un usage presque clandestin car c'était le breuvage dont les Métis pauvres et les Indiens s'enivraient à bon compte dans les quartiers populaires.

Il serait néanmoins impossible de dresser la liste des céréales, graines, plantes et animaux, des plats, des boissons, des condiments, voire des méthodes culinaires que les Espagnols adoptèrent sans tarder, par nécessité ou par goût. Toute une série de mets précolombiens connurent dans le nouveau monde hispano-américain une diffusion à la fois géographique et sociale très large en même temps que de multiples transformations. Deux exemples : la crêpe de maïs mexicaine *(tortilla)* qui servit d'accompagnement aux plats les plus divers ; le maïs broyé et bouilli dans des feuilles de bananier *(tamal, humita, hallaca, etc.)* agrémenté de viande, de fruits et d'une infinité de condiments, selon les régions et les goûts.

La culture baroque s'ingénia à compliquer l'art culinaire américain. Les sauces, notamment au Mexique, acquirent une complexité et un raffinement sans égal. Ainsi le *mole,* d'origine très composite, se diversifia en une multitude de possibilités et s'enrichit des mélanges les plus subtils et les plus étonnants. Il en était de même du chocolat*, pendant longtemps consommé sous forme liquide et agrémenté d'épices très diverses, qui connut une vogue extraordinaire accompagnée de toute une série de rites.

La nourriture, confectionnée par une domesticité nombreuse, participa des rythmes du monde vice-royal. Les fêtes étaient souvent accompagnées de plats spéciaux, quelquefois préparés ou imaginés dans les couvents féminins qui s'adonnaient à la préparation de pâtisseries et surtout de sucreries, devenues l'une des

Le cacao : fève d'un arbuste des régions chaudes et humides du Sud-Est mexicain. A l'époque préhispanique, une seule des quatre variétés connues – la plus petite ou ***tlalcahuatl*** – était utilisée pour préparer une boisson mousseuse souvent offerte aux dieux. Les autres servaient de monnaie. Son usage, sous forme de ***chocolatl,*** modifié par l'adjonction de sucre et d'ingrédients pour la plupart non américains, se répandit parmi les Espagnols, puis en Europe. Les Indiens, qui perdirent le sens de sa valeur comme monnaie et/ou offrande rituelle, cessèrent d'en consommer, d'autant qu'il devint un produit d'exportation rare sur le marché local et trop cher pour eux.

La *révolution culturelle* du sucre au Mexique

«Il est curieux de constater que tandis qu'à Mexico les couvents de nonnes inventaient les friandises les plus variées, en modifiant textures, couleurs et formes en une débauche de culture baroque, les Français profitaient du sucre pour déguiser le mauvais goût des médicaments...
Au Mexique, la culture se confondit avec la gourmandise. Les artistes du sucre matérialisèrent leur imagination sous les formes les plus diverses, douceurs, pâtes et glaces, sans compter les représentations symboliques sculptées dans la pâte de sucre qui ébauchaient les façons de penser du siècle des Lumières. Il y eut ainsi, toutes faites en sucre, la Vérité, la Religion et la Philosophie, la Chirurgie, la Botanique et l'Astronomie, le Gouvernement, l'Abondance et la Paix et ainsi de suite une quarantaine de figurines...
Le sucre ne fut pas une fin, mais un moyen de transmettre un climat culturel, de rendre manifeste la force d'imagination et l'art éphémère d'un peuple amant du Beau et du Bon.
Les gens de condition moyenne achetaient et savouraient aussi toutes sortes de douceurs... Pour donner une idée de la tendresse du Mexicain à l'égard du sucre, il suffit de penser aux noms poétiques des sucreries : baisers, soupirs, bouchée royale, cadeau du ciel, sans compter un invraisemblable "lait de l'évêque..."»

Sonia Corcuera,
Entre gula y templanza.

marques distinctives de la société américaine, où l'extraordinaire expansion de la canne fut sans aucun doute à l'origine des innovations les plus notables en matière d'alimentation.

Les Liméniennes et le tabac

«Elles sont rendues difformes par un gros bout de tabac noir qu'elles mâchent continuellement et qui leur rend la bouche tordue et la leur agrandit effroyablement : cela les rend insupportables dans la compagnie d'un étranger, cependant elles croiraient qu'il leur manquerait quelque chose si elles n'avaient pas la bouche remplie de ce limpión, *car c'est ainsi qu'on le nomme.»*

Abbé Courte de La Blanchardière, *Nouveau voyage fait au Pérou (1751).*

6. La santé

La santé publique, déjà bien fragile en Europe, fut **un des problèmes les plus difficiles à résoudre** de la jeune société hispano-américaine. Même dans les grandes villes, médecins et chirurgiens firent longtemps et souvent défaut. Les conseils municipaux durent donc autoriser parfois l'exercice de la médecine à de simples barbiers dont les connaissances n'allaient guère au-delà de la purge et de la saignée.

Cette situation était d'autant plus délicate et préoccupante que les épidémies frappaient périodiquement. Arrivées par les ports, elles suivaient les routes commerciales et décimaient en priorité les populations indiennes que leur isolement séculaire n'avait pas immunisées, mais aussi certains groupes particulièrement sensibles aux germes en raison de leur âge (enfants, vieillards), de la promiscuité (population conventuelle) ou du manque d'hygiène (esclaves).

En principe, toute ville devait avoir **au moins un hôpital.** Les plus importantes en avaient plusieurs réservés chacun à un groupe ethnique, professionnel (marins) ou à certaines maladies, comme la lèpre. Ils dépendaient soit des municipalités qui y déléguaient un administrateur et y envoyaient chaque semaine un échevin en inspection, soit de congrégations religieuses comme les Frères de Saint-Jean-de-Dieu puis deux ordres fondés en Amérique, les Frères de Saint-Hippolyte au Mexique et l'ordre de Bethléem.

«Notre région n'a ***ni médecins ni remèdes,*** *et bien des gens meurent sans soins. Aussi, demandons-nous l'autorisation de faire venir d'Espagne un médecin, un apothicaire et un chirurgien diplômés avec les remèdes nécessaires.»*

Cabildo de Buenos Aires, 24 janvier 1624.

Les municipalités avaient aussi en charge toutes les mesures liées à la santé publique : mise en quarantaine dans les ports, conservation de la pureté des eaux, évacuation des ordures, police des marchés, etc., dont l'efficacité laissèrent toujours beaucoup à désirer, ce qui, à vrai dire, n'était pas à l'époque particulier à l'Amérique.

Les pratiques médicales et la pharmacopée étaient alors bien peu développées. Les vertus de certaines plantes américaines nc tardèrent pourtant pas à être connues et même à passer l'Océan comme la salsepareille mexicaine, le quinquina* péruvien ou le tabac d'abord utilisé comme remède. La médecine indigène traditionnelle, très développée avant l'arrivée des Espagnols et désormais soupçonnée de magie, se perdit comme beaucoup d'autres savoirs. Ce qu'il en resta demeura confiné, du moins officiellement, à l'usage de la population indienne, Espagnols et Créoles ayant plus confiance dans les circonstances extrêmes en l'Église, dont l'invocation de saints particuliers ou, en cas d'épidémie, les prières publiques et les processions, étaient le recours obligé.

Le quinquina : écorce d'un arbuste orginaire des Andes orientales riche en quinine et, de ce fait, utilisé comme fébrifuge. La comtesse de Chinchon, épouse du vice-roi du même nom, ayant été sa première utilisatrice illustre à l'instigation des jésuites qui s'en firent les propagandistes, ce produit a longtemps été connu sous le nom de *Cinchona* que lui attribua Linné en souvenir de la comtesse.

Les débuts hésitants de l'exercice de la médecine aux Indes

«La nécessité d'une autorité en matière de médecine se faisait sentir dans les vastes territoires qui s'incorporaient les uns après les autres à la Couronne. F. Antonio de Remesal, par exemple, parle d'un bonimenteur qui arriva à Santiago de Guatemala et qu'il présente comme une véritable calamité publique. "Il affirma qu'il était un célèbre médecin, chirurgien, apothicaire et herboriste de surcroît. Il ouvrit une boutique de remèdes et allait voir les malades pour les leur appliquer". De la sorte, "Il enterra à lui seul dans la ville plus d'Espagnols en un an que n'en avaient tués les guerres de Nouvelle-Espagne en dix... Nul n'en réchappait s'il avait reçu sa visite". Il fut donc exilé de la ville, avant d'être en fin de compte rappelé "étant donné qu'il n'y a personne qui connaisse la médecine et puisse soigner avec les médicaments..."
A cette époque, ceux que l'on appelait les *protomédicos* recevaient de leurs homologues en fonction en Espagne le pouvoir d'examiner les médecins dans tel ou tel endroit d'Amérique, pouvoir qui pouvait être reconnu ou non par le *cabildo* de la ville auquel ils le présentaient. Cette charge ne fut pas attribuée directement par le roi jusqu'en 1568, sous Philippe II, qui nomma Antonio Sanchez de Renedo, le premier à avoir exercé dans la vice-royauté du Pérou. Deux ans après, le 11 janvier 1570, le roi décida d'envoyer des *protomédicos generales* dans les provinces des Indes et dans les îles adjacentes avec pour mission de s'informer des médecins, chirugiens et herboristes espagnols et indiens qui s'y trouvaient, ainsi que des personnes curieuses qui sembleraient connaître et savoir quelque chose en la matière. Ils devaient également rendre compte de toutes les plantes et médecines du pays, écrire l'histoire naturelle et exercer leur profession dans les villes dotées d'une Audience. Ils ne devaient point examiner les personnes qui vivaient à plus de cinq lieues de leur résidence à moins qu'ils n'aient été requis de le faire. Ils ne pouvaient pas non plus déplacer ou empêcher d'exercer toute personne possédant une licence en bonne et due forme. Pendant leur examen des candidats, ils devaient être accompagnés d'un auditeur, soit, lorsqu'ils devaient fonctionner dans un lieu éloigné, du gouverneur ou du *corregidor*.»

Francisco Esteve Barba, *Cultura virreinal.*

L'art douteux des patissières de Lima

«Ce jour, les alcaldes *et les échevins ont décidé et ordonné que désormais nul ne pourrait faire de gâteaux et de chaussons à moins d'en pétrir et d'en feuilleter la pâte devant sa porte, où se trouvera aussi le fourneau où ils seront cuits, de sorte qu'ils soient fabriqués, cuits et offerts sur des éventaires de manière publique à la vue de tout le monde. Chacun devra s'y conformer sous peine d'une amende de vingt-cinq pesos pour le juge, le dénonciateur et les frais de justice. Il a été ordonné de rendre publique cette décision ainsi que l'obligation de fourrer ces produits avec de la viande achetée dans des boucheries.»*

Actes du *Cabildo* de Lima, 10 janvier 1552.

Remarque
Quelques jours plus tard, par mesure de précaution, il fut aussi interdit aux pâtissières de passer les onguents sur les bubons et autres chancres syphilitiques de leurs clients. En effet, la douceur et la dextérité de leurs mains étaient jusque-là particulièrement recherchées par les malades atteints de ce mal.

«Tous les jours à Lima, ***on voit des gens se démarier*** *avec autant de facilité que si le mariage n'était purement qu'un contrat civil, sur de simples plaintes de mésintelligence, de peu de santé ou de contentement et, ce qui est encore plus étonnant, ils se remarient ensuite à d'autres.»*

Amédée Frézier,
Relation du voyage de la Mer du Sud (1716).

«En un mot, il n'y a point de pays au monde où un homme vicieux puisse mieux qu'au Pérou se consumer dans le vice et où un homme sage coure plus de risque d'oublier sa vertu.»

J.-B. Le Gentil de la Barbinais,
Nouveau voyage autour du monde (1727).

7. L'envers du décor

D'abord les Espagnols soucieux d'exalter l'œuvre de leur pays en Amérique, puis les voyageurs européens éblouis par la splendeur des capitales, enfin les Créoles lorsqu'ils cherchèrent dans la description de leurs cités des raisons de fierté et des arguments contre les préjugés du Vieux Continent, tous ont concouru à donner de la vie hispano-américaine une image sans doute révélatrice du réel, mais faussée par la mise en valeur ou l'omission de certains éléments, par des interprétations parfois tendancieuses. Une **image à la fois vraie et mythique** s'est donc mise en place et devait traverser les siècles sur les deux rives de l'Océan.

Le regard extérieur des étrangers aide ainsi à mieux saisir l'importance excessive des manifestations de la richesse. Venant d'Europe, ils n'ont pas manqué d'être frappés par la liberté des mœurs, souvent au prix d'effroyables ravages des maladies vénériennes et de la perte de l'âme, faisant des villes américaines selon les cas, ou à la fois, «une nouvelle Cythère», «la seconde Sodome» et «l'antichambre de l'Enfer».

Mais combien ont dit l'autre face du mythe ou simplement les diverses facettes de la réalité ? Si le luxe, la richesse y étaient bien supérieurs à ce qu'on connaissait en Europe, si les facilités et les plaisirs y étaient plus accessibles, si le métissage s'y propageait de façon suspecte pour la moralité, c'était parce que les inégalités, l'exploitation des défavorisés, déjà impitoyables sur le Vieux Continent, y étaient encore plus accentuées et empreintes du sceau de la soumission ou de l'esclavage. La face cachée, ou omise, de la vie en Amérique résidait dans **la violence et le mépris permanents des nantis,** l'injustice érigée en principe, la corruption à tous les échelons, l'hypocrisie des apparences et la dictature du qu'en-dira-t-on.

Les conséquences obligées furent la misère, la délinquance et l'insécurité, durement réprimées lorsqu'elle était le fait des *castas,* une ambiance malsaine quoique feutrée faisant de chaque groupe ethnique un adversaire réel ou un ennemi en puissance de tous les autres. Si les voyageurs européens ont presque tous subi le charme des métropoles hispano-américaines, les plus perspicaces ont aussi exprimé de manière plus ou moins voilée et consciente la fascination ambiguë, et au fond le malaise, qu'ils avaient ressentis devant l'hypocrisie et les périls potentiels dont ces sociétés étaient porteuses.

Le libertinage en Nouvelle-Espagne au XVIIe siècle

«C'est une chose extraordinaire, en cette grande ville, de voir faire des aumônes et des libéralités extraordinaires aux églises et aux maisons religieuses par des personnes qui mènent une vie lascive et scandaleuse ; ses habitants qui s'adonnent à toutes sortes de plaisirs, croyant que leurs péchés sont assez couverts et cachés par les aumônes qu'ils font tous les jours aux ecclésiastiques ; d'où vient aussi que les églises sont si riches et si bien bâties qu'il ne se peut rien imaginer de plus grand ni de plus magnifique.»

Thomas Gage,
Nouvelle relation des Indes occidentales (1648).

«Les Mexicains aiment fort la débauche des femmes ; elles y sont assez belles... Il y a beaucoup plus d'hommes que de femmes dans les autres colonies d'Amérique, mais dans celle-ci, c'est tout le contraire, et pourtant les hommes font comme s'ils n'avaient jamais assez de marchandise. Ils s'y adonnent d'une manière outrée qui les met souvent au tombeau, surtout les Espagnols qui sont moins robustes que les Indiens ; les Indiennes n'ont pas moins de part à la galanterie que les Espagnoles, et ne sont pas moins aimables quoique les premières ne soient pas si parées que les dernières, qui sont vêtues très richement et parées de pierreries, d'or et d'argent.»

Dralsé de Grand Pierre,
Relation de divers voyages (1718).

Mexico, cette seconde Sodome

«L'injustice, la violence, le vol, l'impudicité, l'avarice, la vanité, l'ostentation, le faste et tous les vices que la volupté et l'amour propre ont semés dans le cœur des hommes, ont pris de si profondes racines dans le Mexique, qu'il est rare d'y trouver quelques personnes qui résistent au torrent et qui se contiennent dans la foi et l'honnêteté publique. Le Mexique et sa capitale se trouvent remplis de vagabonds, de fripons, de fainéants et de meurtriers que la débauche a produits et que l'impunité maintient et augmente tous les jours. On n'est pas en sécurité dans les rues ni dans sa propre maison.»

Jean de Monségur,
Nouveaux mémoires touchant le Mexique (1714).

De l'usage des calèches à Lima

«Bien que ces amours soient universelles à Lima, les hommes prennent cependant un grand soin de les cacher, car aucun mot ni aucune action indécente n'est permis en public. Ils se livrent à ces divertissements à deux moments de la journée : soit durant la sieste qu'ils passent avec leur maîtresse, soit le soir, de l'autre côté de la rivère, dans des calèches, à la tombée de la nuit. Ces calèches ressemblent à nos voitures ; elles sont plus petites car la plupart ne peuvent contenir que deux personnes assises face à face. Elles sont toujours tirées par une mule avec un cocher noir assis à califourchon, et on en voit souvent plusieurs, toutes fenêtres fermées, rester immobiles pendant une bonne demi-heure.»

William Betagh,
A Voyage round the World, 1728.

8. Les disparités régionales

L'environnement, la composition ethnique, la nature et l'évolution des activités, parfois des données historiques particulières, ne tardèrent pas à marquer profondément les régions et la vie que l'on y menait. Si la diversification et la spécificité n'avaient pas encore l'ampleur et la profondeur qu'elles eurent plus tard, on voit néanmoins se concrétiser les traits originaux des grands ensembles où commencèrent à se constituer des amorces de véritables identités régionales, des contrastes ou des clivages signifiants : au Pérou, la côte sucrière et esclavagiste, et la *Sierra* indienne ; au Mexique, le Nord métis, éleveur et minier, le Sud indigène et agricole ; en Nouvelle-Grenade, la côte atlantique tropicale et portuaire, les hautes vallées et les plateaux andins, etc.

L'opulence des métropoles fut partagée sans doute, à des degrés divers, par certaines contrées privilégiées que dynamisaient les mines, les activités textiles ou les grands axes commerciaux, encore que la richesse y ait été soumise à bien des fluctuations. Mais pour la plupart des régions, la vie fut longtemps sous le signe de l'**isolement,** de la **précarité,** de la **pauvreté,** qui lui donnèrent sa mesure et son rythme. Il suffit de lire les plaintes incessantes, parfois dramatiques, que des conseils municipaux, le clergé ou de simples particuliers adressaient aux autorités pour obtenir secours et exemptions.

Les descriptions de ces zones excentrées ou appauvries, montrent combien il était difficile de vivre dans ces bourgades perdues, dont la population était

La pauvreté blanche

«Nous éprouvons bien des difficultés, au point que de nombreux Espagnols n'ayant ni cape ni manteau ne vont pas entendre la messe et ne sortent pas de chez eux, non plus que leurs enfants qui n'ont même pas de chemise...»

Cabildo de Buenos Aires, 15 mai 1626.

«Cordoba est distante de trois cents lieues de la ville impériale de Potosí, la dernière du Pérou qui reçoive les vêtements importés par Panama, aussi n'arrivent-ils pas jusqu'ici, et lorsque c'est le cas, ils nous parviennent après de telles difficultés et à des prix tels que l'on ne peut les acheter.»

Cabildo de Cordoba, 1er mars 1604.

«Cette ville est une des plus pauvres de toutes les Indes, ses habitants n'ont d'autres biens qu'un peu de bétail qu'ils élèvent, et comme la ville est fondée sur le sable, au bord de la lagune de Maracaibo, ils n'ont aucune terre qui puisse être cultivée et vivent dans une grande pauvreté.»

Cabildo de Nueva Zamora, 13 juillet 1622.

«Comme la population s'accroît du fait des nombreuses naissances, la misère grandit dans les mêmes proportions. Les revenus fondent, car nous n'avons aucun moyen de gagner de l'argent ni d'en trouver dans les mines, non plus que de faire commerce de nos produits. La seule mine qui fonctionnait et nous faisait vivre est épuisée.»

Cabildo de Tunja, 18 mai 1609.

«Les gens de mon diocèse sont si pauvres que je n'ai rien vu de semblable en Espagne ni aux Indes... De nombreuses familles espagnoles vivent dispersées dans la campagne dans de petites chaumières appelées bujíos, *nues, sans lit ni d'autre nourriture que des bananes vertes qui leur servent de pain, une mauvaise viande séchée et le lait de quelques vaches.»*

Évêque de Panama, 28 mars 1661.

«Santiago de Veragua est composée d'une trentaine de chaumières aux murs de terre séchée, sans portes ni habitants, car on ne trouve guère que trois ou quatre vecinos *et le curé à l'intérieur de la ville, dont il est difficile de différencier les rues et les places de l'herbe des champs où vivent la plupart des habitants qui ne sont même pas 150, réduits à la misère d'une galette de maïs et d'un peu de lait dont ils survivent, les moins pauvres ajoutant à leur nourriture de temps en temps un morceau de viande provenant des quelques têtes de bétail dont le lait est leur alimentation ordinaire.»*

D. Fernando de Paniagua,
31 décembre 1678.

réduite aux familles de quelques dizaines de *vecinos* blancs, à l'écart des grandes routes, à des semaines de trajet des capitales, souvent en décadence, soumises aux caprices d'une nature excessive et cruelle, qui réduisaient à néant les efforts des générations.

Pendant longtemps, les maisons de bois ou de brique crue, les toits de paille, les rues de terre furent le lot commun de leurs habitants. Dans les régions alors les plus à l'écart (Antilles, Tucuman, Venezuela, Chili) on peut parler de dénuement et même d'abandon spirituel. Rares étaient les prêtres que ne décourageaient pas les distances, les dangers, l'insignifiance du casuel. Bien des Métropolitains en tiraient argument pour laisser entendre que ces Créoles-là connaissaient une véritable régression où ils perdraient leur identité hispanique et seraient ravalés tôt ou tard à un rang proche de celui des Indiens.

Il ne faut pas oublier non plus que durant tout le XVIIe siècle certaines contrées continuèrent de vivre dans la crainte de la guerre indienne qui y developpa une société de type militaire : le Nord mexicain face aux Chichimecas, le Sud chilien confronté aux Araucans, les confins orientaux de l'actuelle Bolivie sous la menace des Chiriguanos.

Chapitre 13

La vie culturelle

1. L'enseignement

Les Espagnols

L'enseignement et l'éducation furent un réel problème pour la première génération espagnole née en Amérique. Dans un monde où tout était à créer, où le précaire et l'incertain furent longtemps la note dominante, **les jeunes ne reçurent pas toujours l'attention nécessaire.** Beaucoup de responsables coloniaux de l'époque ne manquèrent d'ailleurs pas de souligner le souci que leur causaient ces adolescents aux connaissances bien sommaires et élevés loin de l'autorité de leurs pères occupés à quelque conquête, impliqués dans les guerres civiles ou décédés.

Les conseils municipaux cherchèrent à suppléer les manques les plus criants. Ils passèrent contrat avec des maîtres dont l'expérience pédagogique et le savoir restaient parfois à démontrer. Pour améliorer la qualité des candidats, les édiles en vinrent, comme à Mexico par exemple, à fixer par ordonnance les normes exigées des futurs pédagogues, qui durent subir l'examen de personnes qualifiées.

«Le lieutenant gouverneur a donné l'ordre de ne laisser aucun vecino *quitter la ville avec l'intention de n'y point revenir, et surtout pas Pedro de Vega, puisqu'il enseigne aux enfants d'âge tendre la doctrine chrétienne et aux plus grands la lecture et l'écriture... et qu'il n'y a personne, en vérité, dans cette ville qui puisse les enseigner.»*

Cabildo de Santa Fe (Rio-de- la-Plata), 13 mai 1577.

La misère des maîtres d'école

«Simon Basauri, demeurant en cette ville de Caracas, a déclaré ce qui suit : "J'ai ouvert récemment en ville une école pour enseigner à lire, écrire et compter, mais comme les habitants sont en petit nombre, que peu d'enfants viennent se faire enseigner, dont la moitié de pauvres qui ne peuvent me payer, et que je suis obligé de leur enseigner pour l'amour de Dieu, je ne peux vivre de ce travail de maître d'école... Pourtant la ville tire un notable profit du fait qu'il y ait ici un maître compétent et qui exerce son métier vraiment comme il se doit. C'est pourquoi, si le conseil municipal ne me fait pas la grâce de m'allouer quelque salaire pour subvenir à mes besoins, je suis bien décidé à ne plus exercer ledit office.»

Cabildo de Caracas, 4 janvier 1594.

Bien vite cependant, cette préoccupation se fit moins criante dans la mesure où **l'Église se chargea pour l'essentiel de l'enseignement**. Dans les petites villes, les couvents remplirent souvent cette mission et, dans les cités importantes, les Ordres eurent de véritables collèges chargés de former les futurs religieux, mais dont la

Ordonnances sur les maîtres d'école *(Mexico, 9 octobre 1600)*

«Le cabildo *de cette très noble, très insigne et très fidèle ville de Mexico en Nouvelle Espagne, au nom du Roi Notre Seigneur dit que quelques-uns des maîtres qui ont ouvert en notre ville une école où ils enseignent la lecture, l'écriture et le calcul, ont demandé que soient prises des ordonnances en vue du bon usage de leur art, comme cela se fait en Castille, étant donné que jusqu'à présent il n'y en a point eu dans notre ville. Ils nous ont exposé que l'absence d'ordonnances a été - et est encore - la raison du peu de progrés des enfants de* vecinos *dans les arts de l'écriture et du calcul, ainsi que dans la connaissance de la doctrine chrétienne. Après en avoir délibéré, la municipalité considérant l'utilité et la nécessité de ces ordonnances qui existent en Castille, a donc décidé ce qui suit, en demandant au très illustre comte de Monterrey, vice-roi de Nouvelle-Espagne, et en le suppliant de bien vouloir confirmer et approuver ses décisions, afin qu'une fois annoncées à son de trompe, elles soit respectées et appliquées.*

1. Dans le but d'examiner les maîtres qui ne le seraient pas encore, mais désirent ouvrir une école, et afin que leur soit donné un certificat, la municipalité ou un commissaire désigné à cet effet, nommera deux maîtres, les plus experts, pour qu'ils jouent le rôle d'examinateurs et d'inspecteurs au cours de la première année. Par la suite, au début de chaque année les maîtres ayant subi l'examen se réuniront devant le notaire municipal et le procureur de la ville afin de choisir deux personnes déjà examinées, qui paraîtront les plus idoines et les plus expertes à cet effet. Une fois choisies, elles seront présentées au conseil municipal pour jurer devant lui d'user de leur charge fidèlement et avec droiture.

2. Les maîtres ne pourront être nègres, mulâtres ou indiens. Ils seront donc espagnols, devront fournir un certificat de bonnes mœurs et être vieux chrétiens avant d'être admis à passer l'examen, car c'est ce qui convient pour la religion et les bonnes mœurs des disciples. Cette information devra être réalisée devant l'échevin nommé par le conseil et devant notaire...

5. Si d'aventure quelqu'un se mettait à enseigner sans avoir subi l'examen, son école sera fermée sous peine d'une amende de vingt pesos d'or à répartir à parts égales entre Sa Majesté, la municipalité, le juge et le dénonciateur. En outre, il ne devra plus exercer son activité jusqu'à ce que l'examinent les personnes désignées par le conseil. Si, malgré tout, ce maître refusait d'être examiné et continuait d'exercer son art, l'amende de vingt pesos deviendra effective pour le bien public, étant donné que certains ont esssayé de pratiquer avec des déclarations et des licences frauduleuses, en prétendant faussement qu'ils ont les capacités et les qualités requises pour l'usage de cet art, ce qui est dommageable pour cette république et ses fils...

9. Qu'aucun marchand de légumes ou autres marchandises ne soit maître d'école, à moins qu'il n'abandonne sa boutique et subisse l'examen selon les dispositions prévues par les présentes ordonnances.»

fonction allait bien au-delà. Il en fut de même des séminaires créés dans les diocèses. Certains de ces collèges, en particulier ceux des dominicains, jouirent bientôt d'une réputation méritée. Leurs rivalités, par collégiens interposés, furent d'ailleurs très vives et les couvents ne cessèrent de harceler les autorités afin d'obtenir pour leurs établissements respectifs des privilèges susceptibles d'attirer les familles fortunées.

La situation changea radicalement avec l'arrivée de la **Compagnie de Jésus,** autour de l'année 1570. Loin de cantonner ses collèges à la formation des futurs jésuites, elle ouvrit des établissements destinés à la formation de la jeunesse et dont le succès fut immédiat. La qualité et la discipline des enseignants, la nouveauté des auteurs étudiés et des techniques pédagogiques, l'ouverture sur l'Europe au-delà de la péninsule ibérique, la parfaite immersion des pères dans la société coloniale, enfin, assurèrent à leurs collèges une audience méritée qui n'allait plus cesser.

Les soutenances de thèses, les joutes poétiques, les représentations théâtrales, partie intégrante de la vie des collèges, en firent des centres culturels de première grandeur dans les métropoles coloniales et, de toute façon, des foyers essentiels et indispensables pour la vie intellectuelle dans les villes de moindre importance. La rapide et brillante expansion économique de la Compagnie en Amérique fut évidemment la conséquence de l'esprit d'entreprise des pères, de leur sens de la gestion et de l'économie, mais partout elle trouva aussi son origine dans les largesses d'anciens élèves, ou de leurs riches familles, reconnaissants pour la formation qui leur avait été dispensée.

Les études supérieures s'avérèrent rapidement une nécessité, dans la mesure où il devint nécessaire d'**offrir aux Créoles la formation juridique et théologique** dont ils avaient besoin pour occuper les emplois de la colonie. Des démarches en ce sens furent entreprises de très bonne heure par les conseils municipaux, les évêques et parfois même les vice-rois. En 1551, des cédules royales décidèrent à Lima et Mexico la création d'*estudios generales* jouissant pratiquement de tous les privilèges déjà reconnus à celui de Salamanque. Officiellement installées en 1553 dans les deux villes,

Au cours de la période coloniale, une vingtaine de villes eurent soit de véritables **universités,** soit des **collèges** dotés de prérogatives universitaires, mais tous ces établissements furent loin de fonctionner en même temps, dans la mesure où il leur arriva de perdre leurs privilèges. Ces villes étaient les suivantes : Saint-Domingue (2) et La Havane dans les îles, Mexico (3), Guadalajara et Mérida du Yucatan en Nouvelle-Espagne, Guatemala, Léon de Nicaragua et Panama en Amérique centrale, Bogotá (2) en Nouvelle-Grenade, Caracas et Mérida au Venezuela, Quito (4), Lima (2), Huamanga et Cuzco au Pérou, Charcas dans le Haut-Pérou, Cordoba et Tucuman dans le Rio-de-la-Plata, Santiago (2) au Chili.

ces deux amorces d'université eurent des débuts difficiles par manque d'étudiants, de professeurs, de rentes et de locaux. Elles durent attendre respectivement 1584 et 1576 pour s'installer définitivement.

Devenues pontificales, celle de Lima en 1571 et celle de Mexico en 1597, ces universités reçurent la reconnaissance canonique pour la collation des grades. L'écolâtre du chapitre de la cathédrale en était d'ailleurs le chancelier. Les recteurs successifs furent en général des juristes, mais la grande majorité des professeurs demeurèrent ecclésiastiques, notamment des religieux, ce qui ne saurait étonner puisque l'essentiel de l'enseignement fut consacré à la théologie et au droit canon. D'ailleurs, afin d'éviter les rivalités entre les communautés régulières, le partage des chaires entre les Ordres était pratiquement préétabli. Par la suite, d'autres chaires moins liées au monde ecclésiastique furent créées, ainsi à Mexico celles

Cédule royale au gouverneur du Rio de la Plata sur la nécessité d'une université à Asunción *(Valladolid, 3 mai 1604)*

«La ville d'Asunción, capitale de la province du Paraguay, m'a fait relation de ce que cette région est pauvre, que les Indiens n'y versent aucun tribut à leurs encomenderos, *ni ne peuvent payer le salaire des prêtres dans les* doctrinas. *Pour toutes ces raisons, les Espagnols manquent d'enseignement religieux et leur détresse serait encore plus grande si deux pères de la Compagnie de Jésus ne se trouvaient dans cette ville et n'aidaient les frères déchaux de Saint-François à prêcher et à administrer les sacrements avec grand profit.*

Or, dans ces provinces, il y a de nombreux descendants des anciens conquérants qui ont de belles intelligences qu'il faudrait mettre à profit et pousser dans les lettres, si cela était possible, mais la ville de Lima, où se trouve l'université la plus proche, est à plus de huit cents lieues et, du fait de leur pauvreté, les parents ne peuvent y envoyer leurs enfants.

Afin que dans cette région la jeunesse s'occupe aux exercices de la vertu, ne se distraie point et donne des hommes doctes pour le gouvernement, afin qu'il y ait des prêtres qui enseignent aux Indiens, ce qui serait très utile car ils savent leur langue, j'ai donc été supplié d'ordonner que plusieurs religieux de la Compagnie aillent en ces provinces, y fondent un collège dans ladite ville et y enseignent la grammaire, la philosophie et la théologie. On m'a également supplié d'allouer quelque rente pour subvenir aux besoins desdits religieux pour que les enfants de vecinos *de ces provinces soient éduqués dans cet établissement.*

Je veux savoir s'il est bien nécessaire de fonder ce collège, quels moyens il y aurait pour ce faire, qui pourra le prendre à sa charge et ce qu'il en coûtera pour sa bonne marche, étant entendu que tout cela ne pourra venir du Trésor royal. Je vous demande donc de me faire relation de toutes les choses susdites et de tout ce qui vous paraîtrait utile à ce sujet.»

de médecine en 1582 et de chirurgie en 1622, et à Lima une de «langue générale des Indiens», le quechua.

De la plus haute importance dans la perspective de l'accès des Créoles aux emplois du monde colonial, l'université avait aussi un rôle primordial dans la vie sociale. Les actes de la vie universitaire (séances solennelles du corps professoral, attribution des chaires, collation des grades) donnaient lieu à des processions, à de brillantes cérémonies et à des fêtes estudiantines hautes en couleur qui constituaient des moments privilégiés très goûtés du public et donnaient aux capitales un éclat dont les municipalités étaient particulièrement fières. On comprend pourquoi dans les cités d'importance secondaire, Quito, Cuzco ou Santa Fe de Bogota, les édiles firent de longues démarches, parfois sans succès, en vue d'obtenir la transformation de leurs collèges en universités.

Les Indiens

L'évangélisation des masses indigènes posa d'emblée le problème de la communication et de la **langue du catéchisme.** Comme, au lendemain de la Conquête, il n'était pas question d'hispaniser les Indiens, les missionnaires se mirent à apprendre leur langue. Cette nécessité devint bientôt une obligation puisque, en principe, aucun *doctrinero* ne devait être nommé sans avoir satisfait à l'examen de son aptitude à se faire entendre de ses futures ouailles.

Cet intérêt pour les langues indiennes suscita une foule d'ouvrages : grammaires (*artes*), vocabulaires, catéchismes (*doctrinas*), livres de sermons, manuels de confession, traductions des Évangiles ou de vies de saints. Au Mexique où la situation linguistique était très complexe, et pour la seule période 1524-1572, on a vu dans un chapitre précédent que l'on en a recensé plus d'une centaine, écrits majoritairement en nahuatl (une soixantaine), mais aussi dans près d'une dizaine d'autres langues.

Leur diversité fut bientôt considérée comme un obstacle par les prédicateurs, qui firent surtout l'effort d'apprendre les plus répandues, **le nathuatl au Mexique, le quechua dans l'ancien empire des Incas.** Avec le temps, les *doctrineros* tendirent d'ailleurs à en répandre l'usage soit dans les régions où la situation linguistique

Le collège de Tlatelolco sous les feux de la critique

«Les Espagnols et les moines des autres ordres qui virent cette entreprise se fonder se prirent à rire bien fort et à nous railler, considérant comme hors de doute que personne ne serait assez habile pour enseigner la grammaire à des gens qui possédaient si peu d'aptitudes. Mais après que nous eûmes travaillé avec eux deux ou trois ans, ils arrivèrent à se bien pénétrer de toutes les matières qui concernent la grammaire, comprirent, parlèrent, écrivirent le latin et même composèrent des vers héroïques. Ce voyant, les Espagnols, laïques ou ministres du culte, furent surpris que cela eût été possible. Ce fut moi qui travaillai avec ces élèves les quatre premières années et qui les initiai dans tous les points relatifs à la langue latine. Lorsque les laïques et les gens du clergé se convainquirent que les Indiens progressaient et étaient capables de plus encore, ils commencèrent à soulever des objections et à contrecarrer l'affaire dans le but d'empêcher qu'elle se poursuivît. Comme je me trouvai mêlé à la discussion, puisque c'était moi qui enseignais la grammaire aux élèves du collège, il me sera facile de dire avec vérité les objections qui nous étaient faites et les réponses qu'on adressait aux opposants. Ceux-ci disaient que, puisque ces gens-là ne devaient pas entrer dans les Ordres, à quoi cela servait-il de leur enseigner la grammaire, d'autant qu'ils couraient le risque de devenir hérétiques. En lisant les Saintes Écritures, ils y pourraient voir que les Patriarches avaient plusieurs femmes, comme eux-mêmes, et ils ne voudraient donc plus croire ce que nous leur enseignons lorsque nous leur disons que personne ne peut être marié avec plus d'une femme in facie ecclesiae.
Nos adversaires nous présentaient d'autres objections de ce genre auxquelles nous répondions que, puisque les Indiens ne devaient pas être prêtres, nous voulions savoir jusqu'où allaient leurs capacités. Après en avoir fait l'expérience, nous pourrions témoigner de leurs richesses intérieures et suivant leurs capacités on pourrait faire ce qui paraîtrait juste. A ceux qui disaient que nous allions leur donner l'occasion de devenir hérétiques, nous répondions que notre but n'était pas celui-là, mais son contraire, à savoir que nous voulions que les Indiens comprennent mieux les choses de la foi, ce qui leur rendrait ensuite plus facile d'être soumis à un prince très chrétien. Si quelque chose de ce qu'ils craignaient arrivait, eh bien nous y porterions remède. Pour ce qui est des femmes, comme l'Évangile indique les corrections que notre Rédempteur a apportées aux usages anciens, on est bien obligé de croire ce qui est dit sur les hommes qui avaient plusieurs femmes, mais aujourd'hui on prêche ordinairement autre chose et ceux qui restent rebelles en la matière sont punis comme hérétiques, puisque les pouvoirs ecclésiastique et civil en ont la capacité.
On nous fit aussi bien d'autres objections sur cette affaire qu'il serait trop long d'indiquer ici...»

F. Bernardino de Sahagún, *Historia general de las cosas de Nueva españa.*

était trop diverse pour eux (par exemple au Mexique, en Nouvelle-Galice) soit dans celles où coexistaient deux idiomes, comme dans les régions conquises par les Incas et dans lesquelles étaient en concurrence le quéchua, langue d'empire, et celles de l'époque pré-incaïque. Le résultat fut évidemment **l'expansion du nahuatl et du quechua,** au-delà des limites qui étaient les leurs avant l'arrivée des conquérants et, dans certaines régions, notamment dans les Andes, l'affaiblissement, voire la disparition des langues locales préexistantes...

Dans les grandes capitales indiennes, Mexico et Cuzco, les ordres fondèrent des écoles réservées aux fils de familles nobles. Conçues avec l'idée d'en faire des séminaires, lorsque l'éventualité de la création d'un clergé indigène fut définitivement écartée, ils se transformèrent en simples collèges où l'on enseignait la philosophie, la logique, la rhétorique et le latin. Dans le plus célèbre d'entre eux, celui des Franciscains à Tlatelolco aux portes de Mexico, les noms les plus prestigieux figurèrent parmi les enseignants, en particulier Bernardino de Sahagún, le père de l'ethnographie américaine, qui en profita pour constituer un groupe chargé de réunir des informations sur le passé pré-hispanique.

Malgré son succès initial, le collège de Tlatelolco devait décliner sous les effets conjugués de l'enlisement de la «conquête spirituelle» et de la suspicion que ne tarda pas à faire naître l'éventuelle apparition d'une élite indigène cultivée, donc potentiellement dangereuse pour l'équilibre colonial. Au début du XVIIe siècle, cette vénérable institution n'était plus qu'une simple école élémentaire où l'on se contentait d'enseigner la lecture, l'écriture et les bonnes mœurs. Elle finit même par fermer ses portes, officiellement pour des raisons économiques.

2. Livres et lecture

La nécessité d'importer l'imprimerie ne tarda pas à se faire sentir, notamment pour **diffuser les ouvrages d'évangélisation.** Le livre le plus ancien que l'on connaisse fut fabriqué vraisemblablement en 1535, à Mexico, où un imprimeur était sans doute installé depuis deux ans. A titre de comparaison, la première imprimerie dans les colonies anglaises date de 1638, celle du Brésil de 1706.

Comme en Europe, l'impression des livres était soumise au *nihil obstat* ecclésiastique et à l'agrément royal. L'Espagne du XVIe siècle soucieuse de lutter contre la Réforme, y veillait particulièrement et une cédule de 1540 obligea toute œuvre américaine, sauf celles sur les

D'après F. Agustin Davila Padilla, **le premier livre imprimé en Amérique** fut un ouvrage intitulé *Escala espiritual para llegar al cielo* de saint Jean Climaque, traduit du latin par F. Juan de Estrada et destiné aux novices de son Ordre. D'autres contemporains estiment que l'antériorité revient à une *Doctrina* de F. Toribio de Motolinía, le pionnier franciscain du Mexique. Aucun exemplaire de ces deux ouvrages n'est parvenu jusqu'à nous. Le livre le plus ancien qui soit conservé date de 1535, une *Breve y más compendiosa doctrina cristiana en lengua mexicana y castellana.*

«On interdira aux Indes les livres profanes et fabuleux, car le fait d'y transporter des ouvrages en langue vulgaire qui traitent de matières profanes, fabuleuses et d'histoires inventées présente de notoires inconvénients. Aussi, nous ordonnons [...] d'en interdire l'impression, la vente, la possession et l'introduction [...] et de faire en sorte qu'aucun Espagnol et aucun Indien ne les lise.»

Cédule royale
du 29 septembre 1513.

«Que nos juges et autres gens de justice de ces royaumes [...] n'acceptent ni ne permettent l'impression ou la vente d'aucun livre sur les Indes s'il n'a pas de licence spéciale délivrée par notre Conseil royal des Indes. Qu'ils fassent saisir et saisissent dans les meilleurs délais tous ceux qu'ils pourraient trouver et qu'aucun imprimeur ou libraire ne les imprime, ne les ait en sa possession ni ne les vende. S'ils venaient entre ses mains, qu'il les remette aussitôt à notre Conseil afin qu'ils soient vus et examinés, sans quoi l'imprimeur qui les détiendrait ou les vendrait encourra une amende de deux cents mille maravédis, la saisie du tirage et de ses machines.»

Cédule royale
du 14 août 1570.

langues indiennes, à passer préalablement devant le Conseil des Indes. Vu d'Amérique, il y avait là un carcan difficile à supporter étant donné les distances, les lenteurs de l'administration et la précarité des liaisons. Dans le sens inverse, il était interdit d'importer outre-Atlantique des livres espagnols et à plus forte raison étrangers, traitant de l'Amérique et non autorisés par le Conseil.

Dans le même ordre d'idées, une cédule de 1531 prohibait l'entrée et le commerce en Amérique de livres «profanes» ou «fabuleux» (c'est-à-dire d'imagination) - romans et nouvelles - rédigés en langue vulgaire et donc accessibles au grand nombre. Par la suite, un arsenal préventif et répressif fut mis en place. A partir de 1560, les ouvrages à l'exportation devaient être répertoriés avant leur départ un à un par la *Casa de Contratación* de Séville et, en 1580, une nouvelle cédule fit aussi obligation aux autorités civiles et religieuses de saisir tout livre interdit, ou même non autorisé, lors de son arrivée en Amérique. Quant aux libraires, ils devaient préciser à l'Inquisition les listes d'ouvrages en vente.

Cela ne signifia pas pour autant que la métropole ait maintenu les royaumes américains dans l'obscurantisme et l'ignorance, comme on l'a dit parfois. De plus, grâce à la contrebande, **la quasi-totalité des livres lus en Espagne l'étaient aussi en Amérique** y compris ceux qui étaient à l'index, comme le montrent les recherches effectuées sur la question. En revanche, la volonté des libraires espagnols de maintenir leur monopole et d'éviter la concurrence américaine semble avoir été plus efficace que les textes réglementaires pour empêcher l'éclosion d'une production du livre véritablement américaine.

3. La littérature

Chroniques, histoires et romans

Dès la Découverte puis la Conquête, le fait américain suscita une abondante littérature de souvenirs, de voyages, d'exposés divers, connus sous l'appellation globale et imprécise de **chroniques.** D'intérêt très variable selon les auteurs, l'acuité et la perspicacité de leur regard, la richesse de leur expérience et le sens qu'ils donnaient à leur œuvre, ces chroniques constituèrent le premier pont entre les deux mondes, dans la mesure où, pratiquement, elles furent longtemps le seul moyen de faire connaître le Nouveau à l'Ancien.

Le genre évolua assez vite vers des formes plus élaborées, en particulier celle de l'histoire. D'autre part, l'attention portée aux problèmes que posait le monde indigène et aux débats qu'il suscitait a permis à ces textes de traverser les siècles sans trop de dommages. Certains sont même devenus des classiques à l'échelle européenne, et la connaissance de l'époque pré-hispanique ou des premières décennies coloniales a longtemps dépendu d'eux.

On a beaucoup discuté pour savoir si ces œuvres, bien qu'écrites dans leur quasi-totalité par des Espagnols métropolitains et selon des normes péninsulaires, appartenaient à la littérature espagnole ou à celle d'Amérique, puisque, pour la première fois, le nouveau continent faisait irruption dans les horizons culturels de la vieille Europe et contribuait à la nourrir de sa substance.

Dès la fin du XVIe siècle et au tout début du suivant, des auteurs nés en Amérique prirent la plume à leur tour : le célèbre métis cuzquénien Garcilaso de la Vega, fils d'un conquérant et d'une princesse indienne, que ses *Comentarios reales de los Incas* (1609) et son *Historia del Perú* (1617) imposèrent d'emblée comme l'historien des Incas, le Créole paraguayen Ruy Diaz de Guzman (*Historia del descubrimiento, población y conquista del Río de la Plata*, terminée en 1612), des Indiens ou des métis comme les Mexicains Fernando de Alva Ixtlilxochitl (*Horribles crueldades de los conquistadores de México y de los Indios que los auxiliaron*), Fernando Alvarado Tezozomoc (*Crónica mejicana*), les Péruviens Juan de Santa Cruz Pachacuti Yamqui (*Relación de antigüedades deste reino del Perú*) ou Felipe Huamán Poma de Ayala (*Nueva Crónica y buen gobierno*).

Le XVIIe siècle devait être celui des **chroniques créoles,** en particulier de celles qui furent élaborées dans les couvents. Chacune province des Ordres voulut faire sa propre histoire. Elle chargea donc des religieux de faire à leur manière, cumulative, chronologique et le plus souvent sans perspective mais non sans richesse, l'histoire des événements de leurs communautés. Au-delà de

«Les listes de **livres exportés vers l'Amérique** que conservent les archives de l'ancienne *Casa de Contratación* détruisent, sans qu'il soit besoin d'en faire la démonstration, la légende de la persécution du livre en Amérique pendant l'époque coloniale, légende dont l'origine, il est vrai, vient des propres textes promulgués par les souverains espagnols et de l'intervention du Conseil des Indes.»

José Torre Revello,
El libro, la imprenta y el periodismo en América.

Felipe Huamán Poma de Ayala

Obscur cacique péruvien né quelques années après la Conquête et ayant passé l'essentiel de sa longue existence dans les régions de Huamanga (Ayacucho) et Huancavelica. Héritier de la tradition indigène et de l'enseignement des religieux espagnols, notamment franciscains, il écrivit vers 1610 une grosse chronique retrouvée par hasard au début du XXe siècle, dans une bibliothèque danoise. Son originalité vient de ce qu'elle traite une foule de sujets, mais réside aussi dans le fait d'utiliser l'espagnol et le quechua. Elle alterne en outre textes et dessins. Sa critique du système colonial est sans doute une des plus virulentes et des plus riches qu'ait produites le monde indien.

Claribalte : il est significatif que le premier roman écrit en Amérique soit un roman de chevalerie. On le doit à Gonzalo Fernandez de Oviedo (1478-1557) qui le rédigea en 1514-1515, lors de son premier séjour à Saint-Domingue et le publia à son retour en 1519 à Valence, puis de nouveau en 1545 à Séville. Fernandez de Oviedo, qui vécut à six reprises en Amérique entre 1514 et 1556, abandonna ensuite ce genre pour se consacrer à sa monumentale *Historia general y natural de las Indias.*

Romance : forme poétique traditionnelle de la métrique castillane apparue au XIIIe siècle et constituée de vers octosyllabiques, les pairs étant assonancés. Double héritière de la chanson de geste et de la ballade, à dominante lyrique et dramatique, elle était particulièrement utilisée pour les poésies narratives et l'exaltation patriotique. Le souvenir de certains épisodes fameux de la Conquête ne devait pas tarder à être véhiculé par des *romances,* ainsi la bataille de Tacuba au Mexique, la mort d'Atahualpa et le soulèvement de G. Pizarro au Pérou.

la succession monotone des faits et, de nos jours bien dépourvue d'intérêt, sauf pour le spécialiste, les religieux ont laissé un ensemble d'ouvrages d'un très grand intérêt sur des questions aussi fondamentales que la relation à l'Espagne et l'apparition d'une identité américaine. Étant donné l'étroite imbrication du monde conventuel dans la société de son temps, leurs chroniques sont aussi de véritables mines pour la connaissance d'une foule de détails révélateurs sur les mentalités et les comportements.

Les autres manifestations littéraires en prose, très diverses, sont souvent bien oubliées aujourd'hui : traités de médecine, de technologie ou de droit. En Espagne, avec le roman de chevalerie si important au XVe siècle et si présent dans l'arrière-fond culturel des Conquérants, le roman pastoral de la Renaissance, puis le courant picaresque et le Quichotte, le roman avait acquis ses lettres de noblesse. Or, il fut pratiquement absent de la production américaine, ce qui n'est guère étonnant étant donné les entraves - d'une efficacité relative, il est vrai - mises par les autorités à la circulation de ce genre sur le continent.

La poésie

La poésie coloniale s'est surtout développée dans trois directions : les formes populaires traditionnelles, les poèmes épiques, les exprcssions lyriques. Parmi les formes populaires, la plus répandue fut le ***romance*,*** à l'image de ce qui se passait à la même époque en Espagne. Plusieurs chroniqueurs y font de claires allusions. Au XVIe siècle, on assista en Amérique à la naissance de *romances* suscités par certains épisodes comme la conquête de Mexico ou les guerres civiles du Pérou, mais le *romance* américain se caractérisa surtout par la survivance de textes ou de thèmes très anciens remontant au Moyen Age européen et appartenant par exemple au cycle de Charlemagne et des douze pairs. Parallèlement, une poésie de type épigrammatique très vivace, festive et parfois fort caustique, s'appuya sur le canevas des dizains (*décimas*) espagnols et de la *copla* andalouse pour censurer, de manière plus ou moins ouverte, les abus de telle personne haut placée et les vices du temps.

La Découverte, et plus encore la Conquête suscitèrent une **abondante production épique,** ce qui ne saurait étonner dans la mesure où les conquérants venus d'Europe eurent le sentiment de vivre de nouveaux temps d'épopée semblables à ceux qu'avaient chantés l'Antiquité ou le Moyen Age de la Reconquête. L'épopée américaine se tourna davantage vers une histoire mythique, mais traita aussi d'un passé récent propre à nuancer les formes traditionnelles du genre qui se situa désormais, dans les colonies espagnoles, à égale distance de l'épopée classique, du poème héroïque et de la chronique rimée. *La Araucana* (1569), d'Alonso de Ercilla y Zuñiga, née de la résistance indigène à la pénétration européenne au Chili pendant la seconde moitié du XVIe siècle, fut sans doute à cet égard l'œuvre la plus réussie et la plus représentative.

Dans le domaine de la poésie lyrique, avec le **maniérisme** qui correspondit du point de vue chronologique à l'essor de la société coloniale, les poètes furent nombreux, les concours poétiques organisés lors des fêtes se multiplièrent, les œuvres commencèrent à refléter, par exemple au travers de la satire, les tensions et les aspirations des nouvelles générations créoles. C'est cependant sous le signe du **baroque** que la poésie hispano-américaine allait donner au XVIIe siècle, ses meilleurs fruits. Les thèmes religieux, véritables signes de l'époque, le sentiment amoureux souvent porté à l'hyperbole, l'éloge courtisan à la rhétorique si particulière, les jeux d'esprit et la jonglerie verbale, le burlesque et la satire s'y retrouvent avec fréquence, mais en proportions variables.

Citons Luis de Tejeda (1604-1680) du Tucuman, très influencé par les thèmes religieux, et qui écrivit surtout les dernières années de sa vie passées dans le couvent dominicain de sa Cordoba natale, le jésuite de Nouvelle-Grenade Hernando Dominguez Camargo (1601-1659) qui, parmi la foule des imitateurs de Gongora, se signale par la qualité de ses choix propres et sa mesure, Juan del Valle Caviedes (1651?-1697?) né en Espagne, mais qualifié souvent de «Quevedo péruvien», satiriste considéré comme le meilleur représentant à son époque de l'esprit liménien, enfin, la Mexicaine Sœur Juana Inés de la Cruz qui fut sans doute la voix poétique la plus forte dans l'Amérique de son temps et mania avec un égal bonheur les formes traditionnelles, les sonnets, et d'autres plus ambitieuses, en particulier dans son *Primer sueño*.

Sor Juana Inés de la Cruz (1651-1695)

Née Juana Ramirez de Asbaje à San Miguel de Apantla d'une mère créole et d'un père basque. La précocité de son talent la fit remarquer du vice-roi de Mancera qui l'invita à la cour de Mexico. Entrée très jeune au Carmel mais rebutée par sa rigueur, elle opta ensuite pour l'ordre hiéronymite qui lui laissa plus de latitude afin de poursuivre son œuvre poétique caractérisée par sa qualité d'expression, la richesse de sa culture, la profondeur et la diversité de son inspiration puisqu'on y trouve des poèmes d'amour, philosophiques, ou religieux, sans parler de son œuvre théâtrale dont il sera question plus loin.

4. Le théâtre

Le théâtre a sans doute été une des manifestations à la fois les plus fortes et les plus originales du Siècle d'Or espagnol. Sur le plan social, son succès est bien connu. Il en fut de même en Amérique où, dans les capitales, des compagnies offraient aux spectateurs des *comedias* à la mode en provenance d'Espagne et parfois récentes, quelquefois sur un rythme élevé, trois ou quatre pièces par mois.

La concurrence et le prestige des modèles venus de métropole, la faible rentabilité économique de ces spectacles, le manque de professionnalisme des auteurs locaux, expliquent que les dramaturges américains n'aient guère tâté de ce genre majeur. Ils préférèrent les représentations accompagnant les grands événements multitudinaires, profanes ou sacrés comme la Fête-Dieu, et celles que donnaient pour un public réduit les vice-rois dans leurs palais ou les religieuses dans leurs couvents.

On distingue deux périodes dans la production théâtrale américaine qui fut peu importante en quantité et d'un intérêt ou d'une originalité discutables. Durant environ les quatre-vingts premières années du XVIIe siècle, elle fut d'abord presque insignifiante sous le poids des modèles espagnols dont les plus prisés, étant donné l'omniprésence de l'Église dans la vie sociale, étaient l'allégorie religieuse, les pièces hagiographiques, les *autos sacramentales* et les *comedias* bibliques puis, un peu plus tard, le théâtre historique et mythologique.

Toutes ces formes cohabitèrent avec d'autres plus courtes et plus légères : le *sainete* qui, sur un ton en général comique, s'intercalait entre les actes de la *comedia,* le *sarao* dansé et chanté à la fin des représentations d'où son autre nom de *fin de fiesta* et, surtout, la *loa* qui fut peut-être la pièce la plus caractéristique du théâtre hispano-américain de l'époque, bien que la critique moderne se montre fort sévère à son égard, étant donné son manque d'originalité et son aspect itératif.

La fin du XVIIe siècle et pratiquement la première moitié du XVIIIe virent enfin l'apogée puis, lentement, le déclin du théâtre baroque venu d'Espagne. Parmi les rares dramaturges américains de l'époque, bien peu ont réussi à franchir les barrières d'un oubli souvent mérité et la plupart des noms n'intéressent plus aujourd'hui que les spécialistes de l'histoire littéraire. Seuls quelques-uns offrent encore un intérêt certain :

– Juan Ruiz de Alarcon (1581?- 1639) né à Mexico, mais dont la vingtaine de pièces furent écrites en Espagne pour un public péninsulaire et s'inscrivent surtout dans la trajectoire du théâtre métropolitain, même si la vie et l'œuvre de l'auteur furent très marquées par sa condition de créole ;

– Sor Juana Inés de la Cruz, dont il a déjà été question : ses *comedias* et surtout ses *loas* confirment bien qu'il s'agissait d'un des meilleurs poètes de son temps et annoncent à certains égards une nouvelle époque pour le théâtre baroque colonial ;

– Pedro de Peralta y Barnuevo (1664-1743), célèbre professeur de mathématiques, polygraphe et homme de cour péruvien, fidèle à l'esthétique de la *comedia* mythologique à scénographie compliquée et présentant des personnages dont les amours ne sauraient s'exprimer en dehors du cultéranisme baroque.

Juan Ruiz de Alarcon

Fils d'Espagnols établis à Mexico et liés aux activités minières de Taxco, physiquement contrefait, licencié à l'université de Salamanque, avocat à Séville, frustré à la fois dans ses ambitions universitaires et ses multiples mais vaines requêtes pour obtenir un emploi dans l'administration. Certaines de ses pièces ont réussi à traverser les siècles, par exemple *La Cueva de Salamanca, No hay mal que por bien no venga, Las Paredes oyen* et surtout *La Verdad sospechosa,* dont Molière s'inspira pour *Le Menteur.*

Les origines du théâtre missionnaire

«Le théâtre édifiant est caractérisé en termes généraux par une adaptation très stricte et très soigneuse au mode de pensée et au tempérament des Indiens, ainsi qu'à la situation dans laquelle ils se trouvaient par rapport à la nouvelle religion. Il est totalement indien, non point par l'inspiration, mais par la langue et les acteurs. Les textes s'accordent à nous dire que tous ceux qui participaient à ces représentations, comme acteurs proprement dits, comme comparses, chanteurs ou danseurs, étaient indiens et que tout ce qui se disait et se chantait était en langue indienne, très fréquemment en nahuatl, puisque c'était une sorte de langue universelle que les missionnaires s'efforçaient de répandre de plus en plus...

Pour que les représentations fussent accessibles aux esprits indigènes, il ne suffisait pas de les donner dans leur propre langue et avec des acteurs indiens. Les indications que nous avons démontrent que les *autos* étaient d'une structure extrêmement rudimentaire : on représentait les faits comme ils avaient dû avoir lieu en réalité, sans recherche dramatique, puisque le but était plus d'instruire et d'édifier que de plaire ou d'intéresser l'imagination. Le plus urgent était que l'immense foule des spectateurs puisse être intéressée, s'instruise et soit édifiée sans effort et ne fasse pas trop fonctionner son entendement dans l'interprétation, que presque tout se comprenne de manière vivante et claire au simple spectacle. Telle est la raison de la pompe et de la complexité de la scène qui captivait les regards et l'imagination des Indiens.»

Robert Ricard,
La Conquête spirituelle du Mexique.

Quelques sujets de représentations édifiantes destinées aux Indiens : *Le dialogue de la Vierge et de l'archange Gabriel, le Jugement dernier, Le sacrifice d'Isaac, La prise de Jérusalem, L'adoration des Rois Mages...*

On ne peut terminer sans souligner que la forme la plus originale de la dramaturgie coloniale fut, dans un domaine tout à fait différent, le théâtre missionnaire par lequel les religieux essayèrent de faire passer leur message évangélique auprès des Indiens. Les acteurs étaient les membres des confréries indigènes et les représentations, constituées de pièces brèves entrecoupées de danses, de musique et de feux d'artifice, avaient lieu sur le parvis des églises au terme d'une procession. Le théâtre retrouvait là ses origines à la fois sacrées et didactiques du Moyen Age européen, agrémentées de comportements, d'images et de symboles qui essayaient de parler directement au monde indigène dans sa langue pour atteindre plus sûrement sa sensibilité. Ces formes théâtrales connurent de manière durable un très grand succès au Mexique, mais on sait qu'elles furent pratiquées aussi par les jésuites au Paraguay et au Pérou.

5. Les arts plastiques

L'architecture ecclésiastique offre sans aucun doute en Amérique espagnole les exemples les plus saisissants des conceptions et de la signification sociale de l'art monumental de l'époque. Un peu partout, dès la seconde moitié du XVIe siècle, cathédrales et églises furent mises en chantier pour manifester le triomphe de la foi, la magnificence de la nouvelle société et la puissance temporelle autant que spirituelle de l'Église dont les diverses composantes, régulière et séculière, firent assaut de richesse et de splendeur.

Les **formes baroques** qui s'imposèrent un peu partout au XVIIe et au début du XVIIIe siècles prennent tout leur sens dans le contexte né de la Contre-Réforme, qui assigna aux arts une fonction idéologique et pédagogique. Étant donné le contexte américain, le baroque s'y manifesta par des caractères particuliers qui concernèrent davantage l'ornement que la structure et se retrouvent donc plutôt sur les façades et les autels. Dautre part, la durée de construction de ces temples, les destructions partielles qu'ils subirent parfois du fait des cataclysmes naturels, firent cohabiter des éléments d'origine et de périodes diverses, auxquels l'élément baroque servit de cohésion.

L'architecture baroque latino-américaine : une rhétorique provinciale de la persuasion

«Le concept d'architecture coloniale est inévitablement lié au provincialisme et, dans le cas de l'Amérique latine, la provincialisation est établie par sa condition de zone réceptrice dépendante des centres culturels européens...

On peut comprendre que les types d'architecture transmis soient mieux saisis du point de vue formel dans les centres urbains importants, puisqu'on y trouvait les artistes les plus adroits et la main-d'œuvre la plus qualifiée. Ils sont passés par divers processus de transformation qui peuvent être de simplification, d'accentuation, d'incompréhension formelle, d'apports locaux mêlés à des éléments déformés par une compréhension déficiente et une exécution malhabile ou grossière.

Le problème de la main-d'œuvre locale ne constitue pas un facteur de changement dans l'architecture coloniale et les différences attribuées aux apports de la "sensibilité indigène" ne sont que des altérations et des déformations dans la réélaboration de formes et de concepts importés. Au niveau artisanal, la main-d'œuvre locale se manifeste avec une habileté inégale, depuis les œuvres d'une grande rusticité jusqu'à celles qui révèlent un métier en rien inférieur à celui de la main-d'œuvre européenne.

Le phénomène culturel baroque arrive aussi avec retard en Amérique : esthétiquement, il atteint une spécificité sûrement facilitée par l'importance de la relation entre l'œuvre et le spectateur et qui a fonctionné sur la base de la persuasion....

Il est impossible de dessiner une géographie du baroque colonial en prenant comme base une carte politique de l'Amérique d'aujourd'hui. L'Amérique espagnole constituait une unité idéologique du fait qu'elle était une colonie espagnole, mais cette unité, qui respectait des lignes directrices en provenance de Madrid, était plus apparente que réelle. Dans le domaine politique et religieux, de telles lignes directrices maintenaient un contrôle efficace, mais en matière de culture, de connaissances scientifiques, d'idées plus élaborées et notamment dans le domaine artistique, cette unité n'était pas impénétrable.

Lorsque l'architecture coloniale est analysée depuis l'Espagne, elle est considérée comme un prolongement provincial de la Péninsule, car on continue de croire que la géographie politique détermine la géographie artistique.

La réalité est assez différente. La géographie artistique suit des règles associatives autres. Un dessin qui avait eu du succès à Bruxelles pouvait se répercuter à Lima plus tôt qu'à Madrid ou à Rome. Les connaissances architecturales d'un jésuite non espagnol qui arrive dans les colonies américaines peuvent introduire des éléments différents et ignorés en Espagne. L'important, chez les religieux qui partent en Amérique, c'est le catholicisme et non leur nationalité. Pour évangéliser, tant vaut un franciscain flamand qu'un jésuite allemand ou italien, l'idée religieuse est la même. Ce qui diffère, ce sont la formation culturelle, les connaissances artistiques et le goût.

En tenant compte du déséquilibre territorial entre la Nouvelle-Espagne et l'Amérique du Sud, il est possible de démontrer que le nombre de religieux flamands, bavarois, bohémiens, italiens, etc., qui arrivent dans la seconde est plus grand que celui de ceux qui vont à Mexico. Cette variété de contacts et d'apports culturels est probablement une des causes qui expliquent le mieux les différences entre l'architecture d'Amérique du Sud et celle de Nouvelle-Espagne.»

Graziano Gasparini,
Simposio internazionale sul barocco latino-americano.

Diego Quispe Tito (1611?-1681?)

On sait très peu de chose sur la vie de ce peintre indien né au Cuzco. En marge des modèles de la Renaissance imposés au Cuzco par le jésuite italien Bitti, Quispe Tito fut un artiste provincial, mais il suscita un nouveau type de peinture cuzquénienne qui s'imposa durablement dans le monde andin. Par influence venue de l'extérieur ou par goût personnel, à l'instar de l'école flamande, il meuble ses tableaux de vastes paysages, de villes imaginaires, de montagnes escarpées. Il évoluera ensuite vers la décoration plus complexe d'églises, les ensembles aux thèmes ambitieux comme la douzaine de scènes de l'église de San Sebastian, la série du zodiaque de la cathédrale du Cuzco ou le monumental Jugement Dernier du couvent franciscain de l'ancienne capitale des Incas.

Le Nord de la Nouvelle-Espagne fut le lieu par excellence des églises à façades en retable abondamment décorées, parfois totalement ouvragées. Plus au Sud commence le domaine des églises polychromes, aux arcatures complexes et tourmentées. Les divers Ordres réagirent d'ailleurs de manière différente. Les franciscains demeurèrent relativement simples dans leur ornementation, au contraire des augustins, tandis que les dominicains, d'abord fidèles à une certaine sobriété, furent peu à peu attirés par l'exubérance baroque. En Amérique du Sud, si l'influence du baroque espagnol et italien fut dominante, les variantes régionales, souvent liées à la nature du matériau, au contexte économique, à la date de construction ou de reconstruction, ont nettement différencié l'architecture civile et ecclésiastique.

A partir surtout de la seconde moitié du XVIIe siècle, les **jésuites** développèrent – et pratiquement imposèrent – partout un mouvement artistique et architectural de la plus grande importance qui, mêlant des influences locales à celles venues d'Italie, des pays germaniques et d'Espagne, allait s'épanouir au XVIIIe pour donner toute son originalité à cet extraordinaire et si caractéristique éclectisme américain.

Cette splendeur surchargée des grands centres ne doit pas faire oublier que, dans les zones périphériques ou déprimées, l'architecture civile ou religieuse, basée sur des schémas spatiaux simples, eut en général davantage de spontanéité et fut assez fruste dans sa décoration.

Encore plus que l'architecture, la sculpture et la peinture furent liées aux manifestations du sacré. Malgré le grand rôle joué dans certains centres, comme Quito, par des artistes et des artisans métis ou indiens, l'influence de l'élément local est restée très limitée dans la sculpture. C'est dans la peinture que la culture locale réussit le mieux à s'exprimer, dans les tableaux et les fresques de la fameuse école cuzquénienne du XVIIe siècle. Des peintres indiens, comme le célèbre Diego Quispe Tito, ont laissé des centaines d'œuvres où les représentations religieuses, tout en restant fidèles à la tradition, manifestent de notoires emprunts à la société andine, dans les costumes et les visages notamment, avant de s'engager vers la fin du siècle dans des voies beaucoup plus riches et complexes, car plus dégagées des vieux modèles religieux.

Parmi les peintres espagnols et créoles diverses écoles et/ou périodes ont marqué la production picturale dans l'ensemble du continent : le **maniérisme*** italien apporté par les jésuites, la transition vers le baroque, les influences flamandes surtout de Rubens, Bosch et Bruegel, enfin, bien sûr, celles de la grande école espagnole du Siècle d'Or, visible un peu partout à partir de 1630.

Maniérisme : art de cour qui naquit et se développa essentiellement en Italie, caractérisé par son raffinement et sa recherche, parfois même son affectation. Ses principaux représentants sont le Tintoret, Palladio et Véronèse.

Peinture baroque et pédagogie sociale

«Le caractère éminement religieux de la peinture coloniale est un fait indiscutable et déterminant. Étant donné ce fait d'une importance capitale et au demeurant bien connue, on doit considérer l'activité picturale du Nouveau Monde comme une conséquence purement "coloniale" du développement artistique de la métropole... Les sociétés nées de la Conquête furent dès les débuts de l'évangélisation préparées à recevoir et à comprendre, au travers de l'œuvre picturale, le message moralisateur que l'Église voulait transmettre. Étant donné les circonstances historiques particulières de la Conquête et de la colonisation, la société de l'époque baroque américaine fut extrêmement complexe et contrastée. L'expression picturale dut donc s'adapter à une réalité sociale véritablement enchevêtrée, puisque ses destinataires allaient être de la même façon tous les hommes qui la composaient : péninsulaires, créoles, autorités civiles, clergé, noblesse, hommes de loi, riches commerçants et propriétaires de mines, plèbe ignorante et pauvre, Indiens et divers groupes de métis. Cependant, malgré d'aussi profondes différences humaines, la cohésion interne exercée par l'Église parvint à unifier le langage artistique, afin de transmettre son contenu didactique et symbolique à tous les niveaux. Ainsi, en Nouvelle-Espagne, par exemple, la population diverse et multicolore, à la culture, à l'intelligence, à la sensibilité et aux richesses différentes, reçut le message de l'Eglise au moyen d'un objet unique : un type d'art déterminé. Pour ce qui est de la peinture, on assista à la naissance et à l'imposition d'une seule et même manière d'expression appuyée sur des formes faciles à comprendre, dont le symbolisme religieux – lorsqu'il désirait s'élever à un certain niveau intellectuel – recourait à de subtils éléments d'érudition biblique, mais sans jamais négliger le patron formel conventionnel qui devait s'exprimer dans un langage suffisamment clair pour être capté par la plupart des entendements. Ainsi, au travers des principes scolastiques directeurs de la pensée et de l'art de l'époque essentiellement au service de l'Église, la peinture baroque américaine prit un ton moyen, artisanal, de préférence anonyme, éclectique et facile à lire, qui fut le paradigme de sa nature et de sa finalité sociale, dans le but de faire œuvre utile.»

Elisa Vargas Lugo, *Simposio internazionale sul barocco latino-americano.*

Chapitre 14

Le XVIIe siècle américain : repères chronologiques

1602 *Création de la Compagnie Hollandaise des Indes Orientales*, attaque anglaise de Portobelo, dans l'Isthme, par William Parker.

1604 Création de la province jésuitique du Paraguay.

1605 Mise en place de *tribunales de cuentas* à Lima, Mexico et Santa Fé de Bogota.

1607 *Les Anglais fondent une colonie en Virginie.*

1608 *Fondation de Québec par Champlain.*

1610 Potosí dépasse 150 000 habitants, création d'un tribunal d'Inquisition à Carthagène des Indes, premières *réductions* guaranies des Jésuites au Paraguay.

1613 Création du Consulat des marchands à Lima, interdiction du commerce direct entre Buenos Aires et le Brésil. *Les Hollandais s'installent à Manhattan.*

1624 *Les Hollandais s'emparent de Bahia au Brésil. Le* Mayflower *arrive en Nouvelle-Angleterre : fondation de Plymouth.*

1628 Pour la première fois, les Hollandais, commandés par Piet Heyn, capturent une flotte espagnole devant Matanzas (Cuba).

1630 *Les Hollandais occupent le Nord-Est du Brésil.*

1634 Interdiction définitive du commerce, déjà contingenté depuis la fin du XVIe siècle entre le Pérou et la Nouvelle-Espagne.

1638 Premières missions sur l'Amazone péruvienne (Marañon).

1640 *Le Portugal, réuni à l'Espagne depuis 1580, retrouve son indépendance.*

1641 Débuts des opérations de la flotte espagnole dite *de barlovento,* basée à Vera Cruz.

1648 Publication de la *Política Indiana* de Juan de Solorzano Pereira, membre du Conseil des Indes, remarquable somme de réflexion juridique et politique sur l'État enAmérique.

1650 Le Cuzco ravagé par un tremblement de terre.

1654 *Les Hollandais sont chassés du Brésil.*

1655 *Les Anglais s'installent en Jamaïque, jusque-là colonie espagnole.*

1660 Mise en place à Buenos Aires d'une Audience qui est bientôt supprimée.

1664 *Création de la Compagnie Française des Indes Occidentales.*

1665 Publication de la première *Gaceta de México*.

1668 Henry Morgan prend Portobelo et, trois ans plus tard, Panama.

1680 Promulgation par Charles II de la *Recopilación de las leyes de los reinos de Indias,* destinée à systématiser et unifier la juridiction américaine.

1684 Décision de construire une muraille à Lima pour prévenir des attaques corsaires.

1687 Lima est ravagée par un tremblement de terre.

1692 Graves émeutes à Mexico.

1697 Paix de Ryswick : l'Espagne cède à la France la partie Ouest d'Hispaniola (le futur Haïti).

1698 Tentative anglaise de colonisation dans l'Isthme.

L'apparition d'une conscience américaine

1. De la Conquête à l'État colonial : les origines d'une frustration

Dès l'origine, les relations entre les Espagnols d'Amérique et la métropole ont été difficiles. On se rappelle que, pour l'essentiel, la Conquête naquît de l'entreprise privée. De part et d'autre, cela ne pouvait qu'entraîner frictions et suspicions. En effet, l'État espagnol n'allait pas manquer de vouloir affirmer son autorité et sa mainmise. De leur côté, les premiers Espagnols d'Amérique cherchaient, eux, à tirer de leur nouvel établissement le maximum d'avantages grâce à un minimum d'entraves légales. Dès lors, l'affrontement était difficile à éviter, surtout dans la mesure où deux phénomènes vinrent exacerber les données du problème.

D'une part, l'immensité des territoires américains, les exigences de leur mise en valeur, les contraintes d'une relative rationalisation étatique devenue nécessaire, les craintes mal dissimulées en Espagne de voir les colons toujours sourcilleux quant à leurs droits mais réticents devant les directives métropolitaines, amenèrent l'État à accentuer son emprise. Il y créa des organismes politiques, administratifs et judiciaires servis par des fonctionnaires et des juristes de plus en plus nombreux, qui étaient censés faire contrepoids aux représentants de la première aristocratie militaire issue et tirant sa légitimité de la Conquête. L'Église, dont les liens institutionnels avec l'État étaient très étroits, y implanta parallèlement ses structures et sa hiérarchie, chercha à y faire valoir ses normes religieuses, mais aussi sociales, et son éthique.

D'autre part, la grande remise en cause suscitée par les disputes juridico-théologiques autour de la théorie du droit naturel, ainsi que les campagnes menées par F. Bartolomé de Las Casas et ses partisans, poussèrent la Couronne à reconsidérer bien des choses. L'effet principal, ou en tout cas le plus visible, fut l'ensemble législatif des *Lois nouvelles* de 1542, plus contraignantes pour les colons.

La rébellion de Gonzalo Pizarro, conséquence au Pérou de la crise suscitée par les *Lois nouvelles,* démontra les motivations profondes des colons. Leur protestation n'était au fond que la façade juridique – peut-être même l'alibi – d'un mécontentement beaucoup plus ancien et profond, face à ce qu'ils considéraient comme les empiètements inacceptables de la Couronne. Celle-ci, en outre, polarisait autour d'elle, en une sorte d'alliance de circonstance, le désir de revanche des almagristes - les vaincus des premiers affrontements entre conquérants rivaux - et, d'une facon plus générale, les ambitions insatisfaites de tous ceux qui avaient eu le tort d'arriver trop tard au partage des dépouilles du Nouveau Monde.

Le compromis, après la victoire des armes royales, dénoua la crise. Les colons en gardèrent le sentiment d'avoir été trompés et spoliés d'avantages durement acquis par leur seul mérite. L'appareil colonial de l'État se fit de plus en plus présent et pesant. Ses réglementations tâtillonnes se multiplièrent. Il espérait ainsi masquer une certaine inefficacité de ses fonctionnaires. Bien qu'en nombre croissant, ils mettaient en œuvre souvent mal ou de façon maladroite – donc choquante pour les colons – les directives venues d'Espagne.

L'administration exercée de manière lointaine depuis l'Europe **méconnaissait souvent les réalités américaines.** Elle avait de toute façon ses objectifs propres et savait s'y tenir avec obstination. L'éloignement, et plus encore la durée des transmissions entre les deux continents, accentuaient les déphasages entre les intentions espagnoles et leur réalisation outre-Atlantique, faisant fi de certaines évolutions très rapides à une époque et sur un continent où tout était en train de se créer. Enfin, les fonctionnaires venus d'Espagne eurent la faiblesse, donc le tort, de pratiquer le **népotisme** et la

Isleños : en espagnol, on appelle ainsi les habitants de l'archipel des Canaries. Dans l'Amérique du XVIe siècle, ce nom était réservé aux Espagnols arrivés sur le continent après avoir séjourné, parfois longtemps, dans les Grandes Antilles.

Baqueanos **(*baquianos*) :** de *baquía,* connaissance approfondie des chemins et de la topographie d'une région. On donnait ce nom aux Espagnols qu'une longue pratique de la réalité américaine avait rendus experts pour tout ce qui concernait le milieu américain.

Gachupín : mot d'origine incertaine provenant soit de l'espagnol *cacho* dont les sens dérivés peuvent être «sot», «maladroit», «nouveau», soit d'un mot aztèque signifiant *celui qui pique avec ses souliers* (éperons ?).

Chapetón : de *chape, chapi, chapín :* jeune recrue, personne maladroite ou inexperte.

corruption, parfois avec la complicité des élites locales, mais souvent aussi à leur détriment.

On vit donc s'exacerber bientôt une animosité fluctuante mais néanmoins farouche, entre les premiers arrivés, au passé colonial et aux états de service déjà longs *(isleños*, baqueanos*, antiguos),* et les nouveaux venus (*gachupines** de Nouvelle-Espagne, *chapetones** du Pérou) comptant sur la faveur des gouvernants pour obtenir places et honneurs que les vieux coloniaux, eux, estimaient devoir leur revenir en priorité ou même en exclusivité.

Dans la société coloniale naissante, tout cela ne put qu'**aggraver les rivalités,** qu'exaspérer les animosités envers l'Espagne et l'appareil d'État qui la représentait. En un mot, tout était réuni pour que continue d'être mise en cause la validité inconditionnelle des droits du souverain sur les terres américaines, et pour que les Espagnols d'Amérique, artisans, puis héritiers de la Conquête, soient chaque jour plus convaincus d'avoir un droit supérieur à celui de la Couronne sur des régions qu'eux-mêmes ou leurs parents avaient découvertes, conquises et colonisées.

D'ailleurs, aussi bien au Pérou qu'en Nouvelle-Espagne, on vit germer à plusieurs reprises parmi eux l'idée de s'emparer du pouvoir en renversant l'autorité coloniale en place, de rompre les liens avec l'Espagne et de fonder, par conséquent, des royaumes indépendants. Tel fut le cas au Pérou, en 1544-1547, de la rébellion dirigée par Gonzalo Pizarro, et un peu plus tard au Mexique, au cours des années 1564-1566, lors de la conspiration avortée des *encomenderos,* dont les meneurs avaient imaginé de mettre le fils du grand Hernan Cortés sur le trône d'une Nouvelle-Espagne indépendante.

La force militaire de l'État, la délation et l'indécision de certains conspirateurs effrayés devant l'énormité du Rubicon à franchir eurent raison de révoltes ou de conjurations, dont la plupart ne connurent même pas un début d'exécution. Les rancœurs et les aspirations qui étaient à l'origine ne disparurent pas pour autant de l'horizon mental des Espagnols d'Amérique. Le pouvoir colonial ne s'y trompait pas et veillait à étouffer dans l'œuf toute velléité de remise en cause.

2. Le principe de la prélation

L'affermissement du pouvoir de l'État, le respect quasi religieux de l'institution royale, le caractère chimérique de tentatives comme celles dont on vient de parler et, surtout, l'équilibre auquel parvinrent en définitive la Couronne et l'aristocratie issue de la Conquête, firent que désormais les relations des colons avec l'État espagnol s'établirent sur un plan certes conflictuel et de méfiance, mais dans le **cadre de la légalité.**

L'esprit colonial est avant tout un esprit de possession. Or les colons acceptaient mal de voir la Couronne, ou des Espagnols arrivés depuis peu, jouir des avantages dont ils estimaient devoir être les seuls – ou en tout cas les premiers et les principaux – bénéficiaires. Ils réclamèrent donc que leur soient attribués en priorité, voire en exclusivité, les emplois, bénéfices, récompenses et gratifications de tous ordres que suscitait l'installation en Amérique d'une infrastructure politique et sociale.

Ce principe de priorité – la **prélation** (prelación) – n'était pas nouveau. Il avait en Espagne même de solides antécédents. Dans le domaine ecclésiastique en particulier, il était prévu qu'à mérite égal, les personnes nées dans tel ou tel évêché – les fils patrimoniaux – devaient être préférés aux candidats venant de l'extérieur pour l'attribution des bénéfices et des charges du diocèse considéré. Lorsque fut érigé le premier diocèse américain, à Saint-Domingue, la Couronne avait fait figurer dans ses constitutions le principe de la prélation. Par la suite, à chaque création de cathédrale, il en était allé de même.

«Nous voulons [...] que les bénéfices qui viendraient à être vacants ou seraient à pourvoir après cette première fois, soient donnés à des fils légitimes nés aux Indes de parents Castillans [...] jusqu'à ce que le Roi ou ses successeurs en décident autrement. Les candidats devront avoir les qualités requises. Ils seront recrutés après examen et concours comme dans l'évêché de Palencia.»

Cédule royale citée par Juan de Solorzano Pereira, *Política Indiana (1648).*

Cédule royale du 12 décembre 1619 *(fragment)*

*«Pour tous les offices, dans toutes les nominations et pour toute attribution d'*encomienda, *on devra placer en tête des propositions et nommer les personnes nées aux Indes qui sont les enfants ou les petits-enfants de conquistadors de ces régions, pourvu qu'ils présentent les qualités, la vertu, les mérites et les états de service qu'exigent la nature et l'exercice des ministères et autres emplois auxquels ils seront nommés. On procédera de même et on étendra ces dispositions aux personnes qui habitent ces pays et sont nés en ces royaumes ou provinces de mes Indes car, en qualité de fils patrimoniaux, ils doivent être préférés à tout autre qui n'aurait pas cette qualité et ne répondrait pas à cette exigence.»*

Au fil des années, la Couronne avait réaffirmé les exigences de la prélation dans de nombreuses cédules et en avait d'ailleurs étendu le champ d'application bien au-delà des seuls bénéfices ecclésiastiques. Dans les longues *Instrucciones* que chaque vice-roi recevait lors de son départ pour l'Amérique, il lui était fait l'obligation expresse de la mettre en œuvre de la façon la plus large et sans ambiguïté. Plus tard, par une très importante cédule adressée le 12 décembre 1619 à l'ensemble des fonctionnaires en poste dans l'Empire, le roi avait rappelé avec insistance la nécessité d'observer strictement ce principe dans tous les domaines où s'exerçait leur autorité.

Sûrs dès l'origine de leur droit, les premiers colons, puis leurs descendants, possédaient désormais une base juridique qui confortait leurs exigences et leurs argumentations. La prélation des Américains dans les emplois et les bénéfices de la colonie où ils étaient nés et où ils demeuraient devint l'axe de leur revendication, car, bien entendu, ni le népotisme ni le favoritisme des fonctionnaires coloniaux ne cessèrent. La Couronne elle-même s'en rendait coupable en nommant, sous la pression de recommandations courtisanes, des métropolitains que ni leurs mérites ni les textes en vigueur n'habilitaient à occuper les emplois américains qui leur étaient généreusement accordés.

Les Hispano-Américains réagirent avec vigueur. Ils adressèrent une multitude de plaintes. On vit même naître à ce propos une littérature bien oubliée aujourd'hui, mais fort abondante, et fort connue des contemporains qui, jusqu'au XVIIIe siècle, allait de manière constante défendre le droit imprescriptible des fils patrimoniaux, soit sur un plan théorique et général, soit sur des points précis et des cas concrets. Ces œuvres de juristes, d'ecclésiastiques ou de simples particuliers lésés dans leurs intérêts immédiats ou à long terme, servirent de base à toutes les revendications lors des démarches, des procès, voire des luttes que les Espagnols nés en Amérique durent mener contre l'appareil d'État pour faire reconnaître leurs droits et réparer les torts qui leur étaient faits. Cette littérature est la preuve manifeste d'une prise de conscience argumentée et cohérente qu'elles contribuèrent d'ailleurs à affermir et à développer tout au long du XVIIe siècle.

3. L'apparition du phénomène créole

Au cours des années 1560-1570 – au début de la décennie en Nouvelle-Espagne, dans sa seconde moitié au Pérou – un phénomène nouveau était venu compliquer encore les relations entre l'Amérique espagnole et sa métropole : l'arrivée à l'âge adulte et l'apparition, en tant que protagoniste social nettement configuré, de la première génération européenne née en terre américaine bientôt qualifiée de ***créole*****. Les témoignages parvenus en Europe à son sujet l'inscrivirent d'emblée dans un **réseau de craintes, de suspicions,** voire de préjugés qui ne pouvaient que prévenir à son encontre la Couronne et l'État. De leur côté, les créoles n'ignorant rien de tout cela, leurs **rancœurs à l'égard du pouvoir colonial** s'en trouvèrent naturellement accrues.

Ajoutons que le mot *criollo* lui-même, d'origine incertaine, mais en provenance des milieux de la traite négrière, déjà utilisé auparavant pour désigner les Noirs nés en esclavage et les différencier des *bozales* transportés d'Afrique, est à lui seul, par le glissement sémantique qu'il suppose, le signe de la connotation dévalorisante du terme ainsi appliqué à des Blancs. D'ailleurs, le mot *criollo* était considéré par les esclaves eux-mêmes presque comme une insulte, dans la mesure où, selon eux, il était plus honorable d'avoir connu la liberté et de l'avoir perdue ensuite que d'être né dans la servitude.

Les premiers créoles héritèrent des aspirations de leurs pères conquérants et colons. On a même pu écrire avec raison que **les revendications créoles avaient précédé l'apparition des premiers créoles.** Cependant, un certain nombre de données propres à leur insertion dans la société coloniale, mais aussi à leur époque, nuancèrent leurs positions et leurs plaidoyers d'une coloration, voire d'une teneur, particulière.

S'ils ont été les défenseurs acharnés de la prélation, ce fut avec d'autant plus de ferveur qu'à partir de la seconde moitié du XVIe siècle, la défense de ce principe, plus encore que par le passé, était devenue primordiale. Les métropolitains ne cessaient d'arriver et la concurrence se faisait donc plus vive. Beaucoup de familles jusque-là aisées voyaient leur fortune et leur position s'effriter, d'autant que le terme tant redouté des deux

Si le **Créole** se définit avant tout par sa naissance en Amérique, plusieurs spécialistes de la question (A. Saint-Lu, J. Lafaye) ont eu raison de souligner que la conscience créole et les débats qu'elle a suscités, sont fondamentalement liés au sentiment d'appartenir au Nouveau Monde, d'être attaché à ses valeurs et de se reconnaître dans ses intérêts. En ce sens, certains Péninsulaires bien insérés, et de manière définitive, dans la société américaine purent se retrouver aux côtés des Créoles lors des combats du créolisme.

Parmi les **reproches espagnols faits aux Créoles** figurait souvent celui d'être, bien qu'ils s'en défendissent, métissés. Même lorsque ce n'était pas le cas, les Européens estimaient que le lait des nourrices indiennes ou noires des enfants créoles leur transmettaient néanmoins les «défauts» inhérents aux races serviles.

vies fixé aux *encomiendas* se profilait maintenant à un horizon rapproché et menaçait de laisser sans ressources bien des petits-fils de conquérants et de *pobladores*. Enfin, de nouveaux groupes sociaux, le plus souvent liés aux activités commerciales et aux faveurs de l'administration, tendaient à occuper le devant de la scène et avaient entrepris d'y supplanter les descendants des familles qui s'étaient illustrées lors de la Conquête.

On vit donc les Créoles prendre le relais de leurs devanciers espagnols, se battre sur le même terrain qu'eux, mais avec une **liberté de ton** qu'accentuaient leur éloignement, le relâchement de leurs liens avec la patrie de leurs pères, l'urgence de leurs problèmes et la précarité de leur situation. Ajoutons-y le fait que **la personne du roi était désormais** pour eux **une entité abstraite,** lointaine et, de plus, parfois discutée, comme le leur avaient montré dans un passé récent certaines prises de position des colons espagnols.

Signalons enfin que dans plusieurs régions, notamment au Pérou, des informateurs sans doute pessimistes, peut-être malintentionnés, mais en tout cas crédibles, adressaient à la Couronne des mises en garde alarmistes

Lettre du gouverneur Garcia de Castro sur l'apparition du phénomène créole au Pérou[1]
(2 avril 1567)

«Votre Excellence doit comprendre que ce pays est devenu différent, car les Espagnols qui y ont de quoi vivre sont vieux pour la plupart, beaucoup sont morts, leurs fils leur ont succédé dans les encomiendas, *mais ils ont laissé beaucoup d'enfants, de sorte que ce pays est plein de Créoles - c'est-à-dire de gens nés ici - et comme ceux-ci n'ont jamais connu le roi et n'espèrent point le connaître, ils prêtent une oreille attentive et donnent crédit à quelques personnes malintentionnées lesquelles leur disent : "Comment pouvez-vous supporter qu'alors que ce sont vos pères qui ont conquis ce pays, vos fils soient condamnés à la misère puisqu'avec vous se terminent les deux vies de vos* encomiendas ? " *Ils demandent à ceux qui n'ont pas d'Indiens comment ils peuvent accepter de mourir de faim alors que leurs pères ont été les conquérants de ce pays et ils sèment ainsi le trouble dans leur esprit...*
Si l'on en juge par ce qui s'est passé en Nouvelle-Espagne, à ce que l'on dit ici, où les têtes du soulèvement furent créoles, et si en Nouvelle-Espagne, pays que l'on jugeait si calme depuis tant d'années, les chefs de la conspiration étaient créoles, que pourra-t-on penser, Excellence, de ce pays-ci qui n'a jamais été pacifié comme il faut ?»

1. Ce document est le premier texte en provenance du Pérou dans lequel il soit fait référence aux Créoles, expressément désignés sous ce nouveau nom.

au sujet de la piètre qualité des créoles, de leur mauvaise éducation et surtout d'une possible alliance contre l'ordre colonial de tous les laissés-pour-compte espagnols du mirage américain, auxquels se seraient joints les métis marginalisés, mais aussi les créoles...

«Si les Créoles n'avaient pas le contact des gens qui viennent d'Espagne, leur nature changerait et ils deviendraient barbares...»
Anonyme, *Descripción del virreinato del Perú (début du XVIIe siècle)*

4. Les combats du créolisme

Dès la fin du XVIe siècle en Nouvelle-Espagne, au début du XVIIe au Pérou, la revendication créole (le créolisme) prit une tournure presque définitive, se fit plus hardie, plus agressive même. A l'évidence, ce fut l'un des faits les plus marquants de l'histoire des colonies espagnoles. **Le créolisme a impliqué toutes les couches de la population d'origine européenne** dans la mesure où, pratiquement, aucun aspect de la vie sociale d'alors ne semble avoir échappé aux mises en cause, aux rivalités, voire aux combats qu'il a directement suscités ou qui, par des voies détournées, ont surgi à cause de lui.

Présent dans toutes les régions de l'Empire, ses constantes apparaissent de manière évidente, même si une étude détaillée révèle des nuances liées au rythme et aux circonstances locales de son histoire, plus qu'à sa nature profonde. Aucun corps social, aucun groupe, ne fut à l'abri des remous causés ou induits par le phénomène créole. Chacun y participa et réagit selon deux variables : à la mesure de son importance dans la société, mais aussi en fonction de données spécifiques tenant à sa nature, aux particularités de sa structure, des intérêts qu'il mettait en jeu ou des règles qui régissaient son fonctionnement.

De ce point de vue, durant tout le XVIIe siècle, les Ordres religieux, seuls groupes sociaux à jouir d'une relative autonomie, ont été le lieu privilégié du créolisme le plus militant. A l'occasion des chapitres conventuels, tous les trois ans, les frères espagnols et créoles eurent bientôt maintes raisons de s'affronter. Les premiers, de moins en moins nombreux, entendaient continuer de gouverner les communautés régulières afin, selon eux, de les garder dans la stricte observance. Les seconds, majoritaires, remplissant toutes les conditions pour accéder aux plus hautes fonctions, désireux aussi d'avoir la haute

La *dispute du Nouveau Monde* : c'est sous ce nom que l'historien italien Antonello Gerbi a popularisé les débats qui ont eu lieu autour d'une infériorité supposée de la nature et des êtres d'Amérique, et dans lesquels Buffon eut une place de choix. Pour les Européens, au-delà des arguments avancés, il s'agissait au fond de justifier la position seconde et la sujétion imposées à l'Amérique et aux Américains. Ces débats étaient plus anciens que ne l'a d'abord cru Gerbi. Ils apparaissent dès le XVIe siècle en Espagne, mais devaient connaître dans le reste de l'Europe un regain de virulence à la suite des *Recherches philosophiques sur les Américains* (1768) de l'abbé Cornelius de Pauw.

Manifestation la plus visible de l'antagonisme hispano-créole dans les ordres, **l'alternance** fut loin d'être la seule. Il donna lieu aussi à une véritable guérilla au sujet du recrutement, chaque groupe cherchant, souvent par des moyens douteux, à grossir ses effectifs. De la même façon, dans les Ordres où existaient des inspecteurs – vicaires généraux de la Merci, commissaires généraux du Pérou ou de Nouvelle-Espagne chez les Franciscains – ceux-ci devinrent les protagonistes de luttes très sévères, dans la mesure où ils pesaient de tout leur poids pour contrecarrer la volonté de la majorité créole.

main sur les avantages économiques et le prestige attachés à ces charges, souhaitèrent d'abord, puis exigèrent ensuite, en vertu du principe de la prélation, d'être les seuls à présider aux destinées de leurs communautés.

Les frères espagnols refusèrent dans un premier temps, mais quand, par le jeu des élections capitulaires, ils furent écartés définitivement des responsabilités, ils demandèrent à Rome l'instauration d'un système (**l'alternance*** ou alternative) attribuant le pouvoir conventuel alternativement, d'où son nom, aux Créoles et aux Péninsulaires. Ce procédé, d'utilisation fréquente en Europe – et surtout en Espagne – pour apaiser les dissensions entre groupes régionaux à l'intérieur d'une même province régulière, était viable et justifié lorsqu'on avait affaire à deux groupes d'importance comparable. Or, très rapidement, ce ne fut plus le cas des Ordres hispano-américains. L'inflation des vocations créoles, les difficultés grandissantes en Espagne pour remplir avec un personnel de qualité les expéditions missionnaires, le vieillissement et la diminution du groupe espagnol qui s'ensuivirent, tout cela fit que, dès le premier tiers du XVIIe siècle, les Créoles furent partout et de loin les plus nombreux. Les frères espagnols étaient débordés ou sur le point de l'être. Pour éviter pareille situation, ils exigèrent du pouvoir politique l'imposition de l'alternative, seule capable de protéger leurs intérêts et leur présence à la tête des communautés.

Lettre de Philippe II à son ambassadeur à Rome

«Aux Indes, les Ordres ont commencé de manière très florissante et cela a duré quelques années pour le plus grand service et la plus grande gloire de Notre Seigneur, étant donné la ferveur et l'état d'esprit dans lesquels de nombreux religieux se disposaient à quitter les royaumes d'Espagne pour aller convertir et endoctriner les infidèles. Mais après que les fils d'Espagnols nés aux Indes ont commencé à faire profession dans les Ordres et s'y sont emparés des offices et de leur gouvernement, cela a été la cause que des religieux formés dans les couvents d'Espagne à l'observance des règles de leur Ordre sont partis en moins grand nombre pour l'Amérique. Or, comme ce pays a une propension au vice et à la licence et que les gens n'y sont pas faits à la rigueur et à la rudesse de ce royaume-ci, les Ordres ont beaucoup décliné, à ce que m'en disent les vice-rois, les évêques et les religieux de ces mêmes Ordres qui, mus par leur zèle et leur chagrin, représentent le périlleux état dans lequel se trouve toute chose, et le grand dommage que l'on peut craindre si l'on n'y porte pas remède le plus tôt possible.»

20 février 1595.

Dès lors, une affaire interne aux milieux conventuels se transforma en **question politique,** puisque les représentants du pouvoir colonial, vice-rois et présidents d'Audience, furent chargés de faire appliquer, souvent par la force ou du moins la contrainte, ce système que les créoles refusaient avec la dernière énergie et qui, la plupart du temps d'ailleurs, avait été obtenu de Rome grâce aux démarches pressantes du pouvoir madrilène.

Le créolisme conventuel américain, polarisé autour de l'alternance, devint un **affrontement à répétition** avec le pouvoir politique métropolitain. Comme les élections avaient lieu tous les trois ans dans chaque province conventuelle, comme il y avait en Amérique une trentaine de ces provinces pour les Ordres dominicain, franciscain, mercédaire et augustin (la Compagnie de Jésus avait une autre organisation), il y eut constamment quelque part dans l'Empire, un chapitre qui venait d'avoir lieu, avait lieu ou allait avoir lieu et dans lequel l'affrontement entre créoles et Espagnols à propos de l'alternance s'était déchaîné ou allait se déchaîner.

Chaque fois, l'appareil d'État devait se mettre en branle et les passions s'exacerbaient. Les violences physiques même ne manquèrent pas et la foule des laïcs solidaire de «ses» frères s'enflammait et manifestait en masse son adhésion autour des couvents, surtout lorsque le pouvoir usait de la force et déployait la troupe, comme il le fit souvent. Parfois il y eut des morts et Quito, Bogota, Lima ou Cuzco furent à plusieurs reprises au bord de l'émeute.

Si l'**alternance** obéit en général au schéma indiqué ci-contre, dans la pratique, elle fonctionna selon des modalités variables en fonction des provinces, des époques, des ordres et, fondamentalement, du rapport des forces en présence qui pouvait fluctuer et faire évoluer les avis à son égard. Vers la fin du XVIIe siècle, l'alternance se réduisit dans certains cas à un simple mécanisme de partage du pouvoir entre factions rivales, dominées en fait toutes deux par les frères créoles. Au XVIIIe siècle, l'alternance finit dans la plupart des cas par disparaître d'elle-même, dans la mesure où le tarissement du recrutement espagnol signifia la disparition du groupe métropolitain en tant qu'entité autonome.

5. L'affirmation d'une identité : limites et contradictions

Manifestation la plus évidente et la plus itérative de la volonté de l'État métropolitain de tenir en lisière les créoles et de réserver un traitement de choix aux Espagnols péninsulaires dès lors qu'il s'agissait d'occuper les emplois-clés de la colonie, l'alternance ne fut pas, tant s'en faut, le seul terrain de bataille du créolisme. Il serait d'ailleurs fort réducteur de résumer celui-ci à ses aspects revendicatifs. Le créolisme fut aussi une affirmation, celle d'une identité.

Défense et illustration du monde américain et des créoles

«Les gens (de Lima) sont communément paisibles et doux, et ceux qui y naissent sont extrêmement perspicaces, intelligents, subtils et profonds dans toute sorte de savoir. Les nobles [...] sont tous avisés, élégants, décidés, courageux et beaux cavaliers. Les femmes sont généralement bien éduquées, intelligentes, belles, soignées et élégantes. Celles qui sont nobles sont extrêmement pieuses et charitables. Le langage que tous parlent communément est le plus net, propre, savant et élégant que l'on puisse imaginer, mais le plus admirable est de voir comment les goûts les plus élevés viennent de très bonne heure aux enfants à tel point que parmi ceux qui sont nés ici, il n'en est aucun qui s'incline à apprendre les arts et autres offices manuels que leurs parents ont amenés d'Espagne. On ne trouvera aucun créole qui soit savetier, barbier, forgeron ou épicier, car le ciel et le climat du Pérou élèvent et ennoblissent leurs cœurs et leurs pensées...
Quoi d'étonnant à ce que les gens nés ici occupent les premiers postes... puisque le ciel est si efficace et si bienveillant dans cette partie occidentale du monde que lorsque le soleil parcourt la zone torride et équinoxiale il étend et ouvre (comme dit Homère) ses cent bras et ses mains de géant. Il communique ainsi la plus robuste faculté vitale aux plantes et aux animaux...
Il ne fait aucun doute que, de la même façon que Dieu par l'intermédiaire du ciel produit de riches mines d'or et d'argent, d'inestimables perles et des émeraudes d'une extraordinaire finesse, il fait naître aussi des esprits particulièrement vifs et des talents en tout épanouis. Tout comme Potosí donne des lingots pour faire la fortune de l'Espagne, notre université peut bien enrichir toute l'Europe de ses sujets célèbres pour leur vertu, illustres par leur sang, remarquables dans les choses de gouvernement et célébrés pour leurs lettres. »

F. B. de Salinas y Cordoba, *Memorial de las cosas del Nuevo Mundo Pirú*, Lima, 1630

«Le Pérou donne des cœurs magnifiques et transforme les esprits abattus ; les jours de fête, l'ouvrier ressemble à un échevin ou à un héritier de majorat, tout n'est que cape noire et velours. Celui qui fut portefaix en Espagne prend des airs de noblesse, le manant cherche à paraître hidalgo. Celui dont tout le lignage ne pourrait réunir cent pesos les dépense au Pérou dans un banquet, celui qui en a dix les dilapide dans une collation. Si de telles attitudes sont regrettables dans la chose politique, chez les particuliers elles sont la preuve de la noblesse d'esprit qu'engendre ce pays...
Les créoles du Pérou ont des intelligences aiguës et d'heureuses mémoires, l'usage de la raison vient très tôt aux enfants et ici un enfant de douze ans sait plus de choses qu'une personne de quarante ans dans un autre royaume... Ils sont excellents en philosophie, en métaphysique et en théologie, sont de grands juristes et des étudiants parfaits dans les deux droits civil et canon. L'Espagne commence à s'en rendre compte et les Conseils le soulignent. Il y a ici beaucoup de qualités et de savoir, mais comme ils sont loin, ils n'ont ni chance ni récompense.»

F. Antonio de la Calancha, *Crónica Moralizada... (1638).*

«Les hommes et les femmes qui naissent et vivent dans le Nouveau Monde, bénéficiant de manière proportionnée des bienveillantes influences de ses astres, jouissent d'excellentes qualités et de tous les dons que la Nature prodigue à ceux qu'elle favorise ; le corps des femmes a beaucoup d'âme, l'âme des hommes beaucoup d'entendement, et tous ont en commun la taille bien faite, le visage beau, sont de caractère affable et pleins de générosité. Là où l'intelligence est chose commune, il faut six ou huit ans pour terminer les études de grammaire, eh bien les créoles du Pérou les terminent en beaucoup moins, d'où on en conclut que leur

habileté n'est en rien inférieure à celle d'autres Nations et qu'ils en dépassent même beaucoup en application... Tout cela est le fruit de la terre vierge de ce Nouveau Monde qui, grâce à sa fertilité, égalera d'ici quelques siècles, comme permettent de l'espérer les échantillons de ses lettres, de sa vertu et de sa richesse, ce qui fait l'admiration de la mémoire de l'univers depuis sa création.»

F. Antonio de Montalvo,
El sol del Nuevo Mundo (Rome, 1683).

«Notre Monde n'est pas entouré d'airs viciés et il ne cède en rien à l'Ancien... Par conséquent, nous autres Péruviens nous ne sommes pas nés dans des recoins obscurs et méprisables, ni dans une atmosphère plus vile qu'ailleurs, mais bien au contraire en un lieu supérieur de la terre, où le soleil sourit de façon plus éclatante. Or rappelons que les parties supérieures sont préférables aux inférieures. Si donc la Grèce, mère de toutes les sciences, et Athènes même, sa capitale, sont situées par rapport à nous en un lieu inférieur, il est clair que nous avons hérité du sommet le plus illustre du Monde et que nous aurions toute raison de nous enorgueillir de notre pays et de notre ciel»

Juan Espinosa Medrano,
Lógica (Lima, 1688).

Dès le début du XVIIe siècle, mais surtout à partir de 1630, on vit fleurir un peu partout dans l'Empire des textes de nature diverse où les créoles exaltaient leur pays, ses beautés et ses bienfaits sur les êtres qui y vivaient – donc sur eux-mêmes – accumulaient les preuves que Dieu l'avait désigné pour un destin exceptionnel et démontraient que, depuis l'arrivée des Espagnols, la civilisation qui s'y était développée était en tout comparable, et souvent même supérieure, à celle des contrées et des villes les plus prestigieuses du Vieux Continent.

S'il faut voir là l'expression normale de l'attachement des hommes à leur pays, il ne fait aucun doute que cette littérature d'**exaltation de la patrie créole** avait aussi pour but de répondre au dénigrement dont l'Amérique était l'objet de la part de bien des Européens, qui confortaient ainsi leur sentiment de supériorité envers les créoles et justifiaient indirectement la discrimination relative qu'ils entendaient leur faire supporter.

On touche d'ailleurs là à un point délicat. Les Créoles s'affirmaient Américains avec orgueil et parfois provocation, mais, en même temps, soucieux de répondre aux métropolitains qui mettaient en doute leur hispanité et prétendaient qu'elle s'était affadie, affaiblie sous l'effet du climat tropical, du métissage et de

«Lima n'a rien à envier aux gloires des villes les plus anciennes, car elle a de la sainte Rome les églises et le culte divin, de Gênes la superbe, l'élégance et le brio des hommes et des femmes qui y naissent, de Florence la belle la douceur de son climat, de Milan la populeuse la foule qui converge vers elle, de Lisbonne les couvents, la musique et les parfums, de l'opulente Venise les richesses qu'elle produit généreusement pour l'Espagne et qu'elle distribue libéralement dans le monde entier, de la fertile Bologne l'abondance des aliments, de Salamanque l'université renommée, les religieux et les collèges.»

F. D. de Cordoba Salinas,
Teatro de la Santa Iglesia metropolitana de los Reyes.

Éden américain et créolisme : soucieux de démontrer la prédestination divine dont leur pays était l'objet, les Créoles développèrent la vieille idée déjà exprimée par Colomb selon laquelle l'Éden était situé en Amérique. Au milieu du XVIIe siècle le Liménien Antonio de Leon Pinelo a consacré à cette question un énorme ouvrage : *El Paraíso en el Nuevo Mundo.*

***Quetzalcoatl* et *Guadalupe* :** au Mexique, le héros-dieu des Indiens, Quetzalcoatl (le serpent à plumes) fut identifié à l'apôtre saint Thomas à qui l'on attribua une tentative d'évangélisation préhispanique du continent, tandis que l'apparition à un néophyte indien, dès 1531, de la Vierge (assimilée à la Déesse mère Tonantzin) dans son image espagnole de Guadalupe fut investie d'une signification transcendante pour le pays. La rencontre de la métamorphose des anciennes croyances indiennes avec la mythologie et les utopies créoles au sein d'une spiritualité coloniale multiforme assurait implicitement la rédemption du pays, le sauvetage historique des Indiens et donnait une justification transcendante à la société créole. De fait, elle ouvrit la voie à une prise de conscience protonationale et se réalisa pleinement dans les aspirations émancipatrices du début du XIXe siècle.

l'amollissement de la vie coloniale, dans une sorte de dépit amoureux envers la mère patrie, ils insistaient aussi, et avec orgueil, sur leur qualité pleine et entière d'Espagnols, sur le soin extrême que leurs ancêtres comme eux-mêmes avaient toujours eu de maintenir outre-Atlantique un monde à tous égards hispanique. Certains n'hésitaient pas, d'ailleurs, à prédire pour l'Amérique un avenir extraordinaire et à démontrer, selon une perspective eschatologico-providentialiste compliquée, qu'elle serait le dernier bastion probable de la chrétienté et de l'hispanité, lorsque celles-ci succomberaient en Europe aux forces du mal.

La cohabitation parfois difficile dans le discours créole du sentiment d'américanité et de l'orgueil d'être espagnol ne fut pas la seule embûche rencontrée par une identité qui se cherchait. La définition claire des cadres spatiaux lui faisait également défaut dans bien des cas. Si pour certains Créoles il était facile de se dire et de se sentir fils d'un pays bien individualisé (par exemple au Chili), le plus souvent cette auto-identification se résumait à un localisme exacerbé, à un chauvinisme narcissique, surtout lorsqu'il s'agissait des grandes villes. Leurs effets, à la longue, devaient être souvent néfastes et bloquer l'intégration de cadres géographiques référentiels vraiment porteurs d'avenir dans les constructions idéologiques qui s'élaboraient.

Mais il y avait plus important. Le Créole jouissait dans l'organisation coloniale d'une place de choix. Malgré les attitudes parfois discriminantes de la métropole, il était parfaitement intégré au système d'exploitation et en constituait même une pièce maîtresse. Ses solidarités ne pouvaient donc se manifester en définitive qu'avec les maîtres du jeu, les métropolitains et l'État, qui garantissait à tous une position dominante malgré les rivalités internes qui pouvaient surgir. Le **proto-nationalisme créole** – qui excluait de toute façon Indiens, Métis et Noirs malgré certaines complicités de circonstance – se situait donc pleinement dans le contexte de l'hispanité, mais n'existait que par rapport à une confrontation mal acceptée tout au long de l'époque dont nous nous occupons, avec l'Espagne et son État.

Sans doute, le respect en fin de compte indiscutable de l'autorité royale au XVIIe siècle aida-t-il à maintenir

Indio, indiano, criollo, español*

«Lorsqu'un fils d'Espagnol et d'Espagnole né aux Indes vient en Espagne et qu'il amène un Indien avec lui, les Espagnols veulent confondre leurs origines en les appelant tous les deux Indiens. Quelle énormité que de les désigner par un seul mot, alors qu'il y a entre la nature de ces deux personnes une différence aussi grande et radicale ! A la rigueur nous accepterions, si derrière l'usage d'un seul et même nom ils ne voulaient considérer que nous sommes d'une seule et même nature...
Certains en Europe nous donnent un nom plus acceptable : indianos, *mais ceux-là se trompent aussi, car ils appellent sans distinction* indianos *tous ceux qui viennent de là-bas et il est aussi barbare d'appeler tout le monde* indiano *sans distinction d'origine qu'Indien...*
Créole est la même chose que procréé, né, élevé dans tel ou tel endroit et créole au Pérou et aux Indes en général ne veut rien dire d'autre, selon l'intention avec laquelle ce mot a été introduit, qu'Espagnol né aux Indes. Aussi, de la même façon que nous utilisons le mot Espagnol pour nous différencier des Indiens et des Noirs, pour nous différencier de ceux qui sont nés en Espagne nous nous appelons, là-bas, créoles, si bien que les Espagnols d'Espagne devraient comprendre que le fait de nous appeler Créoles et non Indianos *est la preuve du grand prix que nous attachons et de l'estime singulière que nous manifestons au fait que nous descendions des Espagnols et que nous conservions le sang espagnol sans mélange d'aucune autre Nation...*
De cet attachement se moquent bien des gens qui se gaussent du nom de créoles. Qu'ils jugent maintenant si leurs rires sont sots et mal venus. Alors qu'ils devraient pour cette raison nous honorer, ils nous insultent en introduisant des différences de Nations là où elles ne devraient point être admises et il s'ensuit bien des scandales et de graves péchés.»

F. Juan Meléndez,
Tesoros verdaderos de las Indias en la gran provincia de San Juan Bautista del Perú (1681).

les Créoles dans un tel contexte, mais la multitude des liens entretenus avec l'Espagne et les contradictions dont nous avons parlé plus haut, expliquent elles aussi pourquoi, malgré des discours d'une violence et d'une hardiesse parfois inouïes, les Créoles américains du XVIIe siècle ne remirent pratiquement jamais en cause leur appartenance politique au grand ensemble hispanique. L'indépendance était même si peu concevable pour eux, que les rares esprits assez fous pour aspirer ouvertement à la fin de la présence espagnole ne savaient que proposer aux rois de France et d'Angleterre de se substituer en Amérique à la puissance coloniale…

De toute façon, au-delà du vécu de la relation Créoles/Métropolitains, Amérique/Espagne, périphérie/ centre, il faut aussi tenir compte du fait que, sous l'effet des problèmes de l'Espagne et de la dynamique propre à ses colonies, le XVIIe siècle a apporté, de manière insensible

Indiano : nom donné aux Espagnols revenus d'Amérique après fortune faite (ceux qui s'étaient enrichis au Pérou étaient plus précisément appelés *peruleros*). Au XVIIe siècle en Espagne, le terme *indiano* désignait aussi souvent toute personne originaire d'Amérique.

dans l'immédiat mais bien réelle et porteuse d'avenir à longue échéance, des changements ou, à tout le moins, des évolutions décisives dans les termes mêmes du pacte colonial.

La décadence impériale, la stagnation et les incertitudes politiques, la dépression économique et démographique de la métropole, d'une part, la diversification des économies régionales américaines conduisant de fait à une plus grande autonomie, d'autre part, ont modifié peu à peu les données du problème initial. De la même façon, les efforts de la Couronne pour maintenir le niveau de ses revenus fiscaux l'ont obligée à renforcer sa collaboration avec les oligarchies locales qui consolidèrent, en échange, leur contrôle des systèmes de pouvoir et des réseaux de production. Le pragmatisme qui prévalut en somme des deux côtés de l'Océan déboucha dans les faits sur un **pacte colonial rénové** où les deux parties trouvaient leur compte et qui, à la longue, devait marquer durablement la nature même des relations entre l'État colonial et les élites locales et donne sans doute aussi la clef de bien des hésitations et des sinuosités de l'histoire américaine des siècles à venir.

Le créolisme de cette période eut-il bien conscience de la portée véritable de ses revendications ? La réponse n'est pas claire mais, en revanche, les Espagnols de métropole eux, toujours pleins de méfiance à l'égard de la moindre velléité américaine, percevaient nettement

Loin de l'astre royal

«Les Péruviens sont directement sous l'influence favorable des étoiles, et pourtant leur fortune ne l'est pas. Et pourquoi donc ? Seulement parce que les Européens sont mieux placés qu'eux pour un seul astre, à savoir, l'auguste et sans égale ni pareille personne du roi Charles...
Il nous manque la présence du Roi : nous souffrons de ne voir jamais cette bienveillante et bénéfique étoile et que l'influence de sa personne soit absente. A l'écart dans le Nouveau Monde, nous sommes privés de cette chaleur venue du ciel dont le Prince nourrit, développe et fait prospérer toutes les qualités et les arts. Aussi, ne nous suffit-il pas de mériter les récompenses, la gloire et les honneurs qui nous sont dus (et qu'il nous faut aller chercher pratiquement aux antipodes et encore lorsqu'on y arrive, si on y arrive, il est souvent tard), il faut être aussi argonaute. Voila ce dont nous nous plaignons depuis si longtemps !...»

Juan de Espinosa Medrano,
Lógica (Lima, 1688).

qu'il y avait là les origines d'un processus dont le développement et la logique, à terme, ne pouvaient que conduire à une monarchie sans doute unique, pluricontinentale, mais faite de royaumes en tout égaux, excluant même à la limite l'envoi de vice-rois, de gouverneurs et de fonctionnaires et seulement unis par la suzeraineté – à définir – du roi d'Espagne, une sorte de *commonwealth* avant la lettre dont les Espagnols, bien sûr, ne voulaient à aucun prix.

Les infortunes des créoles en Espagne

«Comme il faudrait recevoir avec douceur en Espagne celui qui vient des lointaines terres indiennes ! Il est des ministres qui se transforment en hérissons pour donner audience aux Créoles or, si ces derniers viennent demander des offices, ce n'est point pour s'en emparer mais bien pour les solliciter. Faut-il dès lors les offenser ? Est-il important de les rendre inconsolables ? Venir d'un autre monde pour voir le roi est pour lui la meilleure des flatteries. Il est plus grand lorsque ses vassaux se jettent à ses pieds après une pérégrination de trois mille lieues. Après tant de peines dans les conquêtes, celle de venir à la Cour doit-elle être mal considérée ? [...] Il est bon de suivre la cour du Roi, mais c'est fort incommode pour celui qui vient de loin. Il est si habituel aujourd'hui de traiter mal les gens d'une autre province, que ceux qui ont traversé deux mille lieues de mer seraient contents si on leur parlait de façon simplement correcte ; or ils sont maltraités dans les faits et encore plus en parole !

Aujourd'hui n'importe quel courtisan, qui n'a suivi d'autres leçons que celles de la Grand-Rue de Madrid, dédaigne les brillantes études d'un Créole. Qu'il est insupportable d'être appelé étranger ! Comme la jalousie croît à mesure que s'élèvent les personnes venues d'ailleurs !... Les gens du pays ne veulent pas que les étrangers brillent en présence du roi. Veut-on que le roi trouve les premiers meilleurs ? Eh bien décidons que le roi ne doit pas recevoir les seconds... Que dirons-nous de tout cela, nous autres qui avons étudié aux Indes ? Lorsqu'on réunit les gens doctes, on nous oublie. Cela revient à dire que pour ce qui est des faveurs, il n'est de bonnes lettres que celles de Salamanque, mais que par contre pour les épreuves, toutes dangereuses, au service du roi et de l'Évangile, il n'y aurait que les terres d'outre-mer ? Si nous voulons, nous, être du nombre de ceux qui obtiennent les faveurs, devons-nous être ignorants ? Voilà comment on fait en sorte que le roi ignore ses sujets et que les sujets des Indes ne connaissent aucun des bonheurs de la Monarchie, mais par contre toutes ses peines et les plus grandes !»

F. Gaspar de Villarroel,
Gobierno eclesiástico pacífico...(1656).

L'exacerbation de l'antagonisme hispano-créole à la fin du XVIIe siècle

«Cette infernale question de l'origine de chacun est si envenimée et si brûlante dans ces royaumes, l'esprit qui attise tout cela est si diaboliquement en éveil que si une chose à ce point contagieuse, aussi éloignée du comportement rationnel et aussi contraire à la vie en société et à la charité était éradiquée des Indes, celles-ci seraient un véritable paradis.

Avec quel mépris et même quelle colère les nobles européens considèrent-ils les gentilshommes ou les simples sujets venus des Indes, et ceux-ci, avec quel dégoût, avec quels froncements de sourcils et parfois avec quelle horreur, regardent-ils les premiers, simplement pour le seul fait qu'ils sont nés ou ne sont pas nés ici... Eh bien, demandez aux uns de qui ils sont les fils et aux autres qui sont leurs parents ! Ils verront ainsi que ne les différencient que l'endroit et souvent même pas le sang, puisqu'ils sont fils de parents, de frères et ont parfois le même père lorsque celui-ci s'est marié deux fois. Ils sont donc parents ou frères, car la plupart de ceux qui viennent ici épousent des dames créoles et celles-ci, et nous tous, avons notre origine en Espagne... Si la nature améliore plutôt les fruits et les perfectionne quand on les transplante, pourquoi toutes ces simagrées à propos de qualités qui sont si appréciées chez les femmes à qui l'on fait la cour et chez les enfants qui leur font honneur ? Pourquoi marquer du dégoût à l'égard de gendres qui ont été recherchés, d'employés dont on sait qu'ils sauront garder et faire prospérer la fortune, de pères qui prolongeront la lignée ?...

Bon, si nous autres qui naissons ici n'étions pas aussi blancs, aussi capables et aussi généreux que les gens d'Espagne, ceux-ci pourraient regretter la plante qui a été abâtardie et les fruits qui se sont perdus, mais en vérité, si par la langue, le suzerain, le teint, la physionomie, la science, les arts, la culture, la vie en société, les vêtements et bien d'autres qualités naturelles ou acquises nous sommes si apparentés et si unis qu'on me juge européen si on ne me demande pas d'où je suis, et que celui qui n'aura pas vu tel autre naître en Espagne l'estimera originaire d'Amérique, quelle vilénie, quelle infamie que cette chose qui nous désunit !»

Francisco Rodriguez Fernandez,
El pecado original (1696).

Chapitre 15

Le XVIIIe siècle : le temps des réformes

Dès la fin du XVIe siècle, on peut considérer que la configuration géographique, administrative et économique de l'empire américain était pour l'essentiel acquise. Les colonies espagnoles étaient alors entrées dans une phase d'évolution beaucoup plus lente, donc moins spectaculaire, à bien des égards même difficilement perceptible et dont les résultats, d'importance d'ailleurs inégale selon les secteurs, n'apparaissent que si l'on considère globalement la période en question.

Parler du XVIIIe siècle en tant que tel peut à la limite être dépourvu de sens. Les évolutions de l'histoire, cela est bien connu, n'ont que faire des dates officielles. En ce qui concerne la période ici étudiée, sa fin peut être fixée avec une certaine précision : elle se termine avec l'indépendance au début du XIXe siècle, entre 1810 et 1825 selon les pays. Pour ce qui est de son début, les deux dernières décennies du XVIIe siècle et les deux ou trois premières du XVIIIe constituent une sorte d'étape de transition qui tout à la fois, et en proportions variables selon les régions, annonce des temps nouveaux, en conservant de nombreux caractères de la période précédente.

Alors que le XVIIe siècle avait été marqué par une consolidation des structures, une stabilité certaine et même dans certains domaines par les signes, sinon d'un déclin, du moins d'une sorte d'assoupissement, le XVIIIe, lui, fut celui de l'évolution, des changements profonds nés de mutations dans les équilibres internes de la société et de la volonté de réforme du pouvoir politique espagnol.

Parts respectives (en %) des composantes ethniques dans la population péruvienne en 1795 :

Blancs	12,63
Indiens	58,16
Métis	21,90
Noirs libres	3,67
Esclaves	3,62

1. L'évolution démographique

Au XVIIe siècle, la population indienne avait partout mis longtemps à se remettre du choc de la Conquête et de l'installation du système colonial. Après l'étiage généralisé atteint vers la fin du XVIe siècle, elle avait continué de diminuer, mais plus lentement, dans certaines zones, avait même commencé timidement à remonter dans d'autres, mais pour l'essentiel était restée assez stable.

La **récupération démographique** s'était d'abord manifestée au **Mexique,** puis au XVIIIe siècle s'était à la fois peu à peu accentuée et surtout étendue à **tout l'Empire.** Les populations indiennes avaient enfin trouvé leur équilibre face au système d'exploitation coloniale. D'autre part, les grandes épidémies qui les avaient périodiquement décimées s'espacèrent et surtout après 1720-1730 devinrent moins meurtrières au fur et à mesure que les indigènes acquirent ces défenses immunologiques qui leur avaient tant fait défaut.

Le mouvement s'accéléra après 1750. On estime ainsi que la population indigène du Mexique aurait augmenté de plus de 40 % durant la seconde moitié du siècle, surtout d'ailleurs dans les zones périphériques. Dans les Andes, l'Audience de Quito vit son nombre de tributaires indiens doubler de 1778 à 1825 et, dans la plupart des régions péruviennes, l'évolution fut la même, quoiqu'en proportions variables.

Cette **expansion démographique** ne devait pas concerner seulement le monde indigène. Ainsi, à Cuba où il avait disparu, la population qui était de 170 000 habitants en 1774 en gagna 100 000 en vingt-cinq ans. Tous les autres secteurs furent concernés : les **Noirs** dont le démarrage de l'économie de plantation dans certaines régions (Cuba, Venezuela) entraîna un regain de la traite, les **Espagnols** de métropole attirés par la relance économique et en provenance de régions qui jusque-là n'avaient été que d'un apport secondaire ou minime au flux migratoire vers l'Amérique (Pays basque, Navarre, Catalogne), enfin, surtout les **Métis** de tout genre dont la masse et la part relative dans la population globale s'accrurent partout de manière très significative.

Globalement, et bien qu'il soit très difficile d'apprécier la fiabilité des chiffres que l'on possède, les estimations les plus sérieuses, celles du voyageur allemand Alexandre de Humboldt, indiquent pour le tout début du XIXe siècle que la Nouvelle-Espagne comptait 3 700 000 Indiens (trois fois plus qu'au début du XVIIe), 1 230 000 Blancs et 1 860 000 Métis, soit au total quelque 7 000 000 de personnes. Les indigènes étaient environ 1 300 000 au Pérou, 1 200 000 dans le Haut-Pérou (l'actuelle Bolivie andine), 720 000 en Nouvelle-Grenade où les Métis étaient déjà plus de 1 250 000.

En même temps qu'une augmentation des masses de plus en plus forte au fil des années, la population américaine évolua aussi dans sa répartition et ses équilibres. En particulier, sous l'effet du réveil économique, **l'urbanisation progressa de manière sensible,** quoiqu'inégale. A la fin du siècle, Lima n'avait qu'une cinquantaine de milliers d'habitants, mais Mexico atteignait 110 000 en 1793. Des capitales régionales de moindre importance, La Havane, Buenos Aires, Puebla se situaient entre 40 000 et 50 000, et si des villes comme Quito, Cuzco, Bogotá, La Paz, dans les Andes, Guanajuato, Zacatecas, Mérida, Ciudad de Guatemala au Mexique et en Amérique centrale comptaient plus modestement entre 20 et 30 000 habitants, cela signifia néanmoins pour elles, en quelques décennies, un saut quantitatif très important.

Cette population **plus nombreuse, différemment répartie dans l'espace** – et l'on verra que la Couronne entreprit d'étendre l'effort de colonisation à de nouvelles contrées – d'une **composition ethnique elle aussi en évolution,** connut en même temps des phénomènes relativement nouveaux pour elle. Cet essor de la société abandonna en chemin un nombre croissant de **laissés-pour-compte** qui s'enfoncèrent dans la misère et dans les formes multiples de la marginalité. Le phénomène fut très visible dans les grandes villes, où les autorités dénoncèrent avec de plus en plus de vigueur le spectacle lamentable offert par les miséreux, ainsi que les dangers potentiels qu'ils représentaient pour l'ordre public (par exemple les *léperos* de Mexico) mais dans les régions rurales on vit se multiplier d'autres formes significatives de rejet social : mendicité, vagabondage et banditisme, sans parler des révoltes spontanées ou organisées dont il sera question dans le prochain chapitre.

En vingt ans, de 1754 à 1774, **le nombre des Indiens** du Pérou et du Haut-Pérou soumis à l'impôt du *tributo* passa de 143 363 à 168 074, soit une augmentation de 17,2 %.

L'origine de **la nouvelle dynastie espagnole** entraîna un renversement des alliances. Les trois *Pactes de Famille* signés en 1733, 1743 et 1761, entre les Bourbons de France et d'Espagne eut comme conséquence que ceux-ci durent faire face, surtout au cours de la seconde moitié du siècle, à l'hostilité de l'Angleterre, soit à certaines époques de façon ouverte, soit de manière plus insidieuse mais constante.

2. Les réformes des Bourbons

Le début du XVIIIe siècle fut marqué en Espagne par un fait majeur. La dynastie des Habsbourg épuisée et sans postérité, à l'image de son dernier représentant, le malheureux Charles II, roi de 1665 à 1700, laissa la place après un long conflit (*la guerre de succession d'Espagne*) entre les deux prétendants, l'un autrichien soutenu par l'Angleterre, l'autre français, le duc d'Anjou, petit-fils de Louis XIV, en définitive vainqueur et reconnu roi sous le nom de Philippe V par le traité d'Utrecht en 1713.

Outre les désastres habituels de la guerre qui se solda notamment par la perte de Gibraltar, l'Espagne de l'époque touchait le fond. Même si quelques signes encourageants avaient été enregistrés à la fin du règne précédent dans certaines régions périphériques comme la Catalogne, le tableau offert par le pays était particulièrement sombre. Depuis le milieu du XVIIe siècle, la démographie était au plus bas, les campagnes désertées, la monnaie dévaluée, la production en chute libre, la société partagée entre d'une part la démoralisation, le sentiment aigu de la décadence nationale, de l'autre la recherche égoïste de moyens de survie parfois douteux.

Les principes

Quant à l'Amérique, établie dans ses structures et ses règles depuis plus d'un siècle, son apport à l'économie espagnole – sous forme de métal précieux d'ailleurs très discuté par certains penseurs politiques de l'époque – baissa dans des proportions importantes. Nous avons vu dans un chapitre précédent que la production argentifère avait diminué de manière signifivative, que les rentrées fiscales pour diverses raisons avaient chuté de façon verticale et que la *Carrera de Indias,* le système commercial transocéanique et son carcan, avait connu depuis le début du XVIIe siècle des périodes de détérioration successives pour atteindre ses niveaux les plus bas en 1709.

Devant l'ampleur et le nombre des difficultés, les premiers Bourbons, Philippe V jusqu'en 1746 et Ferdinand VI jusqu'en 1759, s'attachèrent d'abord à **sortir l'Espagne de l'ornière,** le plus souvent sur le modèle des initiatives prises en France par l'État :

– en s'efforçant de relancer l'appareil économique dans les zones traditionnelles,
– en encourageant les signes positifs venus depuis quelque temps déjà de certaincs régions périphériques,
– en essayant de redonner un rôle international à l'Espagne, en particulier sur la scène italienne.

En Amérique, la grande époque des réformes correspond pour l'essentiel au règne de **Charles III** (1759-1788), expression espagnole du **despotisme éclairé.** Sous l'impulsion d'un monarque ayant un sens aigu de l'État et de ses exigences en apparence parfois contradictoires, de grands ministres (Floridablanca, Aranda), de hauts fonctionnaires de grande qualité, un Secrétaire des Indes, José de Galvez, qui occupa la fonction de 1775 à 1788 après avoir été inspecteur général (*visitador general*) de Nouvelle-Espagne de 1765 à 1771, contribuèrent par un ensemble de grandes mesures à rénover profondément le vieil édifice américain.

Le projet reposait globalement sur quatre principes complémentaires :
– l'affirmation du rôle de l'État dans l'administration publique dont une bonne part avait été déléguée ou vendue à des particuliers sous les Habsbourg,
– la professionnalisation des fonctionnaires,
– la modernisation des techniques administratives,
– enfin, exigence plus révolutionnaire dans le contexte hispano-américain, l'application de la loi.

Ces objectifs furent mis en œuvre de manière progressive. Les années 1763-1775, furent consacrées à la planification et à l'expérimentation sur une échelle réduite. Les grandes réformes vinrent ensuite, de 1776 à 1788 puis, par une sorte de vitesse acquise, continuèrent jusqu'en 1792 au début du règne de Charles IV, avant de sombrer dans le doute, voire le désenchantement, accentué par la conjoncture internationale.

Si toutes les mesures prises eurent pour objet, et presque toujours pour effet, de remettre en marche l'énorme machine américaine dont les milieux éclairés (*ilustrados*) espagnols avaient bien conscience qu'elle était à la fois méconnue et mal utilisée, cette politique avait pour but ultime de **développer l'Empire** non point pour lui-même, mais **au profit de la métropole** que les Bourbons voulaient tirer de son marasme. Le réformisme

Les fondations de villes et de bourgs en Amérique espagnole (1700-1809) :

Paraguay	17
Uruguay	8
Rio-de-la-Plata	22
Chili	76
Nouvelle-Grenade	25
Mexique	63
Venezuela	115
Amérique centrale	21
Grandes Antilles	19

D'après *La ciudad hispanoamericana, el sueño de un orden.*

Francisco Requena y Herrera (1743-1824)

Ingénieur militaire espagnol qui séjourna trente ans en Amérique. Il y fut notamment gouverneur de la province amazonienne de Mainas (1779-1795) où, avec l'aide des franciscains, il organisa la pénétration missionnaire et coloniale dans des zones jusque-là inconnues. Rentré en Espagne, il fut nommé membre du Conseil des Indes, puis lieutenant-général.

éclairé rénova donc surtout le lien colonial. Par la pression fiscale, l'ouverture de marchés aux produits métropolitains, le développement de cultures et d'activités dont avait besoin l'Espagne, il accentua la soumission de la vie économique américaine aux exigences de la métropole. Cependant, sous l'effet de cette politique, les royaumes américains entrèrent dans une phase nouvelle au cours de laquelle se renforça leur dynamique propre, la conscience des intérêts qui étaient les leurs et que le pouvoir colonial n'hésitait pas à brimer lorsqu'il les jugeait concurrents. Dès lors, les contradictions, les **tensions** entre l'Espagne et l'Empire ne pouvaient manquer de se faire jour et cela sans tarder.

La reprise de l'expansion territoriale

Pratiquement, depuis la fin du XVIe siècle, ni les limites ni l'organisation de l'Empire n'avaient bougé. Pour ce qui est des premières, dans certaines régions sous l'effet de la pression démographique et de la volonté de d'ouvrir de nouveaux fronts pionniers, dans d'autres pour contrecarrer les avancées de puissances coloniales concurrentes, **on vit l'Espagne reprendre sa marche en avant,** ce qu'elle n'avait pas fait depuis presque deux siècles.

C'est ainsi que les Espagnols s'établirent vraiment en Californie et même plus au Nord le long de la côte pacifique, que furent fondées tout un ensemble de garnisons (*presidios*) situées dans les régions septentrionales du Mexique et dans le Sud des États-Unis actuels qui constituèrent la *Comandancia general de las provincias internas* (1776).

Déjà en 1763, après le traité de Paris qui mit un terme à la guerre de Sept Ans, l'Espagne avait dû céder à l'Angleterre la Floride, mais avait reçu de la France la Louisiane occidentale qu'elle devait garder jusqu'en 1803. De la même façon, pour affermir sa présence dans la zone caraïbe, l'Espagne entreprit de renforcer ses bases sur la côte Sud, au Venezuela, dont les gouvernements (*gobernaciones*) côtiers de la Guyane à Maracaibo ainsi que les zones de missions situées à l'intérieur furent regroupés dans la Capitainerie générale du Venezuela (1777), avec Caracas pour capitale.

Des efforts couronnés de succès inégaux furent aussi déployés pour mieux contrôler des régions jusque-là pratiquement abandonnées et qui, dans le nouveau contexte de la politique internationale, prenaient une valeur nouvelle, la région de l'isthme de Panama, la côte des Mosquitos dans l'Est du Nicaragua, certains secteurs du versant amazonien des Andes, des zones de contact avec l'empire portugais au Paraguay et même des positions dans l'Atlantique Sud où Français et Anglais essayaient de prendre des positions, comme aux îles Malouines.

Cette reprise de l'expansion territoriale ou ce meilleur contrôle de l'espace fut accompagné d'une série d'**expéditions scientifiques** au cours desquelles géographes, astronomes, botanistes, naturalistes, géologues, etc. entreprirent dans la plupart des régions du continent une sorte d'inventaire systématique des richesses naturelles. Il ne s'agissait pas seulement pour eux de nourrir les collections des musées espagnols et de satisfaire une curiosité désintéressée. Cette **seconde découverte du continent,** comme on l'a appelée parfois, avait aussi des buts très matériels, trouver de nouveaux produits pouvant être adaptés en Europe, des médicaments jusque-là ignorés, des régions susceptibles d'être mises en valeur.

José Celestino Mutis (1732-1808)

Après des études médicales, ce Gaditan étudia les mathématiques et la botanique selon le système de Linné dont il fut le correspondant. Parti en Nouvelle-Grenade comme médecin du vice-roi, il étudia la flore locale et organisa la grande expédition de 1783 qui répertoria quelque 20 000 plantes nouvelles. En 1803, il fonda l'Observatoire de Bogotá.

Principaux voyages scientifiques espagnols du XVIIIe siècle

Expédition botanique au Pérou et au Chili (1777-1787) dirigée par Hipolito Ruiz Lopez et José Antonio Pavon.

Voyage de Felix de Azara au Paraguay (1781-1801), au sein de la commission chargée de délimiter les frontières avec le Brésil, et dans le but de constituer des collections d'histoire naturelle de ces régions.

Expédition botanique en Nouvelle-Grenade (1783-1810) de José Celestino Mutis et Francisco José de Caldas, dont les herbiers dessinés sont une merveille du genre.

Voyage de Juan de Cuellar aux Philippines (1785-1798) pour réunir des collections destinées au Cabinet royal d'histoire naturelle de Madrid.

Expédition botanique en Nouvelle-Espagne de Martin Sessé y Lacasta (1787-1797).

Expédition dans le Pacifique (1789-1795) d'Alejandro Malaspina.

Expédition scientifique au Chili et au Pérou (1795-1800) des frères Heuland.

Pour les seules années 1768-1788, plus de vingt voyages scientifiques eurent lieu en Amérique, ils concernèrent la Californie, l'Amérique du Nord-Ouest (4), la Patagonie (2), les îles Malouines, le Sud chilien, l'île de Pâques, Tahiti, l'Uruguay et le Paraguay, le détroit de Magellan (2), la Nouvelle-Grenade, le Pérou et le Mexique.

Francisco José de Caldas (1741-1816)

Savant et patriote néo-granadin qui débuta dans la carrière scientifique lors de l'expédition botanique de Mutis. Plus tard, il devait accompagner le Prussien Humboldt et le Français Bonpland au cours de leur périple en Nouvelle-Grenade. Devenu directeur de l'Observatoire de Bogotá, il créa le *Semanario del Nuevo Reino de Granada* (1807-1811) et s'affirma comme un partisan convaincu de l'Indépendance. Arrêté par les Espagnols, il fut fusillé en 1816.

Ces expéditions furent souvent menées en collaboration avec des savants de pays étrangers, notamment venus de France et d'Italie. La plus célèbre fut d'ailleurs celle au cours de laquelle La Condamine et plusieurs autres Français menèrent à bien, dans la région de Quito, la mesure du méridien terrestre. En général, ces expéditions firent appel à la collaboration de scientifiques créoles dont elles utilisèrent les compétences et chez qui elles éveillèrent souvent une curiosité nouvelle, très porteuse d'avenir, à l'égard de leur propre réalité ambiante.

La réorganisation administrative

Un des objectifs prioritaires des réformateurs éclairés avait été de rendre plus efficace l'appareil administratif lui aussi hérité sans modification des premiers Habsbourg. Il fallait pour cela un corps de fonctionnaires mieux formés, mieux encadrés et plus fiables. Un des axes de cette politique consista, sans bruit et de manière progressive, à **remplacer les Créoles américains** qui avaient pratiquement colonisé l'administration au niveau des Audiences par du **personnel venu de métropole** et plus accessible aux injonctions de la politique décidée à Madrid.

Au niveau le plus élevé, dès 1718 les pouvoirs du Conseil des Indes avaient été en fait limités par la création d'un Secrétariat d'État aux Indes aux attributions plus politiques, qui, avec le temps, devait devenir un véritable Ministère des Indes. Cette décision qui allait dans le sens d'une affirmation de l'État et de la concentration de ses pouvoirs fut d'ailleurs renforcée en 1776, lorsque José de Galvez fut en même temps à la tête du Secrétariat aux Indes et président du Conseil des Indes.

Le **découpage territorial** fut quant à lui profondément remanié. Il s'était avéré, à la lumière d'une expérience désormais séculaire, qu'il fallait à la fois tenir compte des nouvelles données de plus en plus complexes et contrastées de l'évolution régionale, rapprocher l'administration de ses administrés et tenir compte des impératifs stratégiques de la politique de l'époque. Dès le début du siècle, une troisième vice-royauté, dite de Nouvelle-Grenade, avec Bogotá pour capitale, avait été créée et, en 1776, une quatrième, celle du Rio-de-la-Plata centrée sur Buenos Aires, rassembla les territoires alors

Les vice-royautés sud-américaines à la fin du XVIIIe siècle.

contrôlés de l'actuelle Argentine, le Haut-Pérou, le Paraguay et l'Uruguay. Cette création destinée à désenclaver tout le Sud-Est de l'Amérique se fit au détriment de l'ancienne vice-royauté du Pérou qui, après avoir été longtemps le plus beau fleuron de l'Empire, laissa ce titre au XVIIIe siècle à celle de Nouvelle-Espagne.

Aux échelons inférieurs du quadrillage administratif, la monarchie éclairée se décida pour un modèle qui avait fait ses preuves en France, celui des intendances (*intendencias*). D'abord instauré en Espagne par une ordonnance de 1749, il fut ensuite appliqué à Cuba en 1764, puis à la Nouvelle-Espagne en 1768. Galvez l'étendit enfin à la nouvelle vice-royauté du Rio-de-la-Plata puis au reste de l'Empire entre 1782 et 1786, non sans quelques difficultés, voire des échecs, comme aux Philippines où les intendances furent supprimées au bout de quelques mois. Au total, une quarantaine d'intendances furent ainsi créées dont 12 au Mexique, 5 en Amérique centrale, 5 dans l'aire caraïbe, 8 au Pérou, 3 au Chili et 8 dans le Rio-de-la-Plata.

Les intendants, administrateurs de carrière, choisis avec soin, bien rémunérés – ce qui était nouveau pour des fonctionnaires espagnols – représentatifs de couches sociales en phase ascendante, étaient pourvus d'amples pouvoirs et avaient la haute main sur les finances, la justice, la défense et même l'Église par le biais du *patronato real*. En fait, outre l'amélioration et le renouvellement nécessaires du personnel administratif, les intendances eurent pour objet de remplir un vide, un maillon manquant entre les Audiences – qui furent conservées – et qui contrôlaient les vastes territoires des futurs États indépendants, et le niveau immédiatement inférieur de l'administration, celui des corregidors, qui souvent n'avaient autorité que sur une contrée, parfois même une ville et ses environs immédiats.

Les limites choisies pour les intendances correspondirent en général à un échelon intermédiaire, *grosso modo* celui des évêchés. Elles furent d'autre part subdivisées en subdélégations, où un fonctionnaire (*subdelegado*) servit de relais aux intendants et remplaça les corregidors et les *alcaldes mayores* tant et si justement décriés. A la tête des intendants, dans chaque vice-

La Perichole

De son vrai nom Micaela Villegas ; les amours tumultueuses de cette liménienne avec Manuel Amat y Junient, vice-roi du Pérou de 1761 à 1776, lui valurent le surnom méprisant de *Perricholi* (déformation de *perra chola :* chienne métisse). Ses frasques ne seraient sans doute point passées à la postérité si Offenbach, un siècle plus tard, ne lui avait consacré un opérette fort romancée dont le succès fut énorme.

Dans leur analyse du **personnel des Audiences,** Burckholder et Chandler distinguent deux périodes : celle de l'impuissance (1687-1750), puis celle de l'autorité (1751-1808). Alors que de 1687 à 1712, 52 % des auditeurs nommés étaient créoles, contre seulement 41 % d'Espagnols, après 1750, le pourcentage de ces derniers fut de 85 % de 1751 à 1775, 91 % en 1776-1777, et 70 % de 1778 à 1808.

Réformateurs et conservateurs

«Tout le monde est d'accord pour reconnaître que les vices invétérés dont souffrent la perception des impôts royaux..., l'administration de la justice et le gouvernement ont de profondes racines..., mais tout le monde n'est pas du même avis quant aux moyens à mettre en œuvre pour porter remède à tant de maux. Les uns opinent que, comme les lois de ce vaste empire sont si sages et ses institutions anciennes si reconnues, il suffit de faire en sorte qu'elles soient rigoureusement respectées et que l'on en finisse avec les abus qui ont été introduits avec les années, mais sans modifier aucune des lois existantes qui ont été édictées après mûre réflexion et dans la crainte des dangers que comporte toujours le changement. D'autres estiment au contraire que, la malignité humaine s'étant mise au travail dès la promulgation de ces lois... pour en affaiblir l'efficacité et satisfaire la cupidité, au point que les abus sont maintenant considérés comme la norme, il est impossible d'empêcher ces derniers, si l'on ne dispose pas de nouveaux règlements qui fassent oublier les chemins suivis jusqu'à présent. A mon humble avis, et en fonction des observations que j'ai faites depuis que je sers, je crois plus facile d'en finir avec les abus au moyen de règles nouvelles, plutôt que par l'observance des anciennes, pourvu que celles-là soient bien méditées et adaptées...

Jamais ceux qui ont servi et vécu sous des institutions anciennes ne sont partisans du changement et, s'ils réussissent à faire en sorte que leur parti soit le plus fort, le succès de l'innovation est en péril. C'est pourquoi il faut que, lorsque Votre Majesté donnera son approbation à l'installation des Intendances, elle veille très précisément à ce que le Conseil des Indes, les vice-rois, les évêques, les Audiences et les gouverneurs y travaillent de bonne foi..., mais aussi que les personnes qui seront nommées soient d'une prudence éprouvée et qu'elles aient l'habitude des affaires dont s'occuperont les nouvelles Intendances.»

Miguel de Muzquiz,
Aranjuez, 7 juin 1768.

Les intendances américaines

Vice-royauté du Rio-de-la-Plata
Buenos Aires, Tucuman, Mendoza, (Argentine), Santa Cruz de la Sierra, La Paz, La Plata, Potosí (Bolivie), Asunción (Paraguay)

Vice-royauté du Pérou
Lima, Tarma, Trujillo, Huancavelica, Huamanga (Ayacucho), Cuzco, Arequipa, Puno

Amérique centrale
Guatemala, San Salvador, Chiapas, Nicaragua, Comayagua.

Vice-royauté de Nouvelle-Espagne
Mexico, Veracruz, Mérida de Yucatan, Antequera de Oaxaca, Valladolid de Michoacan, Santa Fe de Guanajuato, San Luis Potosí, Guadalajara, Zacatecas, Puebla, Durango, Sonora

Chili
Santiago, Concepción, Chiloé

Aire caraïbe
La Havane, Puerto Principe et Santiago (Cuba), Porto Rico, Louisiane, Caracas

Nouvelle-Grenade
Quito, Cuenca

Pour aider **les activités minières**, deux sortes de banques furent créées : les *bancos de rescate* qui achetaient l'argent produit au meilleur prix et vendaient le mercure au détail avec des facilités de paiement, et les *bancos de avío* qui offraient des prêts à des taux très intéressants.

royauté fut créé un *superintendente general* qui dépendait directement du roi et avait en charge tous les aspects financiers, ainsi que la réorganisation de l'administration fiscale. Toutefois, la cohabitation entre l'autorité des superintendants et celle des vice-rois s'avéra difficile et la suppression des premiers fut décidée en 1787.

Les réformes économiques

Sur le plan économique, le XVIIIe siècle vit, pour la première fois dans l'Empire, la mise en place d'une politique cohérente et, à long terme, conforme aux idées libérales du temps.

La production minière ayant baissé dans les proportions que l'on a vues, toute une série de mesures entreprit de la relancer. Plusieurs missions incluant des spécialistes allemands étudièrent la modernisation des installations et des technologies, créèrent des écoles ; la législation fut rénovée d'abord au Mexique (1786) puis sur le même modèle dans tout l'Empire. Un système bancaire destiné aux propriétaires de mines* fut mis en place pour

Réforme territoriale et espaces économiques

«A la fin du XVIIIe siècle, les intendances américaines révèlent une profusion d'hinterlands suffisamment intégrés dans chaque cas et un réseau de limites (ou confins) interconnectées entre elles faisant la preuve du grand nombre d'espaces utilisés mais non occupés. Lorsque les nouveaux fonctionnaires éclairés mirent en œuvre la politique d'intégration territoriale imposée par les Ordonnances – et que l'on trouve éparse dans les articles concernant les relevés topographiques, la mise en état et la construction des routes, le peuplement des contrées à l'abandon, l'aménagement des terres royales, l'essor des cultures, etc.– ils durent se limiter, dans la plupart des cas, à jeter les bases d'une simple régulation de leurs hinterlands respectifs. Dans cette tâche, les limites propres à chaque activité économique centrée sur l'hégémonie du centre urbain ont pesé de tout leur poids et il ne pouvait en être autrement. Si les confins fournissaient aux élites locales de vastes possibilités d'investissement, la vie de l'hinterland était assurée et sa régulation était une affaire de politique d'approvisionnement – avec des hauts et des bas – plus que de peuplement proprement dit. Et vice versa ou presque, car les régions qui avaient peu d'intérêts à moyenne et longue distance eurent besoin d'une attention toute spéciale pour améliorer leur approvisionnement, outre qu'elles durent rechercher des solutions stables en peuplant et en mettant en production leurs alentours. Dans cette tâche, l'action des intendants s'effectue en relation étroite, mais souvent conflictuelle, avec les élites locales, en particulier avec les groupes de pouvoir des institutions politiques et mercantiles *(cabildo)* du chef-lieu de l'intendance.»

Pedro Vives Azancot,
L'Amérique espagnole à l'époque des lumières.

Colbertisme et exploitation coloniale

«Le spectacle de cette vaste partie de la Monarchie espagnole démontre, à cor et à cri, à la raison la nécessité d'y introduire de nouvelles méthodes de gouvernement, afin que d'aussi riches possessions nous offrent des bénéfices à la mesure de l'immensité de ces domaines et de la richesse de leurs productions.

C'est là le seul objet de mon entreprise. Afin que la nécessité de ce grand changement apparaisse clairement, comparons nos Indes à celles des étrangers. Nous trouverons que les deux îles de la Martinique et de la Barbade rapportent plus à leurs propriétaires que toutes les îles, les provinces, les royaumes, en un mot tout l'Empire d'Amérique appartenant à l'Espagne...

Nous devons considérer l'Amérique sous deux angles. Le premier, celui de la capacité de l'Empire à consommer nos produits et nos marchandises, le second, celui de la nécessité d'apporter à cette immense partie de la Monarchie les mêmes améliorations qu'en Espagne. Nous avons là le marché le plus grand du monde, sans quitter les domaines de la Couronne, mais cela ne nous sert pas à grand-chose, puisqu'à peine la vingtième partie de ce que l'on consomme dans nos Indes est produit en Espagne... Les fabriques, seule chose que l'on ne doit en aucune façon autoriser en Amérique, y ont pris quelque importance au grand détriment de l'Espagne, au point qu'il y a déjà tant d'ateliers de tissage dans les deux royaumes américains (Nouvelle-Espagne et Pérou) qu'ils fournissent non seulement les Indiens pauvres, mais aussi les Espagnols de moyenne condition...

Même chose pour ce qui est des autres secteurs où résident les véritables intérêts de l'Espagne, entre autres les trésors que détient l'Amérique qui sont plus préjudiciables que profitables à notre pays, puisque les neuf dixièmes partent à l'étranger, et comme les Puissances ne sont riches et fortes qu'en comparaison les unes des autres, chaque million qui va à une autre Nation, si elle ne nous en donne pas autant en retour, revient à reconnaître la supériorité de ce pays sur le nôtre.

Les principales causes de cette déplorable situation sont au nombre de deux : l'inobservance des lois et le fait qu'on ne les ait point adaptées, tout comme les décisions de gouvernement, aux temps et aux circonstances... A l'époque de Philippe II, étaient florissantes en Espagne et aux Pays-Bas que nous dominions, toutes sortes de fabriques que n'avaient ni la France ni l'Angleterre, et il n'y avait pas de république de Hollande dans le Monde. L'Espagne était la première puissance maritime d'Europe... L'exclusion des produits étrangers était alors effective : l'Espagne fournissait tout à ses Indes et, en retour, tout ce qu'elles produisaient lui était destiné. On a pu alors faire supporter à ce commerce des droits un peu élevés et imposer des restrictions, sans que pour autant cela soit une entrave. Mais quand plus tard toutes ces circonstances favorables à l'Espagne ont changé... et quand on a ouvert librement et sans obstacle le chemin de nos Indes aux étrangers, la seule façon de conserver ce commerce aurait été de faciliter par tous les moyens l'exportation de tous nos produits en les grevant de droits faibles ou insignifiants. De la sorte, les produits destinés à l'Amérique en provenance de Galice, de Catalogne ou d'autres provinces où les prix sont bas, sans gros frais de transport, auraient été vendus à peu près au même prix que les marchandises étrangères. Les contrebandiers n'y auraient plus trouvé leur intérêt et le commerce illicite n'aurait point progressé. La conservation de ce marché aurait maintenu notre agriculture et nos fabriques dans leur ancienne prospérité et les retours des Indes, qui resteraient dans le royaume, compenseraient largement la libéralité des droits de sortie d'Espagne.

On a fait tout le contraire... Et le système ancien est toujours en vigueur. On n'a pas tenu compte des distances et de l'immensité de ces domaines lointains, ni de la proximité des colonies étrangères, ni des besoins des vassaux américains et de l'incapacité de l'Espagne à leur fournir aujourd'hui ce qu'il leur faut, ni de la nécessité d'empêcher que d'autres le fassent sans passer par nous. Nous avons sans le vouloir mis en place un système qui a anéanti les intérêts de l'Espagne et qu'il n'est pas facile de mettre à bas... car nos Américains ayant tant d'avantages à traiter avec l'étranger, ils ont passé avec lui des accords si avantageux que même si le roi dépensait en surveillance tout ce que les Indes produisent, on n'arriverait jamais à chasser les marchandises étrangères si l'on ne dispose pas de celles qui viennent d'Espagne à peu près au même prix...

Conserver intempestivement l'esprit de conquête et préférer la domination aux avantages et aux bénéfices du commerce et d'un rapport amical avec les Nations barbares, telle fut la cause du gaspillage des conquêtes déjà faites et de n'en avoir pas fait d'autres non moins importantes... Nos guerriers espagnols ne se rendaient pas compte que le commerce d'un pays, s'il lui appartient en propre, vaut bien plus que la possession et la domination, car on en tire profit sans rien dépenser pour la défense et le gouvernement... Après les conquêtes est venu l'appât des mines... et... nous avons continué à en tirer une infinité de trésors qui n'ont fait que passer et sont allés enrichir d'autres Nations. Le véritable trésor de l'État, que sont les hommes, s'est épuisé dans cette tâche cruelle...

De ce même principe et de ces mauvaises informations sont nés d'autres abus, comme la méthode de commercer avec les Indes au moyen de flottes et de galions, de percevoir des droits en fonction du cubage... Cela avait pu avoir sa raison d'être en temps de guerre, mais en temps de paix cela ne sert qu'à faire de ce commerce une véritable régie. Ce système n'est pas moins utile au contrebandier en lui donnant une année pour prendre ses dispositions et approvisionner les endroits où ira la flotte avant même que celle-ci ne sorte d'Espagne. La méthode qui consiste à percevoir les droits en fonction des dimensions des paquets a contribué tout autant à la ruine du commerce espagnol, car de la sorte on a exclu les produits volumineux et sans grande valeur, tandis que l'on paie autant pour un empan qui vaut deux pesos que pour celui qui en vaut vingt, d'où il résulte qu'en Amérique pour vingt pauvres qui ont besoin de choses grossières et ordinaires, on ne sert qu'un seul riche qui veut des produits fins... de la sorte, ce choix ne profite qu'à l'étranger qui fabrique les choses fines et exclut pour l'essentiel l'Espagnol d'un marché qui pourrait être le plus riche du monde.

Ainsi... nous avons fermé la porte des Indes aux productions espagnoles et invité les autres Nations à les introduire aux Indes par les innombrables portes qui s'offrent sur quatre mille lieues de côte, sans compter que ces lointaines provinces sont bien obligées de s'approvisionner d'une façon ou d'une autre. Il en est résulté deux abus fondamentaux... l'autorisation du commerce illicite et la construction de nombreuses fabriques dans les royaumes du Pérou et de Nouvelle-Espagne... Ceux qui, à l'intérieur de l'Amérique, ne peuvent jouir du commerce illicite du fait de leur éloignement de la mer et ne peuvent acheter les marchandises qui viennent d'Espagne en raison de leur prix exorbitant, ont monté des ateliers de tout ce dont ils ont besoin, de sorte qu'aujourd'hui on voit des milliers d'ateliers de tissage dans les deux royaumes qui fabriquent des produits de qualité moyenne et fournissent non seulement les Indiens, mais aussi tous les Espagnols qui ne peuvent acheter les marchandises d'Europe. C'est une perte pour l'Espagne qui gaspille ainsi la meilleure occasion qu'une Nation ait jamais eue de s'enrichir. Il y a là-bas un marché si riche, si vaste que, bien dirigé, il donnerait un débouché à toutes les productions et à toutes les manufactures du royaume. Toutes ces réflexions prudentes et justes démontrent à quel point il est nécessaire de mettre sur pied un nouveau système de gouvernement économique de ces richissimes contrées appartenant à l'Espagne.»

J. del Campillo, *Nuevo Sistema de gobierno económico para América.*

«Il ne faut pas perdre de vue que ce pays est une colonie qui doit dépendre de sa métropole, l'Espagne, et doit en retour lui apporter quelque profit, en paiement des bienfaits qu'il reçoit de sa protection. Aussi faut-il agir avec beaucoup de discernement pour combiner cette dépendance et faire en sorte que l'intérêt soit mutuel et réciproque, ce qui cesserait aussitôt si on n'avait plus besoin ici des manufactures européennes et de leurs productions.»

Comte de Revillagigedo, *vice-roi de Nouvelle-Espagne (1789-1794).*

«La sécurité des Amériques doit être mesurée à l'aune de leur dépendance par rapport à la métropole, et cette dépendance se fonde sur le commerce des produits. Le jour où elles auront chez elles tout le nécessaire, leur dépendance ne pourra plus être que volontaire.»

Francisco Gil de Taboada, *vice-roi du Pérou (1789-1796).*

accélérer l'écoulement de leurs produits et faciliter leurs investissements. Enfin, des stimulations fiscales et l'amélioration de l'approvisionnement des centres miniers vinrent compléter le panorama. Les résultats furent inégaux. Le succès presque total au Mexique, ce qui accentua encore le poids de ce pays à l'échelle continentale, fut modeste dans la plupart des régions et notamment au Pérou. Signalons à titre indicatif que les revenus fiscaux de Nouvelle-Espagne passèrent, entre 1712 et 1784, de trois millions de pesos annuels à dix neuf millions...

L'État créa ou rénova un certain nombre de monopoles royaux (*estancos*), directement administrés par la Couronne et destinés à améliorer la qualité des produits concernés, à en faire baisser les prix de revient et de vente pour assurer tout à la fois une plus large distribution au corps social et une meilleure rentabilité à l'État. Furent ainsi concernés le tabac, les cartes à jouer, le papier timbré, la poudre, les alcools, le mercure, la loterie...

Sur le modèle déjà utilisé par les Hollandais, les Anglais et les Français pour la mise en valeur de leurs colonies et le développement des échanges commerciaux avec elles, des compagnies furent créées, en particulier avec des investissements en provenance des régions alors en plein essor :

– la *Real Compañía guipuzcoana de Caracas* (1728) aux

«L'objectif des réformes du XVIIIe siècle ne fut pas seulement d'éroder la position des étrangers mais surtout de détruire l'autosuffisance des Créoles, de faire en sorte que l'économie coloniale travaille directement pour l'Espagne et lui expédie l'excédent de production qui jusque-là était resté en Amérique.»

John Lynch, *Las Revoluciones hispanoamericanas (1808-1826).*

Parallèlement aux réformes économiques, les vieilles ***casas de moneda*** furent modernisées. Elles produisirent des pièces nouvelles (la *moneda de cordoncillo*) qui, à la différence des anciennes (*la moneda macuquina*), avaient des caractéristiques communes dans tout l'Empire. D'un aloi inférieur, elles contribuèrent, de façon indirecte et seulement partielle, à freiner la dépréciation de l'argent.

Navíos de permiso (navires de permission) : nom donné aux bateaux étrangers autorisés à commercer, en principe dans un cadre très strict, avec certains ports américains de l'empire espagnol.

mains des Basques intégra de fait le Venezuela à l'économie de l'Empire, avant d'être supprimée en raison des effets devenus pervers du monopole qu'elle exerçait sur la région (1784) ;

– la *Real Compañía de Barcelona* (1756-1786), qui travailla dans l'aire caraïbe (Saint-Domingue, Porto Rico, île de la Margarita), offrit des débouchés à la jeune industrie textile catalane et lui apporta en retour le sucre et le tabac ;

– la *Real Compañía de la Habana* (1740) concentra son activité sur Cuba ;

– enfin, la *Real Compañía de San Fernando de Sevilla* (1747) fut autorisée à commercer avec tout le continent, sauf Cuba et le Venezuela.

Trois autres compagnies, celles du Honduras (1714), des Philippines (1733) et de Galice (1734) eurent une existence plus éphémère et ne méritent d'être citées que pour mémoire, sauf la seconde rétablie avec succès à la fin du siècle. En revanche, plus importante et significative fut la *Compañía gaditana de negros* créée en 1765 qui s'efforça de mettre en place une traite négrière entièrement espagnole, dans la mesure où cette activité avait toujours été entre des mains étrangères, portugaises d'abord, hollandaises, anglaises ou françaises. Pour ce faire, l'Espagne mit en place des têtes de pont dans le golfe de Guinée et s'installa dans les îles de Fernando Poo et d'Annobon.

La réforme économique la plus connue de l'époque, la plus représentative de l'esprit nouveau et celle qui devait avoir les effets les plus significatifs, fut sans aucun doute la **libéralisation du commerce** jusque-là engoncé dans le carcan de l'exclusif et du monopole gaditan. Dans un premier temps, le système des flottes fut supprimé en 1740, avant d'être rétabli, sous la pression d'intérêts particuliers, pour le seul Mexique en 1754. D'autre part, la France avec la création de ports francs dans ses Antilles en 1763, les Anglais avec le *Free Ports Act* de 1766 avaient montré la voie.

Dans l'empire espagnol, on commença par autoriser le commerce direct entre certaines régions de la Caraïbe, ce qui était jusque-là interdit. Puis, en plus de Séville et de Cadix, sept ports situés sur l'ensemble du pourtour de la Péninsule purent désormais participer au trafic transocéanique (Malaga, Alicante, Carthagène et Barcelone en Méditerranée, Santander, La Corogne et Gijon sur la façade atlantique), ce qui signifia pour les activités de leur arrière-pays une ouverture parfois considérable. Dans les années qui suivirent, d'autres régions espagnoles profitèrent de cette relative libéralisation, puisque les ports de El Ferrol en Galice, Palma de Majorque aux Baléares et Santa Cruz de Tenerife aux Canaries furent inscrits au nombre des ports autorisés. Enfin, en 1778, après avoir été préparé dans le plus grand secret, le *Reglamento y aranceles para el comercio libre de España e Indias* généralisa ces principes à douze ports espagnols et à vingt-quatre ports situés dans l'ensemble de l'Amérique, sauf le Venezuela et le Mexique qui y furent agrégés plus tard, en 1789, lorsque disparurent la Compagnie de Caracas pour le premier et les intérêts liés au système des flottes pour le second.

La nouvelle organisation, en partie improprement connue sous le nom de *Commerce libre*, entraîna la disparition de la vieille *Casa de Contratación,* la suppression des droits de douanes sur certains produits espagnols ou américains et l'augmentation des taxes frappant ceux qui venaient de l'étranger. Elle donna sans aucun doute un essor appréciable et parfois décisif aux régions espagnoles de la périphérie qui étaient alors en train de sortir d'un long sommeil, mais elle permit surtout le développement en Amérique même d'un commerce interrégional jusque-là brimé, voire prohibé, et qui devait se révéler de la plus haute importance pour l'avenir.

Si les **monopoles de la *Carrera de Indias*** avaient amplement démontré leur caractère obsolète, ils trouvèrent néanmoins des défenseurs acharnés parmi les marchands de Séville ou de Cadix, mais aussi des ports américains qui en bénéficiaient. Les consulats de marchands agirent en groupes de pression déterminés pour les maintenir et, à la fin du XVIIe siècle notamment, ils fournirent à la Couronne aux abois plusieurs contributions volontaires d'un montant considérable, dont ils attendaient bien sûr en retour le maintien de leurs privilèges.

L'accroissement du nombre des commerçants étrangers à Cadix entre 1762 et 1773 : Français, de 60 à 198 ; Italiens, de 35 à 90 ; Allemands et Scandinaves de 14 à 20 ; Flamands, de 14 à 20 ; Britanniques, de 30 à 48 ; Suisses de 0 à 7.

Croissance des importations espagnoles en provenance d'Amérique

	1717-1738	1747-1778
Cochenille	205 789[1]	641 424
Indigo	207 301	531 912
Bois de campêche	95 604	1 087 580
Tabac	1 128 084	2 156 159
Cacao	835 469	6 067 735
Sucre	194 388	4 863 349
Cuivre	43 348	940 433
Étain	–	119 033
Plantes médicinales	83 387	418 97

1. Les poids indiqués sont exprimés en arrobes, 1 arrobe = 11,5 kg.

Importance relative et évolution des exportations espagnoles par les flottes

	1717-1735	1757-1776
Vin	12,03 %	9,13 %
Eaux de vie	14,21 %	13,95 %
Huile	5,88 %	1,90 %
Epices	3,78 %	3,08 %
Autres produits agricoles	0,55 %	0,10 %
Textiles	45,17 %	51,31 %
Produits sidérurgiques	5,83 %	4,02 %
Papier	6,44 %	11,92 %
Autres produits industriels	6,11 %	4,59 %
Total des produits agricoles	36,45 %	28,16 %
Total des produits industriels	63,55 %	71,84 %

D'après Antonio Garcia Baquero, *Cádiz y el Atlantico.*

Malheureusement, la période d'application du règlement de 1778 fut de courte durée. Néanmoins, le volume des échanges entre l'Espagne et ses colonies quadrupla en quelques années. Si en 1750 la métropole ne fournissait à l'Empire que le tiers de ses marchandises venues d'Europe, en 1788 elle dépassait légèrement les importations étrangères (7,9 millions de pesos contre 7,12 millions respectivement). Cependant, à partir de 1789 une série d'indicateurs de récession généralisée apparurent de nouveau : diminution du trafic, saturation des marchés et baisse des prix, puis bientôt les turbulences de la conjoncture internationale et le blocus dû au guerres européennes qui gagnèrent l'Amérique et obligèrent à réorganiser tout le trafic après 1795.

Parallèlement à cette reprise en main, le pouvoir colonial chercha et réussit à améliorer le rendement fiscal. La vieille *alcabala* sur les transactions commerciales fut progressivement élevée de 4 à 6 puis 8 % en 1779, tandis que d'autres impôts, notamment indirects sur la consommation, étaient créés. Pour mettre en place cette nouvelle politique et prévenir les mécontentements prévisibles, la Couronne envoya sur place en Amérique du Sud, zone la plus sensible, trois hauts fonctionnaires, Areche au Pérou, Gutiérrez de Piñeres en Nouvelle-Grenade et Garcia de Leon Pizarro à Quito, et on verra qu'ils eurent beaucoup à faire pour parvenir à leurs fins...

Enfin, il faut noter que la libéralisation du commerce amena ce que l'administration n'avait pas réussi à obtenir en deux siècles : la baisse, voire la disparition de la contrebande, qui entraîna dans de nombreux cas la ruine ou des difficultés pour ceux, commerçants et consommateurs, qui jusque-là en avaient profité.

Les faux-semblants du commerce libre

«Tout au long du XVIIIe siècle, on assiste à une réorganisation étatique du trafic colonial qui, selon des schémas et des modèles mercantilistes éprouvés dans d'autres pays, tend fondamentalement à garantir à l'Espagne la jouissance exclusive des bénéfices du commerce en l'arrachant aux mains étrangères qui le contrôlaient. Dans ce but, on édicta de sévères mesures destinées à éliminer toute possibilité d'interférence étrangère dans les relations commerciales avec les colonies, on réactualisa l'obligation faite à tous les navires qui suivaient les routes atlantiques d'avoir été construits en Espagne, on imagina une règlementation prolixe et minutieuse des systèmes de navigation, enfin on essaya de mettre de l'ordre dans l'anarchie et l'inefficacité du système fiscal de l'époque.
Cette réorganisation fut la tentative la plus nette de la monarchie espagnole en vue d'implanter, avec toutes ses conséquences, la théorie du pacte colonial, à savoir une exploitation des établissements coloniaux de la manière la plus stricte. La preuve en est que 80 % de la valeur des importations américaines étaient représentés par des métaux précieux et que les marchandises importées étaient constituées pour l'essentiel par des matières premières. Une autre preuve est fournie par l'interdiction formelle de créer en Amérique quelque type d'industrie de transformation que ce soit, à l'exception des moulins à sucre.
Simultanément, on observe la piètre efficacité de ces mesures, comme le montre le fait que les étrangers n'en ont pas moins continué à contrôler la *Carrera de Indias,* aussi bien à partir de la Péninsule elle-même (avec un volume de marchandises manufacturées hors d'Espagne qui représente 50 % des exportations mais atteint 90 % de la valeur réelle du trafic total) qu'en Amérique [...]. Dernière preuve enfin, le fait que la pression fiscale se soit évaporée dans une fraude accrue, à cause d'une bureaucratie inefficace et parce que la présence des navires de fabrication étrangère fut malgré tout majoritaire, et d'une manière écrasante, puisqu'ils représentaient environ 75 % du total des navires utilisés.
Si les négociants espagnols agissaient en général comme prête-noms d'étrangers, cela n'a pas empêché une relative accumulation de capital dans deux secteurs très nets : d'une part, celui des exportateurs de produits agricoles, les *cosecheros,* qui ne souffrirent en rien de la présence des étrangers, d'autre part, celui des commerçants eux-mêmes. L'étude des inventaires *post mortem* indique de façon claire comment, sur une période relativement courte et malgré les évasions fiscales probables, dans tous les cas analysés les capitaux ont augmenté de manière spectaculaire, mais en n'oubliant pas que la part du lion des bénéfices coloniaux allait dans des mains étrangères.
De ces quatre points, le dernier semble le plus important si l'on veut comprendre pourquoi les bénéfices nés du commerce colonial n'ont pas été utilisés pour une éventuelle industrialisation. Les bénéficiaires espagnols du commerce colonial n'ont pas réalisé l'accumulation de capital qu'exigeait l'investissement industriel.»

Antonio Garcia Baquero,
Cádiz y el Atlántico.

Pour un bilan du *Commerce libre*

«Le dernier quart du XVIIIe siècle fut une ère de prospérité et de croissance économique sans précédent tant en Espagne qu'en Amérique espagnole, une période au cours de laquelle la métropole réussit pour la première fois à développer le potentiel agricole de ses possessions américaines sans délaisser pour autant les activités minières en constante expansion. Les relations entre cette croissance économique et la libéralisation du commerce sautent aux yeux. On doit reconnaître, cependant, que l'époque du commerce libre, tel que l'imaginaient les théoriciens de l'économie dans l'Espagne des Bourbons, fut de courte durée. Commençée de manière hésitante, comme bien d'autres aspects du programme des réformes de Charles III au cours des années soixante-dix du XVIIIe siècle, elle fut un élément de la restructuration de la politique impériale issue de l'humiliation de l'Espagne face à l'Angleterre lors de la guerre de Sept Ans. Cependant, ces mesures sombrèrent en 1797, bientôt victimes de l'alliance de l'Espagne avec la France révolutionnaire... Bien qu'impressionnants, comparés au bas niveau commercial de l'année 1778, l'expansion et le quadruplement des exportations espagnoles vers l'Amérique observés entre 1782 et 1796 peuvent être jugés modestes comparés aux potentialités de la croissance de l'Amérique espagnole et à la croissance réelle, pour la même période, de l'Angleterre, principal concurrent territorial et commercial de l'Espagne en Amérique. En revanche, l'analyse des résultats, beaucoup plus spectaculaires, des exportations américaines vers l'Espagne au cours de cette période dans le cadre du nouveau système commercial ne suggère aucune restriction. Au cours des années 1782-1796, elles furent en moyenne dix fois plus importantes, pour ce qui est de leur valeur, qu'en 1778.»

John R. Fisher,
Relaciones económicas entre España y América hasta la independencia.

Chapitre 16

Le XVIIIe siècle : l'ère des mises en cause

1. Les révoltes indiennes

Bien que soumis dans leur immense majorité dès la Conquête, les peuples indiens n'ont pas tous accepté le joug colonial sans réagir. Le XVIIe siècle fut loin d'être une époque sans problèmes pour les Espagnols. De manière sporadique, des révoltes indigènes avaient vu le jour. Quelques exemples ? Dans le Sud chilien, les Araucans (1608, 1629, 1653) ; au Nord du Mexique, les Tepehuanes et les Chinipas (1616, 1626), puis les Tarahumaras à quatre reprises au cours de la dernière décennie ; dans le Nord-Ouest de l'actuelle Argentine, les Calchaquis (1627, 1632, 1655) ; dans le Sud-Ouest de l'actuelle Bolivie, les Chiriguanos, jamais vraiment dominés.

Dans la plupart des cas, néanmoins, il s'était agi de **révoltes nées sur les marches de l'Empire,** dans des régions traditionnellement mal contrôlées, alors que dans les zones centrales correspondant aux anciens empires indiens où l'État colonial était plus présent et le système d'exploitation mieux organisé, la résistance indienne avait dû prendre d'autres formes plus détournées, plus difficiles à sanctionner et presque toujours individuelles : mauvais vouloir considéré comme de la paresse par les Espagnols, sabotage de la production (incendies, bris de matériel), vagabondage, brigandage, etc.

Avec le XVIIIe siècle, les choses commencèrent à changer. Par exemple, partir des années 1720-1730 une sorte d'épidémie de révoltes impliquant souvent indigènes et métis éclata dans certaines régions andines, le plus souvent par exaspération devant les abus trop manifestes des fonctionnaires ou de certains prêtres. Elles furent à la fois spontanées, sans lien entre elles, limitées dans le temps, circonscrites dans l'espace, et leur fureur retombait aussi vite qu'elle était montée.

Depuis quelque temps déjà, des signes nouveaux étaient apparus au sein des populations indiennes. Elles comprenaient mieux désormais les mécanismes de la société coloniale et parfois même les retournaient à leur profit. Elles n'hésitaient pas à entrer en procès contre des Espagnols et savaient utiliser les rares moyens de

Manifeste aux habitants d'Oruro

«Manifeste où sont exposées les raisons des Créoles illustres de notre royaume du Pérou, aussi bien Espagnols (américains) que pauvres Indiens naturels, nous qui, bien qu'étant les uns et les autres les seigneurs légitimes de ce pays, devons vivre dans la tyrannie, l'oppression et l'insécurité à peine moindres que celle des esclaves. Pour les raisons susdites et peut-être en finir avec un pareil esclavage, pour donner la force du courage et inciter à secouer le joug, il est proposé ce qui suit :

1. Il est bien connu que le Souverain Pontife Alexandre VI a permis aux Rois Catholiques de semer le grain des Saints Évangiles dans ces royaumes et de les convertir pour les amener au giron de notre Sainte Mère l'Église. Mais à peine arrivés, la cupidité rendit les Espagnols tyranniques, ils égorgèrent les rois naturels de ces royaumes, les dépouillant non seulement de leurs vies mais aussi de toutes leurs richesses et du pays même avec tout ce qu'il produit.

2. Non contents de ce qui a été dit précédemment, les Espagnols oppriment tellement les pauvres naturels qu'outre le paiement annuel de lourds tributs, ils obligent tous les ans dix mille Indiens à des corvées personnelles dans les mines de Potosí et de Huancavelica d'où il résulte que ces malheureux ne peuvent jouir ni de leur propre vie, ni de leur femme, ni de leurs biens, ni de leur bétail, car ils sont obligés de tout abandonner par la force et meurent pour la plupart sous un climat aussi rigoureux, laissant leurs enfants orphelins, leurs pauvres femmes veuves, tandis que leur bétail se perd, que leurs maisons restent à l'abandon et que leurs villages tombent en ruine.

3. Ajoutons à tout cela que lorsque les guampos *(les Espagnols métropolitains) arrivent dans notre pays, sans rien d'autre que ce qu'ils ont sur le dos, ils nous exploitent d'une façon telle qu'ils nous sucent le sang et nous prennent tout, ne nous laissant que les yeux pour pleurer, alors que parmi eux le plus honoré est celui qui vole le plus et tyrannise le plus. Comme la possibilité de recours est si lointaine et comme les Audiences qui devraient protéger le faible, loin de remplir leur mission, favorisent les injustices et préfèrent défendre leurs propres intérêts, le pauvre gémit et pleure sans aide ni secours humain.*

4. Pour preuve de ces dires, que l'on considère toutes les innovations qui apparaissent chaque jour pour soutirer de l'argent, par exemple l'idée de recenser les Créoles et les Métis pour leur faire payer le tribut des Indiens. Tel a été le cas à Cochabamba. Comme les Créoles se sont opposés à une prétension aussi injuste, il y a eu des gibets et des morts, les pauvres ont été détruits avec en plus les moqueries et la dérision dont les Espagnols sont coutumiers à l'égard des Créoles qu'ils dénigrent et méprisent, ainsi qu'on l'a vu à propos du don gratuit qui vient d'être exigé et qui res-

tera définitivement tel un véritable tribut, si messieurs les Créoles n'y prennent garde à temps. Or, l'occasion présente est la plus appropriée que l'on puisse souhaiter. Les raisons en sont exprimées plus loin et l'auteur demande à messieurs les Créoles et aux caciques nos frères de les lire avec quelque attention afin qu'ils s'efforcent de retrouver par tous les moyens possibles la liberté bien aimée. La première est la suivante :

Premièrement, comme il y a parmi nous aujourd'hui un représentant au cinquième degré du sang royal de nos Incas du Grand Cuzco, bien décidé à restaurer et à rétablir de nouveau cette monarchie, il est instamment demandé aux Créoles, aux caciques et à tous les naturels de lui prêter leur concours pour une action aussi héroïque de restauration et de libération de la patrie en la purgeant de la tyrannie des guampos *qui consument notre pays et le mènent un peu plus chaque jour à la ruine.*

Deuxièmement, il promet aux Créoles espagnols de leur donner les emplois, aux naturels de les délivrer des tributs et des mitas, *afin qu'ils puissent jouir en toute quiétude de ce que Dieu leur a donné et qu'ils s'approprient des produits que leur ont imposés les* corregidors, *dont le nom tyrannique sera effacé de notre république.*

Troisièmement, pour ce faire, il se trouve qu'en Europe le roi d'Espagne est en guerre contre le Portugal et l'Angleterre et, que dans ce pays, les navires sont occupés par la flotte de Portobelo. Lima est de ce fait sans armes et l'occasion est donc la plus propice que l'on puisse imaginer. Aussi, messieurs les Créoles, mes frères, mes chers caciques et mes naturels bien-aimés, au travail, puisque la justice et la faveur de Dieu Notre Seigneur sont de notre côté et doivent nous protéger dans une entreprise aussi juste ! Je précise d'autre part à tous et à chacun que mon intention n'est pas ni ne sera jamais de m'opposer à la très sainte loi de Notre Seigneur Jésus-Christ, ni de m'écarter ou de permettre que personne ne s'écarte du peuple de la Sainte Église. Au contraire, je ferai tout ce qui sera en mon pouvoir pour qu'elle prospère. Je ne permettrai pas que l'on profane les temples de Dieu ni les demeures sacrées ; au contraire, je les ferai vénérer comme elles le méritent et comme nous autres chrétiens avons obligation de le faire. Mon unique intention est de rétablir le Grand Empire et la Monarchie de nos anciens rois. Je garde pour chacun d'entre vous personnellement bien d'autres raisons que je ne puis confier à la plume. Je préviens tous nos frères qu'ils seront tous bien traités et payés d'avance. Pour ma part, je n'aurai que la gloire de les avoir libérés tous d'une pareille tyrannie. Je ne signe pas ce papier pour ne pas prendre de risques. Nos Créoles pourront lui donner leur assentiment et croire celui qui le porte qui est des nôtres. Que Dieu vous garde et vous donne la force que je souhaite, ainsi que le succès de cette entreprise.»

Juan Vélez de Cordoba (1739).

défense qui leur étaient en principe reconnus. De plus, dans les anciens empires préhispaniques, les élites indigènes, *caciques* et *curacas*, ne cachaient plus maintenant avec fierté qu'ils gardaient le souvenir vivace de ce passé que la colonisation espagnole avait essayé d'occulter et dont elle avait interdit les représentations et les symboles. On a ainsi pu parler dans les Andes centrales de la renaissance d'un véritable ***patriotisme inca*** que les élites surent et purent manifester, mais qui dut prendre dans les masses d'autres formes moins visibles, mais tout aussi vivaces sous des enveloppes plus mythiques.

L'influence de Garcilaso : *«Le portrait idéalisé de la culture inca offert par Garcilaso avec ses exagérations quant aux ressemblances entre celle-ci et la culture romaine cadra parfaitement avec les idées de la noblesse indigène. Garcilaso est, jusqu'à un certain point, le prototype du cacique du* XVIII*e siècle : métis de sang royal, élevé parmi les Indiens, éduqué à l'espagnole, orgueilleux de sa double qualité d'Indien et d'Espagnol. Tout aussi important fut le fait que l'œuvre de Garcilaso sur l'histoire inca ait été imprimée en Espagne, que les intellectuels européens l'aient louée et recherchée. Cela renforça la dignité et l'importance du nom même d'Inca dans le Pérou de l'époque.»*

John Rowe, *La renaissance du nationalisme inca au* XVIII*e siècle.*

Au Pérou, Scarlett O'Phelan a enregistré **140 mouvements de révolte** entre 1708 et 1783, avec trois temps forts, les décennies 1730-1740 (19), 1750-1760 (16) et surtout 1770-1780 (55).

On peut, sur le versant amazonien des Andes, vers le milieu du siècle, rattacher directement à ce courant la longue rébellion de Juan Santos – dit, significativement, Juan Santos Atahualpa, du nom du dernier empereur inca. Il avait été l'élève des jésuites du Cuzco et ce que l'on sait de ses discours montre à l'évidence les apports divers qu'il avait reçus, tant des secteurs ecclésiastiques espagnols que des milieux indiens de l'ancienne capitale des Incas. Malgré quatre campagnes dans une zone d'accès très difficile, le pouvoir colonial n'arriva jamais à prendre Juan Santos dont le charisme était parvenu à réunir autour de lui des populations indiennes très diverses et jusque-là opposées. Dans la même veine d'un messianisme puisé aux sources du passé indien, on peut citer, malgré ses différences, le mouvement conduit en novembre 1761 au Yucatan par Jacinto Canek qui se surnomma, lui, Moctezuma et dont la révolte, en définitive très courte, avait été précédée d'une longue phase de préparation dans les villages indigènes.

Les plus grandes **révoltes,** un peu plus tardives, sont à mettre au compte des hautes terres du Sud andin. Divers troubles sérieux avaient éclaté au milieu de la décennie 1770-1780, ceux conduits par les frères Catari (1776-1780) sur l'*altiplano* aujourd'hui bolivien, ou par Quispe Tito dans la région du Cuzco (1777). Mais l'incendie le plus grave fut celui qu'alluma José Gabriel Condorcanqui qui avait pris le nom de Tupac Amaru en souvenir du dernier inca rebelle de Vilcabamba, assassiné par les Espagnols en 1572 au Cuzco. Tupac Amaru, né en 1740, était cacique de plusieurs villages et possédait une appréciable fortune.

En novembre 1780, à la suite d'une révolte localisée contre le corregidor de Tinta, entre Cuzco et le lac Titicaca, il prit la tête des rebelles dont les troupes grossirent aussitôt et mirent à sac les ateliers de tissage, les *obrajes,* de la région. Dans un véritable enthousiasme populaire, Tupac Amaru réussit à gagner à sa cause, outre les Indiens, des Métis, les Noirs dont il prononça la fin de l'esclavage, et des Créoles marginalisés par le système colonial. Dans un premier temps, la révolte fit tache d'huile. Les soldats espagnols furent battus à Sangarara, puis les rebelles s'emparèrent de sept sous-intendances (*partidos*) vers le Sud. En janvier 1781, Tupac Amaru mit même le siège devant Cuzco qu'il ne put prendre. Dès lors la débandade s'accentua, d'autant que la guerre menée par ses troupes indiennes avait bientôt pris l'allure d'un conflit racial auquel tous les non-Indiens de la révolte se sentirent étrangers et qui les amena à la défection. Tupac Amaru fut fait prisonnier en avril et en mai, avec sa famille, comme le premier Tupac Amaru, il fut exécuté sur la grand-place du Cuzco. Un de ses frères et un cousin continuèrent la lutte qui dura de manière sporadique jusqu'en 1783, en butte à une terrible répression militaire.

Cette tourmente causa dans la vice-royauté une terrible commotion. Les appels de Tupac Amaru à une

Progression du *tributo* indien au Pérou
(en milliers de pesos) :

1780	613
1785	685
1790	887
1795	921
1800	1 169
1805	1 206
1810	1 216

La révolte de Tupac Amaru selon un contemporain

«Bien des exemples modernes nous enseignent à quel point il est périlleux de laisser les Indiens constituer un status in statu *et de perpétuer leur ségrégation, la rusticité de leurs coutumes, leur misère et, par conséquent, les motifs de leur haine envers les autres castes. Ces mêmes Indiens stupides, indolents et qui se laissent donner des coups de bâton patiemment aux portes des églises, se montrent astucieux, actifs, courageux et cruels, chaque fois qu'ils agissent ensemble dans une émeute populaire.*
Il convient de donner la preuve d'une telle assertion. La grande rébellion de 1781 a été sur le point de ravir au roi d'Espagne toute la partie montagnarde du Pérou, au moment même où la Grande-Bretagne perdait presque toutes ses colonies sur le continent américain. José Gabriel Condorcanqui, connu sous le nom de l'Inca Tupac Amaru, se présenta à la tête d'une armée indienne sous les murs du Cuzco. C'était le fils du cacique de Tungasuca, village de la province de Tinta... La famille Condorcanqui se dit descendante de l'Inca Sayri Tupac, qui disparut dans l'épaisseur de la forêt à l'Est de Vilcabamba, et de l'Inca Tupac Amaru qui, contre les ordres de Philippe II, fut décapité par le vice-roi don Francisco de Toledo.
José Gabriel avait été éduqué avec quelque soin à Lima et revint dans la Sierra après avoir sollicité en vain de la cour d'Espagne le titre de marquis d'Oropesa que portait la famille de Sayri Tupac. Son esprit de vengeance le conduisit à soulever les Indiens de la Sierra qui étaient irrités contre le corregidor Arriaga. Le village le reconnut comme descendant de ses véritables souverains et comme fils du Soleil. Le jeune homme profita de l'enthousiasme populaire qu'il avait excité avec les symboles de l'antique grandeur de l'Empire du Cuzco et il ceignit son front de la coiffure impériale des Incas du Soleil.
Lors de ses premières campagnes, il protégea les ecclésiastiques et les Américains de toutes les couleurs. Ne pourchassant que les Européens, il se forma un parti même chez les Métis et les Créoles. Mais les Indiens se méfiant de la sincérité de ses nouveaux alliés, firent très bientôt une guerre d'extermination à tous ceux qui n'étaient pas de leur race. José Gabriel Tupac Amaru, dont je conserve des lettres où il s'intitule Inca du Pérou, fut moins cruel que son cousin germain Diego et surtout moins que son neveu Andrés Condorcanqui, lequel, âgé de 17 ans, fit preuve de grands talents, mais aussi d'un caractère sanguinaire. Ce soulèvement me

semble être peu connu en Europe, et je donnerai sur lui des informations plus précises dans la narration historique de mon voyage qui a duré près de deux ans. Tupac Amaru avait fait la conquête des provinces de Quispicanchi, Tinta, Lampa, Azangaro, Carabaya et Chumbivilcas quand les Espagnols le firent prisonnier lui et toute sa famille, et tous furent écartelés dans la ville du Cuzco.
Le soi-disant Inca avait inspiré un grand respect aux indigènes qui, malgré leur crainte des Espagnols et bien qu'ils fussent entourés d'une armée victorieuse, se prosternèrent en présence du dernier fils du Soleil, lorsque celui-ci traversa les rues pour aller au supplice. Le cousin germain de José Gabriel Condorcanqui, connu sous le nom de Diego Cristobal Tupac Amaru, ne perdit la vie que bien après la fin de cette commotion révolutionnaire des Indiens du Pérou. Lorsque le chef tomba entre les mains des Espagnols, Diego se rendit volontairement afin de profiter de la grâce qui fut promise au nom du roi, au moyen d'une convention signée entre lui et le général espagnol à Sicuani, dans la province de Tinta. Il vécut tranquillement avec sa famille jusqu'à ce qu'une politique insidieuse et pleine de ruse l'emprisonne sous le prétexte d'une nouvelle conspiration.
Les horreurs que les naturels du Pérou ont commises contre les Blancs en 1781 et 1782 dans la cordillère des Andes se répétèrent vingt ans après dans les montagnes de Riobamba. Il est du plus haut intérêt, même pour les familles européennes établies depuis des siècles dans le Nouveau Monde, de s'occuper des Indiens et de les tirer de leur présent état de barbarie, d'abattement et de misère.»

Alexandre de Humboldt,
Essai politique sur le royaume de Nouvelle-Espagne (1810-1811).

La rébellion de Tupac Amaru et le programme impérial de Charles III

«L'introduction du système des intendants fut terminée au Pérou en 1784 ; l'abolition des *repartimientos* fut confirmée la même année et la nouvelle Audience du Cuzco fut opérative en 1787. La Couronne avait bien des raisons d'entreprendre cette réforme radicale de la structure administrative au Pérou – le programme général de la réforme impériale, par exemple, insistait essentiellement sur la nécessité d'augmenter les rentes royales dans la vice-royauté – mais ce fut le soulèvement de Tupac Amaru qui attira l'attention sur les conséquences politiques et sociales du fait que certains secteurs n'avaient pas encore été réformés et qui ajouta l'urgence au programme de changements qu'Areche avait mis en route sans pouvoir aller jusqu'au bout...
A court terme, les réformes furent un sucès, au moins en ce qui concerne la pacification de la vice-royauté, dans la mesure où Escobedo et la première génération d'intendants firent un effort spécifique pour renforcer l'interdiction des *repartimientos.* Mais à la longue, la plupart des vieux abus socio-économiques réapparurent....
La rébellion de 1780 accéléra le programme de réformes de Charles III au Pérou. Mais tout ce qui concernait les Indiens dans ce programme fut un échec, car la Couronne n'eut pas les moyens de les rendre pleinement effectives au niveau local. En d'autres termes, les véritables ennemis des Indiens furent à cette époque ceux qui contrôlaient la vie économique et sociale à l'intérieur de la vice-royauté, en particulier dans les zones rurales. En général, ceux-ci étaient créoles et non péninsulaires.»

John R. Fisher,
Tupac Amaru-1780.

alliance contre le système d'oppression coloniale de tous les Américains quelle que fût leur origine ethnique, le fait que des Créoles et des Métis aient au début répondu à son appel ne laissèrent pas de jeter le trouble. L'ampleur, la cruauté et la durée de la révolte, l'opiniâtreté de sa résistance enfin, firent frissonner et réfléchir de manière durable tous ceux, Espagnols et Créoles, qui vivaient à l'abri du pouvoir colonial. Elle les persuada que **l'armée espagnole**, dont le rôle et les moyens furent considérablement accrus en cette fin du XVIIIe siècle, était pour eux en définitive **la meilleure des garanties contre des populations indigènes** dont les aspirations pouvaient sembler coïncider avec les leurs, mais qui ne manquaient pas, lorsqu'elles se déchaînaient, de montrer le visage de la guerre sociale et raciale attisée par des haines et des rancœurs séculaires. Somme toute, il est probable qu'à long terme le douloureux souvenir et la terreur rétrospective de la grande rébellion de Tupac Amaru ait servi de frein aux remises en cause du système colonial par les Créoles des Andes.

2. Les révoltes créoles

L'antagonisme hispano-créole

«La nature a beau nous en avoir donné maints exemples, il n'en reste pas moins que c'est une chose anormale qu'entre gens d'une même Nation, d'une même religion, voire d'un même sang, il y ait toute l'inimitié, l'aversion et la haine que l'on observe au Pérou, où les villes et les bourgs sont le théâtre de discordes et d'une continuelle opposition entre Espagnols et Créoles. Telle est la cause constante des troubles répétés qui y ont lieu, car la haine réciproquement conçue par chaque parti contre l'autre gagne tous les jours un peu plus, et les uns comme les autres ne perdent aucune des occasions qui s'offrent à eux pour respirer la vengeance, déployer les passions et les jalousies qui sont enracinées dans leurs âmes.

Il suffit d'être Européen ou chapetón *comme on dit au Pérou, pour se déclarer immédiatement adversaire des Créoles ; et il suffit d'être né aux Indes pour haïr les Européens. Ce mauvais vouloir est tel qu'à certains égards il va au-delà de la rage effrénée avec laquelle s'injurient et s'outragent deux Nations en guerre ouverte, car si chez celles-ci il y a d'habitude un terme, entre les Espagnols du Pérou on n'en trouve aucun. Au lieu de se dissiper avec le développement des contacts, avec les liens de la parenté ou pour d'autres motifs propres à faire naître l'union et l'amitié, c'est tout le contraire qui a lieu, car la discorde croît sans cesse, et plus il y a de liens, plus la flamme de la dissension se renforce et l'aversion quelque peu amortie par le développement des échanges gagne de nouveau les esprits, le feu prend corps et devient un incendie que l'on ne peut éteindre.*

A travers tout le Pérou, c'est là une maladie générale dont souffre, dans les villes et les bourgades, la population qui appartient à ces deux groupes, bien que dans quelques-unes on ne note qu'une petite dissension, car le scandale est dans certains cas moindre que dans d'autres. Cette affection est si générale que même les premières têtes des cités n'en sont pas à l'abri, non plus que les personnes occupant les charges les plus respectables ou les fonctions religieuses. Elle attaque les gens les plus savants, les plus avisés et les plus sages. Les agglomérations sont le théâtre public des deux partis opposés, les cabildos, *l'endroit où l'on épanche l'inimitié la plus irréconciliable et les communautés où l'on voit continuellement embrasés les esprits de la flamme violente de la haine. Même les demeures particulières, où le hasard de la parenté vient à unir Européens et Créoles, ne sont pas moins des lieux de colère et d'antagonisme, si bien que tout considéré, ce serait peu que de les appeler purgatoires des esprits, car elles deviennent l'enfer des individus, en chassant tout à fait la tranquillité et tenant les individus dans une inquiétude continuelle avec les disputes que suscitent les diverses sortes de discordes qui servent d'aliment au feu de la haine.*

Les villes et les bourgades où les scandales de ces deux partis sont le plus visibles sont celles de la cordillère, ce qui provient sans doute du fait qu'il n'y a là-bas aucun contact avec les gens venus d'ailleurs ; dans les villes de la côte au contraire, où la fréquentation des étrangers est plus répandue, les habitants ne laissent pas de nourrir intérieurement quelque mépris les uns à l'égard des autres, mais ils ne le font pas de manière aussi publique que ceux de la cordillère, qui n'ont d'autre sujet de diversion que l'esprit de parti.

Ces inimitiés, si communes là-bas et si acharnées que dès que quelqu'un arrive en ces lieux il les reconnaît et peu après vient à être impliqué, ont bien dû avoir un commencement précis qui leur sert de cause, mais tant que celle-ci ne disparaîtra pas elles continueront...

Si bien des choses peuvent avoir été à l'origine de la division entre Européens et Créoles, on en découvre deux qui semblent essentielles : l'excessive vanité et la présomption qui règnent parmi les Créoles, d'une part, le misérable et malheureux état dans lequel arrivent régulièrement les Européens lorsqu'ils quittent l'Espagne pour ces contrées, de l'autre...

Dès que les enfants des Européens naissent et sentent les lueurs encore faibles de la raison, ou dès que celle-ci vient à tirer le voile de l'innocence, débute en eux l'opposition à l'égard des Européens, car comme commencent à s'imprimer dans leur entendement les mauvaises opinions de leur père qu'ils entendent dans le reste de leur famille, abominable exemple de ceux qui devraient leur donner une bonne éducation, ils conçoivent une haine contre ceux-là même qui les ont engendrés. Comme ils grandissent avec l'aversion des Européens, ils n'ont besoin d'aucun autre motif que celui de ce préjugé pour être, lorsqu'ils ont atteint l'âge adulte, des ennemis acharnés des Européens. Ils le laissent entendre à la première occasion qui leur est donnée de le manifester, sans aucune retenue et parfois même en présence de leur père. C'est chose coutumière que d'entendre répéter par certains d'entre eux que s'ils pouvaient se retirer le sang des Espagnols qui leur vient de leur père, ils le feraient afin qu'il ne soit point mêlé à celui qu'ils ont hérité de leur mère. Quelle sottise, quelle énorme sottise, car s'il était possible de leur retirer tout le sang espagnol, ne courrait dans leurs veines rien d'autre que celui des Noirs ou des Indiens.

Les Européens, ou chapetones, *qui arrivent en ces pays sont en général de basse extraction en Espagne ou de lignages peu connus, sans éducation ni aucun autre mérite qui les rende très recommandables, mais les Créoles indistinctement les traitent tous de manière amicale et agréablement. Il suffit qu'ils soient d'Europe pour que, les considérant comme des personnes illustres, ils les estiment au plus haut point et les traitent comme s'ils en étaient dignes, si bien que même dans les familles qui sont très fières d'elles-mêmes, elles invitent à leur table les Européens les plus humbles qui arrivent d'Espagne, même s'ils sont venus en qualité de serviteurs. On ne fait point de distinction entre eux et leurs maîtres lorsqu'ils vont chez quelque Créole, on les fait asseoir à même en présence des maîtres. A cet égard, les Créoles font avec les* chapetones *bien d'autres excès, aussi, parmi ces derniers, ceux dont l'humble naissance et la piètre éducation ne leur avaient pas permis d'oser sortir de leur petite condition, encouragés dès leur arrivée aux Indes par tant de déférence, perdent-ils la tête et n'ont de cesse d'être au plus haut. Les Créoles n'ont d'autre fondement pour oberver cette conduite que de dire que les* chapetones *sont blancs et que du fait de cette seule prérogative ils méritent toutes les distinctions sans que l'on s'arrête à considérer quel est leur état ni à déduire de celui-ci quelle peut être leur qualité. De cet abus, il résulte pour les Indes de graves préjudices dont il sera question plus loin. L'origine en est que comme les familles vraiment blanches y sont rares, puisqu'en général seules les plus distinguées ont ce privilège, la blancheur accidentelle se taille là-bas la place qui devrait revenir à la plus haute qualité. Aussi, pour le seul fait d'être européen on les juge dignes du respect et des égards que l'on témoigne à d'autres mieux nés qui vont là-bas avec de hautes fonctions dont l'honneur les devrait distinguer du commun.»*

Jorge Juan et Antonio de Ulloa,
Noticias secretas de América.

De la même façon que les révoltes indiennes furent avant tout des mouvements ruraux qui impliquèrent aussi à l'occasion des métis, les rébellions créoles apparurent en milieu urbain et, même lorsqu'elles furent conduites par les élites locales, elles utilisèrent très souvent comme masse de manœuvre les couches populaires, presque toujours métissées à des degrés divers.

Si l'on met à part quelques rébellions d'esclaves qui éclatèrent elles aussi un peu partout à cette époque (à la mine de El Cobre à Cuba en 1724, au Venezuela en 1730-1732, au Pérou plus tard, dans les anciennes *haciendas* jésuites de la côte) la première révolte non indienne eut lieu au Paraguay au cours du premier tiers du XVIIIe siècle. Cette région connaissait depuis longtemps une tension parfois vive entre colons et jésuites. En 1717, à la suite de l'emprisonnement d'un Créole membre du conseil municipal d'Asunción par le gouverneur, le juge enquêteur dépêché par la lointaine Audience de Charcas dont dépendait le Paraguay, le Créole originaire de Panama José de Antequera, déposa le gouverneur et assuma provisoirement ses fonctions. En 1723 il fut rappelé par le vice-roi mais, soutenu par le *cabildo*, il refusa de céder la place et entra en rébellion. Ce fut la guerre.

L'année suivante, la petite armée des rebelles qui prirent le nom de *comuneros* en raison de la nature communale de leurs bases et de leurs revendications mais aussi en souvenir de la grande révolte castillane – révolution avortée ? – de 1519-1521, battit celle du roi envoyée depuis Buenos Aires à Tevicuary. Parti à Charcas pour se faire confirmer dans ses fonctions auprès de l'Audience qui l'avait jusque-là soutenu, Antequera fut trahi et livré à la justice royale qui le condamna et le fit mettre à mort en 1731 à Lima avec un de ses lieutenants, Juan de Mena. Le flambeau fut repris après leur mort par Fernando de Mompox et l'armée *comunera,* malgré quelques succès, fut définitivement défaite à Tavapy en 1735.

Cette remise en cause de l'autorité royale s'appuyait sur une réalité et un principe. La première résidait dans la volonté des conseils municipaux, tenus par le puissant patriciat créole, d'assumer une **autonomie réelle** dans la gestion de leurs affaires. Le second s'appuyait sur les idées de penseurs espagnols des XVIe et XVIIe siècles (Suarez, Vitoria, Mariana, Soto) selon lesquels, de par la volonté divine, la source de tout pouvoir résidait dans le peuple lequel en déléguait seulement l'exercice au souverain qui était donc tenu de ne point contrevenir aux souhaits des populations.

«Les Créoles se rappellent à peine que l'Espagne est leur mère patrie. L'idée qu'ils en ont est bien loin de leur inspirer celle de s'en rapprocher ; ils estiment qu'il n'y a point de meilleur pays que le leur, par l'empressement que les Européens mettent à passer en Amérique, et qu'ils habitent la terre la plus glorieuse du globe, par l'avidité que les Espagnols apportent de la métropole. Ils comptent pour rien la douceur du climat et des productions d'Europe ; ils ne voient que la misère de ceux qui en sortent. Cette opinion leur donne une espèce d'orgueil d'être nés sur le sol du Nouveau Monde, et rend inaltérable leur attachement pour leur patrie factice.»

François Depons, *Voyage fait à la partie orientale de la Terre Ferme (1806).*

Par la suite, des mouvements revendicatifs ou des conjurations aux conséquences variables éclatèrent un peu partout. En 1739, à Oruro, sur le haut plateau aujourd'hui bolivien, celui de Juan Vélez de Cordoba dénoncé à la veille du déclenchement des opérations, mais qui avait eu le temps de préparer une remarquable proclamation appelant à défendre les indigènes contre les abus, dénonçant le mépris des métropolitains et engageant les Créoles à ne plus subir leurs affronts. En 1749, les habitants de Caracas se révoltèrent contre le monopole de la *Compañía guipuzcoana* qu'ils accusaient de servir surtout les intérêts péninsulaires et d'entraver les activités traditionnelles. A la suite de son éviction au profit d'un Basque, un juge local, Juan Francisco de Leon, rameuta la population de Caracas, grands Créoles, propriétaires terriens, mais aussi commerçants boutiquiers et gens du peuple, dont la solidarité nouvelle

Fragment de la Lettre aux Espagnols américains _de Juan Pablo Viscardo y Guzman_

«C'est ainsi qu'après avoir satisfait au brigandage paré du nom de commerce, aux exactions du gouvernement en rétribution de ses insignes bienfaits et aux riches appointements de l'innombrable foule d'étrangers qui, sous différentes dénominations, en Espagne et en Amérique, se repaissent fastueusement de nos biens ; ce qui nous en reste devient l'objet de perpétuelles embûches de tant d'orgueilleux tyrans dont la rapacité ne connaît d'autres bornes que celles où leur insolence et la certitude de l'impunité veulent qu'on s'arrête... Parcourons notre malheureuse patrie d'un bout à l'autre, et partout nous trouverons la même uniforme perspective de la désolation qu'ont répandue l'avarice insatiable et l'inhumanité de tous les instruments employés par le gouvernement pour notre oppression.»

exprimée contre les péninsulaires est habituellement considérée comme une des premières manifestations de l'ébauche d'une conscience nationale vénézuelienne. Au cours d'un *cabildo abierto,* ils demandèrent la suppression de la *Compañía guipuzcoana* qui fonctionna néanmois jusqu'en 1783.

En réponse à l'aggravation de la pression fiscale, l'un des axes de la politique coloniale à l'époque, on assista à des émeutes parfois sanglantes : celle dite des quartiers (*barrios*) de Quito en 1765, celles des orfèvres du Cuzco en 1780, ou d'autres villes péruviennes ou de l'actuelle Bolivie : Arequipa, Moquegua, Huaraz, Pasco, La Paz, Chuquisaca et Cochabamba, de janvier à avril de la même année. Celle dont l'ampleur et la portée furent les plus significatives eut lieu en Nouvelle-Grenade où, en 1781, les diverses composantes de la population s'unirent contre les projets de réforme fiscale du *visitador general* Gutiérrez de Piñeres. Les troubles commencèrent à El Socorro, au Nord de Bogotá, et s'étendirent rapidement. Les révoltés, qui prirent là aussi le nom de *comuneros,* réussirent à lever une armée de 20 000 hommes dont la moitié d'Indiens. Ayant dû fuir de Bogota, le *visitador* laissa négocier l'archevêque Caballero y Gongora qui, en juin et sous la pression, obtint à Zipaquira l'engagement des autorités de supprimer les nouveaux impôts et même de revoir à la baisse certains de ceux qui existaient déjà. Les principaux chefs abandonnèrent le combat et furent d'ailleurs récompensés de postes dans l'administration, tandis que d'autres continuaient la lutte qui s'étendit à la région voisine de Mérida pendant plusieurs mois.

Les Indiens et le soulèvement des *comuneros* de Nouvelle-Grenade

«Le problème des Indiens vint compliquer la tâche déjà ardue des autorités légales. Dès le milieu du siècle, on avait timidement inauguré une nouvelle politique qui, de fait, était contraire aux intérêts des indigènes. Jusque-là, la norme légale avait été la ségrégation des Indiens, l'exclusion des *resguardos*[1] de tous ceux qui n'étaient pas indigènes. Mais, avec le temps, les circonstances avaient amené des changements substantiels.

L'immigration et la pression démographique augmentèrent le nombre des Blancs, des Métis ou des Mulâtres qui désiraient acquérir des terres et ne pouvaient le faire, dans la mesure où le territoire était partagé, presque entièrement, entre les latifundios créoles et les *resguardos* indiens dont les terres ne pouvaient être vendues ni même louées. D'un autre côté, de nombreux Indiens attirés par les salaires qu'offraient des propriétaires d'exploitations, ou pour d'autres motifs, abandonnaient les resguardos et laissaient leurs terres à l'abandon. De fait, diverses terres avaient été occupées et une Instruction royale de 1754 avait légalisé la situation, moyennant le paiement d'une compensation. Mais le problème restait sans solution.

En 1755, on fit un pas important : on autorisa la vente totale ou partielle d'une série de *resguardos,* une fois constaté que les Indiens avaient plus de terres qu'ils n'en pouvaient cultiver. D'un autre côté, lorsque les Indiens étaient peu nombreux, on les obligeait à se regrouper en un seul village et à laisser ainsi des terres libres pour l'agriculture.

Cette politique, favorable aux paysans blancs et métis, continua sous le *fiscal* Francisco Antonio Moreno y Escandon qui, vers 1779, supprima de petites réductions indigènes afin de les agréger à d'autres plus peuplées, le produit des ventes allant au Trésor Public. Un rapport de l'auditeur don Joaquin Vasco, en date du 15 août 1779, accusait Moreno de vouloir par sa politique "l'entière destruction du royaume".

Les Indiens avaient donc des motifs plus que suffisants de se plaindre et ils profitèrent de l'occasion qui s'offrit en 1781. Les accords de Zipaquira comportent une clause favorable aux *resguardos :* sans doute les *comuneros* furent-ils obligés de donner quelque satisfaction théorique aux Indiens.

Se préoccupaient-ils vraiment des problèmes indigènes ? Cela paraît douteux : Ambrosio Pisco, commerçant avisé, descendant des Chibchas, qui se proclama cacique de Bogota, semble avoir été un instrument entre les mains des *comuneros* plutôt qu'un véritable *caudillo* ; c'est du moins ce qui ressort d'une note de l'archevêque vice-roi Caballero en date du 15 octobre 1786...

En réalité, dans les milieux créoles et espagnols les soulèvements indiens de 1781, comme ceux des Noirs, éveillèrent certaines sympathies mais, surtout, la crainte. Ni les puissants de l'oligarchie, ni les couches moyennes ne pouvaient voir d'un bon œil un mouvement qui menaçait de ruiner non seulement l'ordre colonial traditionnel, mais aussi l'ordre établi. Une fois passés les premiers moments, les chefs *comuneros* eux-mêmes prêtèrent leur concours à la répression, surtout après l'annonce du soulèvement de Tupac Amaru au Pérou, nouvelle qui éveilla un énorme enthousiasme parmi les Indiens, mais en revanche l'horreur, la peur et l'inquiétude dans les classes aisées.»

Joseph Pérez,
Los movimientos precursores de la Emancipación.

1. Villages communautaires indiens.

On a pu s'interroger à bon droit sur cette impressionnante série de révoltes, conjurations, soulèvements, troubles, etc., qui concernèrent d'ailleurs surtout l'Amérique du Sud. Certains historiens n'ont pas hésité à les qualifier de **mouvements précurseurs de l'Indépendance.** L'expression doit cependant être maniée avec prudence. Si ces mouvements de protestation marquent sans aucun doute un tournant dans l'histoire de l'Empire, à aucun moment ils n'eurent de véritable programme où aurait figuré l'exigence de l'indépendance, ni même d'une autonomie politique. Ils luttèrent seulement pour l'allègement de la pression fiscale et contre les maladresses ou les abus des fonctionnaires coloniaux. Il n'en reste pas moins que ces mouvements, situés pour certains dans la lignée des révoltes de la tradition castillane, eurent pour effet de rassembler sur des objectifs communs des groupes américains aux intérêts en fait très divergents, de leur faire prendre conscience qu'au-delà de leurs différences et de leur rivalité même ils avaient des choses en commun à partager. En d'autres termes, une ébauche de sentiment national commençait à poindre, mais il allait falloir encore une génération pour qu'il devienne vraiment perceptible et se traduise dans les faits.

Concolorcorvo

De son vrai nom Alonso Carrio de la Vandera, cet ancien corregidor espagnol devenu inspecteur des postes publia vers 1775 à Lima un *Lazarillo de ciegos caminantes,* itinéraire supposé d'un cacique indien entre le Rio-de-la-Plata et le Pérou, dans lequel il passe en revue, souvent de façon critique et judicieuse, la plupart des aspects de la société américaine de son temps.

3. L'évolution du panorama intellectuel

Une tradition bien établie a insisté sur le rôle de l'étranger, en particulier de la France et à un degré moindre de l'Angleterre, à propos des changements intervenus au XVIIIe siècle en Amérique espagnole dans le domaine des idées et des attitudes mentales. Il ne s'agit pas de le nier et on en traitera plus loin, mais il serait faux de ne pas souligner d'abord que le XVIIIe siècle fut pour l'Empire, sous l'impulsion de l'Espagne, une époque de **grande rénovation des cadres de pensée,** une période au cours de laquelle **tradition** et **innovation** se mêlant en proportions variables créèrent sans aucun doute une dynamique propre qui devait en quelque sorte préparer un terrain favorable aux Lumières européennes.

L'Amérique profita en premier lieu des rénovations entreprises par les Bourbons en Espagne même. Les

Selon des calculs récents, au cours de la seconde moitié du XVIIIe siècle, 56,8 % des **évêques** furent péninsulaires et 43,1 % créoles. Ce dernier pourcentage est nettement supérieur à ce que l'on a longtemps cru.

Sociedades de amigos (ou ***amantes***) ***del país :*** c'est sous ce nom que dans les principales villes américaines, à l'imitation de ce qui s'était fait en Espagne, des groupes de pensée issus des classes dominantes et le plus souvent liés au négoce, se réunirent à la fois pour réfléchir au développement économique régional et assurer une certaine rénovation de la réflexion sociale.

universités notamment connurent dans bien des cas des réformes assez profondes, sur le modèle de ce qui avait eu lieu à Salamanque, Alcala ou Valence. Des prélats ouverts aux exigences de la modernité (Pérez Calama au Mexique et à Quito, Moreno y Escandon et Caballero y Gongora en Nouvelle-Grenade, Moxo à Charcas, Echeverria à Cuba, Maciel à Buenos Aires, etc.) sans pour autant abandonner la plus stricte orthodoxie dans le domaine de la théologie ou des Écritures, voulurent adapter les enseignements et développer les mathématiques, la logique, la physique, la géographie, la mécanique dans leurs plans d'études destinés aux universités ou aux séminaires dont ils avaient la charge. On a même parlé à leur propos de ***Lumières catholiques,*** expression sans doute exagérée, mais donnant bien l'idée de l'effort entrepris.

De son côté, l'administration s'efforça d'encourager toute une série d'apprentissages de nature technique propres à accompagner à différents niveaux de compétence le développement économique voulu en haut lieu : écoles navales, des mines, de cartographie, etc. La participation de Créoles aux expéditions scientifiques venues d'Europe accentua encore cette ouverture du monde américain sur le mouvement général des idées ou des connaissances. Certains noms ont ainsi à juste titre traversé le temps : le polygraphe de Nouvelle-Grenade José Ignacio de Pombo, qui correspondit avec tous les grands esprits de son temps, le Quiténien Antonio de Alcedo historien et géographe, le physicien et mathématicien mexicain Bartolache, les précurseurs de l'ethnologie et de l'archéologie que furent le Néo-grenadin Duquesne ou le Mexicain Leon y Cava, etc. De ce point de vue, des études récentes ont montré le rôle déterminant joué, jusqu'à sa suppression dans l'Empire, par la Compagnie de Jésus dans la diffusion rapide de ce qui se faisait ou se découvrait en Europe. La qualité des œuvres de certains jésuites expulsés, et qui de ce fait écrivirent en Europe, est là pour le prouver.

Si les influences anglaises furent déterminantes plus tard et à plusieurs titres au moment de l'Indépendance, au plus tôt à partir des premières guerres napoléoniennes, pendant longtemps elles furent réduites notamment en raison des trois *Pactes de Famille* signés entre la France et l'Espagne qui faisaient de l'Angleterre, au demeurant Nation protestante, une ennemie. La philosophie de Locke, Hume ou Smith arriva souvent en traduction française, mais semble bien avoir eu surtout un succès de simple curiosité. **L'exemple des colonies d'Amérique du Nord** laissa un impact beaucoup plus fort. Dès l'Indépendance de 1776 le gouvernement espagnol devait s'en préoccuper. Certains protagonistes de l'Indépendance

Les origines de la presse

«La première *Gaceta de México* parut en 1667 et encore ne fut-elle pas publiée de façon périodique, elle parut seulement de loin en loin. Au XVIIIe siècle, on essaya de l'imprimer régulièrement, ce qui ne fut réussi que durant de brèves périodes : de janvier à juin 1722, sous la direction du prêtre Juan Ignacio de Castorena (1668-1733) et, de 1728 à 1738, sous la direction de Juan Francisco Sahagun de Arévalo ; il y eut ensuite le *Mercurio de México,* 1740-1742, enfin la dernière *Gaceta de México,* dirigée par le soldat poète Manuel Antonio Valdés (1742-1814). Elle dura de janvier 1784 à décembre 1809 et fut remplacée, en janvier 1810, par la *Gaceta del Gobierno de México,* publication officielle (les précédentes avaient été des entreprises privées) qui se maintint jusqu'à la fin de la domination espagnole, en septembre 1821.

Le Guatemala eut, de 1729 à 1731, sa *Gaceta ;* sous ce même titre y fut aussi publié un autre périodique qui parut en 1794 et survécut jusqu'en 1816, sous la direction du juriste Jacobo de Villaurrutia, natif de Saint-Domingue (1757-1833). Au Pérou, la publication de la *Gaceta de Lima* date de 1743 et dura jusqu'en 1767 ; elle reparut ensuite de 1793 à 1795, puis de 1798 à 1804 et de 1810 à 1821. Il y eut en outre des périodiques d'information à La Havane (1764), Bogota (1785), Buenos Aires (1801), Veracruz et Santiago de Cuba (1805), San Juan de Puerto Rico et Montevideo (1807), Guadalajara (1809), Saint-Domingue (1821). Le premier périodique quotidien de l'Amérique espagnole fut le *Diario Erudito, Económico y Comercial de Lima,* d'octobre 1790 à septembre 1793, sous la direction de l'Espagnol Jaime Bausate y Mesa, le second fut le *Diario de México,* fondé par Villaurrutia (celui de la *Gaceta de Guatemala*) avec l'aide de l'historien mexicain Carlos Maria de Bustamante (1774-1848) ; il dura jusqu'en 1817.

Les publications périodiques consacrées à la littérature et aux sciences méritent une attention toute particulière. Les principales furent les quatre qu'édita à Mexico, entre 1768 et 1795, le prêtre José Antonio Alzate (1729-1799) qui étudia la physique, l'astronomie et les sciences biologiques ; le *Mercurio volante,* en 1722, du Mexicain José Ignacio Bartolache (1739-1790), médecin et mathématicien ; le *Mercurio peruano,* de Lima, de 1791 à 1795, dont le principal rédacteur fut le médecin et naturaliste Hipolito Unanue (1755-1833) ; le *Papel periódico* de La Havane, de 1790 à 1804, les *Primicias de la Cultura* de Quito, en 1791, dirigées par Francisco Eugenio de Santa Cruz y Espejo (1747-1795), médecin aux connaissances encyclopédiques ; le *Semanario de la Nueva Granada,* de Bogota, de 1808 à 1811, dirigé par le savant naturaliste José de Caldas (1771-1816).

Pedro Henriquez Ureña,
Historia de la cultura en la América hispánica.

«La masse restait fidèle aux ***idées traditionnelles*** *qui, d'ailleurs, n'enseignaient pas l'obéissance aveugle au Trône, et pour combattre l'absolutisme, il n'était pas nécessaire d'avoir lu Voltaire ou Rousseau, il suffisait de connaître Suarez et les scolastiques espagnols du XVIe siècle... La lente évolution de la société coloniale, qui prenait conscience de son originalité face au réformisme des Bourbons, et l'exemple de l'Indépendance nord-américaine paraissent plus importants que l'influence des Lumières.»*

Joseph Pérez, *Los movimientos precursores de la Emancipación.*

Si **l'imprimerie** avait été importée d'Europe dès le début de l'époque coloniale dans les capitales vice-royales, le XVIIIe siècle vit sa diffusion dans les capitales régionales :
La Havane (1707), Oaxaca (1720), Bogotá (1738), Quito (1760), Cordoba (1764), Carthagène des Indes (1776), Buenos Aires et Santiago du Chili (1780), Guadalajara (1793), Veracruz (1794), Santiago de Cuba (1796), Montevideo (1807), Caracas et San Juan de Puerto Rico (1808), Guayaquil (1810).

de l'Amérique espagnole, comme Miranda, séjournèrent d'ailleurs aux États-Unis. Mais plus qu'une influence directe, il semble bien qu'il y ait eu similitude de situations, donc de réactions, entre les deux parties du continent, et ce fut surtout après l'indépendance, au début du XIXe siècle, que les hommes politiques des premières républiques libérées s'enquirent de savoir comment avaient réagi leurs homologues du Nord et essayèrent parfois d'adapter leurs décisions ou leur pensée.

Des historiens de notre siècle n'ont pas hésité à qualifier, avec enthousiasme mais exagération, Rousseau de «mentor de l'Amérique créole» et Voltaire de «souverain intellectuel du Nouveau Monde». S'il est sûr que les idées et les livres des Lumières françaises pénétrèrent dans l'Empire, leur diffusion fut de toute manière sensiblement limitée. L'entrée de ces publications, dont bien peu furent traduites, était interdite et les autorités coloniales comme l'Inquisition veillaient avec soin à ne pas laisser pénétrer les œuvres des Philosophes ou des Encyclopédistes. De toute manière, leur lecture resta circonscrite à des cercles créoles limités par les privilèges de la fortune et de l'éducation, cercles qui en outre ne s'en firent pas toujours les adeptes. Un point en particulier semble avoir nettement différencié les Lumières en Amérique espagnole de celles qui lui parvenaient de France ou d'Angleterre : leur **imperturbable orthodoxie religieuse** et une multitude de freins objectifs ou idéologiques qui les empêchèrent longtemps d'adhérer pleinement et dans les faits aux propositions de maîtres français comme l'abbé Raynal. Par la suite, les événements de la Révolution vinrent modifier profondément, et de manières d'ailleurs opposées, le rapport aux idées propagées depuis la France. Nous aurons l'occasion d'en reparler dans le chapitre suivant.

De toute façon, comme l'ont bien souligné plusieurs spécialistes de cette période, les préoccupations étaient dans l'Amérique de l'époque beaucoup plus pragmatiques qu'idéologiques. Ce qui se développa et s'affirma surtout, du moins pendant longtemps, ce fut d'une part un **vif sentiment d'américanité,** aux racines déjà anciennes, mais qui s'exprima alors avec plus de force, de manière plus consciente, organisée et agressive, d'autre part, un très net ressentiment contre les métropolitains, le pouvoir qu'ils représentaient ou qui les appuyait et même au-delà d'eux, contre l'Europe où, dans le sillage de Buffon, de l'abbé Cornelius de Pauw et de ses *Recherches philosophiques sur les Américains,* les détracteurs du Nouveau Monde redoublèrent de virulence.

Les expériences parfois difficiles nées des nouvelles donnes politiques et économiques dans l'Empire, la hardiesse de pensée qui caractérisa les attitudes mentales du siècle dit des Lumières, la vieille tradition hispano-américaine dont certains traits se réveillèrent sous l'effet des tensions et de la vigueur des débats engagés, les échos affaiblis ou déformés des influences extérieures, tout cela devait nourrir les réactions américaines et leur donner en fait tout l'arsenal idéologique pour le jour où, sous l'effet de conditions inattendues, la nature du lien avec l'Espagne, qui jusque-là n'avait jamais été mis en cause, viendrait à l'ordre du jour.

Chapitre 17

L'Indépendance

1. Le nouvel environnement international

Durant le dernier tiers du XVIIIe siècle et au tout début du XIXe, l'Empire fut secoué par les échos et, dans certains cas, les conséquences d'une série d'événements internationaux de première grandeur.

Chronologiquement, il faut placer d'abord, à partir de 1776, la révolte, puis **l'indépendance des treize colonies anglaises d'Amérique du Nord,** les futurs États-Unis. Non seulement ils donnèrent aux autres régions du continent un exemple que bien des gouvernants espagnols jugèrent pernicieux, mais le dynamisme de ce nouvel État indépendant, dont les navires touchèrent bientôt les ports de la Caraïbe insulaire et continentale mais aussi du Pacifique Sud, contribua à faire germer l'idée de la viabilité de son expérience. Sa constitution, fort originale pour l'époque, fut commentée sous le manteau dans les colonies espagnoles et il n'est pas insignifiant de noter que Miranda, l'apôtre de l'indépendance vénézuélienne, conçut ses premiers projets aux États-Unis où, dès le début des années 1780, il rencontra les figures les plus en vue du moment. Certains conseillers de la Couronne, parmi les plus avisés, comme le comte de Aranda, proposèrent même au souverain, pour contrecarrer de possibles tendances indépendandistes suscitées par l'exemple nord-américain, de créer trois royaumes à Mexico, Bogota et Lima, à la tête desquels on aurait mis des membres de la famille régnante espagnole qui auraient donné une apparence d'autonomie, mais auraient défendu, dans les faits, la pérennité des intérêts américains de la Métropole.

Dans les années qui suivirent, **la Révolution française** ne pouvait pas, elle non plus, laisser les Hispano-américains indifférents. Depuis longtemps déjà, malgré la vigilance de la police et de l'Inquisition, les ouvrages des philosophes français étaient connus, lus et commentés dans l'Empire : Montesquieu, Rousseau, Voltaire, Mably, Condorcet. Les contacts établis de longue date avec les navires venant de notre pays, les liens entre les régions continentales et les Antilles françaises, les échos favorables que reçurent, dans certains milieux, les grands principes proclamés par l'Assemblée constituante, contribuèrent au début à la propagation de l'exemple révolutionnaire français. On retrouve ainsi à Paris Miranda, encore lui, très lié aux milieux girondins et plus tard général aux armées lors des premières batailles de Valmy et Jemmapes, avant de fuir pour échapper au sort de ses amis girondins.

On aurait cependant tort de croire, comme on l'a fait longtemps, à l'influence décisive, dans les domaines idéologiques, de la Révolution française sur le processus d'indépendance hispano-américain. Dans beaucoup de régions, cette influence fut tardive, limitée à des milieux, certes agissants, mais restreints et, surtout, elle suscita dans bien des cas des réactions négatives et de rejet. L'exécution de Louis XVI, les relations conflictuelles avec l'Église, la Terreur qui eut des prolongements sanglants aux Antilles et, encore plus, la révolte, puis la victoire des esclaves d'Haïti, présentées comme la conséquence directe des événements de France et qui firent renaître l'espérance parmi les Noirs du continent, furent autant de spectres que les tenants de l'ordre colonial, espagnols ou créoles, ne manquèrent pas d'agiter avec succès.

Cependant, de manière indirecte, la Révolution française accéléra la réunion de conditions favorables à la remise en cause fondamentale et définitive du lien colonial. Vaincue par la Convention, l'Espagne dut accepter le traité de Bâle avec la France et, sous la pression du Directoire, entra en guerre à son tour contre l'Angleterre. Celle-ci, assurée de la maîtrise des mers et depuis quelque temps très intéressée par les possessions espagnoles du Nouveau Monde où elle voyait avec raison la possibilité d'alléchants débouchés pour sa jeune industrie, interrompit les relations entre la Métropole et l'Empire.

L'Amérique latine face à la Révolution française

«La sympathie initiale à l'égard de la Révolution va bientôt se transformer en méfiance, puis en hostilité. Dans cette évolution, l'exécution de Louis XVI, puis la persécution religieuse jouent un rôle fondamental. La personne du roi, entourée d'un respect religieux, apparaît comme la clef de voûte de tout l'ordre social ; mais aussi comme le lien qui unit entre elles la diversité des communautés politiques qui composent la monarchie. La persécution religieuse, elle, touchait encore plus profondément les valeurs suprêmes de la société. La guerre contre la Convention fut vécue par beaucoup comme une croisade, d'autant plus que l'occupation du Pays basque par les troupes révolutionnaires amena la fermeture d'églises et la persécution du clergé. Les campagnes d'opinion contre la Révolution ne se nourrissaient pas seulement d'une opposition idéologique venant d'en haut, mais s'appuyaient aussi sur une adhésion sociale plus large, issue d'une expérience directe, renforcée encore par la présence en Espagne de nombreux prêtres et évêques français immigrés. Les réactions furent les mêmes en Amérique, où l'analyse de la presse montre une identité totale de thèmes avec celle de la Péninsule ; on y relève comme trait spécifique l'insistance sur l'anarchie et la dissolution de la société, qui s'explique sans doute [...] par la crainte de révoltes indiennes.

Les alliances que passe plus tard la couronne d'Espagne avec la France révolutionnaire et impériale modèreront cette hostilité profonde, mais sans effacer tout un imaginaire hostile, encore plus enraciné dans le peuple que chez les élites, qui identifie la Révolution française à l'impiété. Dans la guerre d'opinion que se livreront les insurgés et les loyalistes en Amérique, la Révolution française servira souvent de repoussoir, d'arme politique pour discréditer les ennemis avec ce chef d'accusation suprême qu'est l'impiété dans des sociétés très religieuses. Lorsque, plus tard, Napoléon donnera une image plus "respectable" de la France, les élites hispaniques seront partagées entre l'admiration pour son efficacité administrative et militaire et la déception qu'elles ressentent face à un régime modernisateur certes, mais qui leur apparaît comme la restauration d'un nouveau despotisme.

Ces réactions, ébauchées ici à grands traits, doivent être nuancées selon les générations. Les plus âgés parmi les plus éclairés appartenaient à cette génération réformiste qui avait mis son espoir dans le pouvoir absolu du monarque. Pour eux, le pays n'était pas encore prêt pour la réforme politique ; celle-ci viendrait après la réforme sociale. La génération suivante, celle qui a été éduquée pendant l'époque révolutionnaire, renverse l'ordre des priorités : d'abord la réforme politique, puis la réforme sociale. Ce sont les membres de cette génération, Espagnols et Américains, qui feront ensuite la révolution hispanique. Mais même aux yeux de cette génération, à quelques exceptions près, il fallait tenter d'atteindre les buts de la Révolution française, tout en se servant de cette expérience pour ne pas tomber dans les mêmes excès. Nous avons ici l'une des clés de l'adhésion massive du monde ibérique au constitutionnalisme et de son rejet de tout ce qui peut ressembler au jacobinisme.»

F.-X. Guerra, «L'Amérique latine face à la Révolution française», *Caravelle* n° 54, 1990.

Désormais privée de ses revenus du Nouveau Monde, incapable de fournir à ses colonies les produits indispensables, en novembre 1797 l'Espagne – comme le lui demandaient certaines représentations portuaires américaines – se résolut à ouvrir son empire aux navires neutres dont elle pensait faire ses intermédiaires. Lorsqu'elle voulut faire machine arrière en 1799, il était trop tard et ses délégués sur place, conscients de l'impossibilité d'un retour au passé, n'appliquèrent pas – ne purent appliquer – la décision du gouvernement de Madrid qui, bientôt convaincu, se mit par le biais de licences à contourner sa propre législation. Avec la paix d'Amiens, en 1802, le Monopole fut rétabli comme par le passé, mais pour la forme. La reprise des hostilités en 1804 conduisit à son abolition définitive.

Pendant ce temps, **les navires nord-américains,** ouvertement, **et anglais,** de façon clandestine, **commercèrent de plus en plus souvent avec la plupart des ports de l'Empire :** La Havane, Santiago de Cuba, La Guaira, Veracruz, Buenos Aires, Valparaiso, etc. En l'espace de dix ans, dans certains de ceux-ci leur nombre décupla. Des agences consulaires durent être tolérées, souvent transformées en centre de diffusion d'idées subversives et d'écrits fort critiques pour le système colonial, comme le célèbre *Common sense* de Paine. Le volume des échanges suivit une courbe du même type. Les importations et les exportations nord-américaines, qui étaient de l'ordre d'un million et demi de dollars en 1795, atteignirent respectivement 8,4 millions et 12,7 millions en 1801. Dans le même temps, par le traité de San Lorenzo, le ministre Godoy, favori de Charles IV, mais surtout de la reine, cédait aux États-Unis une partie de la Floride, leur reconnaissait la libre navigation sur le Mississippi, dont le débouché était tenu par l'Espagne alors maîtresse de la Louisiane, et leur accordait un port franc à la Nouvelle Orléans...

2. Du loyalisme à la volonté d'indépendance (1808-1810)

En ce début du XIXe siècle, le panorama offert par le monde ibérique était on ne peut plus sombre : l'Espagne était un pays appauvri par la rupture de ses relations avec ses colonies, désorienté par le poids grandissant de l'influence française, outré par les scandales de la cour et l'incapacité notoire du souverain. De son côté, l'Amérique, travaillée depuis longtemps par les évolutions de sa dynamique interne et les changements que lui avait imposés le pouvoir colonial, regardait par la force des choses de plus en plus vers d'autres horizons et en venait maintenant à reconsidérer la nature des liens qui l'unissaient à sa métropole.

Pour la première fois, en 1805, Miranda, en provenance des États-Unis, tenta un débarquement dans l'Ouest du Venezuela, à Coro, mais sans succès. L'année suivante, il récidiva avec le soutien d'une escadre anglaise devant Puerto Cabello. Ce fut de nouveau l'échec. De sa propre initiative, l'Angleterre qui donnait asile à de nombreux groupes d'exilés hispano-américains monta, en 1806-1807, une opération militaire qui échoua, elle aussi, dans le Rio-de-la-Plata.

La crise en Espagne

Mais c'est en Espagne même qu'eurent lieu alors les événements décisifs. La situation y était devenue explosive : 100 000 hommes des armées françaises, sous prétexte d'aller occuper le Portugal, avaient pénétré dans le pays ; une émeute à Aranjuez, le 17 mars 1808, avait obligé Godoy à démissionner et, le lendemain, Charles IV abdiqua en faveur de son fils devenu Ferdinand VII. Désireux d'en finir, Napoléon convoqua la famille royale à Bayonne dans un véritable traquenard. Là, il força le nouveau roi à rendre la couronne à son père qui s'empressa d'abdiquer une fois encore, mais en faveur de Napoléon... (5-6 mai 1808). Cette mascarade, entérinée par une pseudo-assemblée de notables espagnols – où figuraient quelques Américains – réunis en catastrophe, eut lieu alors que le peuple de Madrid s'était soulevé le 2 mai contre les soldats français qui menèrent, dès le lendemain, une répression féroce. Le 10 mai, Joseph Bonaparte, frère de l'empereur et jusque-là roi de Naples, était désigné roi d'Espagne par Napoléon.

Tandis que Joseph Ier essayait en vain d'asseoir son pouvoir grâce aux partisans de la collaboration avec la France, *los afrancesados,* la guérilla contre les armées napoléoniennes s'étendit dans tout le pays, relayée ensuite par la guerre des armées anglaises sous les ordres de Wellington. Dans un pays désormais privé d'autorités légitimes, le pouvoir fut d'abord représenté par des juntes provinciales fruit du compromis entre les aspirations

Ferdinand VII (1784-1833)

Après les épisodes tragi-comiques de 1808, il devint effectivement roi avec la victoire anglaise sur les armées de Napoléon. Lors de la restauration de 1814, il gouverna en despote rétrograde et entreprit de récupérer les territoires américains qui avaient proclamé leur indépendance. Haï à juste titre par les libéraux, il finit aussi par perdre l'appui des conservateurs lorsqu'il dut accepter le constitutionnalisme (1820-1823), toutes choses qui minèrent la politique espagnole en Amérique.

révolutionnaires du peuple et les aspirations à un changement plus modéré des élites, puis par une *Junta central*, qui quelques mois plus tard (septembre 1809) devait décider de convoquer les *Cortes* qui seraient réunies à Cadix, donc hors de portée des armées napoléoniennes, et comporteraient des représentants élus de tout l'Empire.

Les réactions américaines

Pendant ce temps, en Amérique, on assistait à une véritable course de vitesse entre les émissaires de Napoléon et ceux de la *Junta* pour gagner les colonies à leur cause. Partout l'arrivée des dramatiques nouvelles en provenance de la Métropole provoqua une **explosion de loyalisme envers les Bourbons** et le rejet des propositions françaises. Les représentants de la Couronne eurent parfois quelques hésitations, mais le peuple des capitales réuni en *cabildos*, ouverts à l'ensemble de la population et non plus à quelques membres choisis de l'aristocratie, fit pencher la balance en faveur de Ferdinand VII. Il en fut ainsi à Caracas, en août 1808, où le *cabildo* s'autoproclama de manière significative *Junta Suprema Conservadora de los derechos de Fernando VII*, à Bogota où le vice-roi convoqua une junte qui affirma elle aussi sa loyauté au souverain. Au Mexique, les choses furent moins nettes et montrèrent déjà des clivages significatifs. Le vice-roi José de Iturrigaray, ami de Godoy, fut destitué par un groupe d'Espagnols péninsulaires, mais les Créoles qui le soutenaient s'agitèrent à leur tour. Ils conspirèrent à Valladolid de Michoacan, et le nouveau vice-roi nommé par la Junte de Séville, Pedro de Garibay, fut à son tour renversé. Enfin, à Buenos Aires, malgré l'habileté de l'émissaire français, le marquis de Sassenay et les sympathies du vice-roi Liniers, là aussi le parti loyaliste l'emporta sans trop de difficultés.

Cependant, cette vague de loyalisme fut de **courte durée.** Les *cabildos* ou les juntes prirent très vite le goût et l'habitude de gouverner à leur guise, d'autant que leurs membres aspiraient à le faire depuis bien longtemps. La nouvelle liberté de fait favorisa des discussions et la diffusion d'idées qui jusque-là n'osaient pas, ou ne pouvaient pas, s'exprimer. Les autorités espagnoles en place, souvent très maladroites et aux réactions

Principales juntes autonomes et monarchistes d'Amérique créées en réaction à l'invasion française :

Montevideo	21 sept. 1808
La Paz	16 juillet 1809
Quito	10 août 1809
Caracas	19 avril 1810
Buenos Aires	2 mai 1810
Santiago	16 juillet 1810
Bogotá	20 juillet 1810

Liniers Jacques (1753-1810)

Officier de marine français au service de l'Espagne. Il s'illustra d'abord en 1806-1807, lors du siège de Buenos Aires par les Anglais ; vice-roi libéral du Rio-de-la-Plata (1807-1809), bien que favorable aux Créoles, sa fidélité à la couronne espagnole le poussa à s'allier aux contre-révolutionnaires. Il mourut fusillé en 1810.

Les *Cortes* de Cadix et la question américaine

«Les *Cortes* abordèrent tous les problèmes qui se posaient dans le grand empire espagnol, et réalisèrent un travail législatif et normatif suprenant – par son envergure et sa qualité – dans le court espace de quatre années. Les provinces américaines (*"América"*) où s'appliqueraient en principe les réformes, furent aussi l'objet de débats politiques spécifiques. Le problème proprement politique de la dissidence, que les *Cortes* ne surent pas résoudre, se posa dès le premier jour et ne cessa plus d'être présent. Mais, en marge de la question politique immédiate, les députés d'Outre-mer proposèrent et défendirent des projets de réforme profonde pour les provinces américaines ; il s'agissait de modifier le statut de l'"Amérique" et de ses habitants, sans rompre l'unité hispanique. Ce projet, d'abord imprécis, se concrétisa peu à peu tout au long des débats et s'inscrivit dans les cadres définis par la nouvelle légalité...

Ces *Cortes* eurent un caractère réellement "extraordinaire": les provinces d'Outre-mer (les colonies, dans les faits même si elles ne l'étaient pas en droit) étaient représentées par des députés peu nombreux mais qui venaient de toutes les régions. Pour la première fois, les Américains purent exposer directement et publiquement la situation de leurs provinces, exprimer les revendications de leurs compatriotes et exiger les réformes par la voie relativement rapide de lois approuvées en session. Leurs interventions furent largement diffusées par le *Diario de Sesiones.*

Ce fut aussi l'occasion unique où se rassemblèrent des représentants de toute l'Amérique espagnole ; ils mirent en commun leurs expériences locales et apprirent ainsi à connaître les autres provinces de leur propre continent. La complexité et la diversité de l'Amérique se firent patentes, tout comme les traits communs qui unissaient toutes les provinces dans leurs revendications face à la métropole et définissaient un "être" américain, souvent confronté à l'incompréhension des Espagnols péninsulaires. Malgré l'intention sincère des libéraux de concéder aux Espagnols américains les mêmes droits qu'aux "Européens" et en dépit de la volonté politique des députés d'Outre-mer de maintenir l'union de l'empire hispanique, les débats parlementaires mirent en relief les intérêts divergents de la métropole et des provinces américaines, ainsi que leur ignorance mutuelle. Les obstacles fonctionnels à l'application effective de la réforme libérale dans les provinces d'Outre-mer devinrent aussi une évidence.

La représentation américaine aux *Cortes* de Cadix fut inégale et hétérogène. Les premiers députés furent élus par les municipalités des capitales de province et agissaient souvent comme les fondés de pouvoir d'une province déterminée, tandis que ceux qui furent élus selon la Constitution représentaient en principe la Nation tout entière. Les provinces dissidentes n'envoyèrent pas de députés et furent représentées par des suppléants élus à Cadix. Les régions les plus éloignées dépêchèrent proportionnellement moins de députés que les plus proches. Cependant, le groupe des députés d'Outre-mer était représentatif de l'ensemble des créoles (appelés habituellement "Américains" par opposition aux indigènes et aux Africains et pour les différencier des Espagnols métropolitains ou "Européens"). Les députés exprimèrent les aspirations et les inquiétudes de la société créole qui, sous la pression des événements extérieurs (l'invasion napoléonienne) dut choisir entre son loyalisme encore tenace et sa volonté de rompre définitivement les chaînes.»

Marie-Laure Rieu-Millan,
Los Diputados americanos en las Cortes de Cadix,
Madrid, 1990.

intempestives, virent d'un mauvais œil ces changements qui les dépouillaient de leurs prérogatives, mais leur semblaient aussi, avec juste raison, lourds de menaces pour l'avenir. Les vieilles divergences d'intérêt – et désormais de conceptions politiques – entre péninsulaires et créoles s'accentuèrent, s'envenimèrent un peu partout. Des agents anglais, mais aussi français – car faute d'avoir pu rallier les colonies à sa cause, Napoléon pensait maintenant qu'il fallait les inciter à se détacher de la Métropole – travaillèrent dans l'ombre, mais avec efficacité, à démontrer aux Américains où se trouvait leur intérêt bien compris. En l'espace d'à peine deux années, **le retournement fut général.** L'affirmation du loyalisme avait fait place à la volonté d'indépendance.

Les juntes avaient reconnu la *Junta Central* de Séville, mais lorsque celle-ci céda la place à un Conseil de Régence, elles lui dénièrent toute légitimité. Les juntes proclamèrent alors l'indépendance de leurs territoires respectifs, Buenos Aires en août 1810, Caracas le 5 juillet 1811, Bogotá le 27 novembre 1811, Santiago du Chili le 1er décembre 1811, Mexico le 6 novembre 1813...

3. Les indépendances

Dans les régions de l'Empire, les voies menant à l'indépendance furent différentes, comme l'étaient le rapport des forces en présence, les données économiques, l'engagement de certains groupes sociaux sur de grands projets politiques, la volonté des Espagnols de résister mais aussi leur capacité militaire à se maintenir.

Le Mexique

En Nouvelle-Espagne, tandis que les péninsulaires avaient destitué le vice-roi Garibay, les Créoles s'agitaient dans les provinces. Le 16 septembre 1810, le curé du village de Dolores, **Miguel Hidalgo,** lança un appel à l'indépendance, passé dans l'Histoire sous le nom de *grito de Dolores* (le cri de Dolores). Rejoint par d'autres conspirateurs, il entraîna derrière lui les masses indiennes qui donnèrent à son mouvement un caractère populaire et ethnique marqué qui fit hésiter les Créoles.

A la tête d'une armée, Hidalgo continua sa progression, prit les villes de Celaya, Valladolid et Guanajuato en septembre et octobre, abolit l'esclavage mais commit l'erreur de ne pas entrer dans Mexico dont la route lui était ouverte. Poursuivi par le général Calleja qui finit par le battre, Hidalgo fut fait prisonnier en mars 1811 et fusillé en juillet 1812, après sa condamnation par un tribunal composé aux deux tiers de Créoles.

Deux portraits contrastés

Miguel Hidalgo

«Miguel Hidalgo y Costilla, fils de l'administrateur d'une *hacienda,* était un Créole frustré comme le reste de son groupe, un curé qui connaissait de près la dégradation des masses rurales. Il abandonna une carrière académique mondaine et à succès au collège diocésain de San Nicolas à Valladolid pour devenir curé de campagne. En 1803, c'était un homme de taille moyenne, au regard vert et vif, presque chauve et aux cheveux blancs ; il fut alors nommé curé de Dolores dans le Bajío. Sa religion personnelle était très superficielle et il manquait peut-être d'une vocation véritable, il fut d'ailleurs père de deux enfants. Mais il était accessible et égalitaire et pouvait parler les dialectes des Indiens. Il fit de sa paroisse un centre de discussions des sujets économiques et sociaux contemporains, discussions auxquelles venaient aussi bien les Indiens que les Métis et les Créoles. Il organisa un petit programme artisanal afin de stimuler la manufacture indigène sur le marché local – céramique, soie, cuirs, tissages et vin – signe de son souci des pauvres et de sa volonté d'améliorer leur condition. Le Bajío était un complexe agricole et minier relativement prospère, autosuffisant ; il possédait une structure sociale plus souple qu'ailleurs, un fort pourcentage d'indigènes qui se déplaçaient à leur guise, donc différents des Indiens de communauté, et un grand nombre de Noirs libres et de Mulâtres. Bien que personne ne mourût d'inanition, il y avait un contraste total entre la richesse des propriétaires de mines et d'*haciendas* et la pauvreté de la classe tributaire, des gens suffisamment mobiles pour trouver du travail salarié dans les mines et les *haciendas,* mais dont le progrès était constamment entravé par un tribut dégradant.

Les Indiens dépendaient des leaders créoles pour les actions politiques. Mais les Indiens aimaient-ils les Créoles ? A la fin de 1809, un mouvement de conspiration réunit un certain nombre de révolutionnaires créoles : Ignacio Allende, fils d'un riche marchand espagnol et à ce moment-là officier dans la milice ; Juan de Aldama, lui aussi officier ; Miguel Dominguez, qui l'était également, et d'autres membres de familles créoles éclairées de moyenne condition. Il étaient mus par la haine des péninsulaires : ils voulaient déposer les autorités, expulser les Espagnols et établir une junte de gouvernement créole. Vers le milieu de 1810, la conspiration de Querétaro, comme on l'appela, avait recruté Hidalgo, qui devint bientôt son chef. En tant que curé réformateur, il était indispensable aux conspirateurs ; ils avaient besoin de quelqu'un qui soit écouté par les Indiens et les Métis, qui puisse les unir à une cause qui avait peu d'attraits pour eux, car les Indiens, quel que soit leur respect envers un roi éloigné, n'avaient confiance ni dans les Créoles, ni dans les péninsulaires, et ne faisaient aucune différence entre la domination des uns et celle des autres. Les révolutionnaires, d'un autre côté, avaient besoin de renforts rapides, mais ils ne pouvaient les attendre de leurs compatriotes créoles, car ceux-ci n'étaient pas d'accord sur l'Indépendance. Les paysans étaient la meilleure solution de rechange, avec l'avantage qu'ils poseraient peut-être moins de questions.»

José Maria Morelos

«José María Morelos est un autre curé de campagne, que son ministère rendit encore plus proche des paysans que ne l'avait été Hidalgo et qui demeura plus lié que lui au sacerdoce et à la religion. Morelos était né le 30 septembre 1765 à Valladolid (Michoacan), dans une famille de Métis pauvres. Son père était un menuisier à moitié indien et sa mère une Créole. Dans sa jeunesse il avait travaillé dans une *hacienda* avec un de ses oncles, puis avait été muletier sur la route Acapulco-Mexico. Après de gros sacrifices, il obtint ses diplômes à l'université de la capitale et devint prêtre en 1797. On l'envoya d'abord dans une paroisse de Churumuco, une des plus misérables du Michoacan, au cœur de la *tierra caliente,* dont le climat tua sa mère, puis à Caracuaro qui ne valait guère mieux. Étant un Métis sans ressources, il ne reçut que des paroisses pauvres dans des endroits éloignés où il travailla onze ans, mal payé, accablé de travail au milieu d'une population malheureuse et appauvrie. Petit, d'allure fruste et très brun, Morelos n'eut qu'une brève préparation révolutionnaire. Après le cri de Dolores, troublé par la censure ecclésiastique dont Hidalgo fut l'objet, il partit à la recherche du chef insurgé, fut convaincu par ses arguments et lui offrit ses services. Parti de rien en octobre 1810, au bout d'un an il créa une petite armée, bien équipée et hautement disciplinée...

Morelos essaya de défaire la révolution de l'embarrassante image de violence créée par le mouvement d'Hidalgo, dont l'anarchie et la violence avaient servi la propagande royaliste. Il préférait une force mobile de combat de deux ou trois mille hommes entraînés à la guérilla. Il ne pouvait refuser le butin à ses troupes, mais essaya d'obtenir des moyens légitimes au moyen d'impôts remodelés dans les zones qu'il dominait. Il ne pardonnait pas l'insubordination et préférait n'utiliser les hordes indiennes que comme éléments d'appui...

En même temps qu'il essayait de tranquilliser l'opinion publique par le professionnalisme de ses troupes, Morelos en appelait aussi à de vastes forces sociales en proposant une combinaison de nationalisme mexicain et de réformes sociales... Au début de la révolution, Morelos lança un appel spécialement destiné aux Créoles. Il promit à ceux qui l'appuieraient de respecter leurs propriétés et de leur donner les hautes fonctions civiles et militaires... Ce ne fut que lors des étapes finales, devant la provocation royaliste, qu'il adopta un ton incendiaire et la guerre à mort.»

John Lynch,
Las Revoluciones hispanoamericanas, 1808-1826.

José Maria Morelos, un des lieutenants d'Hidalgo, prêtre lui aussi, reprit le flambeau de la lutte qu'il réorganisa à la tête d'une armée dont le caractère populaire et indigène était encore plus affirmé. Alternant victoires et défaites devant Calleja entre temps nommé vice-roi, Morelos réunit le *Congrès de l'Anahuac* à Chilpancingo qui, le 6 novembre 1813, rompit définitivement tout lien entre le Mexique et l'Espagne, mais, après une série de défaites, un an plus tard, Morelos fut pris et exécuté.

Les patriotes n'avaient dès lors plus les moyens de mener une guerre frontale, ni de contrôler de grandes régions. Ils durent se contenter d'actions de guérilla conduites, surtout dans le Sud, par des chefs locaux, Nicolas Bravo, Vicente Guerrero ou Manuel Felix Fernandez surnommé Guadalupe Victoria, du nom de la Vierge patronne du Mexique et de la Victoire tant désirée.

En 1816, le calme revint un peu partout. Les troupes espagnoles, libérées de leur lutte contre Napoléon en

Iturbide Agustin de (1783-1824)

Grand propriétaire et militaire, il lutta longtemps dans les rangs royalistes contre les soulèvements patriotiques d'Hidalgo et de Morelos notamment. Rallié à l'indépendance après 1821, son autoritarisme et son conservatisme social s'exprimèrent pleinement lorsqu'il se proclama empereur du Mexique.

Guadalupe Victoria Manuel Felix Fernandez (1789-1843)

Un des rares révolutionnaires mexicains à avoir maintenu les idéaux d'Hidalgo et de Morelos. Passé dans la clandestinité durant la contre-révolution, il se rallia sans conviction au mouvement d'indépendance d'Iturbide qu'il contribua à renverser. Président du Mexique de 1824 à 1829.

Métropole, s'étaient renforcées au Mexique. Le nouveau vice-roi, Ruiz de Apodaca, se montra habile, mais **la victoire des libéraux en Espagne à partir de 1820 effraya les conservateurs mexicains.** Jusque-là hostiles à l'indépendance, ils s'y résignèrent pour échapper aux mesures prises en Métropole : liberté de la presse, abolition des privilèges (*fueros*) ecclésiastiques et militaires, de l'Inquisition, confiscation des biens de l'Église, etc.

En février 1821, Agustin de Iturbide, qui commandait l'armée royaliste, et le chef rebelle Guerrero signèrent le *Plan d'Iguala* dans la ville de ce nom. L'indépendance du Mexique y fut proclamée sous la souveraineté de Ferdinand VII ou d'un prince du sang. La prédominance de l'Église était reconnue ainsi que l'égalité des Espagnols et des Créoles. Les ralliements au Plan d'Iguala se multipliant, le nouveau (et dernier) vice-roi, O'Donoju, dut reconnaître l'indépendance du pays à Cordoba en août 1821.

Les patriotes avaient définitivement gagné la partie et le Mexique devient réellement indépendant mais les troubles, eux, ne s'arrêtèrent pas pour autant, en particulier du fait des ambitions d'Iturbide. Il se fit élire empereur par un congrès en 1822, mais les principaux chefs révolutionnaires prirent les armes contre lui et finirent par le chasser du pouvoir. Il abdiqua en 1823, s'enfuit, mais, revenu au Mexique, il fut passé par les armes en juillet 1824.

Le Mexique érigé en république fédérale élit alors son premier président, Guadalupe Victoria.

Le Rio-de-la-Plata

A la veille de l'indépendance, les pays du Rio-de-la-Plata offraient un panorama tout autre que le Mexique. Ces immenses territoires étaient peu peuplés et n'avaient commencé à connaître un réel démarrage économique, du moins certains d'entre eux, que récemment. Grâce à la liberté du commerce, le port de Buenos Aires, promu capitale de la jeune vice-royauté, était en quelques années devenu un centre d'échanges importants, ouvert sur le monde extérieur et où commençait à prospérer une classe de négociants dynamiques dont les regards étaient tournés, sur les plans politique et intellectuel, vers l'Europe. Dans l'intérieur, les choses étaient très différentes : la Pampa à peine peuplée ne connaissait qu'un élevage extensif sans grande signification économique, les villes et régions de l'intérieur, situées à d'énormes distances de Buenos Aires, étaient restées très traditionnelles et n'avaient pas connu le même essor, qu'elles considéraient avec crainte et envie.

Le vice-roi Liniers, d'origine française, fut accusé d'être *afrancesado* et, en juillet 1809, la junte de Séville envoya un nouveau vice-roi qui entreprit de satisfaire les aspirations des créoles de Buenos Aires, en particulier en matière de liberté du commerce. En mai 1810, arriva dans la capitale la nouvelle que les Français avaient envahi l'Andalousie et que la Junte suprême de Séville avait été remplacée par une autre, réunie à Cadix, sans véritable représentativité. Considérant qu'une simple ville espagnole ne pouvait s'arroger le droit de parler au nom de la Nation entière, un *cabildo abierto* se réunit aussitôt à Buenos Aires, décida la destitution du vice-roi et constitua une junte de gouvernement présidée par Cornelio Saavedra, un riche marchand conservateur, mais où l'on

Saavedra Cornelio (1759-1829)

Officier de la milice qui combattit les Anglais en 1806-1807, il organisa la première force militaire qui servit d'appui à la *Révolution de Mai*. Nommé président de la junte de gouvernement, il fut jugé trop conservateur par Moreno et les radicaux. Il revint sur le devant de la scène en 1816, mais seulement dans le domaine militaire.

L'impact des attaques anglaises dans le Rio-de-la-Plata en 1806

«Les invasions britanniques offrirent plusieurs enseignements. Elles démontrèrent que les Hispano-Américains n'avaient pas envie d'échanger un maître impérial pour un autre. Elles montrèrent aussi les grandes failles du système espagnol dans le Sud ; la fragilité de son administration, la faiblesse de ses défenses. Ce furent les habitants, et non l'Espagne, qui défendirent le pays. Les Créoles prirent goût au pouvoir, ils découvrirent leur force et acquirent le sens de leur identité. Mitre a écrit : *"La grande victoire de Buenos Aires eut un énorme retentissement dans le monde et surtout dans le cœur des Américains auxquels elle donna conscience d'une force qu'eux-mêmes ignoraient, cette propagande répondit à un nouveau sentiment de nationalité qui commençait de se former."* Cornelio Saavedra, le leader de la milice créole, parla *"du mérite des gens nés aux Indes... qui ne sont pas inférieurs aux Européens espagnols"* et il indiqua que : *"C'était Buenos Aires, avec ses seuls fils et ses habitants, qui avait mené à bien cette défense mémorable et s'était couvert de gloire".* Le pouvoir une fois acquis n'allait plus être abandonné. Après la retraite britannique, les Péninsulaires essayèrent de rétablir l'ancien équilibre. Ils firent pression sur Liniers pour qu'il licencie les troupes créoles et offrirent de payer des garnisons de leurs deniers jusqu'à ce que l'Espagne envoie des troupes régulières. Liniers, qui était alors provisoirement vice-roi, résista à ces pressions et la milice créole devint ainsi un nouveau centre de pouvoir dans la colonie et un nouveau souci pour les Espagnols.

Alors que la faiblesse de l'Espagne en Amérique mena les Créoles à la politique, la crise espagnole en Europe leur offrit une occasion encore meilleure de pousser leurs intérêts.»

J. Lynch, *Las Revoluciones hispanoamericanas, 1808-1826.*

Belgrano Manuel (1770-1820)

Secrétaire du Consulat des marchands de Buenos Aires (1794), il participa activement au développement économique de la jeune vice-royauté et surtout de son port-capitale. Ce brillant intellectuel joua un rôle éminent lors de la *Révolution de Mai* puis comme général, mais avec moins de succès.

Francia José Gaspar Rodriguez de (1766-1840)

Juriste paraguayen. Rapidement devenu la figure la plus en vue de l'indépendance de son pays, son opposition aux visées de Buenos Aires l'amena à fermer le Paraguay à toute influence extérieure pendant plusieurs décennies. Se voulant, tel Robespierre, implacable envers ses ennemis, *el Supremo dictador* fut d'un paternalisme soupçonneux et établit le contrôle de l'État sur l'économie paraguayenne.

Artigas José Gervasio (1764-1850)

Chef des *gauchos* de la *Banda Oriental* (c'est-à-dire de la Rive orientale du Rio-de-la-Plata), il dirigea le premier mouvement d'indépendance uruguayenne contre les Espagnols, mais aussi contre Buenos Aires et les Portugais du Brésil, dont il redoutait également les visées expansionnistes.

trouvait aussi des éléments libéraux dont le plus en vue était Manuel Belgrano. Désireuse d'asseoir sa légitimité, la junte décida que les régions de l'intérieur éliraient des députés à un congrès où l'on déciderait du sort commun.

Très vite, la junte dut affronter une série de graves problèmes. Dans l'intérieur du pays, les Espagnols avaient rassemblé leurs forces, mais Liniers et l'intendant de Cordoba, Juan de la Concha, furent battus, pris et exécutés.

Plus au Nord, dès juillet 1810, le Paraguay refusa d'entrer dans la nouvelle fédération et l'armée venue de Buenos Aires sous les ordres de Belgrano fut défaite à deux reprises (janvier-mars 1811). Peu après, un mouvement révolutionnaire renversa les autorités espagnoles et, le 15 mai, une junte proclama l'indépendance. L'année suivante, un congrès confia le pouvoir à deux consuls, Fulgencio Yegros et Gaspar Rodriguez de Francia. Devant les attaques venues de l'extérieur (Buenos Aires et Brésil), Francia obtint tous les pouvoirs. Il fut nommé Dictateur suprême pour cinq ans (1816), puis à vie (1816), fonction qu'il exerça pendant plusieurs décennies.

De l'autre côté du Rio-de-la-Plata, en Uruguay, la junte de Buenos Aires connut aussi bien des déboires. Un premier soulèvement contre les Espagnols ayant été maté, un officier des milices, José Gervasio Artigas, prit la tête d'un second, à la tête de ses bandes armées (*montoneras*) de gauchos et avec l'aide de Buenos Aires qui espérait englober la région qu'elle considérait comme sa province orientale. Montevideo tomba en juin 1814, mais Artigas forma son propre gouvernement que Buenos Aires ne reconnut pas. Dès lors, le pays fut l'enjeu de rivalités entre l'Argentine et le Brésil qui occupa le pays progressivement de 1817 à 1820 et jusqu'en 1827. Grâce à l'appui de l'Angleterre qui fit pression sur l'Argentine et le Brésil, l'indépendance put enfin être proclamée et internationalement reconnue en août 1828.

Les événements du Paraguay, mais encore plus ceux d'Uruguay, sont révélateurs d'un des principaux problèmes sur lesquels achoppa dès l'origine la jeune Argentine. Elle se trouva dès sa naissance déchirée entre deux tendances :

– **les conservateurs,** partisans d'une formule fédérale, appuyés sur les provinces de l'intérieur socialement traditionnalistes et économiquement peu développées, désireuses de s'émanciper de la tutelle espagnole mais aussi de celle de Buenos Aires, et dans lesquelles grandissait de manière inquiétante le pouvoir de chefs militaires locaux, les caudillos, et de leurs gauchos ;

– **les libéraux,** représentant les aspirations de la bourgeoisie de Buenos Aires (*porteña* ou *bonaerense*), idéologues mais au sens des réalités limité, très influencés par les idées européennes, surtout françaises, et donc défenseurs convaincus d'un modèle d'État unitaire qui, de fait, convenait parfaitement aux intérêts de la capitale.

Cette alternative devait prendre bien souvent des allures sanglantes et dictatoriales. Elle allait dominer toute l'histoire du pays jusqu'au milieu du XIXe siècle. Le premier gouvernement avait été constitué de vingt et un membres, neuf élus par la capitale, douze par les villes de l'intérieur, puis une *junta conservadora,* faite de députés de l'intérieur, avait reçu le pouvoir législatif, tandis qu'un triumvirat de Buenos Aires était chargé de l'exécutif. Les libéraux, d'abord au pouvoir au moyen d'un premier triumvirat puis d'un second composé de Monteagudo, Alvear et San Martin, concentrèrent les pouvoirs afin, notamment, de conduire la guerre de manière plus efficace.

Conspirations et coups d'État se succédèrent. Les fédéralistes obtinrent la destitution d'Alvear qui avait pris le pouvoir grâce à un groupe d'officiers issus de la loge maçonnique *Lautaro,* du nom d'un chef araucan du XVIe siècle, mais les revers militaires de l'année 1815 discréditèrent à leur tour les fédéralistes. Pour sortir de l'impasse, un congrès fut réuni à Tucuman. L'indépendance, effective depuis plusieurs années, fut officiellement proclamée en juillet 1816 et le gouvernement fut confié au *Directeur suprême* Juan Martin de Pueyrredon.

Sur le plan militaire, José de San Martin, gouverneur de la province andine de Cuyo, constitua une armée, baptisée *Armée des Andes,* destinée à aller porter secours aux patriotes du Chili en difficulté. Avec comme lieutenant Bernardo O'Higgins, la figure la plus en vue des indépendantistes chiliens, San Martin traversa la cordillère dans des conditions très éprouvantes et battit les Espagnols à Chacabuco (février 1817), s'ouvrant ainsi la route de Santiago. O'Higgins ayant été défait par des

Monteagudo Bernardo de (1785-1825).

Patriote argentin partisan d'une ligne dure contre l'Espagne. Il accompagna San Martin au Chili et au Pérou où il fut ministre. Son impopularité l'obligea à démissionner avant d'être assassiné à Lima.

Alvear Carlos de (1789-1852).

Officier argentin dans l'armée espagnole comme San Martin, avec lequel il rentra dans son pays pour y servir la cause de l'Indépendance. D'abord investi de pouvoirs militaires, il devint *Supremo dictador* en 1815, avant de devoir quitter la scène politique et de s'exiler.

O'Higgins Bernardo (1778-1842).

Fils d'un Irlandais au service de l'Espagne mais de mère chilienne, éduqué en Angleterre où il fut influencé par Miranda. Chef de la première armée patriote, battu à Rancagua, il fut sauvé par l'arrivée de San Martin. Il devint ensuite *Director supremo* de son pays, mais son libéralisme radical et son manque de sens politique, joints aux rivalités internes, l'obligèrent à abdiquer en 1823. Il passa le reste de sa vie au Pérou.

renforts espagnols venus du Pérou, San Martin leur coupa la route et les battit de nouveau à Maipu (avril 1818), consacrant ainsi l'indépendance du Chili, avant de s'embarquer, grâce à une flotte anglo-américaine commandée par lord Cochrane, pour la côte péruvienne où, en 1820, il s'en fut prêter main forte aux patriotes.

Dans le domaine intérieur, au lieu de pratiquer la politique d'apaisement nécessaire, Pueyrredon renforça la répression contre les fédéralistes, germe d'instabilité et de nouveaux affrontements qui allaient durer encore, sous des formes diverses, pendant plus de trente années.

L'épopée bolivarienne

Les années de formation

Le Venezuela, colonie depuis peu en plein essor, était remarquablement situé pour recevoir les influences extérieures les plus diverses, françaises et anglaises depuis les bases antillaises, aussi bien que nord-américaines.

Simon Bolivar Palacios était né le 24 juillet 1783 à Caracas, dans une famille de l'aristocratie créole qui possédait des *haciendas,* des mines et de nombreux esclaves. Orphelin de bonne heure, le jeune Simon fut confié à un précepteur d'une exceptionnelle envergure, Simon Rodriguez, qui lui fit connaître les classiques, les philosophes français et la littérature moderne consacrée à l'Amérique, avant de devoir s'exiler aux États-Unis en 1797 à la suite de son implication dans la conspiration de Gual et España contre le pouvoir espagnol.

Pour compléter son éducation, Bolivar fut envoyé en Europe en 1799. Il vécut à Madrid où il se maria, en France, puis rentra au Venezuela où son épouse mourut en 1803. Il repartit alors pour l'Espagne et la France où il assista au sacre de Napoléon. Au cours de ses pérégrinations, il devait rencontrer des savants américanistes (Humboldt, Bonpland), devint franc-maçon et retrouva son maître Simon Rodriguez qu'il accompagna en Italie. Il jura alors de se consacrer à la liberté de son pays qu'il retrouva en 1807, après un séjour aux États-Unis.

En avril 1810, le capitaine général espagnol étant déposé et une *Junta conservadora* ayant pris les rênes, des contacts furent pris avec l'étranger pour asseoir le nouveau pouvoir. Bolivar fut désigné pour diriger l'ambassade à Londres, mais l'Angleterre, peu soucieuse de s'alié-

Rivadavia Bernardino (1780-1845)

Homme d'État argentin, d'abord triumvir (1811-1812), puis ministre (1820-1823) et enfin président (1826-1827). Son libéralisme économique excessif et son sectarisme à l'égard des fédéralistes le conduisirent à l'échec. Il fut obligé de se démettre et quitta définitivement l'Argentine.

Lavalleja Juan Antonio (1784-1853)

Militaire et patriote uruguayen, il mit en route le second mouvement d'indépendance de son pays, lorsqu'il passa de Buenos Aires avec les célèbres «trente-trois Orientaux» d'où devait naître l'armée de l'Indépendance définitive. Il fut secondé par José Fructuoso Rivera, ancien lieutenant d'Artigas qui devait être, en 1830, le premier président d'Uruguay.

ner ses alliés espagnols, se garda bien de répondre positivement. Bolivar prit alors contact avec Miranda. De retour à Caracas, ils œuvrèrent tous deux au sein de la *Société patriotique* dont le but était d'obtenir l'indépendance.

L'indépendance du Venezuela

Elle fut proclamée en juillet 1811 par le Congrès et Miranda fut nommé Dictateur de la jeune république. Bolivar participa à la pacification de la région centrale où les royalistes avaient su s'allier à l'Église, aux petits commerçants et aux gens de couleur. Un terrible séisme qui ravagea la zone libérée en mars 1812 fut interprêté comme un châtiment de Dieu. Les forces espagnoles reprirent partout l'avantage, notamment sur Bolivar battu à Puerto Cabello. Miranda capitula en juillet. Pris par les royalistes, il fut expédié en Espagne où il mourut en 1816.

Devant l'échec de la première république, Bolivar passa clandestinement à Curaçao, colonie hollandaise, puis à Cartagena, en Nouvelle-Grenade où, dans un manifeste célèbre, il analysa les causes de l'échec. Depuis la Nouvelle-Grenade, il entreprit la difficile reconquête du Venezuela en 1813, grâce à la *campaña admirable* au cours de laquelle il dicta son célèbre *Decreto de guerra a muerte*. Entré dans Caracas en août, son triomphe fut de courte durée devant les troupes espagnoles commandées par un chef valeureux mais sans scrupule, Boves, et renforcées par les hommes à cheval des grandes plaines de l'Orénoque, les *llaneros*. De nouveau battu, Bolivar retourna en Nouvelle-Grenade puis, devant les intrigues de son propre camp, il partit pour les îles. Il rédigea en 1815 sa fameuse *Lettre de la Jamaïque* où il envisageait l'avenir du continent tout entier.

Avec l'aide du gouvernement haïtien, Bolivar retourna au Venezuela en 1816. Il renforça son armée et s'installa à Angostura, l'actuelle Ciudad Bolivar sur l'Orénoque. En fin politique instruit de ses échecs passés, Bolivar abolit l'esclavage et enrôla dans ses troupes un grand nombre d'anciens esclaves ; il convainquit Paez de se joindre à lui et convoqua pour février 1819 un grand congrès à Angostura. Il y prononça en ouverture un discours programmatique resté célèbre. Ses armées, partout victorieuses, libérèrent le Venezuela, repassèrent les Andes et entrèrent dans Bogota en août 1819.

Boves José Tomas (1782-1814)

Émigrant asturien, cet aventurier devint le chef des royalistes du Venezuela oriental. Il conduisit ses *llaneros* dans une guerre sans pitié lors de la violente contre-révolution de 1813-1814 et mourut au combat.

Monteverde Juan Domingo (1772-1823)

Officier de marine espagnol, chef des royalistes de l'Ouest du Venezuela qui renversèrent la première république. Il fit régner la terreur et sa dictature aliéna à la cause espagnole une bonne partie de l'opinion. La seconde république de Bolivar le chassa du pouvoir en 1813.

Paez José Antonio (1790-1873)

D'humble origine, il fut le caudillo des *Llanos* durant la guerre d'Indépendance. Sa turbulence et son ambition en firent un allié difficile pour Bolivar. Paez défit la Grande-Colombie (voir p. 295) et devint le premier président du Venezuela en 1830. Il termina sa vie comme propriétaire foncier, un des plus riches du pays.

Fragments du Discours _et_ Projet de constitution _d'Angostura (15 février 1819)_

«Il est plus difficile de maintenir l'équilibre de la liberté que de supporter le poids de la tyrannie... ce sont les peuples plutôt que les gouvernements qui entraînent derrière eux la tyrannie.
Rien n'est plus dangereux que de laisser le Pouvoir longtemps à un même citoyen : le Peuple s'habitue à lui obéir, et lui s'accoutume à le commander, d'où proviennent l'usurpation et la tyrannie... Un peuple ignorant est l'instrument aveugle de sa propre destruction.
Le principe fondamental de notre système dépend de manière immédiate et exclusive de l'égalité établie et pratiquée au Venezuela. Si le principe de l'égalité politique est généralement reconnu, celui de l'inégalité physique et morale ne l'est pas moins. La Nature fait les hommes inégaux, en intelligence, tempérament, forces et caractères. Les lois corrigent cette différence parce qu'elles placent l'individu dans la société pour que l'éducation, l'industrie, les arts, les services, les vertus lui donnent une égalité fictive, proprement appelée politique et sociale.
Parfois, ce sont les hommes, et non les principes, qui forment les gouvernements. Les codes, les systèmes, les statuts, pour sages qu'ils soient, sont lettre morte et influent bien peu sur les sociétés. Des hommes vertueux, des hommes patriotes, des hommes éclairés constituent les républiques!... L'excellence d'un gouvernement ne réside point dans sa théorie, sa forme ou son mécanisme, mais bien plutôt dans son caractère approprié à la nature et dans le caractère de la Nation qui l'a institué.
Nous devons l'avouer, la plupart des hommes méconnaissaient leurs véritables intérêts et essayaient constamment de les agresser entre les mains de leurs dépositaires : l'individu lutte contre la masse et la masse contre l'autorité... N'aspirons point à l'impossible et que pour vouloir nous élever au-dessus de la Liberté nous ne descendions pas dans les bas-fonds de la tyrannie... Les théories abstraites produisent l'idée pernicieuse d'une Liberté illimitée.
Pour former un gouvernement stable il faut la base d'un esprit national, qui ait pour objet une inclination uniforme vers deux points capitaux : modérer la volonté générale et limiter l'autorité publique.
J'ai voulu développer la prospérité nationale grâce aux deux grands leviers de l'industrie que sont le travail et le savoir. En stimulant ces deux puissants ressorts de la société, on réussit l'entreprise la plus difficile parmi les hommes : les rendre honnêtes et heureux.
J'implore la confirmation de la liberté absolue des esclaves, comme j'implorerais ma grâce et celle de la République.
Les droits de l'homme sont la liberté, la sécurité, la propriété et l'égalité. Le bonheur général – le but de la société – réside dans la parfaire jouissance de ces droits.
Le droit d'exprimer ses pensées et ses opinions en parole, par écrit [...] est le premier et le plus estimable des dons de la Nature. La Loi elle-même ne pourra jamais l'interdire et ne pourra que lui assigner de justes limites, en rendant chacun responsable de ses écrits et de ses paroles et en appliquant des peines proportionnées à ceux qui en abuseraient et porteraient préjudice à la tranquillité publique, à la vie, à l'honneur, à la réputation et à la propriété de quelque citoyen que ce soit.
La sécurité réside dans la garantie et la protection que la société concède à chacun de ses membres pour la conservation de sa personne, de ses droits et de ses biens... La propriété est le droit de jouir et de disposer librement de ses biens et du fruit de ses talents, de son industrie ou de son travail.
Ne peut être bon citoyen, ni honorable, quiconque, oubliant que sa famille appartient plus à la Patrie qu'à lui-même, néglige l'éducation de ses enfants. Tout père de famille est obligé d'inspirer à sa famille l'amour de la Patrie, de la liberté, de la vertu et du travail.»

Les négociations avec le gouvernement libéral espagnol s'engagèrent en 1820. Après l'échec d'un premier armistice, la guerre reprit en avril 1821 et, en juin, Bolivar balaya les Espagnols à Carabobo. La victoire était définitive. Nommé président, Bolivar laissa le soin de gouverner à son vice-président Santander et repartit en campagne vers la Nouvelle-Grenade, secondé par le général Sucre.

Le rêve brisé de la Grande-Colombie

Bolivar était convaincu d'une nécessité : rassembler les morceaux épars de l'ancien Empire espagnol en **grands ensembles,** capables de soutenir la comparaison avec les États-Unis et de compter sur l'échiquier international. Il était arrivé à cette conclusion par sens politique autant que par ambition personnelle – car il comptait bien y jouer un rôle.

En 1822, il battit les Espagnols dans le Sud de l'actuelle Colombie, puis lors de la bataille du Pichincha qui lui permit d'entrer dans Quito en juillet. A Guayaquil, il rencontra San Martin qui remontait depuis le Pérou : le général argentin, le seul dont la stature et l'auréole pouvaient faire quelque ombrage au *Libertador,* se retira devant Bolivar, lui laissant le champ libre sur les plans militaire et politique. San Martin abandonna d'ailleurs du même coup la vie publique et se retira en France où il mourut, en 1850, à Boulogne-sur-Mer.

Appelé en catastrophe par le congrès péruvien où l'indépendance, proclamée en 1821, n'était toujours pas effective en raison de la résistance espagnole, mais aussi des divisions créoles et des défections intervenues dans le camp patriote, Bolivar arriva au Callao en septembre 1823. Non sans mal, il mata les rébellions, restaura l'autorité de l'État, mais surtout battit les Espagnols à Junin (août 1824), tandis que Sucre les écrasait de manière décisive quelques mois plus tard, en décembre, à Ayacucho.

Bolivar passa alors dans le Haut-Pérou où il organisa un nouvel État qui devait prendre en son honneur le nom de *République de Bolivar* ou Bolivie. Surtout, ayant démissionné de ses fonctions de président de la Grande-Colombie, il avait invité les États de la région alors indépendants, Mexique, Amérique centrale, Pérou et Grande-Colombie (Venezuela, Colombie et Équateur actuels), à

Santander Francisco de Paula (1792-1830)

Général colombien promu par Bolivar. Il fut vice-président de la Grande Colombie (1821-1828) et démontra dans ce poste des qualités certaines. Ses relations avec Bolivar ne furent jamais sereines et allèrent en se déteriorant. Exilé de1828 à 1832, il fut ensuite président de la nouvelle-Grenade (Colombie) après la rupture de l'union avec le Venezuela.

Mariño Santiago (1788-1854)

Qualifié de *Libertador del Oriente,* ce patriote fut toujours hostile à Bolivar mais finit par collaborer avec lui, notamment lors de la bataille de Carabobo au cours de laquelle il fut son chef d'état-major. Après l'Indépendance, Mariño fut l'une des figures les plus en vue du parti militariste vénézuélien.

Riva Agüero José de la (1783-1858)

Riche patricien de Lima sympathisant des idées indépendantistes. Président du Pérou en 1823, la faiblesse de son caractère, l'ambiguïté de son attitude à l'égard des interventions venues de l'extérieur, et surtout envers l'Espagne, font de lui le symbole même des difficultés que Bolivar dut affronter au Pérou.

Pumacahua Mateo (1740-1815)

Chef indien du Pérou qui participa à la répression contre Tupac Amaru. Ayant perdu ses illusions, il changea de camp et prit la tête d'un soulèvement indigène au Cuzco en 1814. Devenu suspect aux yeux des Créoles, il fut pourchassé par les troupes royalistes, pris et exécuté.

Sucre José Antonio de (1795-1830)

Officier vénézuélien, l'un des meilleurs et en tout cas le plus fidèle soutien de Bolivar, qui voyait en lui son successeur. Il l'accompagna au cours de son épopée andine et occupa des postes de premier plan dans les nouvelles républiques d'Équateur, du Pérou et surtout de Bolivie dont il fut le premier président (1826-1828) et qu'il essaya de gouverner selon les principes bolivariens. Il fut assassiné dans le Sud de la Colombie par des adversaires politiques.

se réunir en congrès à Panama. Un traité y fut signé en juillet 1826, par lequel les pays contractants s'engageaient à garantir mutuellement leurs frontières, à envisager une défense solidaire en cas d'agression extérieure, à instaurer un régime républicain et à se consulter sur les questions d'intérêt commun.

Après son départ du Pérou (août 1826), les forces centrifuges que Bolivar avait combattues gagnèrent partout du terrain. Il dut repartir en toute hâte pour le Venezuela où une tentative séparatiste avait eu lieu. Bien que reconduit dans sa présidence, il rompit avec Santander et repartit pour la Colombie en proie à l'anarchie. Pour faire face à une situation chaotique, il ne vit d'autre issue que de publier un décret prévoyant, pour une durée limitée, l'instauration d'un **gouvernement dictatorial.** Accusé de tyrannie, Bolivar échappa à un attentat à Bogotá. Le Pérou et la Colombie entrèrent en conflit. Ses amis intriguaient dans l'ombre. Certains, le sachant très malade – il était tuberculeux – et sans successeur, le pressèrent d'établir une monarchie dont ils pourraient hériter.

Amer, durement frappé par l'assassinat de son ami Sucre, conscient de la **montée des périls** de toute sorte qui guettaient les jeunes États américains (militarisme, *caudillismos* régionalistes, conflits frontaliers, appétits des États-Unis d'Amérique du Nord et des puissances européennes), persuadé, selon son expression, d'avoir *labouré la mer*, Bolivar choisit alors de s'exiler en Europe, mais la mort le surprit le 17 décembre 1830 à Santa Marta, sur la côte caraïbe de la Colombie.

Conclusion

Le poids du passé sur les républiques créoles

1. L'impact des guerres d'Indépendance

Lorsqu'au début du XIXe siècle les anciennes possessions espagnoles d'Amérique – à l'exception de Cuba et de Porto Rico – accédèrent à l'indépendance, elles reçurent un **double héritage.** D'un point de vue structurel, elles restèrent porteuses d'une organisation socio-économique, de mentalités, d'une culture, résultant des trois siècles coloniaux et qui ne pouvaient, à l'évidence, disparaître du jour au lendemain. Mais d'autre part, sur un plan conjoncturel, elles subirent pratiquement partout de plein fouet les conséquences des guerres au terme desquelles le lien avec l'ancienne métropole avait été brisé.

Au cours des années 1810-1825, rares furent en effet les contrées américaines, comme le Costa Rica, épargnées par les désastres d'un conflit qui, ainsi qu'on l'a vu dans le chapitre précédent, se prolongea dans la plupart des régions, par épisodes successifs, pendant plus d'une dizaine d'années. Dans certains pays, comme le Venezuela ou le Mexique, la guerre fut particulièrement longue, meurtrière et souvent sans merci. Le premier perdit en quinze ans plus de 20 % de sa population, qui passa de plus de 800 000 habitants à 650 000, tandis que celle du second, beaucoup plus peuplé, diminuait de 10%, soit quelque 600 000 personnes...

Dans une guerre qui se caractérisa notamment par sa mobilité et les retournements de situation, des régions entières furent ravagées, souvent plusieurs fois par l'un et l'autre camp, à la fois en raison du passage des armées régulières mais aussi du fait des exactions de toute sorte qui accompagnèrent le conflit. Ses allures de guerre civile favorisèrent l'**insécurité** et donnèrent, comme toujours en

Cuba, Porto Rico et les Philippines restèrent dans le giron de l'Espagne jusqu'en 1898. A Cuba, une véritable guerre d'Indépendance, de 1868 à 1878, puis de nouveau à partir de 1895, conduisit indirectement à un très bref conflit entre l'Espagne et les États-Unis, marqué par deux défaites navales de la première devant Santiago de Cuba et Manille. La paix entre les deux pays sanctionna la perte des dernières colonies espagnoles qui passèrent alors sous l'influence directe des Nord-Américains.

pareil cas, à la vengeance personnelle ou aux activités du brigandage le plus crapuleux, un semblant de justification politique. **La vie économique fut désorganisée** par les destructions, dans certaines régions, systématiques, mais aussi parce que les deux camps enrôlèrent de force le personnel des mines, des *haciendas,* voire les paysans des villages indiens. Selon la vieille tradition des armées de l'Ancien Régime, durant les guerres de l'Indépendance, celles des deux bords vécurent en grande partie sur le pays et réquisitionnèrent les chevaux, le bétail, les grains, mais aussi l'argent et les valeurs, occupèrent les bâtiments, etc.

Les plus beaux fleurons de la vie économique américaine, la mine et le commerce, connurent eux aussi les plus graves difficultés. L'extraction de l'argent chuta partout brutalement, surtout vers la fin de la période révolutionnaire. Les dégâts furent plus dramatiques et eurent davantage de conséquences durables au Mexique qu'au Pérou, dans la mesure où, dans le premier pays, les conditions d'exploitation, le haut degré de technicité déjà atteint et l'importance vitale d'investissements lourds, rendaient les mines beaucoup plus vulnérables, mais aussi plus difficiles et plus lentes à relancer.

D'un autre côté, très tôt, nombre de marchands métropolitains installés en Amérique et qui contrôlaient la plupart des échanges, commencèrent, par mesure de précaution, à **envoyer en Espagne une partie grandissante de leurs liquidités**. Au Pérou, qui ne fut vraiment atteint par la tourmente qu'assez tard, cette tendance apparut dès 1812. Elle s'accentua à la fin de la décennie et bien sûr au début des années vingt, au cours desquelles, en cinq années, on estime à la somme – énorme pour l'époque – de quarante millions de pesos, les transferts privés en métropole. Tous les autres secteurs de l'activité économique, et en premier lieu la mine, qui dépendaient de façon directe ou indirecte du capital marchand s'en trouvèrent affectés et durent parfois restreindre ou arrêter leurs activités par simple absence de financement.

Pour tenter de sortir de ce marasme, les jeunes républiques créoles n'eurent d'autre solution que d'essayer le **recours aux emprunts étrangers,** à des conditions souvent draconiennes, qui les plongèrent dans la spirale bien connue de l'endettement extérieur, d'autant que la concurrence des produits manufacturés européens, notamment anglais, acheva souvent de mettre à mal des pans entiers de l'activité nationale, accéléra l'hémorragie des métaux précieux et creusa encore plus, et de manière inexorable, les déséquilibres de la balance des paiements.

2. Une indépendance sans décolonisation

Tout au long de l'époque coloniale, les aspirations sensiblement divergentes de l'État espagnol et des élites créoles avaient été une source de tensions, à la fois constantes et grandissantes. Une des pierres d'achoppement de ce conflit latent résidait dans la volonté des aristocraties locales de tirer le plus d'avantages possibles de leur situation dominante avec un minimum d'entraves légales, tandis que, de son côté, le pouvoir espagnol, soucieux de ses intérêts dans le long terme ainsi que de ceux de son empire, avait bien compris, non point par philanthropie, mais pour maintenir à un niveau de survie suffisant le réservoir de main-d'œuvre indienne, qu'il fallait mettre à l'exploitation certaines limites, respectées d'ailleurs, on l'a vu, de manière approximative.

Les Indiens l'avaient bien compris, eux qui ne furent pas toujours, tant s'en faut, du côté des armées *insurgentes,* en particulier dans les Andes où ils avaient pu constater, lors du sanglant épisode de la révolte de Tupac Amaru, à quel point les Créoles et leurs élites, placés devant le risque d'une possible révolution des dominés qui les eût balayés, préféraient, et de loin, le maintien de la protection de l'État espagnol, c'est-à-dire le *statu quo.*

L'indépendance une fois acquise, au nom des grands principes du libéralisme et des droits proclamés en Europe à la fin du siècle antérieur, les nouveaux États affirmèrent qu'ils ne comptaient plus ni Blancs, ni Noirs, ni Indiens, ni Métis, mais seulement des **citoyens.** La réalité resta cependant bien en retrait. Les villages communautaires indigènes, *ayllus* des Andes centrales et *resguardos* de Grande Colombie, furent promis à la parcellisation, au nom des droits de l'individu et de la volonté de créer une classe de petits propriétaires. Question de principe ? Sans doute, mais qui, à partir du milieu du siècle, permit aussi dans les faits, et cette coïncidence ne peut être fortuite, aux élites créoles et métisses de mettre la main, comme elles en rêvaient depuis si longtemps, sur les terres indiennes que la législation coloniale avait déclarées inaliénables.

De la même façon, au Pérou, le ***tributo,*** l'ancien impôt racial que payaient les Indiens, fut supprimé au lendemain de l'Indépendance, mais réapparut bientôt sous l'appellation nouvelle et plus conforme aux airs du temps de ***contribution indigène.*** Quant à l'esclavage, autre pilier du monde colonial, dans les zones à forte densité de population noire, les *libertadores,* Bolivar en tête, promirent la liberté à tous les esclaves qui prendraient les armes contre les Espagnols. Cette mesure, dont il n'est pas nécessaire de souligner le caractère à la fois limité et surtout intéressé, ne signifia pas pour autant la fin de l'esclavage. Les esclaves survivants eurent la désagréable surprise de voir leur soi-disant liberté réduite à une sorte de servage et, de toute façon, l'ensemble des républiques hispano-américaines attendirent le **milieu de la décennie 1850-1860** pour **supprimer** officiellement et de manière définitive **l'esclavage,** ce que les puissances coloniales comme l'Angleterre et la France avaient fait, respectivement en 1833 et 1848...

En d'autres termes, dans l'immédiat, **l'Indépendance** ne signifia pas grand-chose dans les structures de l'État, de la société et de l'économie. Au contraire, elle **renforça le pouvoir des élites créoles** qui désormais l'assumèrent sans partage et au mieux de leurs seuls intérêts. Avec des nuances selon les cas, on peut globalement affirmer que, certes, la dépendance politique d'une lointaine métropole disparut, mais sans que les pays de l'ancien Empire fussent intérieurement décolonisés, au point d'ailleurs que, lorsque plus tard une nouvelle forme de dépendance se fit jour, cette fois à l'égard de puissances économiques européennes ou nord-américaine, ces dernières, avec l'aide des pouvoirs locaux, purent sans difficultés tirer parti des structures en place qui convenaient parfaitement à ce qu'elles recherchaient.

On a souligné avec raison que l'un des effets les plus visibles et les plus significatifs de l'Indépendance avait été, dans la plupart des nouvelles républiques, l'ascension sociale des groupes métis et mulâtres qui avaient d'ailleurs joué un rôle déterminant dans le processus d'Indépendance, dans la mesure où ils étaient sans doute ceux qui avaient le plus à y gagner. Si cette nouvelle situation est bien réelle, encore qu'elle ait dans certains pays ravivé les préventions de l'aristocratie en place à l'égard de ceux qu'elle considérait comme des parvenus et plus encore des concurrents potentiels, ce processus de mobilité sociale des sang-mêlé fut sans aucun doute accéléré et surtout amplifié par l'Indépendance, mais il était déjà inscrit dans les faits et sensible à la fin de l'époque coloniale.

Pour toutes ces raisons, les expressions «révolution d'Indépendance», «période révolutionnaire», pour désigner en Amérique espagnole les années 1810-1825, doivent être maniées avec les précautions qui s'imposent.

3. Des États-Nations en pointillé

Les nouvelles républiques héritèrent, au lendemain de l'Indépendance, de l'organisation spatiale de la colonie. Elles se constituèrent *grosso modo* **sur la base des anciennes *Audiencias*** à partir desquelles s'était organisé l'État colonial. Si la plupart des chef-lieux d'*Audiencias* sont toujours aujourd'hui capitales d'Etats, il n'en reste pas moins que ce cadre initial posa très vite problème et fut soumis à des **forces centrifuges,** qui conduisirent à des conflits d'où devaient naître de nouveaux États. Ainsi les immenses Provinces-Unies de La Plata, dont la capitale était Buenos Aires, donnèrent-elles naissance, dans chaque cas au terme d'un conflit armé, à trois États distincts, l'Argentine, le Paraguay et l'Uruguay. De la même façon, l'ancienne *Audiencia* du Guatemala, devenue la Fédération centro-américaine, ne put résister au fractionnement géographique et aux longues habitudes de relative autonomie dont avaient joui, sous la colonie, ses diverses composantes. Elle se défit dès la fin des année 1830, pour laisser la place à la mosaïque des cinq pays d'Amérique centrale, le Panama constituant alors, et jusqu'au début du XXe siècle, une province de Colombie.

A plus forte raison, les fédérations ou confédérations qui, dans le sillage de la pensée bolivarienne sur l'avenir du continent, avaient voulu unir plusieurs pays jusque-là autonomes, ne purent résister à l'expérience de la réalité quotidienne. La Grande-Colombie issue de l'épopée du *Libertador* et qui rassemblait Venezuela, Colombie et Équateur, se défit à peine née, en 1830. Quant à la Confédération peruano-bolivienne, elle ne dura que trois ans, de 1836 à 1839, le temps de la présidence du général Andrés Santa Cruz.

Peu au fait de leur propre géographie intérieure, recevant en partage des frontières mal définies dans des zones inaccessibles ou inhabitées et de ce fait porteuses pour l'avenir de multiples conflits qui devaient les déchirer, abritant des populations parfois hétérogènes ou coupées en deux par des limites internationales dépourvues de logique, les jeunes républiques durent également faire face à des **particularismes régionaux hérités du passé,** ravivés par les changements intervenus dans les anciens équilibres internes et alimentés souvent de **tensions séculaires composites :** en Colombie, la côte caraïbe à forte densité noire et esclavagiste contre les hauts plateaux, mais aussi Bogotá contre ses rivales andines ; en Argentine, les petites sociétés traditionnelles des oasis du piémont de la cordillère (Salta, San Juan, Tucuman, Mendoza) contre le port de Buenos Aires tout entier tourné vers l'Europe, ses marchés et ses idées ; en Équateur, les antagonismes *Costa-Sierra,* ou région andine-Caracas au Venezuela, etc.

Ces tensions se manifestèrent évidemment au niveau de la conception de l'État, les uns s'affirmant unitaires et centralistes à l'instar de l'exemple donné par la France révolutionnaire, les autres se faisant les avocats du fédéralisme ou du régionalisme, les deux partis se jetant à la tête des accusations, qui de volonté hégémonique, qui d'arrière-pensées séparatistes. Le débat dégénéra dans de nombreux cas en **guerre civile** dont les anciens dominés de l'époque coloniale furent presque toujours les enjeux et les otages, dans la mesure où ils durent, comme lors des guerres de l'Indépendance, payer le prix du sang que leur imposèrent les patriciats locaux. Des conflits éclatèrent un peu partout : en Colombie où Bogota entra en lutte contre Tunja proclamée capitale par les autres cités, au Chili à la fin des années vingt.

Le cas le plus typique et le plus long à résoudre fut celui de l'Argentine où Unitaires et Fédéraux se déchirèrent pendant des décennies et finirent par tomber, de

1837 à 1852, dans un pays exsangue, sous la coupe d'une des dictatures les plus tristement célèbres du siècle, celle de Juan Manuel de Rosas. Ailleurs, les vieux clivages hérités du passé colonial se camouflèrent sous des habits neufs, en particulier l'opposition conservateurs-libéraux, comme au Mexique ou en Colombie, mais la réalité demeura la même : les patriciats locaux, dont les intérêts se diversifièrent et évoluèrent sous l'effet du nouveau contexte économique, s'entre-déchirèrent pour conserver intacts leur pouvoir et leurs privilèges.

4. Le rôle de l'armée

Dans des sociétés soumises à des tensions dissociatrices de toute sorte, où, comme l'avait bien noté Humboldt, la caractéristique première de chaque groupe social était d'être l'adversaire – voire l'ennemi – de tous les autres, dans lesquelles l'appareil d'Etat se caractérisait par sa faiblesse et les limites de ses capacités d'intervention, il était inévitable que l'armée joue sur la scène nationale un **rôle de premier plan.**

La société coloniale était née dans la violence et les racines de sa première organisation s'étaient directement nourries des guerres de conquête. Par la suite, la contrainte, les abus, l'exploitation sous toutes ses formes, avaient donné à cette violence de nouveaux visages et suscité de nouvelles tensions. Avec la fin de l'époque coloniale et ses remises en cause multiformes, l'armée était arrivée sur le devant de la scène et les guerres de l'Indépendance avaient fait d'elle, surtout de ses chefs, les protagonistes de la vie nationale.

Étant donné les insuffisances ou la paralysie de l'État, l'armée constitua longtemps la seule force capable de lui donner une apparence de réalité, puisqu'elle était la seule à bénéficier d'une implantation et d'une capacité d'intervention sur l'ensemble du territoire. Ses chefs se donnèrent dès lors pour mission d'assurer la cohésion et la continuité de la Nation, mais confondirent très vite l'intérêt général, ceux des groupes dont ils étaient l'émanation et les leurs. Il n'est sans doute pas nécessaire d'insister ici sur l'image traditionnelle de l'Amérique espagnole pays des révolutions de palais et des coups d'État militaires, les *cuartelazos* (mot à mot *les coups de caserne*). Le Pérou du XIXe siècle connut ainsi 29 présidents militaires contre seulement 12 civils.

Les luttes et les passions partisanes, en un mot l'instabilité chronique, devinrent monnaie courante. En Bolivie, de 1825 à 1982, 33 des 73 présidents restèrent au pouvoir moins d'un an... Des généraux, à la fois chefs de parti et figure de proue de telle ou telle région, les *caudillos,* luttèrent les uns contre les autres pour s'assurer le contrôle de l'État, dont les intérêts fondamentaux et supérieurs ne furent bientôt plus qu'alibi et façade.

Même si l'analyse permet de souligner, comme on vient de le faire, quelques traits essentiels, il est de toute façon très difficile de distinguer, dans l'histoire de l'Amérique indépendante, la part de responsabilité respective, d'un côté, des tares indiscutables du passé, de l'autre, la responsabilité pleine et entière des gouvernants créoles, leur incapacité à se dégager des schémas anciens et, plus encore, à éviter les pièges du monde moderne extérieur qui entendait bien tirer parti des faiblesses structurelles de leurs pays.

Annexes

Indications bibliographiques

Chapitre 1

COLOMB (C.), *Œuvres de Christophe Colomb,* présentées, traduites et annotées par Alexandre Cioranescu, Gallimard, Paris, 1961.

GOMEZ (T.), *L'invention de l'Amérique, rêves et réalités de la Conquête*, Aubier, Paris, 1992.

HEERS (J.), *Christophe Colomb*, Hachette, Paris, 1981.

MAHN-LOT (M.), *La découverte de l'Amérique*, Paris, Flammarion, 1970.

MILHOU (A.), *Colomb et le messianisme hispanique,* Éd. universitaires, Mont-de-Marsan, 1992.

Moya Pons (F.), *Después de Colón, trabajo, sociedad y política en la economía del oro*, Madrid, 1987.

RANDLES (W.), *De la terre plate au globe terrestre, une mutation épistémologique rapide, 1480-1520*, A. Colin, Paris, 1980.

Chapitre 2

DURAND (J.), *La transformación social del conquistador,* Mexico, 1953.

BERNAND (C.) et GRUZINSKI (S.), *Histoire du Nouveau Monde de la Découverte à la Conquête,* Fayard, Paris, 1991.

LAFAYE (J.), *Les conquistadors,* Le Seuil, Paris, 1964.

LEON PORTILLA (M.), *Visión de los vencidos, relaciones indígenas de la conquista,* Mexico, 1963.

MAHN-LOT (M.), *La conquête de l'Amérique,* P.U.F., Paris, 1977.

ROMANO (R.), *Les mécanismes de la conquête coloniale : les conquistadores,* Flammarion, Paris, 1972.

WACHTEL (N.), *La vision des vaincus. Les Indiens du Pérou devant la conquête espagnole (1530-1570),* Gallimard, Paris, 1971.

Chapitre 3

MORENO CEBRIAN (A.), *El corregidor de Indios y la economía peruana del siglo XVIII*, Madrid, 1977.

OTS CAPDEQUI (J.M.), *El Estado español en Indias*, 4e éd., Mexico, Buenos Aires, 1965.

PIETSCHMANN (H.), *El Estado y su evolución al principio de la colonización española de América*, Mexico, 1989.

SANCHEZ BELLA (I.), *La organización financiera de las Indias. Siglo XVI*, Séville, 1968.

SCHÄFER (E.), *El Consejo Real y Supremo de las Indias*, 2 vol., Séville, 1935-1947.

TEPASKE (J.), KLEIN (H.), *The Royal Treasuries of the Spanish Empire in America*, Durham N.C., 1982.

TOMAS Y VALIENTE (F.), *La venta de oficios en Indias (1492-1606)*, Madrid, 1972.

Chapitre 4
ARCILA FARIAS (E.), *El régimen de la encomienda en Venezuela*, 3e éd., Caracas, 1979.
COLE (J.A.), *The Potosi Mita, 1573-1700 : Compulsory Indian Labor in the Andes*, Standford, 1985.
GOMEZ (T.), *L'envers de l'Eldorado, économie coloniale et travail indigène dans la Colombie du XVIe siècle*, Publications U.T.M., Toulouse, 1984.
HUAMAN POMA DE AYALA (F.), *Nueva crónica y buen gobierno*, Institut d'ethnologie, Paris, 1932.
JARA (A.), *Guerre et société au Chili, essai de sociologie coloniale*, I.H.E.A.L., Paris, 1961.
ZAVALA (S.), *La encomienda indiana*, 2e éd., Mexico, 1973.
ZAVALA (S.), *El servicio personal de los indios en el Perú (extractos de los siglos XVI-XVIII)*, 3 t., Mexico, 1979.

Chapitre 5
BATAILLON (M.) et SAINT-LU (A.), *Las Casas et la défense des Indiens*, Julliard, Paris, 1971.
GIMENEZ FERNANDEZ (M.), *Bartolomé de Las Casas*, 2 t., Séville 1953, 1960.
HANKE (L.), *Colonisation et conscience chrétienne au XVIe siècle*, Plon, Paris, 1957.
LAS CASAS (B. de), *L'Évangile et la force*, choix de textes présentés et traduits par M. Mahn-Lot, Éd. du Cerf, Paris, 1964.
MAHN-LOTH (M.), *Bartolomé de Las Casas et le droit des Indiens*, Payot, Paris, 1982.
SAINT-LU (A.), *La Vera Paz. Esprit évangélique et colonisation*, I.É.H., Paris, 1968.
SAINT-LU (A.), *Las Casas indigéniste, études sur la vie et l'œuvre du défenseur des Indiens*, L'Harmattan, Paris, 1982.

Chapitre 6
CHEVALIER (F.), *La formation des grand domaines au Mexique, terre et société aux XVI-XVIIe siècles*, Institut d'ethnologie, Paris, 1952.
MATIENZO (J. de), *Gobierno del Perú* (1567), éd. G. Lohmann Villena, Institut Français d'Études Andines, Paris-Lima, 1967.
PEASE (F.), *Del Tahuantinsuyu a la historia del Perú*, Lima, 1984.
SAIGNES (Th.), *Los Andes orientales, historia de un olvido*, Cochabamba, 1985.
SANCHEZ ALBORNOZ (N.), *Indios y tributos en el Alto Perú*, Lima, 1978.
STERN (S.), *Peru's Indian Peoples and the Challenge of Spanish Conquest*, Madison, 1982. (*Los pueblos indígenas del Perú y el desafío de la conquista española*, Madrid, 1986.)
TOLEDO (D.F. de), *Disposiciones gubernativas para el virreinato del Perú*, éd. G. Lohmann Villena et M.J. Sarabia Viejo, Séville, 2 t., 1986 et 1989.

Chapitre 7
ANDRIEN (K.), *Crisis and Decline : The Vice-royalty of Peru in the Seventeenth Century*, Albuquerque, 1985.

Bakewell (P.), *Silver Mining and Society in Colonial Mexico, Zacatecas, 1546-1700*, Cambridge, 1971.
Bakewell (P.), *Los mineros de la Montaña roja, el trabajo indígena en Potosi, 1545-1650*, Madrid, 1989.
Bertrand (M.), *Terre et société coloniale, les communautés maya-quiché de la région de Rabinal du xvie au xixe siècle*, CEMCA, Mexico, 1987.
Lavallé (B.), *Le marquis et le marchand, les luttes de pouvoir au Cuzco (1700-1730)*, CNRS, Paris, 1987.
Salvucci (R.J.), *Textiles and Capitalism in Mexico : an Economic History of the Obrajes, 1539-1840,* Princeton, 1987.
Taylor (W.B.), *Landlord and Peasant in Colonial Oaxaca*, Standford, 1972.

Chapitre 8

Chaunu (P. et H.), *Séville et l'Atlantique*, 8 vol., Paris, 1955-1956.
Fisher (J.), *Relaciones económicas entre España y América hasta la Independencia*, Madrid, 1991.
Garcia Fuentes (L.), *El comercio español con América, 1650-1700*, Séville, 1980.
Hamilton (E.J.), *American Treasure and Price Revolution in Spain (1501-1650)*, Cambridge (Mass.), 1934 (éd. espagnole, Barcelone, 1983).
Haring (C.), *Trade and Navigation between Spain and Indies in the Time of the Habsburg*, Cambridge (Mass.), 1917 (dernière éd. en espagnol, Mexico, 1979).
Morineau (M.), *Incroyables gazettes et fabuleux métaux,* Mouton, Paris, 1980.
Pérez Mallaina (P.E.) et Torres Ramirez (B.), *La Armada del Mar del Sur*, Séville, 1987.

Chapitre 9

Borah (W.) et Cook (S.F.), *The Indian Population of Central Mexico (1531-1610)*, Berkeley, 1960.
Coock (N.D.), *Demographic Collapse : Indian Peru, 1520-1620*, Cambridge (Mass.), 1981.
Lockhart (J.), *El mundo hispanoperuano, 1532-1560*, Mexico, 1982.
Sanchez Albornoz (N.), *La población de América Latina desde los tiempos precolombinos al año 2000*, Madrid, 1977.
Scelle (G.), *La traite négrière aux Indes de Castille*, Paris, 1906.
Vila Vilar (E.), *Hispanomérica y el comercio de esclavos, los asientos portugueses*, Séville, 1977.

Chapitre 10

Alberro (S.), *Inquisition et société au Mexique (1571-1700)*, Mexico, CEMCA, 1988.
Duviols (P.), *La lutte contre les religions autochtones dans le Pérou colonial, «l'extirpation de l'idolâtrie» entre 1532 et 1660*, I.F.É.A., Lima, 1972.
Ezran (M.), *Une colonisation douce : les missions du Paraguay*, L'Harmattan, Paris, 1989.
Jimenez Rueda (J.), *Herejías y supersticiones en la Nueva España*, Mexico, 1952.

LAVALLÉ (B.), *L'apparition de la conscience créole dans la vice-royauté du Pérou, l'antagonisme hispano-créole dans les Ordres religieux (XVIe-XVIIe siècles)*, A.N.R.T., Lille, 1982.
RICARD (R.), *La «Conquête spirituelle du Mexique», Essai sur l'apostolat et les méthodes missionnaires des Ordres mendiants en Nouvelle-Espagne de 1523-24 à 1572*, Institut d'ethnologie, Paris, 1933.
TARDIEU (G.J.P.), *L'Église et les Noirs au Pérou (XVIe et XVIIe siècles)*, A.N.R.T., Lille, 1987.

Chapitre 11
BAYLE (C.), *Los cabildos seculares en la América española*, Madrid, 1952.
COLLECTIF, *La ciudad hispanoamericana, el sueño de un orden*, Madrid, 1989.
GUTIÉRREZ (R.), *Arquitectura y urbanismo en Iberoamérica*, Madrid, 1983.
HARDOY (J.E.), *El modelo clásico de la ciudad colonial hispanoamericana*, Buenos Aires, 1968.
PALM (E.W.), *Orígenes del urbanismo imperial*, Mexico, 1951.
SOLANO (F. de) éd., *Estudios sobre la ciudad iberoamericana*, Madrid, 1983.
SOLANO (F. de), *Ciudades hispanoamericanas y pueblos de indios*, Madrid, 1990.

Chapitre 12
BAUDOT (G.), *La vie quotidienne dans l'Amérique de Philippe II*, Paris,1981.
CORCUERA (S.), *Entre gula y templanza*, Mexico, 1981.
DUARTE (C.F.), *Historia del traje durante la época colonial venezolana*, Caracas, 1984.
GASPARINI (G.), *La casa colonial venezolana*, Caracas, 1962.
ISRAEL (J.), *Razas, clases sociales y vida política en el México colonial (1610-1670)*, Mexico, 1980.
LEON CAZARES (M. del C.), *La Plaza Mayor de la ciudad de México en la vida cotidiana de sus habitantes ; siglos XVI y XVII*, Mexico, 1982.
VIQUEIRA ALBAN (J.P.), *Relajados o reprimidos, diversiones públicas y vida social en la ciudad de México durante el siglo de las Luces*, Mexico, 1987.

Chapitre 13
ARROM (J.J.), *Historia del teatro hispanoamericano (época colonial)*, Mexico, 1967.
BRAVO LIRA (B.), *El barroco en Hispanoamérica, manifestaciones y significado*, Santiago du Chili, 1981.
ESTRADA (J.), *La música de México*, vol. 2 et 3, Mexico, 1984.
FERNANDEZ (M.), *Arquitectura y gobierno virreinal*, Mexico, 1985.
LEONARD (I.), *Los libros del conquistador*, Mexico, 1953.
MADRIGAL (L.I.) éd., *Historia de la literatura hispanoamericana, t. 1, época colonial*, Madrid, 1982.
TRABULSE (E.), *Historia de la ciencia en México*, Mexico, 1983.

Chapitre 14
BRADING (D.), *Los orígenes del nacionalismo mexicano*, Mexico, 1973.
GERBI (A.), *La disputa del Nuevo Mundo*, Mexico, 2e éd., 1982.

LAFAYE (J.), *Quetzalcoatl et Guadalupe, la formation de la conscience nationale au Mexique*, N.R.F., Paris, 1974.
LAVALLÉ (B.), *Quito et la crise de l'*alcabala *(1580-1600)*, CNRS, Paris, 1991.
MARTINEZ PELAEZ (S.), *La Patria del criollo, ensayo de interpretación de la realidad colonial guatemalteca*, San José, 1975.
PHELAN (J.L.), *The Kingdom of Quito in the Seventeenth Century, Bureaucratic Politics in the Spanish Empire*, Madison, 1967.
SAINT-LU (A.), *Condition coloniale et conscience créole au Guatemala*, PFLP, Poitiers, 1970.

Chapitre 15

BURCKHOLDER (M.A.) et CHANDLER (D.S.), *From Impotence to Authority : the Spanish Crown and the American Audiencias (1687-1808)*, Columbia, 1977.
FISHER (J.R.), *Government and Society in Colonial Peru, the Intendant System, 1784-1814*, Londres, 1970.
FLORESCANO (E.) et CASTILLO (F.), *Controversia sobre la libertad de comercio en Nueva España, 1776-1818*, 2 vol., Mexico, 1975.
GARCIA BAQUERO (A.), *Cádiz y el Atlántico. El comercio español bajo el monopolio gaditano (1717-1778)*, 2 vol., Séville, 1976.
MALAMUD RIKLES (C.), *Cádiz y Saint-Malo en el comercio colonial peruano (1698-1725)*, Cadix, 1986.
MORAZZINI de PÉREZ ENCISO (G.), *La Intendencia en España y en América*, Caracas, 1966.
RICO LINAGE (R.), *Las Reales Compañías de comercio con América, los órganos de gobierno*, Séville, 1983.

Chapitre 16

CHIARAMONTE (J.C.), *Pensamiento de la Ilustración. Economía y sociedad iberoamericanas en el siglo XVIII,* Caracas, 1979.
CLÉMENT (J.-P.), *Las rebeliones indígenas del siglo XVIII en Hispanoamérica*, Poitiers, 1988.
CLÉMENT (J.-P.) et BENASSY-BERLING (M.-C.), *Le temps des philosophes en Amérique espagnole coloniale*, Éd. Hispaniques, Paris, 1987.
FLORES GALINDO (A.), *Aristocracia y plebe, Lima, 1760-1830*, Lima, 1984.
O'PHELAN GODOY (S.), *Rebellions and Revolts in Eighteenth Century Peru and Upper Peru*, Cologne-Vienne, 1985.
PÉREZ (J.), *Los movimientos precursores de la emancipación en Hispanoamérica,* Madrid, 1977.
STOETZER (O.C.), *El Pensamiento político en la América española durante el período de la Emancipación (1789-1825)*, Madrid, 1966.

Chapitre 17

COLLECTIF, *Les révolutions dans le monde ibérique (1766-1834), t. II, l'Amérique*, P.U.B., Bordeaux, 1991.

Demélas (M.-D.) et Saint-Geours (Y.), *La vie quotidienne au temps de Bolivar, 1809-1830*, Hachette, Paris, 1987.
Descola (J.), *Les Libertadors*, Fayard, Paris, 1964.
Halperin Donghi (T.), *Politics, Economics and Society in Argentina in the Revolutionary Period*, Cambridge, 1975.
Izard (M.), *El miedo a la revolución. La lucha por la libertad en Venezuela (1777-1830)*, Madrid, 1979.
Lynch (J.), *Las revoluciones hispanoamericanas, 1808-1826*, Barcelone, 1989.
Salcedo Bastardo (J.L.), *Bolivar, un continent et un destin*, La pensée universelle, Paris, 1976.

Conclusion

Chevalier (F.), *L'Amérique latine de l'indépendance à nos jours*, P.U.F., Paris, 1977.
Halperin Donghi (T.), *Revolución y guerra. Formación de una élite dirigente en la Argentina criolla*, Buenos Aires, 1972.
Rouquié (A.), *L'État militaire en Amérique latine*, Le Seuil, Paris, 1982.
Sariola (S.), *Power and Resistance. The Colonial Heritage in Latin America*, Ithaca-Londres, 1972.
Stein (S. et B), *La herencia colonial de América Latina*, 10e éd., Mexico, 1978.
Vayssiere (P.), *Les révolutions d'Amérique latine*, Le Seuil, Paris, 1991.
Zilmore (R.), *Caudillism and Militarism in Latin America, 1810-1910,* Ohio University Press, 1964.

Bibliographie générale

Altamira y Crevea (R.), *Diccionario castellano de palabras jurídicas y técnicas tomadas de la legislación indiana*, Mexico, 1951.
Cardoso (C.) et Pérez Brignoli (F.), *Historia económica de América Latina*, 2 t., Barcelone, 1979.
Cespedes del Castillo (G.), *América Hispánica (1492-1898)*, t. VI de *Historia de España* (sous la direction de M. Tuñon de Lara), Madrid, 1986.
Chaunu (P.), *L'expansion européenne du* XIIIe *au* XVIe *siècle*, Paris, 1969.
Chaunu (P.), *Conquête et exploitation des Nouveaux Mondes (*XVIe *siècle)*, Paris, 1969.
Florescano (E.) éd., *Haciendas, latifundios y plantaciones en América Latina*, Mexico, 1975.
Garavaglia (J.C.), *Mercado interno y economía colonial*, Mexico, 1984.
Gomez Canedo (L.), *Los archivos de la historia de América ; Período colonial español*, 2 vol., Mexico, 1961.
Guía de fuentes para la historia de Ibero-América conservadas en España, 2 vol., Madrid, 1966-1969.
Haring (C.H.), *The Spanish Empire in America*, 2e éd., New York, 1963.
Historia de la Iglesia en Hispanoamérica y Filipinas, t. I, Madrid, 1992.
Konetzke (R.), *Colección de documentos para la historia de la formación social hispanoamericana, 1493-1810*, 4 vol., Madrid, 1953-1962.

KONETZKE (R.), *Descubridores y conquistadores*, Madrid, 1968.
LAVRIN (A.), *Latin American Women. Historical Perspectives*, Wesport, 1978.
LEVENE (R.), *Las Indias no eran colonias*, Buenos Aires, 1951.
MILLARES CARLO (A.) et MANTECON (J.), *Album de paleografía hispanoamericana en los siglos XVI y XVII*, Mexico, 1955.
MAURO (F.), *Des produits et des hommes ; Essais historiques latino-américains, XVIe-XXe siècle*, Paris, 1972.
MORALES PADRON (F.), *Atlas histórico cultural de América*, 2 t., Las Palmas de Gran Canaria, 1988.
MÖRNER (M.), *Race Mixture in the History of Latin America*, Boston, 1967.
ROMANO (R.), *Cuestiones de historia económica latinoamericana*, Caracas, 1966.
SERRERA (R.M.), *La América española (época de los Austrias)*, t. VIII de *Historia de España* (sous la direction de A. DOMINGEZ ORTIZ), Barcelone, 1990.
TORRE Villar (E. DE), «Bibliografía para la historia de la cultura en América Latina», *Revista de Historia de América,* n° 107, 1988, pp. 73-117.
VERLINDEN (Ch.), *Précédents médiévaux de la colonie en Amérique*, Mexico, 1954.
ZAVALA (S.), *El mundo americano en la época colonial*, 2 vol., Mexico, 1967.
ZAVALA (S.), *Las instituciones jurídicas en la conquista de América*, 2e éd., Mexico, 1971.

Mots et expressions espagnols et hispano-américains[1]

A

B

C

D

E-F

1. Le numéro renvoie à la page où sont données la traduction ou l'équivalence du terme espagnol.

G-H

I-J

L

M

N-O

P-Q

Index des noms de personnes

N-O

P

Q-R

S

T-U

V

Index des noms de lieux

M

N-O

P

Q-R

S

T

U

V

Y-Z

Imprimé en France par I.M.E. - 25110 Baume-les-Dames
Dépôt légal : Septembre 1998
N° édition : 1406-05 - N° impression : 12655